初中物理思想方法导引

主　编	沈启正				
编　委	侯小英	唐建华	曹　宏	金可泽	程建军
	杨尧飞	张步青	伍小斌	孙留桥	刘雪荣
	朱　红	张军民	孙春成	翟应品	徐志红
	杨喜军	吴标清	戴同兰	费新良	余雪妹
	朱文莲	梅建芬	吴利文	陈苍鹏	戴国成
	翁庆双	郑长兴	朱　峰	张成生	姜栋强
	杨封友	黄镇宇			
编　者	姚雪飞	侯小英	张　俊	徐　浩	吴承瑶
	翁　华	唐建华	孙锡强	曹　宏	沈银锋
	马晓燕	金可泽	程建军	杨尧飞	王宜金
	朱文平	张步青	伍小斌	孙留桥	童　瞻
	刘雪荣	朱　红	陈　希	张军民	王奇峰
	孙春成	王　雄	翟应品	樊轶华	郑克东
	沈启正	黄　臻	徐志红	杨喜军	王　勇
	吴标清	戴同兰	费新良	王文涛	余雪妹
	房　颐	朱文莲	余不易	陈　晨	吴海平
	王元锋	焦　越	王　野	梅建芬	吴利文
	刘震宝	陈苍鹏	戴国成	翁庆双	胡寿文
	林　茂	郑长兴	陈爱国	刘　轶	赵　杰
	张晓宇	朱　峰	张成生	姜栋强	杨封友
	王　健	梁　恒	周　岷	蔡　丽	胡益煦
	张宏根	黄镇宇			

ZHEJIANG UNIVERSITY PRESS
浙江大学出版社
· 杭州 ·

图书在版编目（CIP）数据

初中物理思想方法导引 / 沈启正主编. -- 杭州：
浙江大学出版社，2025.6（2025.7重印）. -- ISBN
978-7-308-26192-0

Ⅰ. G633.72

中国国家版本馆 CIP 数据核字第 20259N8V20 号

初中物理思想方法导引

沈启正　主编

策划编辑	沈炜玲（QQ：617348155）
责任编辑	沈国明
责任校对	沈炜玲
封面设计	雷建军
出版发行	浙江大学出版社
	（杭州市天目山路 148 号　邮政编码 310007）
	（网址：http://www.zjupress.com）
排　　版	杭州星云光电图文制作有限公司
印　　刷	嘉兴华源印刷厂
开　　本	787mm×1092mm　1/16
印　　张	21
字　　数	400 千
版 印 次	2025 年 6 月第 1 版　2025 年 7 月第 4 次印刷
书　　号	ISBN 978-7-308-26192-0
定　　价	59.80 元

编写人员及单位

姚雪飞　杭州市钱塘区教师教育学院

侯小英　湖州市吴兴区教育局教学研训中心

张　俊　南通市通州区教师发展中心

徐　浩　盐城景山中学

吴承瑶　杭州外国语学校

翁　华　南京外国语学校

唐建华　苏州市阳山实验中学

孙锡强　宁波市奉化区实验中学

曹　宏　苏州工业园区教师发展中心

沈银锋　绍兴市上虞区教师发展中心

马晓燕　南京师大附中新城初中黄山路分校

金可泽　舟山市南海实验学校

程建军　苏州市振华中学校

杨尧飞　宁海县教育局教研室

王宜金　连云港市赣榆区教育局教研室

朱文平　嘉兴市南湖区教育研究培训中心

张步青　丹阳市第三中学

伍小斌　杭州市钱学森学校

童　瞻　杭州师范大学东城实验学校

孙留桥　南京江北新区教育发展中心

刘雪荣　徐州市东苑中学

朱　红　宁波市海曙区教育局教研室

陈　希　南京师范大学附属初级中学怡康街分校

张军民　宿迁市宿豫区教师发展中心

王奇峰　浙江省余姚市实验学校

孙春成　江阴市教师发展中心

王　雄　徐州嘉登实验学校

翟应品　兴化市南亭实验学校

樊轶华　乐清市教育研究培训院

郑克东　如东县教师发展中心

沈启正　浙江省教育厅教研室

黄　臻　杭州市观成武林中学

徐志红　无锡市凤翔实验学校

杨喜军　宁波市镇海区立人中学

王　勇　常州市北环中学

吴标清　嘉兴教育学院

戴同兰　泰州医药高新区（高港区）教师发展中心

费新良　湖州市教育科学研究中心

王文涛　江苏省镇江第一中学

余雪妹　温州市教育教学研究院

房　颐　南京师范大学附属中学

朱文莲　徐州市东苑中学

余不易　浙江省衢州市柯城区教学研究室

陈　晨　南京市栖霞区教师发展中心

吴海平　浙江省温州中学

王元锋　扬州市江都区实验初级中学

焦　越　宁波市北仑区顾国和外国语学校

王　野　江苏省赣榆高级中学

梅建芬　常州市武进区湖塘实验中学

吴利文　宁波市江北区教育局教研室

刘震宝　扬州市江都区实验初级中学

陈苍鹏　杭州市十三中教育集团

戴国成　江苏省淮安经济技术开发区开明中学

翁庆双　温州瑞安教育发展研究院

胡寿文　扬州市江都区浦头中学

林　茂　温州市苍南教师发展中心

郑长兴　绍兴市教育教学研究院

陈爱国　徐州市丰县教师发展中心

刘　轶　江苏省锡山高级中学匡村实验学校

赵　杰　江苏省淮阴中学新城校区

张晓宇　台州市黄岩区教育局教研室

朱　峰　丽水市教育教学研究院

张成生 金华市金东区光南中学

姜栋强 南通市海门区中小学教师研修中心

杨封友 杭州市西湖区教育发展研究院

王 健 宿迁市苏州外国语实验学校

梁 恒 杭州第二中学钱江学校

周 岷 杭州市采荷中学

蔡 丽 南京师范大学附属中学新城初级中学

胡益煦 宁波市镇海中学

张宏根 杭州学军中学

黄镇宇 浙江省杭州第二中学

前　言

这是一本初中物理字典式实用解题方法工具书,作为《高中物理思想方法导引》的姊妹篇,两者的一体化设计,贯通了初高中物理学习的思想方法体系。

这是一本直击初中生思维堵点的书,"一听就会、一看就懂、一做就错、一考就蒙"的根本原因是学生没有熟练掌握物理学科的思想方法或解题方法。

这是一本由江苏、浙江两教育强省共72位名师针对学生学习痛点联合开展专题教研的成果结晶。

这是一本针对学生学习的疑难杂症,研究试题设障技法,明析物理思想方法,瞄准考试破解策略的方法字典——名师绝技72变。

自然科学的基础是物理学,物理思想方法不仅深刻影响着科学发现的进程,也是培养学生科学素养的重要内容。我在长期的初高中教学和教研中深切体会到,若初中阶段没有初步建立物理知识逻辑体系与物理思想方法体系,高中阶段的物理学习就会因基础不牢而地动山摇,不少高中生恐惧学物理的切肤之痛很多便缘于此。这正是在加强科学教育的今天,江浙两省各36位志同道合、颇具教育情怀的教师精选难点、联袂攻关,打通初中生科学思维发展任督二脉的初衷。

通过研究全国各省市区所有版本的初中物理(科学)教材,本书按目前普遍实行的初中物理知识顺序编排,逐渐综合,滚动深化,并涵盖课程标准规定的所有模块内容;思想方法镶嵌于初中物理学习体系的全过程,既适合全国各省市区不同年级初中生上新课时对症下药以攻克学习难点,又适合初三学生中考专题复习时查漏补缺以提升思维水平,还适合希望冲击高中名校的学生自学提升,也可以作为拔尖创新人才培养的初高中物理衔接教材。

本书每讲内容由"思想方法导引""方法要点例析"和"小试身手"三部分组成。"思想方法导引"言简意赅,主要阐述方法的含义、适用范围和使用策略;"方法要点例析"以典型例题为示范,力求体现方法在重难点问题中的灵活应用;"小试身手"是学生学习后的自我实践,检验自己对方法的掌握程度。本书在深入挖掘全国各省市区中考试题、模拟题、实验班招生题、竞赛题等命题思路的基础上，通过方法提炼、改编重组，构筑了突破易失分试题障碍点的有效火力覆盖网。

本书彰显名校风采，凝聚名师智慧。作者全部是精挑细选的江浙两省中对物理思想方法有深入研究且技艺高超的实力派教学能手，其中还特邀了南京师范大学附属中学、南京外国语学校、镇江第一中学、杭州第二中学、杭州学军中学、宁波市镇海中学、温州中学和杭州外国语学校等江浙学生心目中"高中梦校"的名、优、特教师，他们都有选拔和培养优秀初中生的丰富经验与经历。

本书奉献提分秘籍，聚焦思想方法，例如运动图解法、温度计校准模型、近似估算法、压强与浮力关系、功能关系法、滑轮组分析法、热机分类模型、电表改装法、网络电路求解法、电学实验设计法、黑箱法、图像确定工作点法、电磁波信息传递、对称法、逆向思维法、假设法、极端与特殊值法、控制变量法、微元法、过程分割法等等，这些思想方法均顺应了全国各地易失分中考题的命题趋势，适当兼顾"高中梦校"科技特长生等的招考要求，较好体现了"在综合性中考查必备知识，在应用性中考查关键能力，在创新性中考查学科素养"的命题思路。

每位作者在编写时都潜心研究、精心凝练，很多作者都意识到教师自己也需要这样一本备课与命题参考工具书！这也是江浙教师强强联合，跨省开展教研的切实回报！

我们在成书过程中还组织了杭州市采荷中学、杭州市十三中教育集团、杭州观成教育集团等浙派初中名校和南京师范大学附属中学、杭州第二中学等"高中梦校"数十名优秀学子试用本书并优化了细节，在此特别予以鸣谢！

沈启正

目 录

1 运动图解法

引路人 杭州市钱塘区教师教育学院 姚雪飞

思想方法导引 ▶▶

运动图解法利用运动学物理量随时间的变化图像,形象描述运动过程,直观展现运动规律.运动图解法是解决运动问题的好帮手.

做直线运动物体的速度-时间(v-t)图像中,横轴表示时间,纵轴表示速度.从图像可以直观看出运动物体速度随时间的变化,也可以得知某一时刻速度的具体数值.纵截距(图线与纵轴的交点)表示物体运动的初速度,横截距(图线与横轴的交点)则表示物体速度为零的时刻;若要知道某一时间段内物体运动的路程,则可以通过v-t图像与t轴所围成图形的面积表示;v-t图像为斜直线表示物体在做匀加速(减速)运动,为曲线表示物体在做变加速(减速)运动,为水平直线表示物体在做匀速运动.

在直线运动中,路程-时间(s-t)图像的横轴表示时间,纵轴表示与原点的距离,可以直观看出纵截距表示物体的初始位置与原点的距离,两物体运动s-t图线的交点表示物体相遇的时刻和位置;根据公式$v=\dfrac{s}{t}$可知斜率表示速度,且斜率越大速度越大.s-t图线为斜直线表示物体在做匀速运动,为曲线表示物体在做变速运动,为水平直线表示物体处于静止状态.

方法要点例析 ▶▶

▶ 例1 如图所示是一辆汽车在 10s 内的 v-t 图像,由图像可知,汽车在第 4s 时的速度为_____ km/h;在第 2～4s 时间里,汽车的速度_____(填"增大""减小"或"不变");在第 4～6s 时间里汽车前进了_____ m.

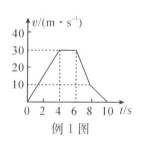

例1图

解析 由题图可知,当 $t=4$s 时,对应的 $v=30$m/s$=108$km/h;第 2～4s,图像是一条斜向上的直线,表明汽车速度随时间增大而增大;汽车在第 4～6s 的速度都是 30m/s,所以汽车在这 2s 内前进的距离 $s=vt=30$m/s$\times2$s$=60$m.

1

感悟 $v-t$ 图像中的图线呈现正斜率表示物体做匀加速直线运动,负斜率表示物体做匀减速直线运动,图线与时间轴所围成图形的面积表示物体运动的路程.

▶**例2** 如图甲所示,两木块自左向右运动,现用高速摄影机在同一底片上多次曝光,记录下木块每次曝光时的位置.已知连续两次曝光的时间间隔是相等的.两木块运动的 $v-t$ 和 $s-t$ 图像如图乙所示,能反映两木块运动情况的选项是   (   )

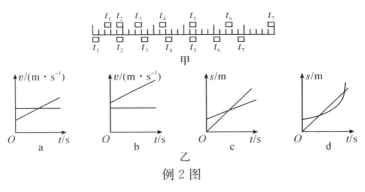

例2图

A. a、c   B. a、d   C. b、c   D. b、d

解析 由图甲可知,下面的木块在相同时间内通过的路程相同,因此做匀速直线运动.上面的木块在相同的时间内通过的路程不相同,且越来越大,所以它在做加速直线运动.在 $t_1 \sim t_2$ 时间段内,下面木块运动的路程比上面木块运动的路程大,所以,下面木块的速度比上面木块的初速度大,所以在 $v-t$ 图像中应选图a.在 $s-t$ 图像中,下面木块做匀速直线运动,呈斜直线图像,上面木块做加速直线运动,呈曲线图像且初始位置不在零坐标处,所以图c一定是错的.综上所述,应选B.

感悟 本题把物理运动示意图与运动图像结合起来研究,运动示意图揭示了运动过程图景,运动图像形象直观地描述了运动的详细规律,两者相得益彰.

▶**例3** "龟兔赛跑"是同学们熟悉的寓言故事,龟兔进行了60m比赛.从同一地点 O 出发,同时沿同一方向运动,乌龟用时10min首先到达终点,它们的 $s-t$ 图像如图所示,问:

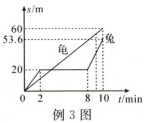

例3图

(1)乌龟的运动速度是多少?

(2)龟兔相遇时所用的时间是多少?

(3)当 $t=9$min 时,兔子与乌龟相距多少米?

解析 (1)由图可知,乌龟的运动图线呈斜直线,表示乌龟做匀速直线运动,

$$v_龟 = \frac{s}{t} = \frac{60m}{10 \times 60s} = 0.1m/s.$$

(2)交点处为龟兔相遇位置,$s = 20m$,则相遇的时间 $t = \frac{s}{v_龟} = \frac{20m}{0.1m/s} = 200s.$

(3)当 $t = 9min$ 时,乌龟爬行的路程 $s_龟 = v_龟 t = 0.1m/s \times 9 \times 60s = 54m$;

兔子在 8~10min 内做匀速直线运动,则在 8~9min 内兔子所走的路程

$$s_2 = \frac{53.6m - 20m}{2} = 16.8m,$$

在 0~9min 内兔子所走的路程 $s_兔 = s_1 + s_2 = 20m + 16.8m = 36.8m.$

兔子与乌龟的距离 $\Delta s = s_龟 - s_兔 = 54m - 36.8m = 17.2m.$

感悟 在追及问题中,尤其要注意 $v-t$ 图线与 $s-t$ 图线交点的含义,在理解剖析两图线间的关系后,形成两物体追及过程的具象,从而正确解决问题.

小试身手 ➤➤

1. 运动员从高空竖直向下跳伞,下落时运动员的 $v-t$ 图像如图所示,以下判断正确的是 （　　）

A. 开伞前,运动员的速度在不断增大

B. 开伞后,运动员的速度在不断减小

C. 下落过程中,任意相同时间内运动员运动的路程都不相等

D. 下落过程中,运动员最大速度不超过 60m/s

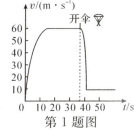

第1题图

2. 如图所示是甲、乙两物体从同一位置向同一方向做直线运动的 $s-t$ 图像.由图可知,第 24s 后以甲为参照物,乙呈_____(填"运动"或"静止")状态.第 4~19s,甲和乙的平均速度_____(填"$v_甲 > v_乙$""$v_甲 < v_乙$"或"$v_甲 = v_乙$").

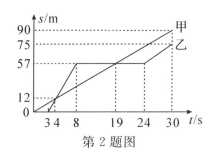

第2题图

3. 在机器人比赛中,甲、乙两机器人同时从同一地点出发,沿直线匀速运动到10m远的目的地,它们运动的路程随时间变化的图像如图所示.下列说法正确的是(　　)

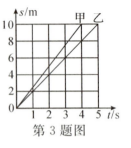

A. 甲的速度为0.4m/s

B. 乙的速度为2m/s

C. 乙的平均速度大于甲

D. 甲的运动时间比乙少2s

4. 如图甲所示的无人快递派送车已应用于很多大学城,某次该车从快递驿站出发,10min后到第一个派送点停靠并派送快递,完成任务后再次出发开往下一个派送点,其路程s与时间t的关系如图乙所示.下列分析正确的是(　　)

 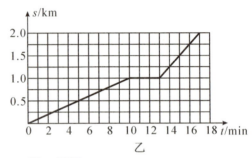

甲　　　　　乙

第4题图

A. 快递驿站到第一个派送点的距离为2.0km

B. 派送车在第一个派送点停靠了13min

C. 派送车从快递驿站到第一个派送点的平均速度为6km/h

D. 派送车在0~10min内的运动速度比在13~17min内的运动速度大

5. 如图是新龟兔百米赛跑的s-t图像,由图像可知:比赛开始时,_____先出发;比赛过程中,乌龟和兔子共相遇_____次;最后,_____赢得了比赛.

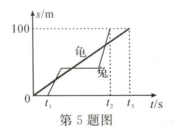

第5题图

2 变换参照物法

引路人 湖州市吴兴区教育局教学研训中心 侯小英

思想方法导引 ▶▶

在研究物体运动时,事先假定不动的物体称为参照物.描述物体的运动需要选择一定的物体作为参照物:首先设想自己身处参照物上,认定自己没动,然后观察研究对象的运动情况.参照物的选择不是唯一的,在解决某些运动学问题时,选择合适的物体作为参照物可以使问题的解决变得简便.

方法要点例析 ▶▶

▶ **例1** 一个木箱漂浮在河中,随平稳流动的河水向下游漂去,在木箱下游和上游各有一条小船,两船到木箱距离相等.两船同时驶向木箱,若两船在静水中行驶的速度大小相同,那么 ( )

A. 上游的小船先捞到木箱　　　B. 下游的小船先捞到木箱
C. 两船同时到达木箱处　　　　D. 条件不足,无法确定

解析 **方法1**:令船在静水中的速度大小为 $v_{船}$,水流速度(即木箱顺流而下的速度)大小为 $v_{水}$.若以河岸为参照物,当上游的船(船1)捞到木箱的时候,所用时间为 t,船1向下游行驶的距离为 s_1,木箱向下游漂过的距离为 s_0(如答图甲);当下游的船(船2)捞到木箱的时候,所用时间为 t',船2向上游行驶的距离为 s_2,木箱向下游漂过的距离为 s_0'(如答图乙).由于开始时两船到木箱的距离相等,所以 $s_1 - s_0 = s_2 + s_0'$,即 $(v_{船} + v_{水})t - v_{水}\,t = (v_{船} - v_{水})t' + v_{水}\,t'$,得 $t = t'$,故选C.

例1答图

方法 2：木箱顺流而下，其速度与水流速度相同，若以木箱为参照物，也就是以水为参照物，则木箱保持静止，船 1 和船 2 相对于木箱的速度大小相等，它们到木箱的距离也相等，根据 $t = \dfrac{s}{v}$，两船捞到木箱所用的时间也相等.

感悟 方法 1 以河岸为参照物解决问题，虽然计算的最终结果很简洁，但过程和列式有些烦琐，而方法 2 由于变换了参照物，选择了木箱（或水）为参照物，假定其静止，使问题的解决过程变得简单易懂.

▶ 例2 甲、乙两人在长为 50m 的泳池内，进行游泳训练.甲的游泳速度大小始终为 1.2m/s.乙的游泳速度大小始终为 0.9m/s.两人同时从泳池的同一端出发，共游了 25min，不考虑两人在泳池内的转向时间，甲从身后追上乙的次数为 （ ）

A.2 次   B.4 次   C.6 次   D.8 次

解析 选择乙为参照物，则乙保持静止，甲相对于乙的速度大小 $v = 1.2\text{m/s} - 0.9\text{m/s} = 0.3\text{m/s}$，25min 内甲相对于乙通过的路程 $s = vt = 0.3\text{m/s} \times 25 \times 60\text{s} = 450\text{m}$. 从出发开始，甲相对于乙每通过泳池长的 2 倍路程（即 100m），就从身后追上乙 1 次，所以共追上 4 次.

感悟 与选择地面为参照物相比，追及问题中选择被追物体为参照物，可以大大简化计算.

▶ 例3 某商场有一自动扶梯，一顾客沿一开动（上行）的自动扶梯从一楼行走到二楼时，数得走了 16 级；当他以同样的速度（相对扶梯）沿开动（上行）的自动扶梯从二楼行走到一楼时，数得走了 48 级.假设顾客和自动扶梯都是匀速运动，则该自动扶梯的级数为多少级？

解析 首先以扶梯为参照物，相当于人在静止的扶梯上向上走了 16 级台阶，向下走了 48 级台阶.人的行走速度大小不变，设其为 $v_人$，上楼通过的距离为 $s_上$，所用时间为 $t_上$；下楼通过的距离为 $s_下$，所用时间为 $t_下$，则有 $s_上 = v_人 t_上 = 16$ 级（①），$s_下 = v_人 t_下 = 48$ 级（②），解得 $t_下 = 3t_上$.再以地面为参照物，上楼和下楼的距离相同，设其为 s，即题目中待求的扶梯级数，令扶梯上行的速度大小为 $v_梯$，则人上行的速度大小为 $v_人 + v_梯$，下行的速度大小为 $v_人 - v_梯$，则有 $s = (v_人 + v_梯)t_上$（③），$s = (v_人 - v_梯)t_下$（④），联立式③④，且将 $t_下 = 3t_上$ 代入，解得 $v_梯 = \dfrac{1}{2}v_人$，将其代入式③或④，解得 $s = 24$ 级.

感悟 有些问题的解决需要我们变换不同的参照物，明确不同参照物下物体运动的距离、速度，列方程组进行计算.

小试身手 ➤➤

1. 一只蜜蜂和一辆自行车在平直公路上以同样大小速度并列运动. 如果这只蜜蜂眼睛盯着自行车车轮边缘上某一点(如黏着的一块口香糖),那么它看到的这一点的运动轨迹是 （ ）

A   B   C   D

2. 某商场一自动扶梯有 30 级台阶,一顾客沿开动(上行)的自动扶梯从一楼匀速行走到二楼时,数得走了 10 级,假设该顾客和自动扶梯都是匀速运动,则该顾客在扶梯上时相对地面的速度大小与自动扶梯相对地面的速度大小之比为_____.

3. 某船在静水中的航速为 36km/h,该船在河中逆流而上,经过一座桥时,船上的一只木箱不慎被碰落水中,经过 2min,船上的人才发现,立即调转船头追赶,在距桥 600m 处追上木箱,求水的流速.

4. 两名同学在周长为 100m 的圆形冰面上一起进行溜冰活动,活动规则如下:两人必须同时从同一地点出发,沿圆形跑道运动,速度大小保持不变. 由于两人出发速度不同,速度快的同学超出一圈追上速度慢的同学时对他向前推一把,于是双方正好"互换速度";原先速度慢的同学由于速度变快,从而会超出后面的同学一圈,此时也向前推一把,双方再次"互换速度"……如此循环下去,当双方都完成了活动规定的目标圈数时,最后到达终点的同学所用的时间将记为该组的成绩. 假设这两名同学的出发速度分别为 10m/s 和 12.5m/s,并且规定每人都要完成 2500m,则该组同学的成绩为 （ ）

A. 225s   B. 224s   C. 222s   D. 220s

5. 一队伍(纵队)长 120m,正以某一速度匀速前进. 现因有事传达,一通讯员从队尾跑到排头后立即掉头以大小不变的速度从排头跑回队尾. 已知在这一过程中队伍前进了 160m,问:通讯员在这一过程中往返共跑了多少米?

3 追及模型

引路人　南通市通州区教师发展中心　张　俊

思想方法导引 >>

追及问题一般是指两个物体在同一直线或路径上运动,一个物体从后面追赶另一个物体,常见类型有匀速追及和变速追及.这类问题通常涉及距离、时间和速度等物理量,解题的关键是从距离、时间和速度上寻找等量关系.

常见模型:

1.同时同向运动但间隔一定的初始距离;

2.同一地点同向运动但不同时开始;

3.相同起始地点、相同起始时刻的同向运动;

4.不同起始地点、不同起始时刻的同向运动.

分析方法:

1.情境再现分析法

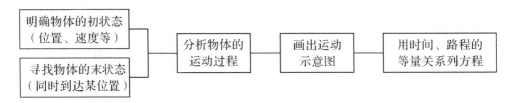

2.图像分析法

画出两个物体运动的"速度-时间"或"路程-时间"图像,根据图像的交点、图像与坐标轴所围面积等的物理意义进行分析.

3.变换参照物法

变换参照物,明确相对初速度、相对路程,寻找两物体间的相对运动关系.一般选择被追及物体作为参照物.

方法要点例析 ▶▶

● 例1 一艘小船逆水匀速行驶,经过一座桥下时从船上落下一木板到水中,10min后船员才发现,立即调头追赶(不计船调头时间),在桥的下游300m处追上,设小船在静水中速度大小始终不变,则小船追上木板所用的时间为 （ ）

A. 5min   B. 10min   C. 15min   D. 20min

解析 本题涉及三个速度,船在静水中的速度、水流速度、木板速度.设船在静水中的速度为 $v_{船}$,水流速度为 $v_{水}$,则木板速度也为 $v_{水}$,小船追上木板所用时间为 t.

方法1:以岸为参照物,画出运动关系如答图所示,小船追上木板时,船在 t 时间内通过的路程 $s_{船}$ 等于木板 t 时间内通过的路程 $s_{板}$ 与发现木板掉落时小船与木板之间的距离 s_0 之和,即 $s_{船}=s_{板}+s_0$.易知 $s_{船}=(v_{船}+v_{水})\times t$,$s_{板}=v_{水}\times t$,$s_0=v_{水}\times 10\text{min}+(v_{船}-v_{水})\times 10\text{min}$,联立解得 $t=10\text{min}$,故选 B.

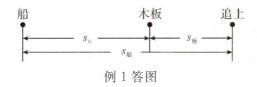

例1答图

方法2:以木板为参照物,船掉头追赶时,船相对木板的速度为 $v'_{船}$,相对路程为 s'_0,则 $s'_0=v'_{船}t$,又 $s'_0=v'_{船}\times 10\text{min}$,解得 $t=10\text{min}$,故选 B.

感悟 方法1采用情境再现分析法,以岸为参照物,抓住追上时两者运动的路程、时间之间的等量关系解决问题;方法2采用变换参照物的方法,利用相对路程=相对速度×追及时间,使问题的解决更简洁.

● 例2 公交车在两站点间来回行驶,一人沿路而行,每3min与一辆公交车迎面相遇,每5min被一辆公交车追上,问:公交车每隔多长时间开出一班?(人和公交车都是匀速运动)

解析 设公交车的速度为 v_1,人的速度为 v_2,公交车每隔 t 时间开出一班,则相邻的两公交车之间的距离为 $v_1 t$,此距离也即一次人车相遇时,人与前面另一辆车的距离,也是一次人车追及时,人与后面另一辆车的距离.

人与公交车迎面相遇时,$v_1 t=(v_1+v_2)\times 3\text{min}$,   ①

人被公交车追上时,$v_1 t=(v_1-v_2)\times 5\text{min}$.   ②

由式①②可知:$v_1=4v_2$,将 $v_1=4v_2$ 代入式①或式②,解得 $t=3.75\text{min}$.

感悟 本题中同时涉及相遇和追及问题,都是从距离、时间、速度的等量关系来分析求解的.

例 3 用测速仪测量某汽车的速度时,将测速仪对准匀速行驶的汽车,如图所示.已知测速仪第一次发出的超声波信号经 $t_1 = 2s$ 到达汽车,一段时间后测速仪发出的另一个超声波信号,经 $t_2 = 1s$ 便到达汽车.已知测速仪两次发出超声波信号的时间间隔 $T = 13s$,则汽车行驶的速度是 _____ km/h(已知超声波在空气中的传播速度是 340m/s).

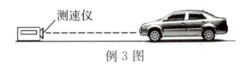

例 3 图

解析 再现物理情境,画出汽车运动过程示意图如答图甲所示.可知车在两次反射时间间隔内走过的路程 $s = (t_1 - t_2)v_{声}$;再画出时间关系图如答图乙所示,车在两次反射时间间隔内运动的时间 $t = T + t_2 - t_1$.因此车的速度 $v = \dfrac{s}{t}$,可解得 $v = 102km/h$.

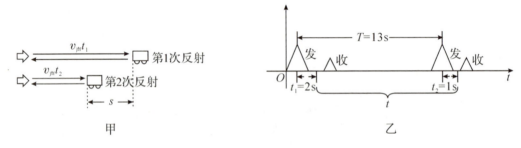

甲   乙

例 3 答图

感悟 本题通过运动关系图找到距离的等量关系;通过情境再现的时间图找到对应运动的时间等量关系.可见再现情境和画图可快速找到时间、距离的等量关系.

✦ 小试身手 ▶▶

1. 轮船在河流中逆流而上,下午 7 点船员发现轮船上的一艘橡皮小艇已失落水中,船长命令马上掉转船头寻找小艇,经过 0.5h 的追寻,终于追上了顺流而下的小艇.如果整个过程中轮船与水流速度不变,掉转船头时间忽略不计,那么,轮船失落小艇的时间是 (   )

A. 下午 6 点半以前

B. 刚好下午 6 点半

C. 下午 6 点半以后

D. 条件不足,无法判断

2. 在龙舟大赛的开始阶段,红队领先,黄队落后,后来黄队奋起直追,从黄队船头追上红队船尾开始,经过 40s 的拼搏,黄队的船尾恰好超过红队船头.已知两队的船长均为 10m,若红队划船速度保持 6m/s 不变,黄队超越红队时船速也不变,那么黄队超越红队时划船速度为 ( )

A. 7m/s   B. 8m/s   C. 6.5m/s   D. 8.5m/s

3. 甲、乙两同学通过蓝牙传输信息的有效距离是 5m. 如图所示,甲同学在 (0,−3) 位置以 1.5m/s 的速度朝 y 轴正方向行走,同时乙同学在 (−4,0) 位置以 2m/s 的速度朝 x 轴正方向行走,则甲、乙两同学保持蓝牙耳机有效传输的时间为 ( )

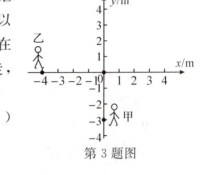

第 3 题图

A. 2s   B. 3s

C. 4s   D. 5s

4. 甲、乙两名运动员在长为 25m 的泳池里训练,甲的速率为 $v_1=1.25$m/s,乙的位置-时间图像如图所示.若不计转向的时间和两人体积大小,两人的运动均可视为直线运动,则 ( )

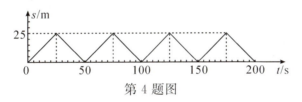

第 4 题图

A. 乙的速度大小为 1.5m/s

B. 若两人同时从泳池的两端出发,经过 1min 共相遇 4 次

C. 若两人同时从泳池的同一端出发,经过 6min 共相遇 16 次

D. 两人一定不会在泳池的两端相遇

4 声音传播模型

引路人 盐城景山中学 徐 浩

📖 思想方法导引 ➤➤

声音的产生与传播模型是描述声源振动、声音传播及声音接收的重要工具,涉及转换法、类比法、理想实验法等研究方法.声音是由物体的振动产生的,振动停止,发声停止.声音以波的形式传播,声音传播需要介质,它在不同介质中的传播速度不同,声音不能在真空中传播.

声波测量法通常用于测距或测速,它利用了声音在传播过程中遇到障碍物时会被反射形成回声的原理.解决问题的关键是建立声音传播路径模型,寻找题设中的速度、距离及时间的相互关系.

⬆ 方法要点例析 ➤➤

▶ **例1** 手掌按住正在发声的鼓面,鼓声消失了,原因是手 (　　)

A. 不能传播声音　　　　　　　　B. 吸收了声波

C. 使鼓面停止了振动　　　　　　D. 改变了鼓面的振动频率

解析 一切发声体都在振动.按住鼓面,鼓面停止振动,因此声音消失.故 C 符合题意.

感悟 声音是由物体的振动产生的,振动停止,发声停止.

▶ **例2** "纹影法成像"是一种特殊的成像方法,它可以将在空气中传播的声音"显现"出来.图甲是声音在空气中的传播图像,说明声音是以_____的形式传播的;图乙是声音碰到障碍物后的图像,说明声音碰到障碍物后会发生_____.

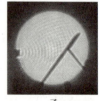

甲　　　　　　乙
例2图

解析 在图甲中观察到空气中出现了疏密相间的波动形态,说明声音是以波的形式传播的;在图乙中观察到声波碰到障碍物后,传播方向发生改变,说明声波碰到障碍物后发生了反射.

故答案为:(1)波;(2)反射

感悟 声音是以波的形式传播的,声波碰到障碍物后会发生反射.

例3　如图所示,在探究声音能否在真空中传播时,同学们将一只闹钟放在密闭的玻璃罩内,使其发声,可清晰地听到铃声.

例3图

(1)用抽气机逐渐抽出玻璃罩内的空气,将会发生的现象是_____,再让空气逐渐进入玻璃罩内,这时声音会_____.

(2)同学们进行了进一步的思考,得出的实验结论是_____.

(3)本实验在得出结论的过程中运用了_____的科学研究方法.

(4)小明同学发现他们所做的另一次实验的效果不明显,请你帮他分析可能的原因(写出一条即可):_____.

解析　(1)当用抽气机逐渐抽去玻璃罩内的空气时,因为罩内空气越来越稀薄,所以声音会越来越小;再让空气逐渐进入玻璃罩内,听到的铃声逐渐变大.

(2)此实验说明声音的传播需要介质,真空是不能传播声音的.

(3)由于实验条件的限制,用抽气机逐渐抽去玻璃罩内的空气,只能接近真空,但达不到真空,所以这个结论是我们在实验的基础上通过推理得到的.

(4)玻璃罩密闭性差、悬挂闹钟的细线与玻璃罩接触等都会使实验效果不明显.

故答案为:(1)听到的声音逐渐变小;逐渐变大;(2)声音传播需要介质,声音不能在真空中传播;(3)实验推理;(4)玻璃罩密闭性差(合理即可)

感悟　体会实验推理法的应用.

例4　一辆汽车在匀速行驶,道路前方有一座高山,司机鸣笛并在 6s 后听到回声,若汽车行驶速度为 20m/s,司机从鸣笛到听到回声,汽车行驶了_____ m,司机听到回声时距离高山_____ m.与此同时,一辆复兴号列车车身长 428m,正以 68m/s 的速度驶入长 2000m 的平直隧道,复兴号在进入隧道时鸣笛 9.4s,在隧道另一端口的护路工人听到鸣笛的时间为_____ s.(空气中声速为 340m/s)

解析　(1)已知汽车的行驶速度 $v_{汽车}=20$m/s,运动时间 $t=6$s,由 $s=vt$ 可得,汽车行驶的路程 $s_{汽车}=v_{汽车}t=20$m/s$\times6$s$=120$m;笛声的传播速度 $v_{声}=340$m/s,在 $t=6$s 内传播的路程 $s_{声}=v_{声}t=340$m/s$\times6$s$=2040$m.笛声遇到高山反射,其传播路程 $s_{声}$ 和汽车行驶的路程 $s_{汽车}$ 间的几何关系如答图所示.

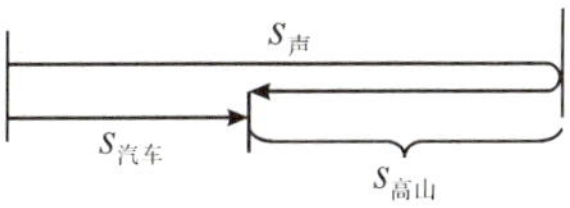

例4答图

设鸣笛时汽车距离山的距离为 s'，则由题意可得，$2s' = s_{汽车} + s_{声}$，

$$s' = \frac{s_{声} + s_{汽车}}{2} = \frac{2040\text{m} + 120\text{m}}{2} = 1080\text{m},$$

司机听到回声时与高山的距离 $s_{高山} = s' - s_{汽车} = 1080\text{m} - 120\text{m} = 960\text{m}$.

(2)假设列车静止在隧道口鸣笛 9.4s，则护路工人在隧道另一端口听到的鸣笛时间也为 $t' = 9.4\text{s}$. 列车从进入隧道口开始鸣笛持续 9.4s，则：

列车行驶的距离 $s'' = v't' = 68\text{m/s} \times 9.4\text{s} = 639.2\text{m}$.

声音传播这段路程的时间 $t'' = \frac{s''}{v_{声}} = \frac{639.2\text{m}}{340\text{m/s}} = 1.88\text{s}$.

则实际列车第 9.4s 末的鸣笛声到达隧道另一端少用时间 1.88s，所以在隧道另一端口的护路工人听到鸣笛的时间 $t_{鸣笛} = t' - t'' = 9.4\text{s} - 1.88\text{s} = 7.52\text{s}$.

故答案为：120；960；7.52

感悟 明确声音的传播距离和汽车(或列车)行驶路程间的几何关系是求解本题的关键.

小试身手 ≫

1. 下列与声现象有关的实验中，不能说明声音产生原因的是　　　　(　　)

A. 把正在发声的收音机密封在塑料袋里，再放入水中，仍能听到收音机发出的声音

B. 将正在发声的音叉轻轻插入水里，看到水花飞溅

C. 边说话，边用手摸颈前喉头部分，感觉喉头振动

D. 用手按住正在发声的琴弦时，琴声会消失

2. 如图甲所示，敲击音叉发声，看不到明显变化，将正在发声的音叉接触小球，会看到小球被弹开，这说明声音是由物体_____产生的，该实验用_____(填"等效法""控制变量法""转换法"或"类比法")将不明显的现象变成明显的现象. 如图乙所示，将正在播放音乐的手机放入瓶中，抽出瓶中空气后，几乎听不到音乐声，说明声音不能_____.

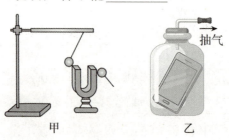

第 2 题图

3. 我国科技迅猛发展,AI智能驾驶使得汽车具有自动测速和自动跟车调速功能.如图所示,两辆智能汽车在平直公路上同向行驶,前车 B 的速度为 $v_B = 20\text{m/s}$,后车 A 的速度为 $v_A = 30\text{m/s}$. $t = 0$ 时刻 A 向前车 B 发射一超声波脉冲信号,脉冲信号被前车反射后在 $t = 0.34\text{s}$ 被后车接收到,后车立刻启动刹车系统.已知超声波在空气中的传播速度为 $v = 340\text{m/s}$,求后车刹车时两车之间的距离.

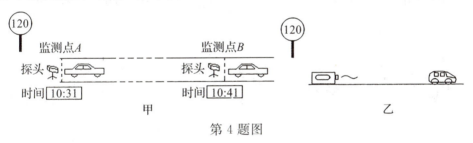

第3题图

4. 为保障人民生命财产安全,有效落实道路限速的相关要求,公路交通管理部门常用两种测速方式:一种是"定点测速",即监测汽车在某点的速度;另一种是"区间测速",就是测算出汽车在某一区间行驶的平均速度,如果超过了该路段的最高限速,即被判为超速.若监测点 A、B 相距25km,全程限速120km/h,一辆轿车通过监测点 A、B 的速度分别为100km/h和110km/h,通过两个监测点的时间如图甲所示.

第4题图

(1)采用"定点测速",该轿车通过监测点 A、B 时 _____(填"会"或"不会")被判超速.

(2)采用"区间测速",这辆轿车在该路段会不会被判超速?(请通过计算进行说明)

(3)图乙是在公路上用超声波测速仪测量车速的示意图,测速仪向车辆发出超声波脉冲信号,并接收经车辆反射的超声波脉冲信号,根据发出和接收到信号之间的时间差,测出被测物体的速度.在某次测速过程中,超声波测速仪对某一汽车共发射两次信号,接收两次信号,数据见下表:

时刻/s	0	0.5	1	1.6
事件	发出第一次超声波信号	接收第一次超声波信号	发出第二次超声波信号	接收第二次超声波信号

已知超声波在空气中传播的速度是340m/s,若汽车沿直线匀速行驶,求汽车在反射两个超声波信号之间的时间内的速度.

5 物态变化图像法

引路人　杭州外国语学校　吴承瑶

思想方法导引 ➤➤

解决任何图像问题都必须看懂图像反映的量之间的关系,理解图像表达的物理意义.物态变化图像一般是指物体的温度随时间变化的图像.我们需要根据题目信息:①找出导致物体温度变化的因素,并判断温度是如何变化的;②如有多个过程要进行分段分析,特别注意图线的起点、交点、拐点、终点的意义.另外晶体熔化(液体沸腾)要求同时满足两个条件——温度达到熔点(或沸点)和继续吸热,这常常是命题和解题的重要出发点.

方法要点例析 ➤➤

例1 "相变储热技术"是利用相变材料 PCM 在固态、液态和气态之间相互转化的过程中要吸收或放出热量的原理来储存或释放热能的技术.某种固-液相变(固态和液态之间相互转化)材料,工作过程中其温度随时间变化的图像如图所示,下列说法不正确的是　　　　　　( )

A. 该相变材料是晶体

B. 该相变材料的熔点为 T_2

C. $t_1 \sim t_2$ 时间内该相变材料储存热能

D. $t_3 \sim t_4$ 时间内该相变材料为液态

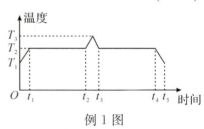

例1图

解析　从图像可知,该材料在相变过程中有温度不变的特征,因此判断其为晶体,熔点为 T_2,$t_1 \sim t_2$ 时间为该相变材料吸热熔化阶段,故期间储存热能;$t_3 \sim t_4$ 时间应为其放热凝固阶段,其状态应为固液共存,液体减少,固体增加.故答案为 D.

感悟　识破题目中的相变即物态变化中的晶体熔化吸热和凝固放热的过程,结合相应知识即可解决.

例2 如图所示,图线 a 是某中学实验兴趣小组根据实验记录绘制的水沸腾图像,若其他条件不变,操作:①仅减少水的质量;②仅增大液面上方气压;③既增加水的质量,同时减小液面上方气压.小组成员绘制了 b、c、d 三条图线(顺序不定),则图线_____中水温和时间的对应关系是错误的.

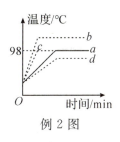

例2图

解析 若其他条件不变,①仅减少水的质量,水温升高的速度加快,但水的沸点不变,对应图线 c;②仅增大液面上方气压,则液体的沸点升高,因水的质量不变,所以水温升高的快慢不变,图中无对应图线;③既增加水的质量,同时减小液面上方气压,则水温升高速度减慢,沸点降低,对应图线 d.即三种情况中水温与时间对应关系错误的图线是 b.

感悟 根据其他条件不变,去思考题设条件变化后会引起水温发生哪些变化:升温变快还是变慢,沸点变得更高还是更低,即可得出相关结论.

例3 如图甲所示,在试管和烧杯中分别放入适量的碎冰,再把试管放入烧杯中,并各放置一支温度计,然后点燃酒精灯.图乙是烧杯中的温度计 A 的示数随时间变化的图像,已知试管内的冰熔化过程历时 4min,则试管中温度计 B 的示数随时间变化的图像可能是　　　　　( )

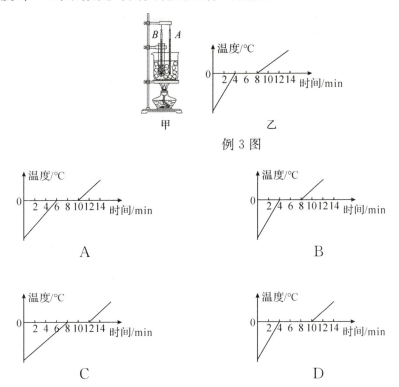

例3图

17

解析　由图乙可知,烧杯内的冰熔化过程是 4~8min,在此期间,烧杯内的冰持续吸热,温度不变,此时间段内试管内的冰温度达到熔点后,由于不能继续吸热(无温差),所以不能熔化;当烧杯内的冰完全熔化成水后,温度继续升高,可以对试管提供热量,故试管内的冰从第 8min 开始熔化,熔化时间为 4min,故第 12min 时完全熔化完后,温度继续升高,只有 C 符合.需要提醒的是,试管中的冰有可能在 $t=8$min 之前就达到了熔点.

感悟　试管里的冰块要开始熔化必须满足:温度达到 0℃ 且能从烧杯中的水持续吸热.而烧杯中的冰块在熔化过程中温度始终为 0℃ 不变,因此须等烧杯中的冰块完全熔化并继续升温才能给试管供热.故试管内的冰块从第 8min 开始熔化.分析"熔化要求继续吸热"这个条件如何实现,成为解题关键点.

✦ 小试身手 ➤➤

1. 在一个标准大气压环境中,架设两套完全相同的水浴加热装置(如图甲),两套装置的试管中分别装有少量相等体积的 M 固体和 N 固体.它们的加热时间-温度曲线如图乙所示.N 物质始终是固体.则下列说法正确的是(　　)

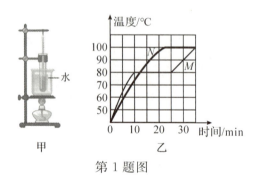

第 1 题图

A. 由图乙可知 M、N 肯定都是晶体

B. M 固体的熔点是 80℃

C. 第 12min 时 M 物质是固态

D. M 固体在 10~25min 时间内温度不变,没有吸热

2. 用如图甲所示的实验装置探究"冰的熔化特点",烧杯和试管中放有适量的碎冰,A、B 两支温度计的示数随时间变化的图像如图乙所示,下列说法中正确的是(　　)

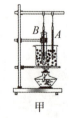

甲

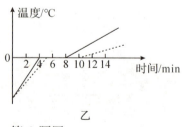

乙

第 2 题图

A. 实线是 B 温度计的示数随时间变化的图像

B. 烧杯内碎冰从第 4min 开始熔化

C. 第 2min 时烧杯内碎冰处于固液共存态

D. 试管内碎冰熔化时间为 6min

3. 小东协助奶奶煮饺子,水烧开后,奶奶告诉她:按照传统习惯,煮饺子的时候需要加三次凉水,目的是不让水沸腾,让饺子不容易煮破.于是小东迅速往锅里加了一碗凉水,用同样大的火加热直至水再次烧开.下面能反映整个过程中水的温度随时间变化的图像是　　　　　　　　　　　　　　(　　)

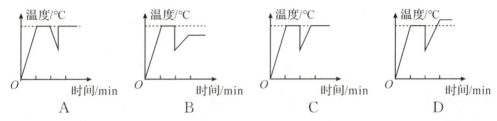

A　　　　　　　　B　　　　　　　　C　　　　　　　　D

4. 给一定质量的水加热,其温度与时间的关系如图中 a 所示,若其他条件不变,仅将水的质量增加,则温度与时间的关系图像是　　　　　　(　　)

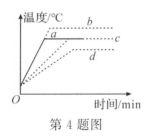

第 4 题图

A. a　　　　　　　B. b　　　　　　　C. c　　　　　　　D. d

5. 追踪考查动物种群分布的科学家发现了一大型动物在沙滩上留下的一组较深的脚印,随行的工作人员用蜡块熔化后浇铸成的脚印模型来判断动物的身高、体重等信息.则最能正确反映蜡块物态变化过程的图像是 (　　)

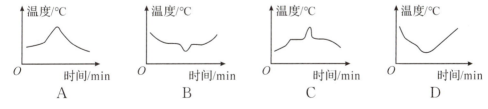

A　　　　　　　　B　　　　　　　　C　　　　　　　　D

6 温度计校准模型

引路人 南京外国语学校 翁 华

思想方法导引 ▶▶

温度计是用来测量温度的仪器,实验室常用的液体温度计是利用测温液体热胀冷缩的性质制成的.主要由玻璃泡、玻璃管、刻度等部分组成,玻璃泡里的工作物质是煤油、酒精或水银等液体.标准大气压下冰水混合物的温度为 0℃,水沸腾时的温度为 100℃.当温度计不准确时,显示的这两个温度并不是 0℃ 和 100℃,此时需要对其进行校正.校正思路如下:把不准确温度计的"示数"当成"格数"去处理,先求出温度计上的一小格代表的温度值,再根据物体的实际温度和"示数"的关系,求出实际温度或者"示数".

方法要点例析 ▶▶

▶ **例1** 一支刻度均匀的温度计(分度值为 1℃),经校验不准确.放在冰水混合物中时,示数是 4℃,放在 1 标准大气压下沸腾水中时温度为 94℃.

(1)该不准确温度计的一小格(1℃)所表示的真实温度为_____℃(本小题结果用分数表示);

(2)如图所示,用该温度计测量一杯水的温度为 22℃,则这杯水的实际温度是_____℃;

(3)当用该温度计测量真实温度为 50℃ 的水时,该温度计的示数为_____℃.

例1图

解析 (1)冰水混合物的温度是 0℃,标准大气压下沸水的温度是 100℃,而该温度计示数由 4℃ 到 94℃,显示温度变化了 90℃(90 小格),故该温度计上的一个小格代表的温度值为 $\dfrac{100℃}{94-4}=\dfrac{10}{9}$℃.

(2)这杯水的实际温度为:$(22-4)\times\dfrac{10}{9}$℃$=20$℃.

(3)如果实际温度为 50℃,与在冰水混合物中时相比,液柱升高小格数为：$\dfrac{50℃}{\dfrac{10}{9}℃}=45$；温度计示数：$T'=45℃+4℃=49℃$.

答案为：(1)$\dfrac{10}{9}$；(2)20；(3)49

感悟 本题考查摄氏温度及其计算方法，解题的关键是算出这支不准确温度计的 $1℃$（也就是一格）等于标准温度计的多少摄氏度.

🔴 **例 2** 一支刻度均匀但示数不准确的温度计，在一个标准大气压下，放入冰水混合物中，它的示数为 $10℃$，放入沸水中，它的示数为 $90℃$，问：

(1)该温度计的示数为 $25℃$ 时，实际温度是多少摄氏度？

(2)若测某一液体温度时，温度计的示数恰好与实际温度相同，此时温度是多少摄氏度？

解析 (1)这支温度计上的示数 $10℃$ 所对应的实际温度是 $0℃$，示数 $90℃$ 对应的实际温度是 $100℃$. 由于 $10℃$ 到 $90℃$ 之间有 80 个小格，那么实际上一个小格表示的温度为 $\dfrac{100℃}{80}$；当温度计的示数为 $25℃$ 时，实际温度 $t=(25-10)\times\dfrac{100℃}{80}=18.75℃$.

(2)设液体的实际温度为 t，则 $\dfrac{100℃-0℃}{90℃-10℃}=\dfrac{t}{t-10℃}$，解得 $t=50℃$.

感悟 本题考查温度的计算，难点是如何确定不准确温度计的一格实际代表多少摄氏度.

🔴 **例 3** 小东做实验时发现一支温度计不准确，把它和标准温度计一同插入水中，发现当实际温度为 $2℃$ 时它的示数是 $2℃$，实际温度为 $82℃$ 时它的示数是 $102℃$. 仔细观察，它的刻度是均匀的.

(1)请以 t 表示任意温度时的示数，以 T 表示这时的实际温度，导出用 t 表示 T 的公式.

(2)这支温度计在示数为 $26℃$ 时，实际的温度是多少？

解析 (1)因为温度计的刻度是均匀的，把示数 $2℃$ 和 $102℃$ 当成格数，有 100 格，代表的温度差为 $82℃-2℃=80℃$，每一格为 $\dfrac{4}{5}℃$. 所以，$T-2℃=\dfrac{4}{5}(t-2℃)$，即 $T=\dfrac{4}{5}t+\dfrac{2}{5}℃$.

(2)把 $t_1=26℃$ 代入上式得 $T_1=21.2℃$. 这表示当这支温度计示数为 $26℃$ 时，实际温度为 $21.2℃$.

感悟 本题考查的问题是关于温度的规定,关键是利用现标度和某示数对应的实际温度得到数学表达式.

小试身手 ➤➤

1. 有一支刻度均匀,但实际测量不准确的温度计,把它放在冰水混合物中,示数是 4℃,把它放在 1 个标准大气压下的沸水中,示数是 94℃,把它放在某液体中时,示数为 31℃.则该液体的实际温度是 ( )

A. 30℃ B. 31℃ C. 27℃ D. 35℃

2. 某一刻度均匀但不准确的温度计,把它放入冰水混合物中温度计的示数为 -10℃,把它放入沸水中温度计的示数为 70℃.将此温度计放入某液体中温度计的示数为 58℃(假设当地的气压为一标准大气压).则该液体的真实温度为 ( )

A. 85℃ B. 80℃ C. 68℃ D. 48℃

3. 实验室有一支刻度均匀但读数不准确的温度计,在测冰水混合物的温度时,其读数为 20℃,在测一标准大气压下沸水的温度时,其读数为 80℃,下面分别是温度计示数为 35℃时对应的实际温度和实际温度为 60℃时温度计的示数,其中正确的是 ( )

A. 35℃,60℃ B. 15℃,40℃ C. 25℃,56℃ D. 35℃,36℃

4. 有一支刻度均匀但示数不准确的温度计,测量时温度计的示数(T)与实际准确温度(t)的关系图像如图所示.

(1)将此温度计分别放入冰水混合物和标准大气压的沸水中,温度计的示数各为多少?

(2)若用这支温度计测出教室里的温度为 23℃,则实际温度是多少?

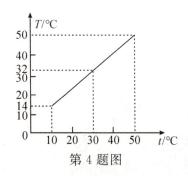

第 4 题图

7 食相及影子模型

引路人 苏州市阳山实验初级中学校 唐建华

💡 思想方法导引 ▶▶

食相、影子的形成都是基于光的直线传播原理. 当不透明物体遮挡光源时，光无法绕过物体，在物体后方形成光无法到达的暗区，即本影（完全黑暗的区域，如日全食、月全食）. 若光源为扩展光源（如日光灯），则可能出现半影（部分光被遮挡的半明半暗过渡区域，如日偏食、月偏食、日环食等）. 解决影子问题的核心是：弄清光源和物体的相对位置，画图找几何关系，得出物体与影子的关系.

☁ 方法要点例析 ▶▶

▶ **例1** 日食有日全食、日环食、日偏食三个类型，其成因是_____，其中能观察到图甲现象的是区域_____，能观察到图乙现象的是区域_____，能观察到图丙现象的是区域_____（后面三空填数字编号）.

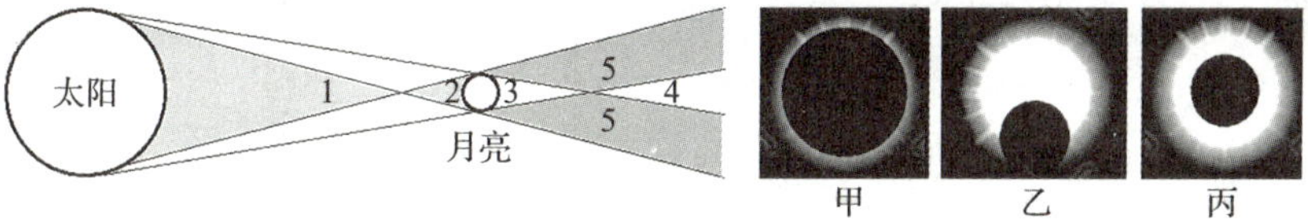

例1图

解析 日食是由于光的直线传播而形成的自然现象，月亮绕地球转动，当月亮的位置处于太阳和地球中间，且三者在同一直线时，地球上的部分地区看不到太阳，或只看到太阳的一部分. 如图，当我们处于区域3时能看到日全食（如图甲所示），这时月球与地球距离较近；当我们处于区域4时能看到日环食（如图丙所示），此时月球与地球距离较远；当我们处于区域5时能看到日偏食（如图乙所示）.

感悟 日食、月食，关键是要弄清它们的形成原因，月亮绕地球转动过程中，若转到地球和太阳中间则有机会形成日食现象，其过程模拟如右图所示.

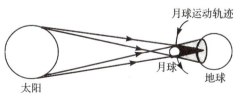

23

🔴 **例 2** 如图所示,一个戴着帽子的人在水平地面上从路灯的正下方开始匀速直线行走,速度为 v,则这个人所戴帽子的顶部在地面的影子的移动速度是 （　　）

例 2 图

A. 先快后慢

B. 先慢后快

C. 越来越快

D. 匀速直线运动

解析 如答图所示,可以将路灯看作点光源 A,以帽子的顶部 B 为研究对象,当人在 O 处时,影子为 OB'. 假设帽子顶部水平移动的轨迹为 BC,那么其在地面影子的移动轨迹为 $B'C'$,BC 与 $B'C'$ 平行,则有 $\triangle ABC \backsim \triangle AB'C'$. 若 $\dfrac{B'C'}{BC}$ $= n$,则影子移动的速度为 nv,且保持不变,所以帽子顶部的影子做匀速直线运动.

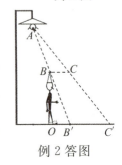
例 2 答图

感悟 找出物体运动的轨迹,再找出影子的运动轨迹,分析其几何关系解题.

🔴 **例 3** 如图所示,人沿着平直斑马线中心线匀速过马路,在路灯的照射下,人的影子在人身体一侧,人在过马路时,头部形成的影子的运动轨迹大致是_____(填"曲线甲""直线乙"或"曲线丙")

例 3 图

解析 将人的头部看成一个点,其运动的轨迹是一条直线 BC,将路灯看成一个点 A,则点 A 与直线 BC 就确定了一个平面,该平面与水平地面的相交线就是人头部的影子轨迹,所以是直线乙. 或者将人运动形成的轨迹看成一堵直墙,路灯斜照墙上,墙顶在地面的影子就是一条直线,用一本书本放在台灯下模拟,也能看到这一现象.

感悟 将人水平直线行走的轨迹看成一堵墙,用台灯实验是解决问题的好方法.

🔴 **例 4** 如图甲所示,小明用一端带有小孔的纸筒作为外筒,另一个直径略小的纸筒作为内筒,把内筒沿箭头方向装入外筒观察"F"光源.

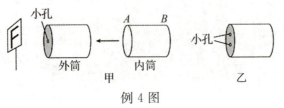
例 4 图

(1)为了更清楚地观察像,应在内筒的_____(填"A"或"B")端蒙上半透明薄膜作为光屏.

(2)薄膜上形成倒立像的原理是_____.

(3)若仅将"F"光源向右移动,薄膜上像的大小_____;若将小孔挡住一半,像的大小_____,像的亮度_____.

(4)小华又在外筒上戳了一个孔,如图乙所示,结果发现薄膜上出现了两个像,则这两个像大小关系是_____(填"一定相同""可能不同"或"可能相同").

解析 (1)小孔成像是光在同一均匀介质中沿直线传播的具体应用,半透明薄膜相当于光屏,为了成的像更清晰,便于观察,半透明薄膜应该放在内筒的 A 端.

(2)薄膜上形成倒立像的原理是光在同种均匀介质中沿直线传播,物体发出的光通过小孔沿直线传播到光屏上形成倒立的像.

(3)若仅将"F"光源向右移动,即物距减小,但像距不变,根据小孔成像的特点,薄膜上的像变大;若将小孔挡住一半,像的大小与孔的大小无关,所以像大小不变,通过小孔的光线减少,亮度变暗.

(4)小华又在外筒上戳了一个孔,形成了两个小孔成像,这两个像的形成原理相同,都是倒立的实像,由于物距、像距相同,根据小孔成像规律,像的大小一定相同.

感悟 小孔成像是由于光的直线传播,解决问题时需要建立相应的光路模型.

✦ 小试身手 ▶▶

1. 下图中,人眼能看到_____(填"日全食""日偏食"或"日环食")现象,该现象的成因是_____.

第 1 题图

2. 有两个身高相同的小朋友 A 和 B,他们分别站在路灯下,路灯 O 是光源,O′ 点是路灯在地面上的投影.A、B 两人的立足点和点 O′ 在同一直线上,如图所示.他们的头部在地面上留下两个影子 A′ 和 B′,相距为 d′;当两人沿着过 O′ 点的 A′B′ 直线以相同的速度向右行进时,地面上 A′ 和 B′ 之间的距离将_____.

第 2 题图

3. 为了探究小孔成像规律,小明选用如图甲所示的圆柱形纸筒进行实验,发现所成像的大小、亮度都不同.

关于像的大小与哪些因素有关,他们提出了以下猜想.

猜想 1:与发光体 AB 到小孔的距离有关.

猜想 2:与小孔到光屏的距离有关.

第3题图

(1)为了实验现象更明显,实验中光屏应该选择_____.

A.半透明纸   B.不透明纸

(2)验证猜想 2 时,他们保持发光体 AB 到小孔的距离不变,多次改变小孔到光屏之间的距离,测出了像的高度,见下表.

光屏到小孔的距离 s/cm	2.0	4.0	6.0	8.0	10.0
像的高度 h/cm	1.0	2.0	3.0	4.0	5.0

根据数据可以得出结论:_____

_____.

(3)树荫下的圆形光斑是太阳光经过树叶缝隙(小孔)时形成的像.晴天树荫下的圆形光斑大小不一(图乙),甲同学认为是由于太阳到小孔距离不同造成的,乙同学认为是由于小孔到地面距离不同造成的.你认同哪位同学的观点并说明理由.

8 平面镜视域判断法

引路人　宁波市奉化区实验中学　孙锡强

思想方法导引 ▶▶

平面镜通过反射可以改变光的传播方向,也可以成像.解决平面镜视域有关问题,无非两种方法:一是光路法,二是成像法.光路法的基础是光的直线传播与光的反射定律,成像法则运用平面镜成像规律,关键是准确找出边缘光线,从而确定视域.要使物体在平面镜中成像,必须使该物体发出的光到达平面镜的镜面;而要看到像,必须有光通过平面镜反射进入人眼.平面镜视域的确定,无非是搞清楚物体发出的光通过平面镜反射后能否到达人眼,通过边缘光线确定其视域.另外,在平面镜视域判断中经常用到光路可逆原理.

方法要点例析 ▶▶

例 1 如图所示,人眼位于平面镜前,请作图确定人眼通过平面镜能够观察到的范围.

解析 人眼通过平面镜能观察到的范围,就是该范围中的物体发出的光通过平面镜反射后可到达人眼,根据光路可逆原理,也可视眼睛为光源,求其

例1图

发出的光通过平面镜反射后,能够到达的区域.可用两种方法求解.

方法 1:光路法.如答图甲所示,将眼睛视作点光源,发出光,通过平面镜作反射光线,其中最边缘的反射光线为①和②,从平面上看,反射光线①、平面镜、反射光线②所围成的区域是反射光线能到达的区域,即为求解区域.

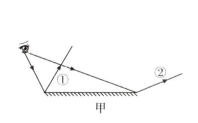

甲

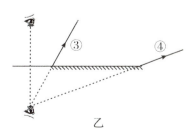

乙

例1答图

方法2：成像法．如答图乙所示，延长平面镜，将眼睛视作点光源，通过平面镜成像，作出眼睛的像．由于视觉关系，可认为最边缘的反射光线③④均是从眼睛的像发出，反射光线③、平面镜、反射光线④所围成的区域即为求解区域．

感悟 求平面镜反射可视区域或观察范围的关键是找出边缘光线（临界位置光线）．

🔴 **例 2** 如图所示，人眼位于平面镜前，同时有不透光遮挡物甲、乙位于如图位置，有一物体分别放于图中 A、B、C、D 四个位置，求该物体可以被看到的位置．

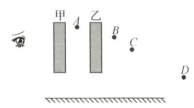

例 2 图

解析 此题也可用两种方法解决．

方法1：光路法．如答图(a)所示，视人眼为光源，其发出的光入射至镜面，其中入射光线①被遮挡物甲遮挡，无法得到反射光线，入射光线②刚好不被遮挡，可得到反射光线 b，入射光线③的反射光线 c 刚好不被遮挡物乙遮挡，入射光线④的反射光线 d 刚好不被遮挡物甲遮挡．由图可得，光线 b、c 和平面镜所成区域及 d 光线下方阴影区域为可视区域，故物体放于位置 C 时，可以被看到．

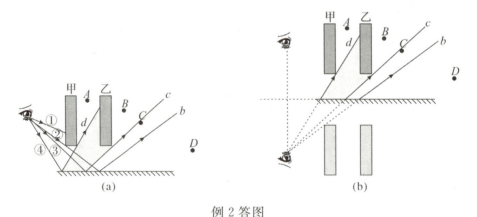

例 2 答图

方法2：成像法．如答图(b)所示，将人眼、遮挡物甲、乙均在平面镜中成像，视人眼的像为光源发出光，图中的 b、c、d 三条光线刚好不被甲、乙及它们的像遮挡，从而确定光线 b、c 和平面镜所成区域及 d 光线下方阴影区域为可视区域，位置 C 处于可视区域内．

感悟 可看到的位置必定在可视区域内．成像法求平面镜视域复杂问题时更便捷，反射光路法对作图起到辅助理解的作用．

例3 把两块厚度不计且足够大的平面镜 OM、ON 垂直黏合在一起，并竖立在地面上，俯视图如下. 当小科站立在某个位置时，设他通过平面镜所成像的个数为 m，看到自己完整像的个数为 n. 小科在不同位置时，下列对 m、n 的分析，不符合实际的是   (   )

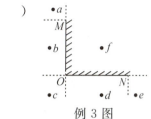

例3图

A. 在 a 点或 e 点时，$m=1$，$n=0$

B. 在 b 点或 d 点时，$m=1$，$n=1$

C. 在 c 点时，$m=2$，$n=2$

D. 在 f 点时，$m=0$，$n=0$

解析 图示中，共 6 个位置，其中位置 a、e 性质一样，位置 b、d 性质一样，共 4 类位置. 要在平面镜中成像，物体发出的光必定到达镜面，也就是物体必须位于平面镜前. 根据图示位置，a、b、c 位于平面镜 OM 前，c、d、e 位于平面镜 ON 前，f 位于两平面镜后，故在位置 a、b、d、e 时，均可成一个像，在位置 c 时，可以成两个像，在位置 f 时不成像.

若要通过平面镜看到小科自己完整的像，要达到两个条件，一是小科能在平面镜中成像，二是小科位于该平面镜反射可视区域内. 位于位置 a、e 时，可以在平面镜 OM 成像，但不在反射可视区域内，故不能看到该像；位于位置 b、d 时，可以在平面镜 OM 成像，同时也处于反射可视区域内，故能看到该像；位于位置 c 时，可以在平面镜 OM、ON 成像，但均不在反射可视区域内，故不能看到像；位于位置 f 时，不成像，故不能看到像. 答案为 C.

感悟 看到像以成像为基础，成像以光到达平面镜镜面为基础，分析时应注意此逻辑关系.

☆ 小试身手 ▶▶

1. 已知一平面镜两端坐标为 $A(0,3)$ 和 $B(1,3)$，点光源 $P(4,0)$ 将光线射向平面镜，再由平面镜反射回 x 轴，通过作图确定在 x 轴上的可视区域.

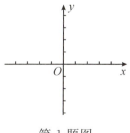

第1题图

2. 如图所示,在竖直的 xOy 平面上,人眼位于$(3,0)$坐标点,一平面镜位于图示位置,平面镜两端坐标分别为$(-1,3)$和$(0,3)$.一点光源 S 从坐标原点 O 沿 x 轴负方向运动,S 在如下哪个区域运动时,人眼能从平面镜中看到点光源 S 的像 （ ）

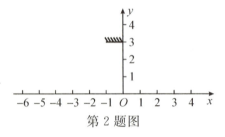

第 2 题图

A.0 到 -1 之间　　　　　　　B. -1 到 -3 之间

C. -3 到 -5 之间　　　　　　D. -5 到 $-\infty$ 之间

3. 如图所示,两个平面镜垂直放置,一人在镜面前不断走动,则 （ ）

A. 在任意位置都同时只能看到自己的一个像

B. 最多只能同时看到自己的一个像

C. 最多只能同时看到自己的两个像

D. 最多只能同时看到自己的三个像

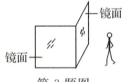

第 3 题图

4. 如图所示为一倾斜的平面镜,当你走向平面镜时,下列描述符合事实是 （ ）

A. 镜中的像变大

B. 通过平面镜观察到的视野变大

C. 镜中的像始终竖直

D. 像与你的连线与镜面不垂直

第 4 题图

5. 如图所示,水平地面上竖立一平面镜 MN,人直立在平面镜前观察自己在平面镜中的像,已知此时他看不见自己的脚在平面镜中的像.为了能观察到自己的脚在平面镜中的像,他应该 （ ）

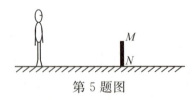

第 5 题图

①将脚抬起一些;②让自己蹲下一些;③将平面镜顺时针旋转一些;④让自己前进一些

A.①②　　　　　B.①③　　　　　C.②③　　　　　D.③④

9 平面镜运动成像分析法

引路人　苏州工业园区教师发展中心　曹　宏

📖 思想方法导引 ≫

　　只要是研究平面镜成像问题,无论是何种原因导致成像情况复杂,本质上都是物体发出的光线照射到平面镜上后由反射光线形成的视觉效果,在方法上可根据"在任一时刻,像和物都关于平面镜对称"这个规律来解题.

　　当涉及物体(或平面镜)在运动这样一类问题时,首先要明确运动物体(或平面镜)在整个过程中的各个位置,然后通过对称规律确定物、像和平面镜的几个关键位置,例如初、末位置及其他中间特殊位置,要采用画图的方法来辅助解答.确定它们位置的方法就是准确画出物和像的连线(谨记"任一时刻将物和像用直线连接起来,连线都会被平面镜垂直平分"),确定了研究对象的多个确切位置后,再结合对运动的理解,就可以分析出相关问题了.必要时,利用数学知识进行解答.

　　如果所研究物体的各个部分与镜面的垂直距离不相等,则可以把物体看成是由一个个物点构成的,每一个物点关于平面镜成一个对称的像点,这样就能看清物体的形状和大小产生的影响了.

　　以平面镜为参照物,像和物始终是对称的.如果平面镜保持静止,以地面为参照物,像的运动情况与物的运动情况是对称的.如果平面镜是运动的,以地面为参照物,所观察到的像的运动情况与以镜面为参照物观察到的像的运动情况是不同的.

🧠 方法要点例析 ≫

　　▶ **例1**　在一个水深为 20m 的湖面正上方,有一名跳伞运动员正从高 40m 的空中以 5m/s 的速度匀速下降,关于他在水中成像的情况,下列各种说法正确的是　　　　　　　　　　　　　　　　　　（　　）

　　A. 运动员在水中的像始终只能在水面下 20m 处

　　B. 运动员下降到 20m 高度时才能在水中形成像

　　C. 运动员在水中始终能成像,像以 10m/s 的速度向水面靠拢

D. 运动员在水中始终能成像,像以 10m/s 的速度向他本人靠拢,且像的大小不变

解析 平面镜成像的本质是光的反射,只要由物体发出的光线能够照射到平面镜上,就一定能在镜子里成像,因此运动员在任何高度都能成像.根据对称性,像与物大小相同,物不变则像不变;像距等于物距,物距大则像距大;像与物相对于平面镜的运动速度相同,均为 5m/s.若以本人为参照物,像的速度则变为 2 倍,即 10m/s.故选 D.

感悟 对称性包含物、像的大小、距离、移动速度、所处角度等各个方面,可依据问题选择对应因素使用对称性.

▶ 例 2 如图所示,一个点光源 S 对平面镜成像.设光源不动,平面镜以速率 v 沿 OS 方向向光源平移,镜面与 OS 方向之间的夹角为 30°,则光源的像 S' 将 ( )

A. 以速度 $0.5v$ 沿 $S'S$ 连线向 S 运动

B. 以速度 v 沿 $S'S$ 连线向 S 运动

C. 以速度 $\sqrt{3}v$ 沿 $S'S$ 连线向 S 运动

D. 以速度 $2v$ 沿 $S'S$ 连线向 S 运动

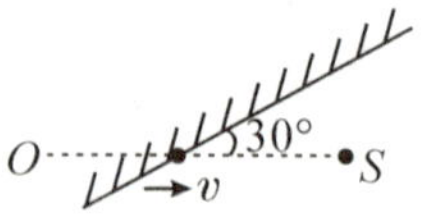

例 2 图

解析 如答图所示,根据对称性,作出 S 在起始位置的像点 S'.由于平面镜平移过程中,镜面与水平方向夹角始终不变,因此像始终在 SS' 连线上.当平面镜平移至 S 点时,像与物重合,移动过程中,平面镜移动的距离为 AS,像移动的距离为 SS'.由对称性可知,△ASS′ 为正三角形,AS=SS′,相同时间内平面镜与像通过的距离相同,则速度相同,均为 v.故选 B.

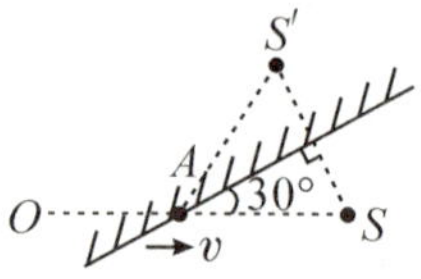

例 2 答图

感悟 平面镜成像特点中的对称,可引申至大小、线段、角均相等,需要灵活运用几何知识解决问题.

▶ 例 3 如图所示,玻璃板垂直放置于水平桌面上,正前方立有一棋子,现将玻璃板绕底边向棋子像的一侧翻转 90°,试分析该过程中,棋子顶端与其像之间距离的变化情况.

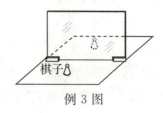

例 3 图

解析 如答图所示,设棋子顶端为 S 点,由题意画图,初始时刻的像在 S' 点,平面镜转过 $90°$ 时,成像在 S'' 处.根据对称性,$S'O = SO$.玻璃板绕 O 点顺时针旋转 $90°$ 过程中,因为 SO 长度不变,所以像到 O 点的距离即 $S'O$ 也不变,像始终位于以 $S'O$ 为半径的圆弧 $\overset{\frown}{S'S''}$ 上.由答图可知,物 S 与各时刻像的距离先变长再变短,当平面镜转至与 SO 垂直的位置时,距离最长,大小恰好为 SO 长度的两倍.

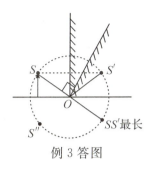

例 3 答图

感悟 平面镜转动过程中,寻找其中的不变量,便于确定像的运动轨迹,结合圆中弦最长为直径的数学知识,找到物像距离的变化规律.

▶例 4 如图所示,在两个互成一定夹角、面对面放置的平面镜中间,有一物体 P 恰好处于它们的角平分线上,此时在两平面镜上会呈现出若干个像.试分别求出当夹角为 $45°$、$60°$、$120°$ 时所成像的个数.

例 4 图

解析 如答图甲所示,以两平面镜交点 O 为圆心,OP 为半径作一辅助圆,所有像点都在此圆周上.物体 P 在平面镜 A 中成的像为 P_1,此像对于平面镜 B 来说相当于是一个物,会在平面镜 B 中再次成像 P_2,P_2 同样又在 A 镜中成像 P_3,如此反复循环.若某像恰好处于另一个平面镜所在的直线上,该平面镜就不能产生新的像,也就不再循环.若像到达了另一个平面镜的背后,该平面镜也不能成像了,循环终止.同

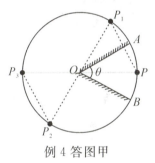

例 4 答图甲

理,物体 P 先在 B 镜中成像,再次于 A 镜中成像,形成另一循环,与上一循环具有对称性.两次循环相加,最终可得出确定的像的个数.

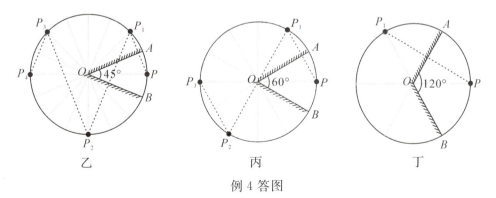

| 乙 | 丙 | 丁 |

例 4 答图

当夹角为 $45°$ 时,如答图乙所示,第一循环中可成 4 个像,最后一个像 P_4 在另一个平面镜的背后,循环终止.同理,第二循环中也成四个像,且第四个

像与 P_4 重合,因此,共成像 7 个.当夹角为 $60°$ 时,如答图丙所示,第一循环中成 3 个像,最后一个像 P_3 在另一个平面镜背后,循环终止,由于两个循环的最后一个像重合,因此,共成像 5 个.当夹角为 $120°$ 时,如答图丁所示,第一循环成像 1 个,位于 B 镜所在直线上,不再循环,两个循环共成像 2 个.

感悟 多个平面镜成多个像的本质是光的多次反射.光在第一个平面镜反射后,人眼认为是像发出的光,便"看"到了像.该反射光线遇到第二个平面镜后,变为入射光线再次发生反射,可以认为是"像"发出的光进行了反射成像,即第一个平面镜的"像"成为第二个平面镜前的"物",在第二个平面镜中再次成像,且"物"、像同样满足对称性.其中,像的个数不再增加有两种情况,第一种是"物"到平面镜背后,其发出的"光"无法反射;第二种是"物"在平面镜上,像与"物"重合.

✧ 小试身手 ➤

1. 某汽车驾驶室外有一用平面镜制作的观后镜,当汽车以 $50km/h$ 的速度在公路上向前行驶时,司机从镜中看到车后地面上静止物体的运动速度为 （　　）

A. $50km/h$　　　　B. $25km/h$　　　　C. $100km/h$　　　　D. 0

2. 如图所示,平面镜以 $45°$ 角倾斜放在水平面上.一支直立的长为 $12cm$ 的铅笔 AB,以 $5cm/s$ 的水平速度向平面镜匀速靠近,则此铅笔的像相对平面镜的速度为_____ cm/s,方向_____,铅笔像的大小_____ $12cm$（填"大于""小于"或"等于"）.

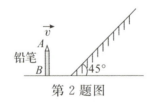

第 2 题图

3. 如图所示,一矩形平面镜 MN,将其上边缘固定后竖直放置,镜前有一个发光物体 S,此平面镜可绕其上边缘左右摆动,现将平面镜拉至 MN' 位置（夹角为 θ）,释放镜的下端,在平面镜从 MN' 摆到 MN 位置过程中,下列说法正确的是 （　　）

A. 像 S' 离镜上边缘越来越近

B. 像 S' 轨迹对镜上边缘的张角为 θ

C. 像 S' 的轨迹为圆弧

D. 当 θ 大于 $90°$ 时物体将不在此平面镜中成像

第 3 题图

10 折射、全反射模型

引路人　绍兴市上虞区教师发展中心　沈银锋

思想方法导引 >>

　　光的折射与全反射现象反映了光在不同介质交界面的传播情况.解决与光的折射和全反射相关问题的关键是:明晰入射角和折射角的关系,透彻理解光的折射规律,掌握全反射的临界条件等.光路图是关键辅助工具,能直观呈现光的传播路径,将抽象问题具象化.同时要灵活运用数学知识将光学问题转化为几何问题,通过数形结合的方式高效解决问题.

方法要点例析 >>

　　例 1 《康熙几暇格物编》中记载:"置钱碗底,远视若无,及盛满水时,则钱随水光而显现矣."如图所示,把铜钱放在碗底 B 处,人眼从 A 点"远视若无",这是因为在同种均匀介质中光_____.加适量水,从 A 处恰好看到铜钱的像在 E 处,用激光笔从 A 点向_____(填字母)处照射,可照亮铜钱.

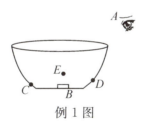

例 1 图

　　解析　把硬币放在容器底 B 处,人眼从 A 点"远视若无",这是因为在同种均匀介质中光沿直线传播.加适量水,从 A 处恰好看到铜钱的像在 E 处,根据光的折射规律可知,他看到的铜钱是因为光的折射而形成的变高的虚像,根据光路的可逆性可得,他用激光笔从 A 点向 E 处照射,可照亮铜钱.

　　感悟　熟知光的直线传播和折射规律,能根据图示分析物体与像的具体位置,并了解光路的可逆性,是正确解答的关键.

例2 如图所示,水池的宽度为 L,在水池右侧距离池底高度为 H 处有一激光束,水池内无水时恰好在水池的左下角产生一个光斑.已知 $L=H$,现向水池内注水,水面匀速上升,则光斑 ( )

  A.匀速向右移动,且移动速度小于水面上升的速度

  B.匀速向右移动,且移动速度大于水面上升的速度

  C.减速向右移动,但速度始终大于水面上升的速度

  D.加速向右移动,但速度始终小于水面上升的速度

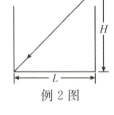

例2图

  解析 光由空气斜射进入水中时,折射光线向法线偏折,折射角小于入射角,所以光斑是由光的折射形成的;当水面上升时,折射光路的变化如答图所示:水面上升,光斑右移.因为 $L=H$,所以激光与水面成 $45°$ 角入射,在 $\triangle ACO$ 中,$AC=OC$,水面上升高度为 OC,光斑移动距离为 AB,$AB<OC$,所以光斑移动速度比水面上升的速度小.另因为水面匀

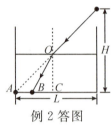

例2答图

速上升,即 OC 匀速变大,而折射角 $\angle BOC$ 不变,$AB=OC(1-\tan\angle BOC)$,得 AB 与 OC 成正比,故 AB 匀速向右移动.故 A 正确.

  感悟 光斑移动的本质是折射光路的动态变化,解题关键在于建立水面上升高度与光斑水平位移的几何关系,并利用光的折射规律分析光路偏折规律.

例3 如图所示为一束光由空气进入某种透明物质时,在界面上同时发生反射和折射的光路,则下列判断正确的是 ( )

  A.AO 可能是入射光线

  B.OB 可能是折射光线

  C.OC 必定是反射光线

  D.BO 必定是入射光线

例3图

  解析 (1)假设 AO 是入射光线,若 OB 为反射光线,OC 为折射光线,折射光线与入射光线在法线同侧,不可能;若 OC 为反射光线,OB 为折射光线,折射光线与法线重合,不可能.

  (2)假设 CO 是入射光线,若 OB 为反射光线,OA 为折射光线,折射光线与入射光线在法线同侧,不可能;若 OA 为反射光线,OB 为折射光线,折射光线与法线重合,不可能.

  (3)假设 BO 是入射光线,若 OA 为反射光线,OC 为折射光线,折射光线与入射光线在法线两侧,且折射角小于入射角,可能;若 OC 为反射光线,OA 为折射光线,折射光线与入射光线在法线两侧,且折射角小于入射角,可能.

故 D 正确.

感悟 此题考查了光的反射、折射定律的应用,首先要掌握定律的内容,根据法线和界面的关系确定折射光线、反射光线与入射光线之间的关系.

● **例 4** 如图所示,一束单色光沿着半圆形玻璃砖的半径射到它的平直边上,在玻璃砖与空气的界面上发生反射和折射,入射角为 θ_1,折射角为 θ_2. 下列说法正确的是 ( )

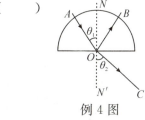

A. 折射光的亮度与入射光的亮度相同

B. 反射光的亮度总是与入射光的亮度相同

C. 若增大入射角 θ_1,则折射角 θ_2 将减小

D. 若增大入射角 θ_1,则折射光有可能消失

例 4 图

解析 光的亮度由能量决定,光发生反射和折射后,入射光的能量分成了反射光和折射光两部分,所以折射光的亮度比入射光小,故 A 错误;反射光的亮度只有在发生全反射时与入射光亮度相同,故 B 错误;折射角随着入射角的增大而增大,故 C 错误;光从玻璃斜射入空气,折射角增大,当入射角 θ_1 增大到一定程度时,折射角 θ_2 将增大到 90°,折射光无法进入空气中. 故 D 正确.

感悟 此题为"条件与现象"的典型关联问题,需结合物理情境进行动态分析. 解题需抓住两点核心:一是明确光从玻璃斜射向空气时,折射角随入射角的变化情况;二是理解此过程中的能量分配问题.

⭐ **小试身手** ➤➤

1. 某校新建成一个喷水池,在池底中央安装了一只射灯. 池内无水时,射灯发出的一束光照在池壁上,在 S 点形成一个亮斑,如图所示. 现往池内注水,水面升至 a 位置时,站在池旁的人看到亮斑的位置在 P 点;如果水面升至 b 位置时,人看到亮斑的位置在 Q 点,则 ( )

第 1 题图

A. P 点在 S 点的下方,Q 点在 S 点的上方

B. P 点在 S 点的上方,Q 点在 S 点的下方

C. P 点在 S 点的上方,Q 点在 S 点的上方

D. P 点在 S 点的下方,Q 点在 S 点的下方

2. 如图所示,一盛水容器的底部放有一块平面镜,它与容器底部的夹角为 15°.一条光线以 45°入射角从空气射向水面,折射角为 30°,进入水中的折射光线能够射到平面镜的表面.那么,这条光线经过平面镜反射后再从水进入空气的折射角是 （ ）

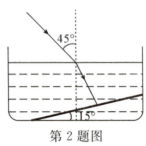

第 2 题图

A. 90°   B. 75°   C. 30°   D. 0°

3. 如图所示,只含红光和紫光的复色光束 PO,沿半径方向射入空气中的玻璃半圆柱后,如果只被分成 OA 和 OB 两光束沿图示方向射出,则 （ ）

A. OA 为红光,OB 为紫光

B. OA 为紫光,OB 为红光

C. OA 为红光,OB 为复色光

D. OA 为紫光,OB 为复色光

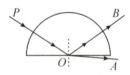

第 3 题图

4. 某小组同学在探究光的折射规律时,意外发现:当光沿某方向从半圆玻璃砖射向空气时,折射光消失而反射光却变得更亮(如图所示),老师告诉他们这是光的全反射现象.课后,他们查到光从玻璃射向空气时的一些数据如下表所示.

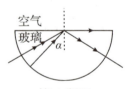

第 4 题图

入射角 α	0°	10°	20°	30°	40°	41.2°	41.8°	42°
折射角 β	0°	15.2°	30.9°	48.6°	74.6°	81°	90°	
反射能量	5%	7%	26%	43%	77%	84%	100%	100%

（1）分析上表数据,由反射能量与入射角大小的关系可知:光从玻璃斜射向空气时,入射角越大,折射角越_____,反射能量越_____;当入射角≥_____°时,就发生了全反射现象.

（2）根据光的折射规律,请猜想当光从空气斜射向玻璃时,_____(填"能"或"不能")发生全反射现象,理由是_____.

11　近似估算法

引路人　南京师大附中新城初中黄山路分校　马晓燕

📁 思想方法导引 ▶▶

物理估算是指运用物理方法或数学近似计算的方法,对所求物理量的数量级或取值范围进行大致且合理的推算.在某些情境下,有的物理量由于本身条件的特殊性,不需要也不可能精确计算,有的物理量则由于所给出的已知条件不完备,例如数据不足,无法直接通过物理公式进行计算.此时估算就很实用.

近似估算有以下几种:①抓住本质特征和影响结果的主要因素建模.②运用实际生活中的感知数据或必备常识性数据进行合理赋值,例如合理赋值初中生的个体质量、大气压强、水的密度等.③把题设的物理量转换成容易判断的物理量再进行估算.④结合物理模型,利用数学近似进行估算.

🔧 方法要点例析 ▶▶

例1 如果地球表面大气压为 1 个标准大气压,地球半径为 $6.4 \times 10^3 \, \text{km}$,据此估算地球周围空气的总质量约为　　　　　（　　）.

A. $5 \times 10^{18} \, \text{kg}$ 　　　B. $5 \times 10^{12} \, \text{kg}$ 　　　C. $1 \times 10^{12} \, \text{kg}$ 　　　D. $1 \times 10^{20} \, \text{kg}$

解析　球体的表面积 $S = 4\pi r^2 = 4 \times 3.14 \times (6400000 \, \text{m})^2 \approx 5 \times 10^{14} \, \text{m}^2$;

1 标准大气压的值为 $1.0 \times 10^5 \, \text{Pa}$;

由 $p = \dfrac{F}{S}$ 可得,大气压力 $F = pS = 1.0 \times 10^5 \, \text{Pa} \times 5 \times 10^{14} \, \text{m}^2 \approx 5 \times 10^{19} \, \text{N}$,

则空气的重力 $G = F = 5 \times 10^{19} \, \text{N}$.

由此,空气质量 $m = \dfrac{G}{g} = \dfrac{5 \times 10^{19} \, \text{N}}{10 \, \text{N/kg}} = 5 \times 10^{18} \, \text{kg}$,故选 A.

感悟　因为地球大气层有几千千米厚,但高层大气很稀薄,占大气层总质量的份额很小,所以在此粗略计算中可以被忽略.

例2 水平餐桌上有一瓶未开启的矿泉水,瓶身上标有"净含量 330mL"的字样,小明拿起瓶子时发现方格桌布上留有环形印迹,如图乙所示.他想利用学过的物理知识估算一下压强值,已知空瓶的质量为 9g,桌布上每个正方形小格的边长为 1cm,他先利用方格桌布一角测出了水深,示意图如图甲所示,又数出了印迹占有多少个小格(不满一格时,大于半格的计一格,小于半格的不计),则瓶底受到的水的压强为_____ Pa,矿泉水瓶对方格桌布的压强为_____ Pa.

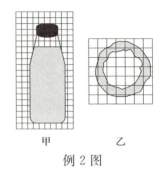

例2图

解析 由图甲可知,瓶内水深 $h=13\times1\text{cm}=13\text{cm}=0.13\text{m}$,则瓶底受到的水的压强

$p=\rho_{水}gh=1.0\times10^3\text{kg/m}^3\times10\text{N/kg}\times0.13\text{m}=1.3\times10^3\text{Pa}$.

由图乙可知,瓶底印迹占的格数为 15 格,则印迹的面积

$S\approx15\times1\times1\times10^{-4}\text{m}^2=0.0015\text{m}^2$;

水的质量 $m_{水}=\rho_{水}V=1.0\times10^3\text{kg/m}^3\times330\times10^{-6}\text{m}^3=0.33\text{kg}$,

矿泉水瓶对桌布的压力

$F=G=(m_{水}+m_{瓶})g=(0.33\text{kg}+9\times10^{-3}\text{kg})\times10\text{N/kg}=3.39\text{N}$;

矿泉水瓶对桌布的压强 $p=\dfrac{F}{S}=\dfrac{3.39\text{N}}{0.0015\text{m}^2}=2.26\times10^3\text{Pa}$.

感悟 本题考查压强的计算,难点是统计印迹占有的方格数求受力面积,解题过程中要注意单位的换算.

例3 空气的成分按体积计算,氮气约占 78%,氧气约占 21%.下表给出了空气中几种主要气体的密度.请估算你所在教室里空气的质量.

物质	氮气	氧气	二氧化碳	氢气
密度/(kg·m^{-3})	1.25	1.43	1.98	0.09

解析 设教室里空气的体积为 V,则氮气的质量 $m_{氮}=\rho_{氮}\dfrac{78}{100}V$;氧气的质量 $m_{氧}=\rho_{氧}\dfrac{21}{100}V$;则空气的质量 $m\approx\rho_{氮}\dfrac{78}{100}V+\rho_{氧}\dfrac{21}{100}V$,空气的密度 $\rho\approx\dfrac{m}{V}=\dfrac{\dfrac{78}{100}\rho_{氮}V+\dfrac{21}{100}\rho_{氧}V}{V}=\rho_{氮}\dfrac{78}{100}+\rho_{氧}\dfrac{21}{100}=1.2753\text{kg/m}^3$;一间教室的体积 $V\approx9\text{m}\times6\text{m}\times3\text{m}=162\text{m}^3$,所以,教室里空气的质量 $m\approx\rho V=1.2753\text{kg/m}^3\times162\text{m}^3\approx207\text{kg}$.

感悟 为方便估算,空气中其他气体可忽略不计,根据氮气和氧气所占空气体积的百分比,求得空气密度,然后估算出所在教室的空气体积,再利用密度公式求得所在教室的空气质量.

▶ **例 4** 如图所示,跳水比赛的 1m 跳板伸向水面,其右端点距水面 1m,A 为右端点在水底正下方的投影,水深 $h=4$m,若跳水馆只开了一盏黄色小灯 S,该灯与跳板右端水平距离 $x=4$m,离水面高度 $H=4$m,现观察到跳板在水下阴影的右端点 B 到 A 的距离 $AB=4\dfrac{1}{3}$m.

(1)求该黄色光在水中的折射率;

(2)若在水底 A 处放一物体,则站在跳板右端向下看,该物体看起来在水下多深处?

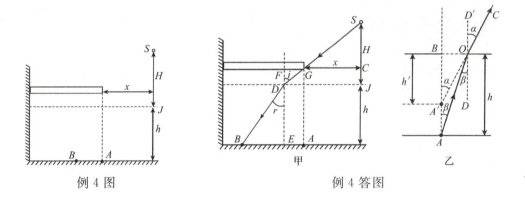

例 4 图   例 4 答图

解析 (1)画出临界光路图,如答图甲所示.

由几何关系可知 $GS=\sqrt{4^2+(H-1)^2}=5$m,$\sin i=\dfrac{4}{5}$.

$FD=1$m,$FG:FD=4:3$,

则 $AE=FG=\dfrac{4}{3}$m,$BE=AB-AE=3$m,故 $\sin r=\dfrac{3}{5}$.

由折射定律可知 $n=\dfrac{\sin i}{\sin r}=\dfrac{4}{3}$.

(2)如答图乙所示,设 A 的视深为 h',从 A 上方看,光的入射角及折射角均很小,则有 $\sin\theta\approx\tan\theta$.

设 $\angle D'OC=\angle BA'O=\alpha$,$\angle AOD=\angle BAO=\beta$.

由折射定律 $n=\dfrac{\sin\alpha}{\sin\beta}=\dfrac{\tan\alpha}{\tan\beta}=\dfrac{h}{h'}=\dfrac{4}{3}$,解得 $h'=3$m.

感悟 在小角度情况下,利用数学近似 $\sin\theta \approx \tan\theta$,得出垂直水面向下看时,视深 h' 和水池实际深度的关系:$h' = \dfrac{h}{n}$,该关系式在做选择题或填空题时,可以直接应用.如果从折射率为 n 的介质中,观察正上方距液面高为 h 的物体,同理可得 $h' = nh$(h' 为视高).

小试身手 ▶▶

1. 在水底同一深度处并排放置着红、黄、绿、蓝、紫五个球,人在水面正上方竖直俯视,感觉最浅的球是 （　　）

    A. 紫色球　　　　B. 红色球　　　　C. 黄色球　　　　D. 一样深浅

2. 某天晚上每吨汽油价格上调 300 元,小明爸爸到加油站加汽油,加满一箱 50L 汽油比调价前多花 12.3 元.据此估算汽油的密度为 （　　）

    A. $0.8 \times 10^3\,\mathrm{kg/m^3}$　　　　　　B. $0.82 \times 10^3\,\mathrm{kg/m^3}$

    C. $0.84 \times 10^3\,\mathrm{kg/m^3}$　　　　　　D. $0.86 \times 10^3\,\mathrm{kg/m^3}$

3. 如图所示是一包打印纸及该打印纸的一些信息,热爱物理的小远同学还用毫米刻度尺测量了这包纸的厚度,记录了一个数据 5.00,但忘了写单位,以下对这包纸的估算最符合实际情况的是 （　　）

    A. 这种纸单张厚度约为 $50\,\mu\mathrm{m}$

    B. 这包纸的质量约为 2.5kg

    C. 这种纸的密度大于水的密度

    D. 这种纸单张面积为 $6.237\mathrm{m^2}$

第 3 题图

4. 如图所示为举重运动员在 0.5s 内由支撑到起立将杠铃举起的过程,杠铃的总质量为 100kg,已知图中杠铃的实际直径是 40cm,请据图估算出该运动员在上述过程中对杠铃做功的平均功率约为 （　　）

    A. 700W

    B. 1900W

    C. 1200W

    D. 2500W

支撑　　起立

第 4 题图

5. 从折射率为 n 的水中观察正上方距离液面高为 H 的树木,请你用数学近似计算的方法推导,此时视高 h 为多少?

12　光路可逆法

引路人　舟山市南海实验学校　金可泽

思想方法导引 ▶▶

光路可逆,是指如果光线沿某一路径传播,则当光线反向传播时,路径将完全相同.这一原理体现了逆向思维,在分析光学成像、简化复杂问题时具有重要作用.它适用于所有几何光学系统(透镜、平面镜、棱镜等),解题核心是正向分析光路→逆向验证对称性→简化复杂问题.

常见应用场景有以下三种.

①平面镜反射:人们观察到的虚像,本质是光路可逆的体现,实际是由反射光线反向延长线的交点所构成.

②透镜成像:已知像的位置,可以逆向求物的位置.

③复杂光路问题:在简化分析时,光路可逆性保证了像的对称性.

光路可逆适用于需要反向分析光路、验证成像过程对称性的题型,关键技巧有以下三个.

①把握对称性:平面镜成像中,像与物始终关于镜面对称.

②应用等效替代:化解复杂光路(如多面镜反射),将其等效为单一光路.

③学会作图辅助:通过反向延长线或辅助线确定像的位置.

方法要点例析 ▶▶

例1　如图所示,平面镜 OM 与 ON 的夹角为 θ,一条平行于平面镜 ON 的光线经过两个平面镜的多次反射后,能够沿着原来的光路返回,则平面镜之间的夹角不可能是　　　　　　　　　　　　　　(　　)

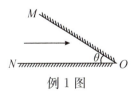

例1图

A. 1°　　　　　　B. 2°　　　　　　C. 3°　　　　　　D. 4°

解析　利用光路可逆原理,可将复杂的光线传播问题简化.在本题中,光线多次反射后能沿原路返回,意味着最后一次入射垂直于其中的一个平面镜,即入射角等于0,然后光线再原路返回.

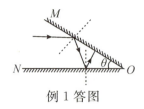

例1答图

由答图知:光线第一次反射时的入射角为$90°-\theta$;

第二次反射时的入射角为$90°-2\theta$;

第三次的入射角为$90°-3\theta$;

第N次的入射角为$90°-N\theta$.

由上得出平面镜夹角与反射次数的关系:$\theta=\dfrac{90°}{N}$.分别把各选项的数据代入,可以发现当$\theta=4°$时,$N=\dfrac{90°}{4°}=22.5$,不是自然数,说明不存在这样的反射次数使光线原路返回.故答案是 D.

感悟 光路可逆的核心思想是"逆向思考,路径不变".多次反射的题型,每次反射都对应镜像对称一次,推导出$\theta=\dfrac{90°}{N}$是关键.

▶**例2** 如图所示,有一竖直放置的平面镜MN,在平面镜前 45cm 处有一与平面镜平行放置的平板ab,在ab靠镜面的一侧有一点光源S,现要在离平面镜 5cm 的PQ虚线上的某一处放一平行于平面镜的挡光板,使反射光不能照射ab板上的AB部分,已知$SA=45cm$,$AB=45cm$,求挡光板的最小宽度是_____.

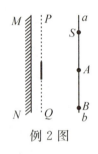

例2图

解析 把握对称性,作点光源S的像点S',连接$S'A$、$S'B$分别交MN于C、D,交PQ于F、H,再连接SC、SD,分别交PQ于E、G,如答图所示.最关键是要理解挡光板的最小宽度,就是遮挡入射光及反射光,使之最终都不能照射到AB部分.由答图可知,挡板的最小宽度即FG的宽度.

先求线段EG,根据$\triangle SEG \backsim \triangle SCD$,解得$EG=20cm$.

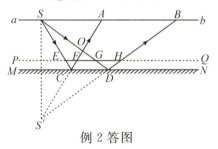

再求线段EF,根据$\triangle CEF \backsim \triangle CSA$,解得$EF=5cm$.

挡光板的最小宽度$FG=EG-EF=20cm-5cm=15cm$.

例2答图

感悟 学会数形结合,作图辅助,是解答这类题的法宝!

▶**例3** 如图所示,一点光源位于凸透镜的主轴上,凸透镜位置固定.当点光源位于A点时,它的像在B点;当点光源位于B点时,它的像在C点.则凸透镜位于 （　　　）

A.A的左侧　　　　　　　B.A、B之间

C.B、C之间　　　　　　D.C的右侧

例3图

解析 已知凸透镜成像的位置,逆向求物的位置.根据光路可逆原理,如果成实像,凸透镜在物和像的中间;如果成虚像,像和物在凸透镜同侧,物距小于像距.我们可以对四个选项依次进行判定:A 选项,凸透镜两次都成虚像,物距都小于像距,并且物距增大,像距也增大,符合题意.B 选项,物和像在凸透镜的两侧成实像,根据光路可逆,两次所成的像分别在 B 点和 A 点,不符合题意.C 和 D 选项中凸透镜成虚像时,物距大于像距,不符合题意.故选 A.

感悟 解决本题需掌握两个关键点:成实像时,物和像异侧,可以相互调换位置;成虚像时,物和像同侧,物距小于像距.

小试身手

1. 如图所示,两个平面镜的夹角 $\theta = 30°$,一束光线从点 A 出发,照射到平面镜上,经过多次反射后回到了点 A.关于这条入射光线,有以下三种说法.

甲说:可以是以入射角为 $30°$、照射到 OB 边上的光线,经过 3 次反射后回到点 A;

乙说:可以是平行于 OC 的光线,经过 4 次反射后回到点 A;

丙说:可以是平行于 OB 的光线,经过 5 次反射后回到点 A.

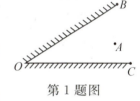

第 1 题图

下列判断正确的是 (   )

A. 甲对,乙错,丙对
B. 甲错,乙对,丙错
C. 甲对,乙错,丙错
D. 甲错,乙对,丙对

2. 如图所示的光路图中,有入射到透镜 L 上的某一光线 PA 和它的出射光线 AP',据此,请确定透镜的种类及左焦点的位置.

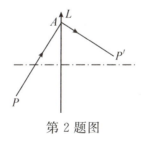

第 2 题图

3. 有一半径为 R 的球形透明均匀介质.在过圆心 O 的平面内有一束激光以与一条直径成 $\theta = 60°$ 角射向球表面,先经第一次折射,再经一次反射,最后经第二次折射射出,出射方向与最初入射方向平行.求出射角 γ.

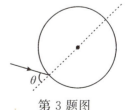

第 3 题图

13　透镜成像图解法

引路人　苏州市振华中学校　程建军

思想方法导引 ➤➤

　　同学们常用一些凸透镜成像规律的口诀来解题,比如:一倍焦距定虚实,二倍焦距定大小;实像倒立物像异,虚像正立物像同;成实像时,物近像远像变大,物远像近像变小.其实掌握了透镜的三条特殊光线,用作图的方法可十分容易地解决透镜成像问题.这三条特殊光线是:与主轴平行的光线(过透镜后交于焦点);过光心的光线(过透镜后方向不变);过焦点的光线(过透镜后与主轴平行).上述三条特殊光线对凸透镜与凹透镜都成立,只是经过凸透镜的光线是会聚的,经过凹透镜的光线是发散的.这三条光线是由焦点的定义和薄透镜的模型决定的.

　　如图甲所示,从物点 A 分别画一条平行于主光轴的光线和一条过凸透镜光心 O 的光线,这两条光线穿过凸透镜后交于 A',A' 就是物点 A 的实像点,$A'B'$ 则是 AB 的实像.

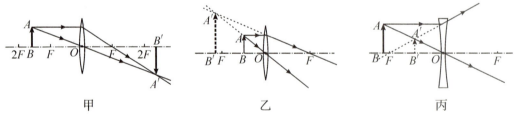

甲　　　　　　　乙　　　　　　　丙

　　如图乙所示,从物点 A 分别画一条平行于主光轴的光线和一条过凸透镜光心 O 的光线,这两条光线穿过凸透镜后,再分别画出反向延长线交于 A',A' 就是物点 A 的虚像点,$A'B'$ 则是 AB 的虚像.

　　如图丙所示,从物点 A 分别画一条平行于主光轴的光线和一条过凹透镜光心 O 的光线,这两条光线穿过凹透镜后,再画出反向延长线交于 A',A' 就是物点 A 的虚像点,$A'B'$ 则是 AB 的虚像.由图可知,任意改变物体到凹透镜的距离,经凹透镜都成正立缩小的虚像.

方法要点例析 ➤➤

▶ **例 1** 如图所示为同学们自制的照相机.在光线较暗的教室内,让照相机镜头对着明亮的室外,拉动纸筒,在半透明膜上可看到室外实验楼清晰的像.若想在半透明膜上成更大的像,则应该使 （　　）

A.照相机向前移,纸筒向前伸

B.照相机向后移,纸筒向后缩

C.照相机不移动,纸筒向后缩

D.照相机和纸筒的位置均不变

例1图

解析 自制照相机的半透明膜相当于光屏,要让半透明膜上呈现的实像更大,需要同时调节物距和像距,由答图可知,凸透镜成实像时,物体离凸透镜越近,成像越远,像也越大.所以照相机向前移,相当于减小物距,同时要增大像距,半透明膜的像才会变清晰,纸筒向前伸就相当增大像距,故选 A.

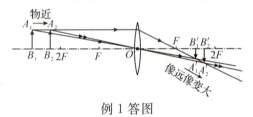

例1答图

感悟 凸透镜的焦距不变时,成像的性质变化取决于物距变化,用作图和成像规律口诀两种方法结合来理解就更加直观易懂.

▶ **例 2** 老奶奶用放大镜看报纸时,为了看到更大的清晰的像,应（　　）

A.报纸与眼睛不动,放大镜离报纸远一些

B.报纸与眼睛不动,放大镜离报纸近一些

C.报纸与放大镜不动,眼睛离报纸近一些

D.报纸与放大镜不动,眼睛离报纸远一些

解析 用放大镜看报纸上的字,看到的是正立放大的虚像,要看到更大虚像,需要调节物距,也就是报纸到放大镜之间的距离,由答图可知,成虚像时物体适当远离透镜,像也远离透镜,像变大,而进入人眼的是发散光束,看到像的情况跟人眼与透镜的距离无关,故选 A.

感悟 凸透镜成虚像时,如果直接用规律来解就很困难,因此应考虑用画图方法来解答.

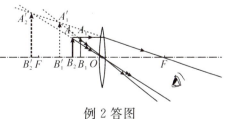

例2答图

例3 如图甲所示,光学元件由两个凸透镜 A、B 组成,A 的直径为 D,B 的直径为 d,将光学元件正对阳光,把一张白纸放在它的下方,在白纸上得到了如图乙所示的两个圆斑,圆斑的直径均为 d,则下列说法中有几个是正确的 （　　）

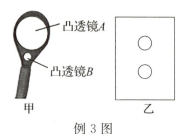

例3图

①透镜 A 的焦距一定大于透镜 B 的焦距

②用光学元件观察同一物体时,透镜 A 所成的像一定比 B 小

③光学元件稍稍靠近白纸时,两个光斑可能同时变小

A. 0 个　　　　 B. 1 个　　　　 C. 2 个　　　　 D. 3 个

解析 已知光学元件正对阳光,即太阳光平行于凸透镜的主光轴,由白纸上的圆斑知,阳光透过凸透镜到达圆斑,根据平行于主光轴的光线经过凸透镜后必过焦点可作图,如答图甲所示. 由图可知,透镜 A 的焦点有两种可能,一种在白纸和透镜之间,一种在白纸的右侧,无论哪一种其焦距都比透镜 B 的焦距大,故①正确.

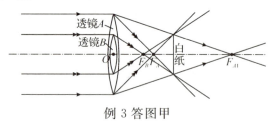

例 3 答图甲

物距不变,透镜 A 的焦距比透镜 B 焦距大,如答图乙所示,成实像时,焦距大的像就大,即透镜 A 的成像比透镜 B 大;如答图丙所示,成虚像时,焦距大的像就小,透镜 A 的成像比透镜 B 小,故②错误.

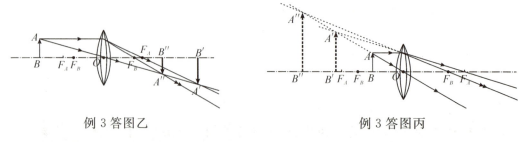

例 3 答图乙　　　　　　　　　　　　例 3 答图丙

光学元件靠近白纸时,相当于光学元件不动,白纸向左移动,如答图甲所示,由图可知透镜 A 有两种可能,当 A 的焦点在透镜和白纸之间时,光斑先变小后变大;当 A 的焦点在白纸右侧时,光斑一直变大;而透镜 B,光斑先变小后变大;故③正确. 所以,答案为 C.

感悟 本题考查了凸透镜成像规律和作图,解题关键是准确作出光路图.

● 例 4 要探究凸透镜成像的规律,阳阳跟老师一起研制了如图所示的实验装置,用水透镜模拟眼睛,光屏模拟视网膜,通过对水透镜注水或抽水可改变水透镜的厚薄.

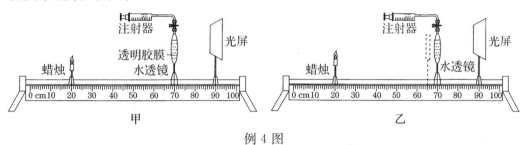

例 4 图

(1)蜡烛、水透镜和光屏在光具座上的位置如图甲所示,此时烛焰的像偏光屏的上方(像未画出),应_____(填"向上"或"向下")调节蜡烛使像成在光屏的中心,调整后在光屏上成了一个清晰的像,该像为倒立、_____的实像.

(2)用水透镜模拟正常眼睛看远处景物,将图甲中的蜡烛移动到光具座上 0 cm 处,光屏不动,此时应对水透镜_____(填"注水"或"抽水"),使其焦距变_____(填"长"或"短"),才能在光屏上重新得到一个清晰的像.

(3)用水透镜模拟近视眼,如图乙所示.若不戴近视镜时恰好能够看到图中位置上的蜡烛,在图中的虚线框内安装上适当度数的近视镜的镜片,则将能看清图中蜡烛位置_____(填"左侧"或"右侧")的物体.

(4)水凸透镜与常用的凸透镜相比,优点是_____.

解析 (1)实验时,首先要使烛焰、水透镜、光屏三者的中心在同一高度上,目的是使像成在光屏中心,此时烛焰的像偏光屏的上方,应将蜡烛向上调节;三者摆放位置如图甲所示,在光屏上成一个清晰的像,此时 $u>v$,成倒立、缩小的实像.

(2)用水透镜模拟正常眼睛,将题图甲中的蜡烛移动到光具座上 0 cm 处,物距增大,光屏不动,像距不变,如答图所示,将物体 A_1B_1 移动到 A_2B_2 位置,像仍要成在原来位置,平行于主光轴的光线过凸透镜后,与过凸透镜光心 O 的光线的交点要位于光屏上,平行于主光轴的光线过凸透镜后与主光轴相交的点就是变焦后凸透镜的焦点,由此可知凸透镜焦距变长,对光线的会聚能力减弱,所以此时应对水透镜抽水,使其焦距变长,才能在光屏上重新得到一个清晰的像.

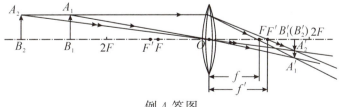

例 4 答图

（3）近视镜片是凹透镜,对光线有发散作用,水凸透镜前放置近视镜的镜片后,透镜的折光能力减弱,则可以看清物距更远的物体,即图中蜡烛位置左侧的物体.

（4）水凸透镜与常用的凸透镜相比,优点是可以通过改变水透镜表面弯曲程度来改变水透镜的焦距.

感悟 本题用水透镜模拟正常眼睛看远处景物,晶状体的曲率会发生变化,焦距就发生改变,用作图的方法来确定焦距,便于直观理解凸透镜所成像与物距和焦距的关系.

小试身手 ➤➤

1. 用三块凸透镜做成像实验,在保持各凸透镜跟烛焰距离相等的条件下,得到的实验结果如下:透镜甲成放大、倒立、实像;透镜乙成缩小、倒立、实像;透镜丙成放大、正立、虚像. 由此可知甲、乙、丙三个透镜的焦距关系为 （　　）

A. $f_甲 > f_乙 > f_丙$ 　　　　　　B. $f_丙 > f_甲 > f_乙$

C. $f_甲 < f_乙 < f_丙$ 　　　　　　D. $f_乙 < f_丙 < f_甲$

2. 城市的很多街口都安装了 360°高清晰摄像头,由公安局实施 24h 监控,保护人民的安全. 摄像头的像距几乎不变,但镜头的焦距可以调节,如图所示,某犯罪嫌疑人在成像板上已经成清

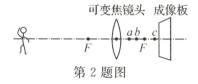
可变焦镜头　成像板
第 2 题图

晰的像,此时镜头的焦点在 F 处,在监控此人的过程中（该人在成像板上的像保持清晰）,下列说法正确的是 （　　）

A. 不管该人走近还是走远,所成的像都是正立、缩小的实像

B. 如果该人远离镜头,镜头的焦点可能变在 a 点

C. 如果该人靠近镜头,镜头的焦点可能变在 c 点

D. 如果该人靠近镜头,镜头的焦点可能变在 b 点

3. 如图所示,蜡烛位置不动,将凸透镜从图示位置开始向左移动,光屏上（未画出）先后在凸透镜右侧的甲、乙两处得到烛焰清晰的像,且乙处的像比甲处大,则 （　　）

A. 凸透镜的焦距 $f < 15cm$

B. 乙处烛焰的像是放大的

C. 乙位置在甲位置的左侧

D. 乙和甲的位置可能重合

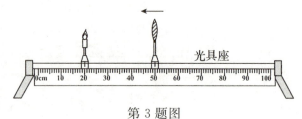
光具座
第 3 题图

14　成像公式法

引路人　宁海县教育局教研室　杨尧飞

📁 思想方法导引 ▶▶

（1）透镜成像公式 $\dfrac{1}{u}+\dfrac{1}{v}=\dfrac{1}{f}$，对凸透镜和凹透镜都适用，成实像时，物和像分居两侧却倒立，同时 $|u|\uparrow$，则 $|v|\downarrow$，像变小；$|u|\downarrow$，则 $|v|\uparrow$，像变大.成虚像时，v 为负值，物和像同侧，$|u|\uparrow$，则 $|v|\uparrow$，像变大；$|u|\downarrow$，则 $|v|\downarrow$，像变小.不管成实像还是成虚像，物和像移动方向一致.

放大率公式：$m=\left|\dfrac{v}{u}\right|=\dfrac{A'B'}{AB}$（$A'B'$ 为像高，AB 为物高）.

（2）成实像时，物像距离最小值为 4 倍焦距（$4f$）.

（3）对变焦镜头（几块透镜的组合）来说，焦距 f 会变，但 $\dfrac{1}{u}+\dfrac{1}{v}=\dfrac{1}{f}$ 仍然成立.对某一块透镜来说，焦距 f 是一个定值.

（4）多个透镜组合问题，如显微镜、望远镜等，对其中的透镜要一个一个分析，有时还要借助光学作图来求解.如第一个透镜的像往往是第二个透镜的"物".

☁ 方法要点例析 ▶▶

▶ 例1　用焦距为 12 cm 的凸透镜，得到放大 3 倍的像，物体应放在离透镜多远的地方？画出成像的光路图.

解析　（1）成放大的实像时，根据 $m=\left|\dfrac{v}{u}\right|$，$v=3u$，因为 $\dfrac{1}{u}+\dfrac{1}{v}=\dfrac{1}{f}$，

所以 $\dfrac{1}{u}+\dfrac{1}{3u}=\dfrac{1}{12}$，解得 $u=16$ cm.光路图如答图甲所示.

（2）成放大的虚像时，$v=-3u$，因为 $\dfrac{1}{u}+\dfrac{1}{v}=\dfrac{1}{f}$，

所以 $\dfrac{1}{u}-\dfrac{1}{3u}=\dfrac{1}{12}$，解得 $u=8$ cm，光路图如答图乙所示.

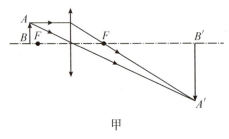 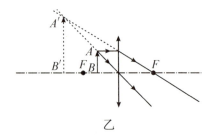

甲　　　　　　　　　　　　　　　　乙

例1答图

感悟　凸透镜成放大的像,既可能是实像,也可能是虚像.所以本题有两个解.如果是实像,则成倒立、放大的实像,物和像异侧,u、v 均为正值.如成放大的虚像,则物和像同侧,u 为正,v 为负,物距在焦点以内.搞清实像、虚像是解题的关键.

▶ **例 2**　物体与光屏之间放一凸透镜,调节物体的位置,在屏上得到比物体高 1 倍的像,把透镜向屏移动 6cm,在屏上得到高为物体一半的像,这个透镜的焦距是多少厘米?

解析　根据 $m = \left| \dfrac{v}{u} \right|$ 可得 $\dfrac{v_1}{u_1} = 2$,$\dfrac{v_2}{u_2} = \dfrac{v_1 - 6}{u_1 + 6} = \dfrac{1}{2}$,

联立解得 $u_1 = 6\text{cm}$,$v_1 = 12\text{cm}$.

又 $\dfrac{1}{u} + \dfrac{1}{v} = \dfrac{1}{f}$,解得 $f = 4\text{cm}$.

感悟　在光屏上形成的像为实像,第一次为放大的像,第二次为缩小的像,透镜恒定,则焦距 f 为定值,物体与光屏距离恒定,所以透镜向屏移动,则是增加物距和减少像距.

▶ **例 3**　某种变焦镜头的变焦范围为 15～85mm,用这个镜头对着远处的某一栋楼房拍照.当使用焦距 15mm 拍照时,显示屏上所成的清晰像的高度为 h_1;当使用焦距 85mm 拍照时,显示屏上所成的清晰像的高度为 h_2.则 h_1 与 h_2 的比值约为　　　　　　　　　　　　　　　　(　　)

　　A. 3∶17　　　　B. 17∶3　　　　C. 289∶9　　　　D. 9∶289

解析　用这个镜头对着远处的某一栋楼房拍照,说明物距 u 很大.物距、像距和焦距的关系为 $\dfrac{1}{u} + \dfrac{1}{v} = \dfrac{1}{f}$,当镜头焦距改变时,第一次、第二次物距 u 不变.

则 $\dfrac{1}{u} + \dfrac{1}{v_1} = \dfrac{1}{f_1}$;$\dfrac{1}{u} + \dfrac{1}{v_2} = \dfrac{1}{f_2}$.

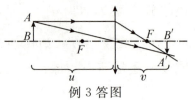

如答图可得物距 u、像距 v、物体 AB 高(H)、像 $A'B'$ 高(h)的关系.

例3答图

利用相似三角形的知识有 $\dfrac{h_1}{H}=\dfrac{v_1}{u}$；$\dfrac{h_2}{H}=\dfrac{v_2}{u}$.

这四个关系式中物高 H、物距 u 是不变的,当焦距改变时,像距 v、像高 h 会改变.联立以上四式解得 $\dfrac{h_1}{h_2}=\dfrac{f_1(u-f_2)}{f_2(u-f_1)}$,

由于物距远大于焦距,所以 $\dfrac{h_1}{h_2}\approx\dfrac{f_1}{f_2}=\dfrac{15\text{mm}}{85\text{mm}}=\dfrac{3}{17}$. 故选 A.

感悟 此题是变焦镜头的相机,焦距 f 会改变,公式 $\dfrac{1}{u}+\dfrac{1}{v}=\dfrac{1}{f}$ 仍然成立.只不过物距 u 基本恒定,解题要综合运用相似三角形的知识及数学近似处理方法,学科综合能力要求稍高.

✿ 小试身手 ▶▶

1. 凸透镜的焦距为 f,点光源 S 和光屏 M 位于凸透镜的左、右两侧,点光源位于凸透镜的主光轴上,光屏与凸透镜的主光轴垂直,光屏与点光源的距离 L 保持不变,且 $f<L<4f$.左、右移动凸透镜的位置,当光屏上的光斑最小时,凸透镜与点光源的距离为 (　　)

A. $\dfrac{L+f}{2}$ 　　B. $\dfrac{L-f}{2}$ 　　C. $\sqrt{Lf}$ 　　D. $\sqrt{(L+f)(L-f)}$

2. 如图所示,两个焦距都为 10cm 的凸透镜 L_1、L_2 相距 30cm. 一个物体位于 L_1 左侧 35cm 处,则物体发出的光线经过两个透镜后所成像是_____像(填"正立实""倒立实"或"倒立虚"),位于 L_2 右侧_____ cm 处.

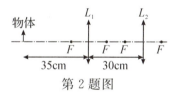

第 2 题图

3. 凸透镜成像时,物距 u、像距 v 和焦距 f 之间的关系是 $\dfrac{1}{f}=\dfrac{1}{u}+\dfrac{1}{v}$.

(1)当一个物体距离凸透镜 $u_1=10$cm 时,另一侧距离凸透镜 $v_1=15$cm 的光屏上正好得到清晰的像,此凸透镜的焦距是多少?

(2)如图所示是根据每次成实像时的物距 u,物和像间距 L(即 $u+v$)画出的图像(以 f 为长度单位),在物理学中,用像距 v 和物距 u 的比值来表示凸透镜的放大率 m,即 $m=\left|\dfrac{v}{u}\right|$,且 $m>1$ 时成放大的像,$m<1$ 时成缩小的像,请你通过计算,判断当 $u=3f$ 时,成放大还是缩小的像?

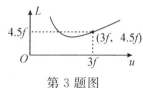

第 3 题图

15　物质密度测量法

引路人　连云港市赣榆区教育局教研室　王宜金

思想方法导引 ▸▸

物质密度测量基本上都是根据 $\rho=\dfrac{m}{V}$ 操作的,主要方法有以下几种.

1.常规方法:用托盘天平和量筒(杯)测量固体或液体的密度.

(1)测量固体密度:先用托盘天平测出物体质量 m,再用量筒(杯)测出物体体积 V,然后用 $\rho=\dfrac{m}{V}$ 求出物体密度.

(2)测量液体密度:先在烧杯中装入适量的待测液体,用托盘天平测量其总质量 m_1,再将部分液体倒入量筒中测量体积 V,然后测量烧杯及其中剩余液体的总质量 m_2,最后利用 $\rho=\dfrac{m_1-m_2}{V}$ 计算待测液体的密度.

2.无量筒方法:在没有量筒(杯)的情况下,利用已知物质密度间接测量未知密度.

(1)浸没法:先用天平测出物体质量,再将物体浸没在装满水的烧杯中,通过测量溢出水的质量来计算物体的体积,进而计算物体的密度.

(2)称重法:使用弹簧测力计测量物体在空气中的重力和物体浸没在水中的视重,两者之差即为浮力,再利用阿基米德原理求出物体的体积,进而计算出密度.

3.无天平方法:在没有托盘天平的情况下,利用已知物质密度间接测量未知密度.

(1)排液法:使用量筒和适量的水,通过漂浮和浸没分别测量物体的质量、体积,进而计算出密度.

(2)漂浮法:将同一物体分别漂浮在水和待测液体中,测出物体排开水和待测液体的体积,进而计算出待测液体密度.

在测量物质密度的过程中,要注意优化测量方法,减小测量误差.在使用量筒(杯)时,要注意量筒(杯)的量程和分度值,确保视线与液体凹液面相平.在使用天平测量质量时,需要确保天平的准确性和稳定性.

方法要点例析 ▶▶

▶ 例 1 小明摘来李子,用天平、量筒和水测量李子的密度.

(1)用天平测量李子的质量,当天平平衡时,右盘中的砝码和标尺上游码的位置如图甲所示,李子的质量为_____ g;将李子放入盛有 40mL 水的量筒中后,如图乙所示,李子的体积为_____ cm³,则李子的密度为_____ g/cm³.

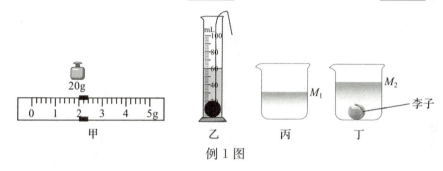

例 1 图

(2)完成上述实验后,在不用量筒的情况下,小明利用天平、烧杯和该李子测量凉茶的密度,实验步骤如下:

①在烧杯中加入适量的凉茶,如图丙所示,并在烧杯上标记此时液面的位置 M_1,测得凉茶和烧杯的总质量为 240g.

②将李子放入凉茶中,李子沉底,如图丁所示,在烧杯上标记此时液面的位置 M_2.

③取出李子,然后向烧杯中加凉茶,使液面上升至位置_____,测得此时凉茶和烧杯的总质量为 261g,根据实验数据,可得凉茶的密度为_____ g/cm³.从烧杯中拿出李子时会带出一些凉茶,这对凉茶密度的测量结果_____(填"有"或"无")影响,原因是_____.

解析 (1)李子质量 $m = 22g$,李子体积 $V = V_2 - V_1 = 60cm^3 - 40cm^3 = 20cm^3$,$\rho_{李} = \dfrac{m}{V} = 1.1 g/cm^3$.

(2)液面上升至位置 M_2.被李子排开凉茶的质量 $m_{排} = 261g - 240g = 21g$,$V_{茶} = V_{排} = V_{李} = 20cm^3$,则 $\rho_{茶} = \dfrac{m_{茶}}{V_{茶}} = \dfrac{21g}{20cm^3} = 1.05 g/cm^3$.

(3)不会影响凉茶密度的测量结果.因为通过比较加入凉茶前后的质量差来求出被排开凉茶的质量,与是否带出少量凉茶无关.

感悟 确保取出李子后加入的凉茶量能够使液面恢复到标记位置 M_2,通过比较加入凉茶前后的质量差来求被李子排开的凉茶质量,再利用 $V_{茶} = V_{排} = V_{李}$,求出凉茶密度.

例2 小明想知道自来水的密度,在没有天平的情况下,他使用不吸水的木块(已知木块的密度为 $\rho_木$)、细钢针和量筒,进行了如图所示的实验:

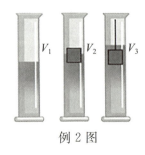

例2图

(1)向量筒中倒入适量的自来水,体积记为 V_1;

(2)将木块轻轻放入量筒中,当木块静止时,液面对应的刻度记为 V_2;

(3)用细钢针将木块压入自来水中,使其浸没,静止时液面对应的刻度记为 V_3;

(4)自来水密度的表达式 $\rho_水 =$ _____(用 V_1、V_2、V_3 和 $\rho_木$ 表示).

解析 木块的体积为 $V_3 - V_1$,木块的重力 $G_木 = m_木 g = \rho_木 (V_3 - V_1)g$.

当木块漂浮时,木块受到的浮力 $F_浮 = \rho_水 g V_排 = \rho_水 g(V_2 - V_1)$.

根据漂浮条件,$\rho_水 g(V_2 - V_1) = \rho_木 (V_3 - V_1)g$,解得 $\rho_水 = \dfrac{V_3 - V_1}{V_2 - V_1}\rho_木$.

感悟 本题的关键是抓住木块在水中漂浮时,$F_浮 = G_木$,然后分析、解决问题.

例3 小明发现利用托盘天平和量筒无法完成较大石块密度的测量,经思考后,他进行了如下实验操作.

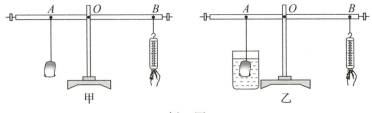

例3图

(1)将杠杆调节水平平衡后,在两侧各挂大石块和弹簧测力计,竖直拉动弹簧测力计使杠杆水平平衡,如图甲所示,记录此时弹簧测力计示数为 F_1;

(2)将大石块浸没于盛水的容器中,竖直拉动弹簧测力计使杠杆再次水平平衡,如图乙所示,记录此时弹簧测力计示数为 F_2;

(3)已知水的密度为 $\rho_水$,则大石块的密度 $\rho_石 =$ _____(用 $\rho_水$、F_1、F_2 表示).

解析 大石块的质量较大,它的重力超过弹簧测力计的量程.如图甲运用杠杆原理测大石块的质量.大石块的质量为 $m_石 = \dfrac{F_1 L_{OB}}{L_{OA} g}$.

由图乙知,石块对杠杆的拉力为 $F_拉 = G_石 - F_浮 = \dfrac{F_1 L_{OB}}{L_{OA}} - F_浮$,

由杠杆平衡条件得 $F_2 L_{OB} = \left(\dfrac{F_1 L_{OB}}{L_{OA}} - F_浮 \right) L_{OA}$,则 $F_浮 = \dfrac{(F_1 - F_2) L_{OB}}{L_{OA}}$.

石块的体积 $V_石 = V_排 = \dfrac{F_浮}{\rho_水 g} = \dfrac{(F_1 - F_2) L_{OB}}{\rho_水 g L_{OA}}$,

石块密度 $\rho_石 = \dfrac{m_石}{V_石} = \dfrac{F_1}{F_1 - F_2} \rho_水$.

感悟 本题利用杠杆平衡条件,先测出 $m_石$,再结合阿基米德原理,利用浸没时 $V_排 = V_物$ 测出石块的体积;然后根据 $\rho = \dfrac{m}{V}$,求出大石块密度.

✩ 小试身手 ➤➤

1. 小明和小华用电子秤、烧杯、水测量奖牌的密度,步骤如图甲、乙、丙、丁所示,水的密度 $\rho_水 = 1.0 \text{g/cm}^3$.

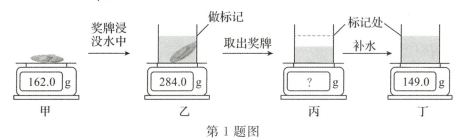

第 1 题图

小明在记录数据时,忘了记录图丙步骤的数据,小华思考后发现,只需要甲、乙、丁图的数据就能计算出奖牌的密度 $\rho_{奖牌} = $ _____ g/cm^3.

2. 小华同学利用一长方体木块(已知密度为 $\rho_木$)、刻度尺和平底柱形杯测量饮料的密度.

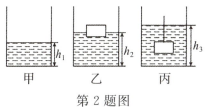

第 2 题图

(1)如图甲所示,他在柱形杯里装入适量饮料,测出杯中饮料的深度 h_1.

(2)使木块漂浮在饮料表面,测出此时杯中饮料的深度 h_2,如图乙所示.

（3）如图丙所示，用_____（填"粗"或"细"）铁丝将木块全部压入饮料中，测出此时杯中饮料的深度 h_3．

（4）饮料密度的表达式为 $\rho_{饮料} =$ _____（用 h_1、h_2、h_3 和 $\rho_木$ 表示）．

3. 小明利用溢水杯、量筒、小石块（密度已知为 $\rho_石$）以及泡沫块，来测量盐水的密度和不吸水泡沫的密度，实验步骤如图所示．

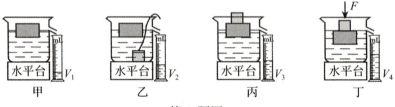

第 3 题图

（1）把泡沫块轻轻放入装满盐水的溢水杯中，使其漂浮，盐水溢出且全部流入量筒中，读出量筒中盐水的体积为 V_1，如图甲所示．

（2）用细线系住小石块，并将其轻放入溢水杯底，读出此时量筒中盐水的体积为 V_2，如图乙所示．

（3）再将小石块轻放在泡沫块上方，使小石块和泡沫块共同漂浮在盐水表面，读出量筒中盐水的体积为 V_3，如图丙所示．

（4）轻压小石块，使泡沫块恰好完全浸没在盐水中，读出量筒中盐水的体积为 V_4，如图丁所示．

根据上述实验，可知盐水密度 $\rho_{盐水} =$ _____，泡沫密度 $\rho_{泡沫} =$ _____．（以上两空选用字母 $\rho_石$、V_1、V_2、V_3、V_4 表示）

16　混合物密度求解法

引路人　嘉兴市南湖区教育研究培训中心　朱文平

📂 思想方法导引 ➤➤

求混合物密度是一种常见的试题类型,混合物密度求解一般有以下两种情况.一种是两种固体混合后求其密度,则有 $m_总 = m_1 + m_2$,$V_总 = V_1 + V_2$,即两种固体混合后总质量为原来质量之和,总体积为原来体积之和(忽略混合后体积变小),$\rho_总 = \dfrac{m_1 + m_2}{V_1 + V_2}$;若两物质的体积相等,可推导出 $\rho_总 = \dfrac{\rho_1 + \rho_2}{2}$,若两物质的质量相等,可推导出 $\rho_总 = \dfrac{2\rho_1\rho_2}{\rho_1 + \rho_2}$.另一种是固体和液体混合或液体和液体混合,则有 $m_总 = m_1 + m_2$,$V_总$ 要根据已知条件确定,然后根据 $\rho = \dfrac{m}{V}$ 求得.

🔶 方法要点例析 ➤➤

🔵 **例1**　如图所示是甲、乙两种固体物质的质量和体积的关系图,则物质甲的密度是_____ g/cm³,若把甲、乙两物质等体积混合,则混合物的密度为_____ g/cm³.

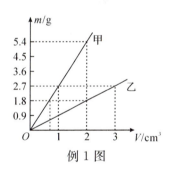

例1图

解析　根据图像读出甲的一组质量和体积的值,$\rho_甲 = \dfrac{m_甲}{V_甲} = \dfrac{5.4\text{g}}{2\text{cm}^3} = 2.7\text{g/cm}^3$;把甲、乙两物质等体积混合,可根据 $\rho_总 = \dfrac{\rho_1 + \rho_2}{2}$ 求出混合物的密度 $\rho_总 = \dfrac{2.7\text{g/cm}^3 + 0.9\text{g/cm}^3}{2} = 1.8\text{g/cm}^3$.

感悟　能正确地从图像中获取有用的信息是解决问题的关键.

🔵 **例2**　小科同学利用所学知识,测量一个用合金制成的实心球构件中铝所占比例,她首先用天平测出构件质量为 374g,用量杯测出构件的体积是 100cm³.已知合金由铝与钢两种材料合成,铝的密度 2.7g/cm³,钢的密度 7.9g/cm³,假设如果构件的体积等于原来两种金属体积之和.

(1)求这种合金的密度.

(2)求一个该种构件中含铝的质量.

(3)如果体积为 $100cm^3$ 的球体是用钢制成的,其质量是 79g,请计算说明该球是实心的还是空心的? 如是空心的,则空心部分的体积是多少?

解析 (1)知道合金构件的质量与体积,$\rho_{合金}=\dfrac{m_合}{V_合}=3.74\times10^3kg/m^3$.

(2)已知合金构件中钢和铝的体积之和即为构件的体积,它们的质量之和即为合金构件的质量,由此列出方程组求出这种合金实心球构件中铝的体积,进而求出质量.

$V_钢+V_铝=100cm^3$,$\rho_铝 V_铝+\rho_钢 V_钢=374g$,可得 $V_铝=80cm^3$,$V_钢=20cm^3$.

铝的质量 $m_铝=\rho_铝 V_铝=2.7g/cm^3\times80cm^3=216g$.

(3)$V_钢=\dfrac{m_钢}{\rho_钢}=\dfrac{79g}{7.9cm^3}=10cm^3<100cm^3$,结论是空心的;

$V_空=V_球-V_钢=100cm^3-10cm^3=90cm^3$.

感悟 要注意合金构件的质量等于钢和铝的质量之和,构件的体积等于钢和铝的体积之和.空心和实心的判断,可转化为物体体积与物体实心部分体积的比较.

▶ **例 3** 小明和小华取了一个空量筒并称其质量(如图①),倒入一定体积的酒精并称其质量(如图②),再倒入一定体积的水,搅拌后称其质量(如图③).不计水和酒精的蒸发等损失,砝码的质量和游码位置如图所示.$\rho_水=1g/cm^3$.

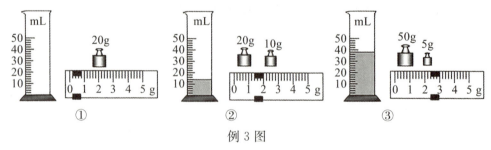

例 3 图

(1)请计算,倒入水后,搅拌所得酒精和水的混合物的密度是多少?(保留两位小数)

(2)小明同学根据实验中得到的信息计算了混合物中水的体积为 38mL－14mL＝24mL,小华同学认为小明的计算有问题,请根据你学过的知识判断小明的计算结果是否正确.如果正确,说明原因;如果不正确,说出错误的原因,并给出正确的解法.

解析 (1)由图可知,③和①的质量之差等于混合物的质量,则

$$\rho = \frac{m}{V} = \frac{57.4\text{g} - 20.2\text{g}}{38\text{cm}^3} = \frac{37.2\text{g}}{38\text{cm}^3} = 0.98\text{g/cm}^3.$$

(2)小明的计算结果错误,因为分子间存在空隙,酒精和水混合后,总体积会比二者体积之和小.

正确的计算:③和②的质量之差为水的质量=57.4g−31.4g=26g,则

$$V_水 = \frac{m_水}{\rho_水} = \frac{26\text{g}}{1\text{g/cm}^3} = 26\text{cm}^3.$$

感悟 两种液体混合后,其体积之和不能套用 $V_总 = V_1 + V_2$,要根据实际情况进行判断.

▶ **例 4** 小明观察到在硬化学校路面时,工人师傅用振动器在混凝土中来回振动,他想这样做可能是为了增大混凝土的密度,于是他用天平、量筒、细沙等器材做了如下实验:

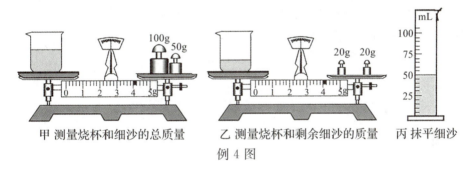

甲 测量烧杯和细沙的总质量　　乙 测量烧杯和剩余细沙的质量　　丙 抹平细沙
例 4 图

(1)小明先用天平测出装了细沙的烧杯的质量,然后将一部分细沙倒入量筒,再用天平测出烧杯和剩余细沙的质量.据图可知量筒中细沙质量 $m =$ _____ g,体积 $V =$ _____ cm³,细沙的密度 $\rho =$ _____ kg/m³.

(2)接下来他将量筒内的细沙_____并抹平,发现体积变小,由此判断细沙密度变大,从而验证了他的想法.

(3)小明又想到:加水的细沙的密度如何变化?于是他将 30g 水缓慢倒入图丙的量筒内,发现体积几乎没有变化.则此时量筒内水和细沙混合物的密度约为_____ kg/m³,你认为倒入水后体积几乎不变化的原因是_____.由此数据你判断加水的细沙的密度变_____(填"大"或"小").

解析 (1)由图甲知,烧杯和细沙的总质量为154g;由图乙知,烧杯和剩余细沙的质量为 44g;所以量筒中的细沙质量 $m = 154\text{g} - 44\text{g} = 110\text{g}$;由图丙知,细沙的体积 $V = 50\text{cm}^3$;细沙的密度 $\rho = \frac{m}{V} = \frac{110\text{g}}{50\text{cm}^3} = 2.2\text{g/cm}^3 = 2.2 \times 10^3 \text{kg/m}^3$.

(2)根据实验目的进行判断,下一步的操作应是晃动量筒内的细沙并抹平.

（3）水和细沙混合物的质量 $m' = 110g + 30g = 140g$，

则混合物的密度 $\rho' = \dfrac{m'}{V} = \dfrac{140g}{50cm^3} = 2.8g/cm^3 = 2.8 \times 10^3 kg/m^3$.

由于沙子之间有间隙，倒入水后，水占据沙子的间隙，所以体积几乎不变. 由此数据判断加水的细沙密度变大.

感悟 有关天平读数时要特别注意，物体质量等于右盘里砝码的总质量加上标尺上游码左端对应的示数值. 两种物质混合后其总体积可能保持不变.

⭐ **小试身手** ➤➤

1. 甲金属的密度是 $5 \times 10^3 kg/m^3$，乙金属的密度是 $10 \times 10^3 kg/m^3$，现将甲、乙两种金属按 $2:3$ 的体积比例混合，求混合后合金的密度.

2. 目前我国汽车上所使用的防冻液一般选择乙二醇防冻液，它是乙二醇和水的混合物，某型号防冻液的凝固点为 $-22℃$，乙二醇的体积比为 40%（即乙二醇的体积占总体积的 40%），此时防冻液的密度是 _____ kg/m^3（$\rho_{水} = 1.0 \times 10^3 kg/m^3$，$\rho_{乙二醇} = 1.1 \times 10^3 kg/m^3$，假定混合前后液体体积不变）. 某次一辆小汽车添加此型号防冻液 $2L$，则需用乙二醇 _____ kg.

3. 科学选种是提高粮食产量的关键环节. 小科同学想测量水稻种子的密度. 具体做法如下：

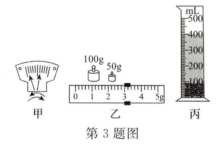

第 3 题图

（1）如图甲，用天平测量物体质量前，观察到水平桌面上的天平指针在左右摆动，接下来的操作是_____.

（2）用调好的天平测出适量水稻种子的总质量 m_1，天平平衡时右盘砝码质量和游码在标尺上的位置如图乙所示，往量筒中加入适量的水，测得其体积 V_1 为 $300mL$，将上述种子放入量筒中，种子全部沉入水中，液面稳定后，此时水和种子的总体积 V_2，如图丙所示. 计算种子密度 $\rho =$ _____ g/cm^3.

（3）小科考虑到水稻种子吸水前后体积基本不变，改进了实验方案：将量筒中种子倒出，用纸巾吸干种子表面的水后，再次测得种子总质量为 $m_2 = 173g$，则种子密度是多少？

17 绳杆与弹簧模型

引路人　丹阳市第三中学　张步青

📖 思想方法导引 ➤➤

掌握绳、杆与弹簧模型不仅有助于学生理解力学基本原理,还能为其后续学习打下坚实基础.初中物理常见的绳、杆与弹簧模型有:①轻绳模型,绳通常视为不可伸长,且只能单向受力,轻绳的张力处处相等.在分析轻绳的受力时,绕滑轮的轻绳弯曲不会影响力的传递,且绳上受到的力的方向一定沿绳的方向.②轻杆模型,杆可以在沿杆的方向上双向受力,也可以侧向受力(即杆的受力可不沿杆方向),受力分析通常涉及力矩(杠杆)平衡和力的平衡.③弹簧模型,弹簧自重不计,弹簧弹力与形变量成正比,方向与形变方向相反.

解决绳、杆与弹簧问题时,根据绳、杆与弹簧所处的状态,分析它们的受力是关键,必要时整体法与隔离法要配合使用.

☁ 方法要点例析 ➤➤

🔴 **例1**　小刚同学通过查材料知道了胡克定律:弹簧在发生弹性形变时,弹力 F 与弹簧的伸长量(或压缩量)x 成正比,其大小表示为:$F=kx$,其中 k 为劲度系数,其大小等于弹力与弹簧的伸长量(或压缩量)的比值.他马上对两根长度相同、粗细不同的弹簧进行研究,将弹簧的一端固定,另一端悬挂钩码(如图甲所示),记录弹簧受到的拉力大小 F 和弹簧的长度 L,根据多组测量数据作出的图线如图乙所示.

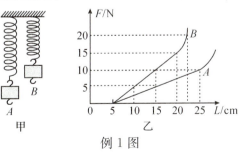

例1图

(1)当在 A 弹簧上悬挂重为5N的物体时,弹簧 A 的伸长量为_____cm.

(2)分别用这两根弹簧制成弹簧测力计,则用弹簧_____(填"A"或"B")制成的测力计测量的精确程度高,用弹簧_____(填"A"或"B")制成的测力计量程更大.

(3)由实验测得的数据可得,在弹性限度以内,本实验中 B 弹簧的劲度系数 $k=$ _____ N/m.

(4)若将本实验中弹簧 A、B 并联使用代替弹簧测力计,能测量力的最大值为_____ N;若将本实验中弹簧 A、B 串联使用代替弹簧测力计,能测量力的最大值为_____ N.

解析 (1)由图乙知,弹簧 A 的伸长量为 15cm－5cm＝10cm.

(2)由图乙可知,在弹性范围内,如 F＝5N 时,用弹簧 A 制成的测力计伸长 15cm－5cm＝10cm,而用弹簧 B 制成的测力计伸长 10cm－5cm＝5cm,所以,用弹簧 A 制成的测力计测量的精确程度高.A 的量程为 0～10N,B 的量程为 0～15N,所以用弹簧 B 制成的测力计量程大.

(3)由 F-L 图像和胡克定律结合分析知,在弹性范围内图像为斜向上线段,其斜率为弹簧的劲度系数,横坐标的截距为弹簧的原长,据图乙可知,弹簧的原长为 5cm;直线斜率 $k=\dfrac{15}{0.2-0.05}$N/m＝100N/m.

(4)将本实验中弹簧 A、B 并联起来代替弹簧测力计使用时,两根弹簧伸长的长度一定相等.由图乙知,B 弹簧的最大伸长量 20cm－5cm＝15cm,小于 A 弹簧的最大伸长量,故两者并联时,伸长量最大为 15cm;此时 B 上的拉力为 15N,A 上的拉力为 7.5N,根据力的合成可得最大拉力为 15N＋7.5N＝22.5N.若将弹簧 A、B 串联起来代替弹簧测力计,由于相互作用力大小相等,两弹簧所受拉力始终相等,A 弹簧所受拉力最大为 10N,B 弹簧所受拉力最大为 15N,则串联时,拉力最大为 10N.

感悟 此题考查了弹簧弹力和形变量的关系,注意胡克定律的灵活运用,能利用 F-L 图像分析求解是关键,注意横坐标的截距为弹簧的原长,直线斜率表示弹簧的劲度系数.弹簧串联时,弹力相同;弹簧并联时,形变量相同.

🔴**例 2** 建筑工人施工时,需要将物体运送至高处.如图所示,高处的建筑工人使用定滑轮拉动绳子 ab,为防止物体与墙壁相碰,站定在地面上的另一个建筑工人还需要用绳子 bc 控制物体,若物体与墙壁的距离始终保持不变,则在物体缓慢上升的过程中   (   )

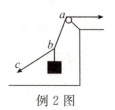

例 2 图

A. 绳 ab 上的拉力增大, 绳 bc 上的拉力减小

B. 绳 ab 上的拉力减小, 绳 bc 上的拉力增大

C. 两根绳子上的拉力均增大

D. 两根绳子上的拉力均减小

解析 因物体与墙壁的距离始终保持不变, 故可确定两点:(1)两绳拉力的合力大小始终等于物体的重力;(2)物体上升过程中, 答图甲中标明的两个角 θ_1 和 θ_2, θ_1 增大, θ_2 减小. 然后用平行四边形定则作出答图乙. 故显然, $F_1' > F_1$, $F_2' > F_2$ 选 C.

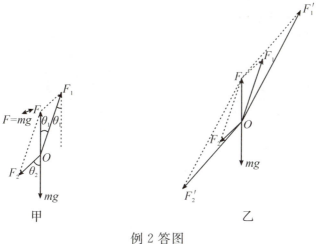

例 2 答图

感悟 解决此题的关键是抓住题干中的"缓慢上升, 物体与墙壁的距离始终保持不变", 以此为突破口, 对物体进行受力分析, 根据图像, 结合角度的变化分析力的大小变化情况.

例 3 如图所示, 光滑轻质细杆 AB、BC 处在同一竖直平面内, B 处用铰链连接, A、C 处用铰链固定于水平地面上, BC 杆与水平面夹角为 37°. 一质量为 3.2 kg 的小球穿在 BC 杆上, 对小球施加一个水平向左的恒力使其静止在 BC 杆中点处, AB 杆恰好竖直, 则 $F =$ _____ N; AB 杆对 BC 杆的作用力大小为 _____ N. ($\cos 37° \approx 0.8$, $\sin 37° \approx 0.6$, $g = 10$ N/kg)

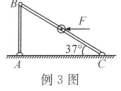

例 3 图

解析 (1)对小球进行受力分析, 其受重力、推力和支持力, 如答图所示, 根据平衡条件, 得

$$F = mg \tan 37° = 3.2 \text{kg} \times 10 \text{N/kg} \times \frac{3}{4} = 24 \text{N}.$$

(2)对杆 BC 和球整体分析, 以 C 点为支点, 设 AB 对杆的作用力为 F', AB 杆没有绕 A 点转动, 说明 AB 对 BC

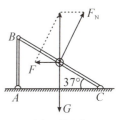

例 3 答图

的作用力的方向沿 AB 的方向.设杆 BC 长为 L,根据杠杆平衡条件和小球静止在 BC 杆中点处,$F \cdot \dfrac{L}{2}\sin37° + mg\dfrac{L}{2}\cos37° = F' \cdot L\cos37°$,解得 $F' = 25\mathrm{N}$.

感悟 本题关键是先对小球进行受力分析,求出推力 F,然后对杆 BC 和球整体运用杠杆平衡条件列式求解.

✿☆ 小试身手 ➤➤

1. 小明在探究"弹簧的伸长量与拉力关系"时,利用如图甲所示的实验装置进行实验,记录的数据见下表.

实验次数	1	2	3	4	5	6	7
钩码的拉力 F/N	0	0.5	1	1.5	2	2.5	3
弹簧的长度 L/cm	2	3	4	5	6	7	8

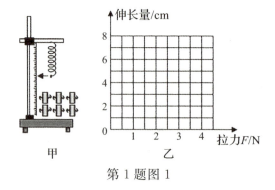

甲　　　　　　　乙

第 1 题图 1

(1)根据表格中的数据,在图 1 乙中作出"弹簧的伸长量与拉力关系"图像.

(2)通过分析,可得出结论:_____.

(3)小明又对两根图 2 甲所示的长度相同、粗细不同的弹簧进行研究,记录弹簧受到的拉力大小 F 和弹簧的长度 L,根据多组测量数据作出了如图 2 乙所示的图线.

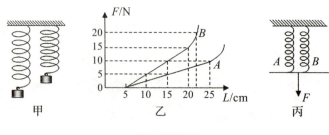

甲　　　　　　乙　　　　　　丙

第 1 题图 2

①弹簧 A 的原长为_____ cm,当在弹簧 A 上悬挂重为 5N 的物体时,弹簧 A 的伸长量为_____ cm.

②分别用这两根弹簧制成弹簧测力计,用弹簧 A 制成的测力计量程是_____,用弹簧_____制成的测力计精确度高.

③若将本实验中弹簧 A、B 并联使用代替弹簧测力计(如图 2 丙),当拉力为 15N 时,弹簧 A 长度为_____ cm,弹簧 B 长度为_____ cm;若将本实验中弹簧 A、B 串联使用代替弹簧测力计,当拉力为 10N 时,弹簧 A 长度为_____ cm,弹簧 B 长度为_____ cm.

2. 用轻质细线把两个完全相同的小球悬挂起来,如图所示.现对小球 A 施加一个水平向左的恒力,对小球 B 施加一个水平向右的恒力,且两个力的大小相等.平衡时两球的位置可能是下图中的 (　　)

第 2 题图

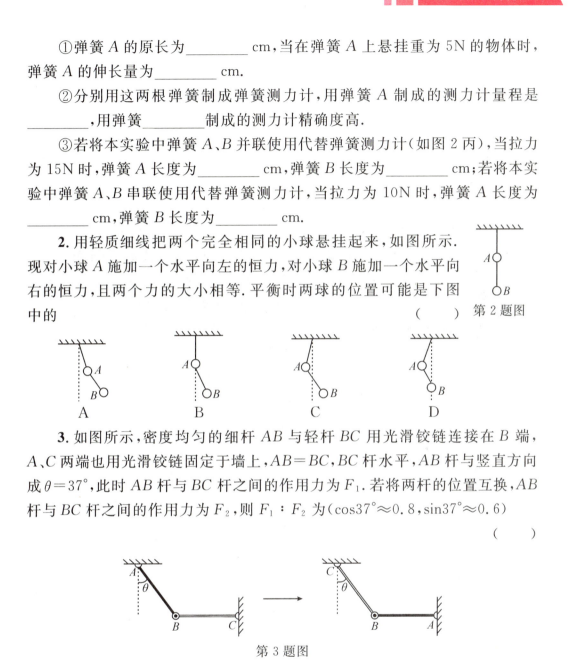

第 3 题图

3. 如图所示,密度均匀的细杆 AB 与轻杆 BC 用光滑铰链连接在 B 端,A、C 两端也用光滑铰链固定于墙上,AB＝BC,BC 杆水平,AB 杆与竖直方向成 $\theta=37°$,此时 AB 杆与 BC 杆之间的作用力为 F_1.若将两杆的位置互换,AB 杆与 BC 杆之间的作用力为 F_2,则 $F_1:F_2$ 为(cos37°≈0.8,sin37°≈0.6) (　　)

A.3：5　　　　B.5：3　　　　C.4：5　　　　D.5：4

18　惯性应用分析法

引路人　杭州市钱学森学校　伍小斌

📖 思想方法导引 ▶▶

任何物体都有企图保持原有运动状态不变的性质,叫惯性.我们可以把惯性理解成:物体具有墨守成规、故步自封的惰性,即原来运动的物体企图继续保持速度大小和方向不变的运动,原来静止的物体就希望继续静止.

物体的惯性仅由质量决定,与是否受外力作用无关,与是否运动无关.外力的作用只是克服(反抗)物体惯性,使物体的运动状态改变.解决惯性问题的一般思想方法是:采用隔离法将研究对象从系统中隔离出来,先分析其初始的状态,再分析外力的作用效果,最后根据惯性原理得出结论.例如,分析坐在车上的人会因突然刹车而头部向前冲的现象时,首先把人的上半身与下半身隔离,两者原来以同样的速度运动,刹车时,下半身由于受座椅摩擦力的作用,速度随车变小,而上半身由于惯性而保持原有的较快速度不变,故头部就向前冲了.

🔔 方法要点例析 ▶▶

▶ **例 1** 小科在进行百米赛跑时经历了加速、减速等阶段,最终冲过终点线.以下关于惯性的说法正确的是　　　　　　　　　　　　(　　)

A. 小科加速跑时的惯性比减速跑时大

B. 小科冲过终点线,停下来时没有惯性

C. 小科整个跑步过程中惯性大小不变

D. 小科在加速、减速等运动状态改变时才有惯性

解析　小科在加速跑和减速跑时的质量没有改变,惯性是不变的;小科冲过终点线之后停下来,质量没有变,惯性也不会发生变化;不论是运动状态改变,还是运动状态不变,小科都具有惯性.故选 C.

感悟　惯性是物体保持其静止状态或匀速直线运动状态的性质,是物体固有的属性,与物体的质量有关,与物体的运动状态无关.

▶ **例 2** 如图所示,在一辆表面光滑的小车上放有质量分别为 m_1、m_2 的两个小球,小球随车一起做匀速直线运动.当车突然停止运动时,两小球(设车无限长,其他阻力不计)　　　　　　　　　　　　　　　(　)

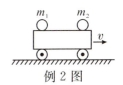

例 2 图

A. 一定相碰

B. 一定不相碰

C. 若 $m_1 < m_2$,则肯定相碰

D. 无法确定是否相碰

解析 将两个小球从系统中隔离出来,在车突然停止运动之前两小球随着小车一起做匀速直线运动,当小车突然停止运动时,因为小车表面光滑,小球不受摩擦力,且其他阻力也不计,所以水平方向上两个小球不受任何外力的作用,两个小球由于惯性,继续保持原来匀速直线运动的状态,因此两个小球间的距离不变,所以一定不会相碰,故选 B.

感悟 将研究对象从系统中隔离出来,明确原来的运动状态,分析外界发生变化之后,它在水平方向没有受到外力的作用,故水平方向的运动状态不会发生变化,便可判断出研究对象在水平方向的运动状态,继而得到结论.

▶ **例 3** 如图所示,一小车内有水,水中有一气泡,当小车向右做匀速直线运动时,突然刹车,水中的气泡相对小车将向_____运动.

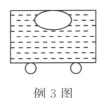

例 3 图

解析 将气泡从系统中隔离出来,小车向右运动时,突然刹车,车内的水和气泡都由于惯性保持原来的运动状态,而水的质量比气泡大,水的惯性就大,运动状态不容易改变,质量小的气泡惯性小,运动状态容易改变,气泡相对小车就向左运动了.

感悟 这道题比较容易忽略水的存在,仅仅分析小车和气泡,会出现小车向右运动减速,气泡由于惯性继续向右运动的错误结论.因为有水的存在,且水具有流动性,小车刹车后,水的质量比气泡大,惯性大,运动状态不容易改变,就出现水向右运动,挤占气泡空间,气泡相对小车就向左运动了.

✦☆ 小试身手 ►►

1. 如图所示,小车上竖立着两个物体,物体 A 与小车之间是光滑的,物体 B 与小车之间是粗糙的.当用力拉小车,使小车由静止变为向右运动时,A、B 相对于小车的运动情况是   (   )

A. A 向左倒,B 向右倒

B. A 直立向左滑出小车,B 向右倒

C. A 向右倒,B 向左倒

D. A 直立向左滑出小车,B 向左倒

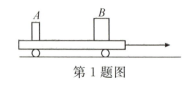

第 1 题图

2. 一运输机参加某次抗震救灾时,在沿水平方向向右做匀速直线运动的过程中,间隔相同时间先后从飞机上静止释放三个相同的物资.若不计空气阻力,且地面水平,那么,在地面上看,能正确表示物资在空中的排列情况和着地位置的图示组合是   (   )

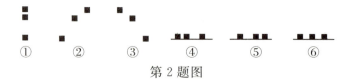

① ② ③ ④ ⑤ ⑥

第 2 题图

A. ①⑥   B. ②⑤   C. ③④   D. ①④

3. 如图所示,锤子的锤头变松了,人们常用撞击锤柄下端的方法使锤头紧套在锤柄上.则下列说法正确的是   (   )

A. 锤柄下端受到撞击时,锤头比锤柄先停止运动

B. 锤柄下端受到撞击时,锤头和锤柄同时停止运动

C. 主要利用了锤头的惯性,锤头质量越大越容易套紧

D. 主要利用了锤柄的惯性,锤柄质量越小越容易套紧

第 3 题图

4. 如图所示,汽车上都配有安全带和头枕,行驶过程中司机和乘客都必须系好安全带.当向前行驶的汽车分别出现突然加速、紧急刹车两种状况时,对乘车人员起主要保护作用的分别是什么,并说明你判断的理由.

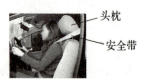

头枕

安全带

第 4 题图

19　受力分析与力平衡法

引路人　杭州师范大学东城实验学校　童　瞻

📁 思想方法导引 ≫≫

　　受力分析是对研究对象受到的所有力进行分析,并画出其受力示意图的过程.在初中阶段,常用的受力分析方法是隔离法.其核心思想是将研究对象隔离出来,再分析周围物体对它施加的力,包括力的性质、大小和方向,并依次标注在受力示意图上.我们可以通过分析物体的平衡状态(物体静止或匀速直线运动)来判断力的大小和方向,或者根据所受力的大小和方向来判断物体的运动状态.

　　受力分析的一般步骤:

　　①明确研究对象,并将研究对象隔离出来.

　　②分析力的作用点.若研究对象为杠杆,应准确标出各力的作用点.若研究对象不需要考虑大小形状,不涉及转动问题,可将其视为质点,并将所受各力的作用点画在物体中心.

　　③识别物体运动状态,并正确、有序地画出受力示意图.

　　④按照一定顺序进行受力分析,通常可遵循"先重力,再弹力,后摩擦力"的原则(也可以先标注已知力,再根据平衡条件 $F_合=0$ 求解未知力).

　　⑤确保受力分析的完整性,不遗漏任何一个力,也不凭空添加不存在的力.

🔷 方法要点例析 ≫≫

　　🔴 **例1**　如图所示,一辆在水平地面上匀速向左运动的小车,其支架的杆上固定着一个质量为 m 的小球,关于杆对小球作用力的描述,下列说法中正确的是　　　　　　　　　　　（　　　）

　　A. 力的方向沿杆斜向上,大小为 mg

　　B. 力的方向竖直向上,大小为 mg

　　C. 力的方向垂直于杆向上,大小为 $2mg$

　　D. 力的方向沿杆和竖直方向之间的某一方向,大小为 $2mg$

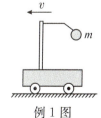

例1图

解析 由于小车做匀速直线运动,处于平衡状态.以固定在杆上的小球为研究对象,小球同样处于平衡状态.已知小球受到重力作用,方向竖直向下,大小为 mg.而杆对小球的作用力应与重力平衡,方向竖直向上,大小为 mg.所以 B 选项正确.

感悟 通过分析物体的平衡状态,可以准确求解未知力的大小和方向,应避免杆对球的作用力沿杆斜向上的错误.

◉例 2 如图所示,重力为 5N 的木块静止在斜面上,则斜面对木块的作用力为 ( )

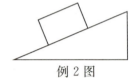

A. 大于 5N B. 等于 5N

C. 小于 5N D. 以上均有可能

例 2 图

解析 木块在斜面上受到 3 个力的作用:重力、斜面的支持力、斜面的静摩擦力.其中,支持力和静摩擦力是斜面对木块的作用力,它们的合力应当与重力平衡,使木块保持静止.由力的平衡条件可知,斜面对木块的作用力的大小等于重力,即 5N.所以 B 选项正确.

感悟 斜面对木块的作用力为支持力和静摩擦力的合力,从合力与重力的关系角度思考,解题思路更简洁、清晰.

◉例 3 一根轻质的棒 ABC,其 A 端用铰链固定在竖直的杆子上,并在 B 点用细绳斜拉着,如图所示.现在 C 端吊一盏电灯,并保持平衡.试在图中画出棒 A 端受力的方向.

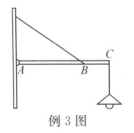

例 3 图

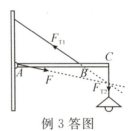

例 3 答图

解析 由于是轻质棒,故忽略棒的重力,棒 ABC 受到 3 个力的作用并保持静止状态,因此三个力的作用线必定相交于一点.如答图所示,棒在 B 点受到绳的拉力 F_{T_1}、在 C 点受到拉力 F_{T_2},根据平衡力知识,棒在 A 点受到力 F 应与 F_{T_1}、F_{T_2} 的合力平衡,即其作用线必定通过 F_{T_1}、F_{T_2} 合力的作用点,因此,棒在 A 端受力的方向如图中 F 所示.

感悟 在不考虑棒 ABC 大小、形状及转动问题时,可将其视为质点.通过受力平衡分析,所有力的作用线需相交于一点.

例 4 为了节省能量,某商场安装了智能化的电动扶梯.无人乘行时,扶梯运转得很慢;有人站上扶梯时,它会先慢慢加速,再匀速运转.一顾客乘扶梯上楼,恰好经历了这两个过程,如图所示.那么下列说法中正确的是 ( )

A.顾客始终受到三个力的作用

B.顾客始终处于超重状态

C.顾客对扶梯作用力的方向先指向左下方,再竖直向下

D.顾客对扶梯作用力的方向先指向右下方,再竖直向下

例4图

解析 顾客的运动状态分为两个阶段.第一阶段,顾客沿扶梯斜向右上方做加速运动,因此脚底受到扶梯对其斜向右上方的作用力,根据力的作用是相互的,顾客对扶梯的作用力方向应斜向左下方.第二阶段,顾客做匀速直线运动,其重力和扶梯对顾客竖直向上的支持力是一对平衡力,根据力的作用是相互的,顾客对扶梯有竖直向下的压力.所以C选项正确.

感悟 通过分析物体的运动状态,可以判断物体的受力情况.同时,在受力分析时,准确找到研究对象至关重要.

☆ 小试身手 ➤

1. 如图所示,叠放在一起的物体 A 和 B,在恒力 F 的作用下沿水平方向做匀速直线运动,则下列结论中正确的是 ( )

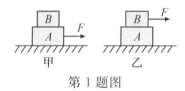

第1题图

A.甲、乙两图中物体 A 受到地面对它的摩擦力大小均为 F

B.甲、乙两图中物体 B 所受摩擦力大小均为 F

C.图甲中物体 A 受到地面对它的摩擦力为 0,物体 B 受到的摩擦力为 F

D.图乙中物体 A 受到地面对它的摩擦力为 F,物体 B 受到的摩擦力为 0

2. 如图所示,质量为 M 的大圆环用轻绳吊在天花板上,环上有两个质量均为 m 的小环.两个小环同时自大环顶部分别向两边滑下,当两个小环下落至与大圆环圆心等高时,每个小环受到的摩擦力为 f,则此时绳对大环的拉力为_____.

第2题图

3. 如图所示,两个完全相同的条形磁铁 A 和 B,质量均为 m,将它们竖直放在水平地面上,用弹簧测力计通过一根细线竖直向上拉磁铁 A,若弹簧测力计读数为 mg,则 B 对 A 的支持力 F_1 的大小是 （　）

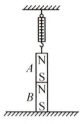

第 3 题图

A. $F_1 = 0$　　　　　　　　　　B. $F_1 = mg$

C. $F_1 > mg$　　　　　　　　　D. $F_1 > 0$

4. 如图所示,物体 A、B、C 叠放在水平桌面上,水平力 $F_B = 4\text{N}$,$F_C = 10\text{N}$ 分别作用于物体 B、C 上,A、B、C 仍保持静止.以 f_1、f_2、f_3 分别表示 A 与 B、B 与 C、C 与桌面之间的静摩擦力的大小,则 （　）

A. $f_1 = 4\text{N}$,$f_2 = 0$,$f_3 = 6\text{N}$

B. $f_1 = 4\text{N}$,$f_2 = 5\text{N}$,$f_3 = 0$

C. $f_1 = 0$,$f_2 = 4\text{N}$,$f_3 = 6\text{N}$

D. $f_1 = 0$,$f_2 = 10\text{N}$,$f_3 = 6\text{N}$

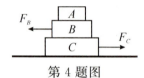

第 4 题图

20 摩擦力突变分析法

引路人　南京江北新区教育发展中心　孙留桥

📁 思想方法导引 ≫≫

　　一个物体相对于另一个物体来说,有相对运动趋势,但没有发生相对运动时产生的摩擦力称为静摩擦力,它随推力的增大而增大,当推力增大到超过最大静摩擦力时,物体就会运动起来,静摩擦力突变成滑动摩擦力.

　　在初中阶段,静摩擦力的大小往往需要运用平衡力的相关知识进行判断;当物体同时涉及摩擦力、拉力等多个力作用时,需对物体进行综合受力分析,通过合力相关知识进行分析判断.滑动摩擦力的大小往往与正压力成正比,与接触面的材料和粗糙程度有关.

　　摩擦力不一定是阻力,它也可能是使物体运动的动力.

　　确定摩擦力的方向是个难点,要注意阻碍相对运动或相对运动趋势中的"相对"二字,要清楚阻碍"相对运动"是以彼此摩擦的物体为参照物的,物体所受的摩擦力方向与相对运动或相对运动趋势的方向相反.

　　还有一种形象的判断方法是:把研究对象看作板刷,设想板刷发生相对运动或有相对运动趋势,观察刷毛往哪个方向弯曲(或有弯曲趋势),刷毛弯曲(或有弯曲趋势)的方向就是所受摩擦力的方向.

👍 方法要点例析 ≫≫

　　▶ 例 1　物理兴趣小组自主探究得知"接触面粗糙程度一定时,滑动摩擦力的大小与压力大小成正比".他们应用该规律及相关知识分析了如图所示的物理过程.已知物体 A 重 10N,B、C 重均为 4N,不计绳重及其与滑轮的摩擦.当在绳端挂上物体 B 时(如图甲),物体 A 沿水平面向右做匀速运动,A 所受摩擦力为 f_1;接着把物体 C 放在 A 上,三者停止运动时(如图乙),A 所受摩擦力为 f_2;再用力 F 竖直向下拉物体 B,使物体 A、C 一起向右做匀速运动(水平面粗糙程度不变).下列计算结果正确的是　　　　(　　)

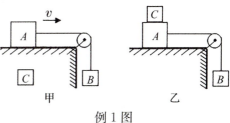

例1图

A. $f_1=4\text{N},f_2=0\text{N},F=1.6\text{N}$　　　B. $f_1=2\text{N},f_2=0\text{N},F=5.6\text{N}$

C. $f_1=4\text{N},f_2=4\text{N},F=5.6\text{N}$　　　D. $f_1=4\text{N},f_2=4\text{N},F=1.6\text{N}$

解析　图甲中,物体 A 做匀速直线运动,B 产生的水平向右的拉力与 A 所受的水平向左的滑动摩擦力是一对平衡力,即 $f_1=4\text{N}$;把物体 C 放在 A 上,整体处于静止状态,A 受到的水平向右的拉力与水平向左的静摩擦力是一对平衡力,则 $f_2=4\text{N}$;再用力 F 竖直向下拉物体 B,使物体 A、C 一起向右做匀速运动,由于滑动摩擦力的大小与压力大小成正比,故 $\dfrac{f_1}{f_3}=\dfrac{F_{N1}}{F_{N3}}$,即 $\dfrac{4\text{N}}{f_3}=\dfrac{10\text{N}}{14\text{N}}$,得 $f_3=5.6\text{N}$;由于 A 处于平衡状态,受力平衡,则 $F=5.6\text{N}-4\text{N}=1.6\text{N}$.

故选 D.

感悟　数学是解决物理问题的重要工具,根据"当接触面的粗糙程度不变时,滑动摩擦力的大小与压力大小成正比",巧妙运用数学的正比知识列式求出滑动摩擦力的大小.

► 例 2　如图甲所示是一个放在粗糙程度不变的水平地面上的物体,用方向不变的力 F 向右推物体,推力 F 的大小随时间的变化关系如图乙所示,物体的运动速度随时间的变化关系如图丙所示,则当 $t=1\text{s}$ 时,物体受到的摩擦力为_____ N;当 $t=3\text{s}$ 时,物体受到的摩擦力为_____ N.

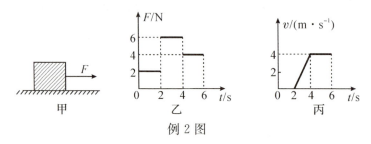

例 2 图

解析　(1)由图丙的 v-t 图像可知,在 $0\sim2\text{s}$ 内,物体速度为零,故当 $t=1\text{s}$ 时,物体处于静止状态;由图乙的 F-t 图像可知,在 $0\sim2\text{s}$ 内,推力 $F_1=2\text{N}$,此时物体静止处于平衡状态,由平衡条件得此时摩擦力 $f_{\text{静}}=F=2\text{N}$.

(2)由图丙的 v-t 图像可知,在 $4\sim6\text{s}$ 内物体处于匀速直线运动状态,物体所受的滑动摩擦力 f 与推力 F 是一对平衡力,即 $f=F$,由图乙的 F-t 图像可知,在 $4\sim6\text{s}$ 内,推力 $F=4\text{N}$,物体所受的摩擦力 $f=F=4\text{N}$,$t=3\text{s}$ 时,接触面的粗糙程度、物体对地面间的压力与在 $4\sim6\text{s}$ 内相同,因此 $t=3\text{s}$ 时,物体所受摩擦力为 4N.

感悟　数形结合是学习物理的重要方法,从提供的图像或图形中寻找有效的信息,再结合相关的物理知识进行分析是解决此类问题的关键所在.

例3 如图所示,两木块 A 和 B 被水平力 F 通过挡板 C 压在竖直墙上,处于静止状态,则 （ ）

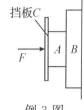
例3图

A. 物体 A 对 B 没有静摩擦力

B. 物体 A 对 B 的静摩擦力方向竖直向下

C. 物体 A 对 B 的静摩擦力与 B 对 A 的静摩擦力是一对平衡力

D. 条件不足,无法判断

解析 因为当前状态是静止状态,所以所有力都是平衡的.

如果 A 和 B 之间没有摩擦力,由于重力,A 和挡板就会往下掉,就不会处于静止状态了,故 A 错误.

因为 A 处于静止状态,A 在竖直方向上的受力情况:①挡板对 A 的摩擦力,挡板是静止的,挡板的重力和摩擦力平衡,A 对挡板的摩擦力竖直向上,挡板对 A 的摩擦力的方向竖直向下;②重力,方向竖直向下;③B 对 A 的摩擦力.A 共受这三个力,且这三个力是平衡的,由于①②两个力方向都是竖直向下的,所以 B 对 A 的摩擦力方向是竖直向上的,根据力的作用的相互性可知,A 对 B 的摩擦力是竖直向下的,故 B 正确,D 错误.

物体 A 对 B 的静摩擦力与 B 对 A 的静摩擦力是作用在不同物体上的两个力,所以不是一对平衡力,故 C 错误.

故选 B.

感悟 乍看题目无法入手,巧妙运用"整体法"和"假设法"思想使得问题迎刃而解.

✿ 小试身手 ≫

1. 如图所示,物体 A、B 的重力分别为 20N、10N,滑轮重和滑轮与绳子之间的摩擦忽略不计,此时物体 A 在水平面上向右做匀速直线运动,若用力 F 向左拉物体 A,使物体 A 向左做匀速直线运动,则 （ ）

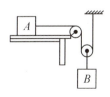
第1题图

A. $F=20N$ B. $F=10N$ C. $F=5N$ D. $F=30N$

2. 如图所示,铁块 Q 叠放在木板 P 上,放置于水平桌面,轻弹簧秤 a 左端固定于墙面,右端通过轻绳与铁块 Q 相连,木板 P 右端通过轻绳连接轻弹簧秤 b,并施加水平外力,使木板 P 向右匀速运动,已知 P、Q 上下表面及轻绳均水平,若弹簧秤 a、b 的示数分别为 F_a、F_b,下述说法正确的是　　　　(　　)

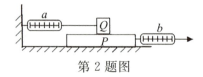

第 2 题图

A. 铁块 Q 与木板 P 之间的摩擦力大小等于 F_a+F_b

B. 铁块 Q 与木板 P 之间的摩擦力大小等于 F_b-F_a

C. 木板 P 与桌面之间的摩擦力大小等于 F_b+F_a

D. 木板 P 与桌面之间的摩擦力大小等于 F_b-F_a

3. 如图甲所示,用一拉力传感器(能感应力大小的装置)水平向右拉一水平面上的木块,A 端的拉力均匀增加,$0\sim t_1$ 时间内木块保持静止状态,木块运动后改变拉力,使木块在 t_2 时刻后处于匀速直线运动状态.计算机对数据进行处理后,得到如图乙所示拉力随时间变化图线,回答下列问题:

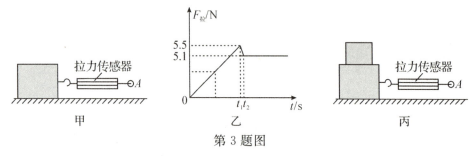

第 3 题图

(1)当用 $F=5$N 的水平拉力拉静止的木块时,木块所受摩擦力大小为_____ N;若用 $F=6$N 的水平拉力拉木块,木块所受摩擦力大小为_____ N.

(2)如图丙所示,为研究滑动摩擦力 $F_滑$ 大小与接触面受到压力 $F_压$ 大小的关系,在重力为 17N 的木块上每次增加 1N 重的砝码,分别用水平拉力 F 使木块做匀速直线运动,实验测量数据见下表:

木块对水平面压力 $F_压$/N	17	18	19	20	21
水平拉力 F/N	5.1	5.4	5.7	6.0	6.3

根据表格数据,得出滑动摩擦力 $F_滑$ 大小与接触面受到压力 $F_压$ 大小的关系式为_____.

21 研究对象转换法

引路人 徐州市东苑中学 刘雪荣

📖 思想方法导引 ➤➤

由两个以上物体构成的系统,其受到的力可分成内力和外力.外力是指系统之外的物体对这个系统的作用力,内力是指系统内物体间的相互作用力.

分析系统中物体受力时,常常需要进行研究对象的转换,也就是我们常说的整体法和隔离法.整体法指只分析系统之外的物体对整个系统的作用力(外力),不考虑系统内部各物体之间的相互作用力(内力).隔离法是要把分析的物体从系统中隔离出来作为研究对象,只分析该研究对象以外的物体对其的作用力,一般从受力最简单的物体开始分析,分析过程中时常会用到原理:力的作用是相互的.

☁️ 方法要点例析 ➤➤

▶ 例 1 如图所示是神舟飞船返回舱在落地前某段时间内沿竖直方向匀速下落的情景,若降落伞和返回舱受到的重力分别为 G_1 和 G_2,降落伞对返回舱的拉力为 F,空气对返回舱的阻力为 f,则下列关系式正确的是 （ ）

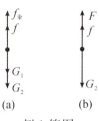

例 1 图

A. $f+F=G_1+G_2$ B. $f+F=G_2$

C. $F=G_1+G_2+f$ D. $F=G_2+f$

解析 本题特别要注意 f 是空气对返回舱的阻力,而不是空气对降落伞的阻力.设空气对降落伞的阻力为 $f_伞$.系统沿竖直方向匀速下落,受力平衡.如答图(a)所示,用整体法分析,竖直方向受到向下的重力 G_1+G_2,向上的空气阻力 $f+f_伞$,$f+f_伞=G_1+G_2$,故 A 错误;如答图(b)所示,对返回舱用隔离法分析,竖直方向受到向下的重力 G_2,降落伞对其向上的拉力 F,向上的空气阻力 f,$F+f=G_2$,故 B 正确、D 错误;重力方向向下,F、f 方向向上,G_1、G_2、f 不能相加,故 C 错误.

例 1 答图

感悟 降落伞和返回舱组成连接体,先用整体法再用隔离法分析.

例 2 如图所示,将质量均匀的木棒切割并组装成两个形状相同、质量均为 m 的木模,用三根竖直细线 a、b、c 连接,在水平面上按照"互"字形静置,上方木模呈现悬浮效果,这是利用了建筑学中的"张拉整体"结构原理.则 (　　)

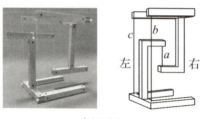

例 2 图

A. a 的拉力等于 mg

B. b 的拉力大于 a 的拉力

C. 下方木模受到四个力的作用

D. 沿左、右方向平移三根细线在上方木模的接线点,线仍竖直,地面受到的压力不改变

解析 系统由上、下两个木模组成,保持静止,受力平衡.如答图(a)所示,上方木模受到向下的重力 mg,长线 b、c 向下的拉力 F_b、F_c 和短线 a 向上的拉力 F_a,$F_a = mg + F_b + F_c$,所以,$F_a > mg$,$F_a > F_b$,故 A、B 错误;如答图(b)所示,下方木模受到向下的重力 mg,长线 b、c 向上的拉力 F_b、F_c 和短线 a 向下的拉力 F_a,地面向上的支持力 $F_支$,$F_a + mg = F_支 + F_b + F_c$,故 C 错误;如答图(c)所示,对系统用整体法分析,受到向下的总重力 $2mg$,向上的支持力 $F_支$,$F_支 = 2mg$,沿左、右方向平移三根细线在上方木模的接线点,整体仍平衡,支持力仍然等于总重力,所以地面受到的压力不变,故 D 正确.

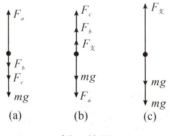

例 2 答图

感悟 整体法与隔离法配合使用,本题先隔离后整体,通过研究对象转换,把需要研究的力作为外力,方可确定该力的大小和方向等特征.

例 3 建筑工人用图甲所示的装置提起四块砖,每块砖的接触面的粗糙程度相同,每块砖的质量均为 m.两边铁夹对砖施加的水平力大小均为 F,使砖静止不动,则 1 号砖对 2 号砖的摩擦力大小为_____,2 号砖对 3 号砖的摩擦力大小为_____ N.

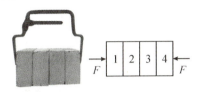

例 3 图

解析 系统保持静止,受力平衡.如答图(a)所示,对系统用整体法分析,受到向下总重力是 $4mg$,1 和 4 两边的压力 F 相同,两边受到向上的摩擦力 $f_左$、$f_右$ 也相同,$f_左 = f_右 = 2mg$.

如答图(b)所示,1 受到向上的摩擦力 $2mg$,向下的重力 mg,2 对 1 向下的摩擦力 mg,力的作用是相互的,1 对 2 的摩擦力大小为 mg,方向向上;如答图(c)所示,2 在竖直方向上受到向下的重力 mg、1 对 2 向上的摩擦力 mg,这两个力平衡,2 不再受其他力,2 对 3 的摩擦力大小为 0N.

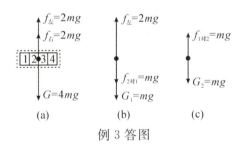

例 3 答图

感悟 先用整体法分析两边砖受到的摩擦力,再用隔离法分析两块砖之间的摩擦力.

小试身手 ≫

1. 芳芳用图示的装置进行实验(不计弹簧测力计的重力),当水平向左的拉力 $F = 10$N 时,物体 B 水平向左匀速运动(B 足够长),A 相对地面静止,弹簧测力计示数为 4N 且保持不变,此时物体 A 受到的摩擦力大小为_____ N,物体 B 对地面的摩擦力大小为_____ N.

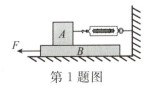

第 1 题图

2. 如图所示,某列车由 30 节车厢组成,列车在车头牵引下沿平直轨道匀速行驶,车头对第 1 节车厢的牵引力为 F.若每节车厢所受阻力(摩擦阻力和空气阻力的统称)均相等,则 ( )

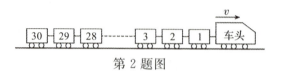

第 2 题图

A.每节车厢所受阻力为 F

B.第一节车厢所受阻力为 F

C.第 15 节车厢受到的牵引力为 $\dfrac{F}{15}$

D.第 30 节车厢受到的牵引力为 $\dfrac{F}{30}$

3. 水平桌面上有 A、B 两物体.如图甲所示,A 在 F_1 的作用下向左做匀速直线运动;如图乙所示,A、B 用轻绳水平连接,在 F_1 和 F_2 共同作用下一起向右做匀速直线运动.水平拉力 $F_1=6N$,$F_2=20N$.图乙中,下列说法正确的是 ( )

A.A 受到桌面的摩擦力方向向右

B.A 与桌面的摩擦力为 14N

C.B 与桌面的摩擦力为 8N

D.绳子的拉力为 6N

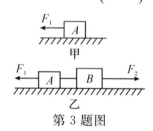

第 3 题图

22　固体压强模型

引路人　宁波市海曙区教育局教研室　朱　红

思想方法导引 ▶▶

　　压强是表示压力作用效果的物理量,定义为物体受到的压力与受力面积之比,用公式表示为 $p=\dfrac{F}{S}$. 压力 F 垂直作用于物体的表面,一般与物体的重力无关. 只有当物体静置于水平面上,除重力和支持力以外不受其他力作用时,压力和重力的大小才相等,在此类情况中,压力通常可以通过计算重力的大小来得到,公式为 $F=G=mg$,已知物体密度时,将 $m=\rho V$ 代入,便可以用 $G=\rho Vg$ 来表示重力. 柱形物体的体积 V 能够用 $V=Sh$ 来计算,因此静置在水平面上的均质柱体对地的压强可以写成 $p=\rho gh$,可见常见的液体压强公式就是根据固体压强模型得出的.

　　利用固体压强模型时,要紧紧围绕 F 和 S 这两个物理量展开.

方法要点例析 ▶▶

　　例 1　如图所示,质量均为 m 的实心均匀圆柱体 A、B竖直放置在水平地面上. 已知 A 的密度和高度分别为 4ρ 和 $5h$,B 的密度和高度分别为 5ρ 和 $8h$.

例 1 图

　　(1)A、B 对地面压强之比 p_A∶p_B 为多少?

　　(2)为了使 A、B 对地面的压强相等,可以在它们上部沿水平方向分别截去相同的_____(填"质量""高度""体积"或"无法实现"),通过计算简述你的理由.

　　解析　(1)由于 A、B 为均质柱体,其对地的压强可以用公式 $p=\rho gh$ 来计算:$p_A=\rho_A gh_A=20\rho gh$,$p_B=\rho_B gh_B=40\rho gh$,故 $\dfrac{p_A}{p_B}=\dfrac{1}{2}$.

　　(2)此题虽然需分析"质量""高度""体积"三个因素,但其要点都是考虑如何用题中所给的已知量建立 p_A' 和 p_B' 的代数式.

①对质量分析:一般而言,质量适合用 $p=\dfrac{F}{S}$ 解决问题.设截去的质量为 Δm:

$$p_A'=\dfrac{(m_A-\Delta m)g}{S_A}, \qquad p_B'=\dfrac{(m_B-\Delta m)g}{S_B}.$$

由于本题 A、B 的质量均为 m,故上述两式分子相等,但分母不相等,故不可能得到 $p_A'=p_B'$.

②对高度分析:一般而言,高度适合用 $p=\rho g h$ 解决问题.

设截去的高度为 Δh:

$$p_A'=\rho_A g h_A'=4\rho\cdot g\cdot(5h-\Delta h), \qquad p_B'=\rho_B g h_B'=5\rho\cdot g\cdot(8h-\Delta h).$$

若要 $p_A'=p_B'$,可以联立以上两式求得 $\Delta h=20h$.这里计算出的截取高度已经超出了物体的总高度,故不可行.

③对体积分析:既可以考虑用 $p=\dfrac{F}{S}$,也可以考虑用 $p=\rho g h$.设截去的体积为 ΔV,如果用 $p=\dfrac{F}{S}$,可以列式:

$$p_A'=\dfrac{(m_A-\Delta m_A)g}{S_A}=\dfrac{(m-4\rho\Delta V)g}{S_A}, \qquad p_B'=\dfrac{(m_B-\Delta m_B)g}{S_B}=\dfrac{(m-5\rho\Delta V)g}{S_B}.$$

其中,$m=4\rho\cdot S_A\cdot 5h=5\rho\cdot S_B\cdot 8h$,联立解得 $\Delta V=\dfrac{m}{6\rho}$.此结果小于 A 的体积 $\left(\dfrac{m}{4\rho}\right)$ 或 B 的体积 $\left(\dfrac{m}{5\rho}\right)$,因此是可行的.

如果用 $p=\rho g h$,截去的高度可以用 $\dfrac{\Delta V}{S}$ 表示,故可列式:

$$p_A'=\rho_A g h_A'=4\rho\cdot g\cdot\left(5h-\dfrac{\Delta V}{S_A}\right), \qquad p_B'=\rho_B g h_B'=5\rho\cdot g\cdot\left(8h-\dfrac{\Delta V}{S_B}\right).$$

再结合 $m=4\rho\cdot S_A\cdot 5h=5\rho\cdot S_B\cdot 8h$,可以解出相同的结果.

感悟 固体压强模型最关键的解题步骤是:将固体压强用合适的代数式表示出来,再进一步根据压强的表达式进行分析.

▶ **例 2** 如图所示,正方体 B 放置在水平地面上,在 B 上方中央再放置一边长较大的正方体 A,现在 B 中间沿竖直方向打一个圆孔,仍按照上述方式叠放.正方体 A 对 B 压强的变化量为 Δp_1,地面所受压强的变化量为 Δp_2,请分析说明 Δp_1 和 Δp_2 的大小关系.

例2图

解析 当正方体 B 中间没有沿竖直方向打圆孔时,正方体 A 对 B 压强 $p_A=\dfrac{G_A}{S_B}$,地面所受压强 $p_B=\dfrac{G_A+G_B}{S_B}$,当正方体 B 打了圆孔后,A、B 之间的接

触面积减小为 $S_{B剩}$,重力也减小为 $G_{B剩}$,此时有:

正方体 A 对 B 的压强 $p_A'=\dfrac{G_A}{S_{B剩}}$,地面所受压强 $p_B'=\dfrac{G_A+G_{B剩}}{S_{B剩}}$.

综合以上两式,正方体 A 对 B 压强的变化量 $\Delta p_1=p_A'-p_A=\dfrac{G_A}{S_{B剩}}-\dfrac{G_A}{S_B}$,

地面所受压强的变化量 $\Delta p_2=p_B'-p_B=\dfrac{G_A+G_{B剩}}{S_{B剩}}-\dfrac{G_A+G_B}{S_B}$.

要比较两个数的大小,常用的方法有两种,一是两式相减(作差法),看结果比 0 大还是比 0 小,二是两式相除(作商法),看结果比 1 大还是比 1 小.经过观察,这里我们用相减:

$$\Delta p_1-\Delta p_2=\left(\dfrac{G_A}{S_{B剩}}-\dfrac{G_A}{S_B}\right)-\left(\dfrac{G_A+G_{B剩}}{S_{B剩}}-\dfrac{G_A+G_B}{S_B}\right)=\dfrac{G_B}{S_B}-\dfrac{G_{B剩}}{S_{B剩}}.$$

根据公式 $p=\rho g h$,正方体 B 打孔前后对地面的压强不变,即 $\dfrac{G_B}{S_B}=\dfrac{G_{B剩}}{S_{B剩}}$.

所以 $\Delta p_1-\Delta p_2=0$,即 $\Delta p_1=\Delta p_2$.

感悟　将均质柱形固体沿竖直方向切去一部分,其对地的压强不变,这是解决本题的又一关键思维模型.

⏵ **例 3**　实心均匀正方体甲、乙(甲大乙小)按如图所示放置在水平桌面上,已知它们对桌面的压强相等.现将乙在桌面外的部分沿竖直方向切去,切去的比例为 n;甲按相同比例 n 沿水平方向切去一部分,并将甲、乙切去部分分别叠放在对方剩余部分的上方,此时甲、乙对桌面的压力分别为 $F_甲$、$F_乙$,压强分别为 $p_甲$、$p_乙$.

例 3 图

(1)比较 $F_甲$、$F_乙$ 的大小关系;

(2)比较 $p_甲$、$p_乙$ 的大小关系.

解析　(1)先写出 $F_甲$、$F_乙$ 的表达式,根据题意有

$$F_甲=(1-n)G_甲+nG_乙,\quad F_乙=(1-n)G_乙+nG_甲.$$

要比较这两个数的大小,可以用作差法.

$$F_甲-F_乙=[(1-n)G_甲+nG_乙]-[(1-n)G_乙+nG_甲]=(1-2n)(G_甲-G_乙).$$

由于乙露出桌面的比例不能超过 $\dfrac{1}{2}$,所以第一项 $1-2n\geqslant 0$,又因为甲、乙原先的压强相等,初始情况下甲的接触面积更大,所以有 $G_甲>G_乙$,故 $G_甲-G_乙>0$,所以 $F_甲-F_乙\geqslant 0$,因此 $F_甲\geqslant F_乙$.

（2）由于一开始的压强是相同的，我们定义一开始的压强为 $p_0=\dfrac{G_甲}{S_甲}=\dfrac{G_乙}{S_{乙剩}}$.

$$p_甲=\frac{(1-n)G_甲+nG_乙}{S_甲}=(1-n)p_0+\frac{nG_乙}{S_甲},$$

$$p_乙=\frac{(1-n)G_乙+nG_甲}{S_{乙剩}}=(1-n)p_0+\frac{nG_甲}{S_{乙剩}}.$$

经过观察，还是用相减的方法比较好：

$$p_甲-p_乙=\frac{nG_乙}{S_甲}-\frac{nG_甲}{S_{乙剩}}=n\left(\frac{G_乙}{S_甲}-\frac{G_甲}{S_{乙剩}}\right).$$

由于 $n>0$，$\dfrac{G_乙}{S_甲}<\dfrac{G_甲}{S_{乙剩}}$，所以 $p_甲-p_乙<0$，故有 $p_甲<p_乙$.

感悟 一旦建立了固体压强的思维模型，遇到"比例""叠放在对方剩余的上方"等类似问题时，无非就是建立压强模型时步骤多一些，比较压强（或其他量）时麻烦一些，解题的模型本质是相同的.

✦ 小试身手 ➤➤

1. 如图所示，四块相同的木块放置在水平地面上，如将图中阴影部分去掉并取走，则剩余部分对水平地面的压强最大的是 （　　）

　　　A　　　　　　　B　　　　　　　C　　　　　　　D

2. 如图所示，甲、乙两个完全相同的直角三棱劈放置在水平桌面上. 三棱劈的密度均匀且底面为矩形，若分别沿两物体图中虚线将右上侧切掉 $\Delta m_甲$ 和 $\Delta m_乙$，且 $\Delta m_甲<\Delta m_乙$，则剩余部分对桌面的压强 $p_甲$ 和 $p_乙$ 的大小关系为 （　　）

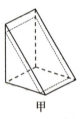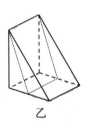

　　　甲　　　　　　乙

第 2 题图

A. $p_甲>p_乙$

B. $p_甲<p_乙$

C. $p_甲=p_乙$

D. 都有可能

3. 如图所示,质量分布均匀的实心正方体 A 和 B 分别置于高度差为 h 的水平地面上.若 A 的边长为 $2h$,且 A、B 对地面的压力相等,现将 A、B 两正方体沿水平方向截去高度相等的一部分,使它们剩余部分对水平地面的压强相等,求截去的高度 Δh(Δh 的值用 h 表示).

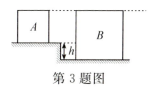

第 3 题图

4. 如图所示,质量分布均匀的实心正方体放置在水平地面上,正方体的边长为 l,密度为 ρ,现沿竖直方向切去厚度为 Δl 的部分甲,然后将切去部分旋转 $90°$ 后叠放在剩余部分乙的上表面的中央.此时甲对乙的压强和乙对地面的压强分别为 $p_甲$、$p_乙$,请通过推导得出 $p_甲$ 与 $p_乙$ 的大小关系.

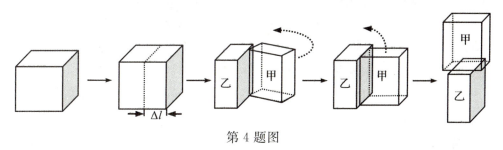

第 4 题图

23 液(气)体压强模型

引路人 南京师范大学附属初级中学怡康街分校 陈 希

📂 思想方法导引 ≫

由于重力的作用,液体对容器底部产生压强;又由于液体具有流动性,液体对容器的侧壁也有压强;同时,液体内部向各个方向都有压强;液体压强体现在与液体接触处.液体压强可根据公式 $p=\rho g h$ 进行计算.需注意的是,液体压强仅与液体的密度(ρ)和液体柱的高度(h)有关,与液体的总质量、体积、容器的形状或横截面积无关.另外,液体对容器底部的压力并不总是等同于液体的总重力,只有在规则的柱状容器,例如正方体、长方体和圆柱体,且被放置在水平面上时,这两者才相等.

气体压强在初中部分主要考察大气压强的测量实验,测量大气压强有两种思路:一是依据公式 $p=\dfrac{F}{S}$,测出大气压力和受力面积的大小,求出大气压强.二是根据托里拆利实验,利用液体压强公式测得大气压的大小.

液体还能够传递外加的压强,帕斯卡定律指出加在密闭液体上的压强,能够大小不变地被液体向各个方向传递.液压机原理就是帕斯卡定律的应用.

☁ 方法要点例析 ≫

▶ **例 1** 如图所示,圆柱形容器内注入某种液体,深度为 h,容器底的半径为 r.如果液体对侧壁的平均压力等于液体对容器底部的压力,那么 $h:r$ 为 　　　(　)

例1图

A.$1:1$ B.$1:2$ C.$2:1$ D.$3:1$

解析 液体对侧壁的平均压强,等于一半深度处的压强,即 $\overline{p}=\rho g\dfrac{h}{2}$,侧壁面积 $S_1=2\pi r h$,因此水对侧壁的平均压力 $F_1=\overline{p}S_1=\rho g\pi r h^2$,液体对容器底部的压力 $F_2=pS=\rho g h\cdot\pi r^2$,若 $F_1=F_2$,显然有 $h:r=1:1$.故选 A.

感悟 圆柱形容器中,当液体深度和容器半径之比为 $1:1$ 时,液体对侧壁的平均压力等于液体对底部的压力.

🔴 **例 2** A、B 两个轻质薄壁圆柱形容器(底面半径 $r_A < r_B$)放置在水平桌面上,它们的内部分别盛有质量相等的甲、乙两种液体,如图所示.若再向两容器内分别注入体积相同的各自原有液体后(都没有液体溢出).关于甲、乙的密度和容器底部增加的压强的判断正确的是 (　　)

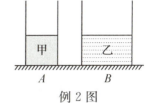

例 2 图

A. $\rho_甲 > \rho_乙$,$\Delta p_甲 > \Delta p_乙$

B. $\rho_甲 < \rho_乙$,$\Delta p_甲 > \Delta p_乙$

C. $\rho_甲 < \rho_乙$,$\Delta p_甲 < \Delta p_乙$

D. $\rho_甲 > \rho_乙$,$\Delta p_甲 < \Delta p_乙$

解析　先比较甲、乙液体密度的大小关系.根据 $m_甲 = m_乙$,$\rho_甲 V_甲 = \rho_乙 V_乙$,因为 $V_甲 < V_乙$,所以 $\rho_甲 > \rho_乙$.

再比较增加液体后深度的大小关系.向两容器内分别注入体积相同的各自原有液体后,因为 $\Delta V_甲 = \Delta V_乙$,$S_甲 < S_乙$,所以液体升高的高度为 $\Delta h_甲 > \Delta h_乙$.

最后比较增加的压强的大小关系.根据 $\Delta p = \rho g \Delta h$ 可以比较液体对容器底部增加的压强.因为 $\rho_甲 > \rho_乙$,$\Delta h_甲 > \Delta h_乙$,所以 $\Delta p_甲 > \Delta p_乙$.

故答案为 A.

感悟　在解决涉及液体压强和密度的问题时,要特别注意容器内液体高度的变化,其直接影响液体对容器底部的压强.

🔴 **例 3** 若已知大气压强为 p_0,如图甲、乙所示两个装置均处于静止状态,液体密度均为 ρ,求被封闭气体的压强 $p_甲$ 和 $p_乙$.

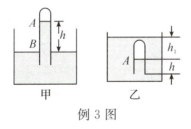

例 3 图

解析　在图甲中,以液面 B 为研究对象,

根据帕斯卡定律可知 $p_A + \rho g h = p_0$,

所以 $p_甲 = p_A = p_0 - \rho g h$.

在图乙中,以液面 A 为研究对象,

可得 $p_乙 = p_0 + \rho g h_1$.

感悟　对比甲、乙两个装置,密闭气体无论是在液体上方,还是在液体内部,选择恰当的研究液面,根据相同深度液体各方向的压强相等来列平衡方程.

✦ 小试身手 ➤➤

1. 如图所示,两个底面积不同的圆柱形容器甲和乙,容器足够高,分别盛有水和酒精($\rho_水 > \rho_{酒精}$),且两种液体对容器底部的压强相等. 一定能使水对容器底部的压强小于酒精对容器底部的压强的方法是　　　　（　　）

A. 倒入相同质量的水和酒精

B. 倒入相同体积的水和酒精

C. 抽出相同质量的水和酒精

D. 抽出相同体积的水和酒精

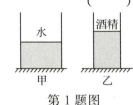

第 1 题图

2. 已知大气压强为 p_0,如图所示装置处于静止状态,液体密度均为 ρ,求被封闭气体 A、B 的压强.

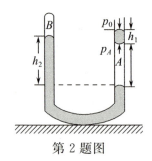

第 2 题图

3. 如图所示,两个圆柱形容器放置在水平桌面上,甲容器底面积为 $3\times10^{-2}\ \mathrm{m}^2$,容器内放了正方体物块 A;乙容器底面积为 $2\times10^{-2}\ \mathrm{m}^2$,容器内装有深度为 $0.2\ \mathrm{m}$ 的水. 求:

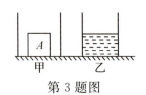

第 3 题图

(1)乙容器中水的质量 $m_水$.

(2)水对乙容器底的压强 $p_水$.

(3)现将某种液体倒入甲容器中,并使物块 A 正好浸没,此时液体对容器甲的压强为 $p_液$. 再将物块 A 取出浸没在乙容器的水中,水面上升至 $0.25\ \mathrm{m}$(水未溢出),$p_液$ 恰好是水对容器乙底部压强变化量 $\Delta p_水$ 的 1.5 倍,求液体密度 $\rho_液$.

24 流体压强与流速关系

引路人　宿迁市宿豫区教师发展中心　张军民

📖 思想方法导引 ≫≫

　　流动的液体和气体统称为流体,流体流动时产生的压强称为流体压强. 液体和气体在流动时,流速大的地方压强小,流速小的地方压强大. 当物体两侧的液体或气体流速不同时,物体两侧的压强也不同,这样物体两侧就有了压强差,从而形成了压力差,也就使物体受到两个大小不同的力的作用.

　　如图所示,机翼上方凸起的设计使得机翼上方的空气从机翼前缘到后缘所走过的路线是弧形的,而机翼下方的空气走过的路线是平直的. 由于在相同的时间内,机翼上方的空气走过的路程比机翼下方的要长,因此机翼上方的空气速度大于机翼下方的空气速度. 飞机飞行时,机翼上方的空气流速较大,压强较小;下方的空气流速较小,压强较大. 这样机翼上、下表面就存在着压强差,产生竖直向上的压力差 ΔF,这个力就是飞机的升力.

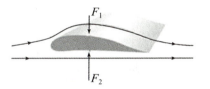

　　解决这类问题的关键是要弄清流体中流速大的地方在哪里,以及正确分析物体的形状对流体压强的影响,物体两侧的压力差指向流速大的一侧.

☁ 方法要点例析 ≫≫

　　▶ **例1**　草原犬鼠是大草原中常见的小动物,它挖的洞穴有多个洞口,一些洞口比较平整(如图中 A 所示),一些洞口由圆锥形土堆围成(如图中 B 所示),这样的结构能改善洞内的通风情况. 下列相关说法中正确的是（　　）

A. 风总是从 B 口吹入,从 A 口吹出

B. 风总是从 A 口吹入,从 B 口吹出

C. 由洞外的风向决定风的吹入口和吹出口

D. 无法判断洞内风向

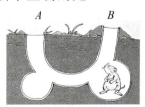

例1图

解析 图中犬鼠的洞穴有两个洞口,由于 A 洞口是平的,B 洞口是凸起的,当空气在相同的时间内通过 A、B 两个洞口的上表面时,根据流体流速与压强的关系,A 洞口处空气流速小,压强大,B 洞口处空气流速大,压强小,因此,空气从 A 洞口吹入后流向 B 洞口,故正确答案是 B.

感悟 弄清两个洞口外观形状上的区别,找出两个洞口上方的空气流速特点是解题关键.

▶ **例2** 某物理兴趣小组用如图所示装置研究流体压强与流速的关系.同学们将吹风机对准竖管上端管口向下吹风,在三个水平玻璃管的右端口处同时释放相同规格的乒乓球,某时刻乒乓球处于如图所示的位置.下列说法合理的是 ( )

A. 乒乓球运动是因受到竖管气流的吸引力

B. 三个水平玻璃管的左端口处气体流速相同

C. 三个水平玻璃管的左端口处压强不相同

D. 该现象可说明气体流速越小,压强越小

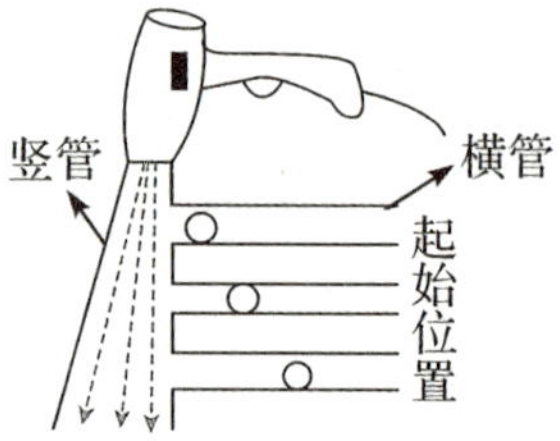

例2图

解析 由图中装置可知,将吹风机对准竖管上端管口向下吹风,由于竖管口向下越来越粗,所以竖管内空气向下流动速度越来越小,这样最上端的空气流速大、水平玻璃管左端开口处压强小,最下端的空气流速小、水平玻璃管左端开口处压强大.三个水平管右端开口处的空气流速相对左端小,故压强大,产生向左的压强差,且压强差由上至下依次减小,三个乒乓球在压强差的作用下会向左运动,压强差越大,运动得越快,所以会产生三个乒乓球向左运动的位置不同的现象.故本题正确答案选 C.

感悟 本题装置分两种情况分析,从竖向来分析,竖管上窄下宽,空气流速上大下小,压强上小下大;从横向来分析,横管左侧空气流速大压强小,右侧空气流速小压强大.

▶ **例3** 如图甲所示,跑车外形设计选用了图乙中的_____(填"A"或"B")模型,当车速过快时,气流对车体产生_____(填"向上"或"向下")的压力差,车辆与地面的摩擦力会减小,会出现危险;为了提高摩擦力,会在车尾安装一种"气流偏导器",其外形应该选用图乙中的_____(填"A"或"B")模型,气流对偏导器产生_____(填"向上"或"向下")的压力差,因而又增加了车辆与地面之间的摩擦力.

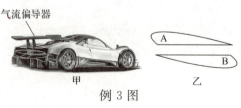

例3图

解析 "A"模型,形如车辆的车身,当气体同时通过模型上、下方时,下方气体流速小于上方气体流速,由于气体流速大的地方压强小,流速小的地方压强大,形成向上的压力差,导致车辆与地面间的摩擦力减小;反之,"B"模型,形如气流偏导器,当气体同时通过模型上、下方时,下方气体流速大于上方气体流速,形成向下的压力差,便可以增大车辆与地面间的摩擦力,使车辆安全驾驶.故答案为:A;向上;B;向下.

感悟 分辨图乙中"A""B"两种模型的形状如何改变空气流速是解题的突破口,再结合空气通过两种模型时的流速与压强关系进行判断.

✦ 小试身手 ▶▶

1. 如图所示是相距较近并排同向向右行驶的两艘船,如果两艘船靠得越来越近,容易发生碰撞,这是因为两船之间 （　　）

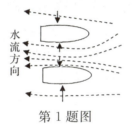

第1题图

A. 水的流速小,两船之间的压强小于两船外侧的压强

B. 水的流速小,两船之间的压强大于两船外侧的压强

C. 水的流速大,两船之间的压强小于两船外侧的压强

D. 水的流速大,两船之间的压强大于两船外侧的压强

2. 我国六代飞机已成功试飞.飞机在设计、制造过程中,要进行风洞实验,用来搜集分析有关数据.在某科学宫内,有一个风洞实验室,一架飞机模型固定在托盘测力计上,如图所示.当无风时,托盘测力计的示数为16N;当迎面吹向飞机的风速达到25m/s时,托盘测力计的示数为9N.托盘测力计示数减小的原因是:气体在流速大的地方压强_____;此时飞机模型受到的升力为_____N.如果增大风速,飞机模型受到的升力_____(填"变大""变小"或"不变").

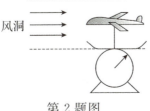

第2题图

3. 小明在生活中发现：①如图甲所示，将粗细不同的玻璃管装置接到水流稳定的自来水管上，当水在玻璃管中流动的速度不同（$v_1 < v_2$）时，可以看到两个竖直管中水面的高度并不相同．②如图乙所示，撑着雨伞在雨中行走，遇到一阵大风吹过，伞面会向上翻起．这其中的原因是什么呢？他查阅资料后得知：气体和液体很容易流动，流动气体的压强与流动液体的压强特点相似，风吹过伞面时，其附近的空气流动情况（流动速度 $v_1' < v_2'$）如图丙所示．

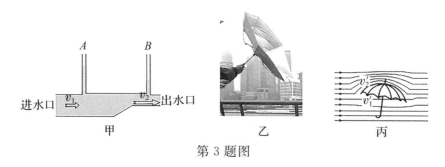

第 3 题图

(1)结合所学物理知识及图甲所示的实验现象，请你分析一下 A 管液面较 B 管液面高的原因．

_____ .

(2)请依据以上信息解释"大风吹过，伞面会向上翻起"的可能原因．

_____ .

25 压强与浮力关系

引路人　浙江省余姚市实验学校　王奇峰

思想方法导引 ▶▶

1.流体压强是流体对物体表面的"压迫",浮力是压力差产生的"托举",浮力的本质是流体对浸没其中的物体的上、下表面产生的压力差:

$F_浮＝F_{下表面}－F_{上表面}$.

2.液体压强公式:$p＝\rho gh$,同一液体中,深度越大,压强越大.

浮力公式:$F_浮＝\rho_液 gV_排$,浮力大小只与液体密度、排开液体体积、当地的g值有关,与物体形状、密度无关.

3.明确已知条件(液体密度、物体体积、液位等);计算浮力和重力,利用平衡条件求解未知量,抓住压强差和排开液体体积.

方法要点例析 ▶▶

▶ **例1**　如图是一个水位高度控制装置的示意图,当水位达到高度H时,水恰好顶起塞子A从出水孔流出,水位下降后,塞子A又把出水孔堵住.塞子A底部是一个半径为r的半球体,半球体恰好塞入出水口中.已知球的体积公式是$V_球＝\dfrac{4}{3}\pi r^3$,球的表面积公式是$S_球＝4\pi r^2$,圆面积公式是$S_圆＝\pi r^2$,水的密度为ρ.为满足水位高度自动控制的要求,塞子的质量应为多少?

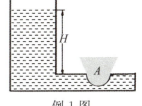

例1图

解析　塞子堵住的出水口处上方没有水,故塞子下部的半球部分受到水给它向上的压力$F_{向上}$,当$F_{向上}＝G$时为塞子恰好被顶起之时.故本题的关键是求$F_{向上}$.由阿基米德原理可知,当半球体浸没在水中时受到的浮力:

$$F_浮＝\rho gV_排＝\rho gV_{半球}＝\rho g\times\dfrac{1}{2}\times\dfrac{4}{3}\pi r^3＝\dfrac{2}{3}\rho g\pi r^3.$$

而浮力是物体下表面与上表面所受液体的压力差.假设塞子浸没在水中,上面水位高H,半球体塞子上表面受到的液体压力:

$F_{向下}=pS_{圆}=p_{液}S_{圆}=\rho gH\times\pi r^2$,方向竖直向下,

故由 $F_{浮}=F_{向上}-F_{向下}$ 得:

$F_{向上}=F_{浮}+F_{向下}=\dfrac{2}{3}\rho g\pi r^3+\pi r^2\rho gH=\rho g\pi r^2\left(\dfrac{2}{3}r+H\right)$.

回到本题,现在塞子上表面没有水,即 $F_{向下}=0$.

当半球恰好顶起时,$F_{向上}=G=\rho g\pi r^2\left(\dfrac{2}{3}r+H\right)$,

塞子的质量应为 $m=\dfrac{G}{g}=\dfrac{\rho g\pi r^2\left(\dfrac{2}{3}r+H\right)}{g}=\rho\pi r^2\left(\dfrac{2}{3}r+H\right)$.

感悟 本题的核心在于明确浸没于液体中的物体所受浮力,等同于其下表面与上表面所承受液体的压力差,然后对物体开展受力分析.

● 例2 容器水平底面上有一个大小为 $a\times b$ 的长方形洞.用半径为 a,长度为 b 的圆柱体盖住此洞(如图所示为其侧视图).现往容器里慢慢注入密度为 ρ 的液体,试分析说明:圆柱体的质量 M 应该多大,才能使它在任何液位下都不会浮起?

例2图

解析 通过受力分析可知,圆柱下部嵌入部分未受到水的压力.因此,圆柱体所受浮力应为其两侧弓形部分排开液体的重力,减去槽洞正上方液体产生的向下压力.

圆柱体的长度为 b,则圆柱的体积为 $V=\pi a^2b$.

如答图所示,通过几何关系确定:

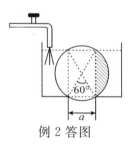

例2答图

图中标注 $60°$ 角的三角形面积 $S_{\triangle}=\dfrac{\sqrt{3}a^2}{4}$,

$120°$ 阴影弓形的面积 $S_{弓形}=\dfrac{\pi a^2}{3}-\dfrac{\sqrt{3}a^2}{4}$.

当液面与物体的交线正好是物体两侧 $120°$ 弓形体上缘时,圆柱体所受的浮力最大,最大浮力为:

$F_{浮}=2\times\left(\dfrac{\pi a^2}{3}-\dfrac{\sqrt{3}a^2}{4}\right)b\rho g\leqslant G_M$,$M$ 应该至少为 $\dfrac{F_{浮}}{g}=\left(\dfrac{2\pi a^2}{3}-\dfrac{\sqrt{3}a^2}{2}\right)b\rho$.

故答案为:圆柱体的质量 M 至少为 $\left(\dfrac{2\pi a^2}{3}-\dfrac{a^2\sqrt{3}}{2}\right)b\rho$,才能使它在任何液位下都不会浮起.

感悟 本题关键在于确定圆柱体在液体中处于不浮起状态的临界条件，即圆柱体所受重力与浮力达到平衡．

例 4 如图甲所示，装有部分水的平底试管竖直漂浮在圆柱形容器内的水面上，试管中的水面恰与容器壁上的 A 点相平．现将一小石块完全浸没在试管内的水中，试管仍漂浮在水面上，且试管中的水面恰好仍与容器壁上的 A 点相平，如图乙所示．若试管粗细均匀、试管壁与容器壁的厚度均不计，试管的横截面积为 S_1，容器的横截面积为 S_2，水的密度为 ρ_0，请解答以下问题．

（1）证明：容器壁上 A 点受到水的压强变化量 Δp_1 与容器底部受到水的压强变化量 Δp_2 的大小相等；

（2）求出石块的密度．

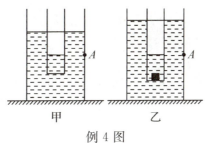

例 4 图

解析 （1）据图可知，从液面到容器壁上 A 点的深度变化量 Δh_1 与容器底部深度的变化量 Δh_2 的关系 $\Delta h_1 = \Delta h_2$．

由 $p = \rho g h$ 可知，容器壁上 A 点受到水的压强变化量 Δp_1 与容器底部受到水的压强变化量 Δp_2 的大小关系 $\Delta p_1 = \Delta p_2$．

（2）石块完全浸没在该试管水中后，设试管中液体上升的高度是 h_0，试管底部应再下沉的深度 h_1，试管下沉使容器液面上升的高度 h_2．

试管内石块体积：$V_石 = V_{石排} = S_1 h_0$，

石块的重力：$G_石 = \rho_石 g V_石 = \rho_石 g S_1 h_0$，

试管增加的浮力：$F_浮 = \rho_0 g S_1 (h_1 + h_2)$，

容器底部增加的压力：$F_压 = \rho_0 g S_2 h_2$，

因为试管放入石块后，试管仍处于漂浮状态，

所以，$G_石 = F_浮 = F_压$，$\rho_石 g S_1 h_0 = \rho_0 g S_1 (h_1 + h_2) = \rho_0 g S_2 h_2$，

可得：$h_2 = \dfrac{S_1}{S_2 - S_1} h_1$．

因试管中的水面恰好仍与容器壁上的 A 点相平，所以 $h_0 = h_1$．

由 $\rho_石 g S_1 h_0 = \rho_0 g S_1 (h_1 + h_2)$ 可得：$\rho_石 = \dfrac{h_1 + h_2}{h_0} \rho_0 = \dfrac{S_2}{S_2 - S_1} \rho_0$．

感悟 解决此题关键是物块浸入试管中水后,试管内液面与容器底部距离与试管内液面上升的高度、试管底下降的高度与容器内液面上升的高度间的关系,再利用相关公式进行求解.

✦ 小试身手 ➤➤

1. 有一个梯形物体浸没在水中,如图所示,当时大气压为 p_0,水的密度为 ρ,深度为 H,物块高度为 h,体积为 V,较小的下底面面积为 S,与容器底紧密接触,其间无水.则该物体所受的浮力为多大?

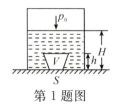

第 1 题图

2. 如图甲所示是小张同学探究浮力产生原因的实验装置.它是由薄壁规则的柱形容器 A 和 B 构成的连通器,A 的底面积为 250cm^2,B 容器底的正中间部分有一个面积为 60cm^2 的方形孔,B 容器的底面积为 200cm^2.现将边长为 10cm 的正方体木块 C 放在 B 容器中,且木块 C 与容器 B 底部的方形孔密合覆盖,然后向 B 容器缓慢注入 13.5cm 深的水,如图乙所示,发现木块 C 没有上浮,静止在 B 容器底部.为使木块 C 上浮,小张向 A 容器内缓慢注水,如图丙所示,当 A 容器内水位到达 23cm 时,木块 C 对 B 容器底部压力刚好为零,刚好上浮,停止加水,求木块 C 的密度.

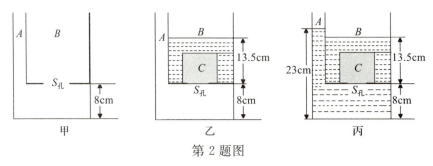

第 2 题图

3. 如图所示,一根细绳悬挂一个半径为 r、质量为 m 的半球,半球的底面与容器底部紧密接触,此容器内液体的密度为 ρ,高度为 H,大气压强为 p_0,已知球体的体积公式是 $V = \dfrac{4\pi r^3}{3}$,球面积公式是 $S_{球} = 4\pi r^2$,圆面积公式是 $S_{圆} = \pi r^2$.若要把半球从水中拉起,则至少要用多大的竖直向上的拉力?

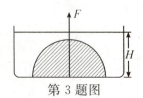

第 3 题图

26　浮沉问题分析法

引路人　江阴市教师发展中心　孙春成

思想方法导引 ≫

物体的浮沉条件：

(1)浸没在液体中的物体的浮沉与重力的关系.

①若 $F_浮 > G_物$,物体将上浮；②若 $F_浮 = G_物$,物体将悬浮；③若 $F_浮 < G_物$,物体将下沉.

(2)浸没在液体中的物体的浮沉与密度的关系.

①若 $\rho_物 < \rho_液$,物体将上浮,最终漂浮；②若 $\rho_物 = \rho_液$,物体将悬浮；③若 $\rho_物 > \rho_液$,物体将下沉.

上浮和下沉是过程,上浮的结果是漂浮状态,下沉的结果是沉底状态.漂浮时满足 $F_浮 = G_物$.沉底状态往往有两种：一是沉底未遂的悬挂型($F_浮 + F_T = G$),二是沉底支撑型($F_浮 + F_N = G$).其中 F_T 是悬绳拉力,F_N 为底部支持力.

分析物体浮沉问题时,判断出物体的状态是关键,除了利用浮力与重力之间的关系、物体的密度与液体的密度之间的关系进行判断外,有时还需要根据题设条件进行辨析排除,最终确定物体的状况.

方法要点例析 ≫

例 1　如图甲所示,水平放置的方形容器里有一个重为 8N、边长为 10cm 的立方体物块 M(M 不吸水),M 与容器底部非紧密接触.以流速恒为 5mL/s 的水流向容器内注水,容器中水的深度 h 随时间 t 的变化关系如图乙所示.g 取 10N/kg.下列现象分析中,错误的是　　　　　(　　)

A. 物块 M 的密度为 $0.8 \times 10^3 kg/m^3$

B. 当 $t = 140s$ 时,物块 M 在水中处于漂浮状态

C. 当 $t = 140s$ 时,水对容器底部的压力大小为 15N

D. 图乙中 a 的值为 10

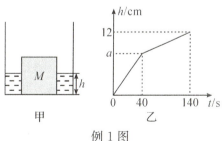

例 1 图

解析 $V=0.001\text{m}^3$；$m=\dfrac{G}{g}=\dfrac{8\text{N}}{10\text{N/kg}}=0.8\text{kg}$；$\rho=\dfrac{m}{V}=\dfrac{0.8\text{kg}}{0.001\text{m}^3}=0.8\times 10^3\text{kg/m}^3<1.0\times 10^3\text{kg/m}^3$.

由图乙可知：当 $t=140\text{s}$ 时，水深 $h=12\text{cm}$，大于 M 的边长，物块在水中将漂浮，A、B 正确.

当 $t=140\text{s}$ 时，$V_{水}=vt=5\text{mL/s}\times 140\text{s}=700\text{mL}=7\times 10^{-4}\text{m}^3$，$G_{水}=\rho_{水}\,gV_{水}=1.0\times 10^3\text{kg/m}^3\times 10\text{N/kg}\times 7\times 10^{-4}\text{m}^3=7\text{N}$；$F=G_{水}+G=7\text{N}+8\text{N}=15\text{N}$，C 正确.

当 $t=40\text{s}$ 时，M 处于刚刚开始漂浮的状态，$F_{浮}=G=8\text{N}$，$V_{排}=\dfrac{F_{浮}}{\rho_{水}\,g}=\dfrac{8\text{N}}{1.0\times 10^3\text{kg/m}^3\times 10\text{N/kg}}=8\times 10^{-4}\text{m}^3=800\text{cm}^3$，深度 $a=\dfrac{V_{排}}{S_M}=\dfrac{800\text{cm}^3}{(10\text{cm})^2}=8\text{cm}$，D 错误.

感悟 从图线中读出有用信息是解决此题的关键，尤其要注意各图线数据点的物理意义.

▶**例 2** 如图所示是科创小组设计的水库自动泄洪控制装置模型，其顶部开有小孔，内部高度为 80cm. 其中 A 为压力传感器(厚度不计)，B 是密度小于水且不吸水的实心圆柱体，B 能沿固定的光滑细杆在竖直方向自由移动. 当模型内水深 $h_0=15\text{cm}$ 时，B 与模型底面刚好接触且压力为零. 水面上涨到设计的警戒水位时，圆柱体对压力传感器的压力为 2N，触发报警装置，开启泄洪阀门. 已知圆柱体 B 的底面积 $S_B=40\text{cm}^2$，高 $h_B=25\text{cm}$.

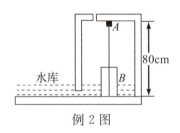
例 2 图

(1)求圆柱体 B 所受的重力.

(2)为了提高防洪安全性，需在圆柱体 B 的上方叠加与 B 同材质、同底面积、高度为 12.5cm 的实心圆柱体 C，则现警戒水位比原设计低多少厘米？

解析 (1)由 B 与模型底面刚好接触且压力为零可知，此时 B 处于漂浮状态，

$V_{B排}=S_Bh_0=40\text{cm}^2\times 15\text{cm}=600\text{cm}^3=6\times 10^{-4}\text{m}^3$，

$G_B=F_{浮 0}=\rho_{水}\,gV_{B排}=1.0\times 10^3\text{kg/m}^3\times 10\text{N/kg}\times 6\times 10^{-4}\text{m}^3=6\text{N}$.

(2)刚触发报警装置时,$F_{浮1}=F+G_B=2N+6N=8N$,

$$V_{排1}=\frac{F_{浮1}}{\rho_水 g}=\frac{8N}{1.0\times10^3\,kg/m^3\times10N/kg}=8\times10^{-4}\,m^3=800\,cm^3,$$

B 浸入水中的深度 $h_1=\dfrac{V_{排1}}{S_B}=\dfrac{800\,cm^3}{40\,cm^2}=20\,cm$,

A 到水面的距离 $h_A=h_B-h_1=25\,cm-20\,cm=5\,cm$.

$h_{BC}=h_B+h_C=25\,cm+12.5\,cm=37.5\,cm$,

$$G_{BC}=\frac{h_{BC}}{h_B}\times G_B=\frac{37.5\,cm}{25\,cm}\times6N=9N,$$

刚触发报警装置时,$F_{浮2}=G_{BC}+F=9N+2N=11N$,

$$V_{排2}=\frac{F_{浮2}}{\rho_水 g}=\frac{11N}{1.0\times10^3\,kg/m^3\times10N/kg}=1.1\times10^{-3}\,m^3=1100\,cm^3,$$

BC 浸入水中的深度 $h_2=\dfrac{V_{排2}}{S_B}=\dfrac{1100\,cm^3}{40\,cm^2}=27.5\,cm$,

此时 A 到水面的距离 $h'_A=h_{BC}-h_2=37.5\,cm-27.5\,cm=10\,cm$.

$\Delta h'=h'_A-h_A=10\,cm-5\,cm=5\,cm$.

感悟 本题要关注"B 与模型底面刚好接触且压力为零"和"圆柱体对压力传感器的压力为 2N,触发报警装置"这两个临界突变点.

✦ 小试身手 ➤➤

1. 如图所示,圆柱形容器内装有适量液体,物块 A 和 B 用轻质细线悬挂,其中 A 有部分露出液面,A、B 体积之比为 $2:1$. 现剪断细线,稳定后液面下降了 3cm;然后取出物块 B,液面又下降了 2cm;最后取出物块 A,液面又下降了 1cm. 由此可判断 A 与 B 的密度比为 （　　）

A.$1:5$

B.$1:6$

C.$1:2$

D.$1:10$

第1题图

2. 如图甲所示,将球 A 和球 B 用轻细绳相连放入柱形容器内的水中,球 A 露出水面的体积为它自身体积的 $\dfrac{1}{10}$. 把绳剪断,球 B 沉底,球 A 浸入水中的体积是它总体积的 $\dfrac{4}{5}$,这时球 B 受到容器底对它的支持力为 0.5N,如图乙. 若已知球 A 和球 B 的体积之比是 $2:1$,则下列说法正确的是 （　　）

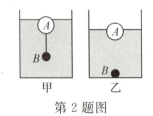

第 2 题图

A. 球 A 受的重力为 2N

B. 球 B 的密度为 $1.2×10^3 kg/m^3$

C. 绳子剪断前, 球 B 受的浮力为 0.5N

D. 绳子剪断前后, A、B 两球所受的总浮力变化了 1N

3. 如图所示, 某学习小组自制"浮力秤", 用来称量物体的质量. 它由浮体和外筒构成, 浮体包括小筒和秤盘. 已知小筒质量为 50g, 筒内装入 100g 细沙, 底面积为 $20cm^2$, 可浸入水中的最大深度为 20cm, 秤盘的质量为 10g, 外筒是足够高的透明大筒, 容器壁厚度可忽略不计.

(1)小筒上的零刻度线距小筒底部的距离 h 是多少?

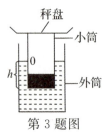

第 3 题图

(2)下表是"浮力秤"模型评价量表, 请选择任意一个指标进行评价, 并说明理由.

"浮力秤"模型评价量表		
评价指标	优秀	合格	待改进
指标一	刻度均匀	刻度不均匀	没有刻度
指标二	最大量程超过 500g	最大量程为 300~500g	最大量程小于 300g

27 功和功率求解法

引路人 徐州嘉登实验学校 王 雄

💭 思想方法导引 ▶▶

　　功与功率的计算往往从力和能量两个视角入手. 从力的视角, 即分析物体的受力情况与运动情况, 运用力与运动的规律来求解问题. 此时, 判断恒力或变力是前提, 判断求解哪个力做功(功率)是基础, 判断力与距离之间的匹配关系是关键; 同时运动速度是"匀速"还是"变速"是解决问题的切入点, 对运动路径"化曲为直"是解题时的常用方法. 从能量的视角, 即要明白功是能量转化的量度, 从而去弄清具体有哪些能量发生转化(变化), 并知道各种能量之间的相互关系, 通过能量守恒定律进行求解. 其中题目里的"不计绳重""不计滑轮摩擦""光滑"等叙述往往是解决问题的突破口. 在解决具体问题时, 要灵活运用力与能量两个视角, 以达到事半功倍的效果.

☁ 方法要点例析 ▶▶

　　▶ 例 1 　一个人先后用同样大小的力 F 将不同质量的物体分别在光滑水平面、粗糙水平面、粗糙斜面上沿力的方向移动相同的距离 L(如图所示), 该力在这三个过程中所做的功分别为 W_1, W_2, W_3, 关于它们之间的大小关系说法正确的是　　　　　　　　　　　　　　(　　)

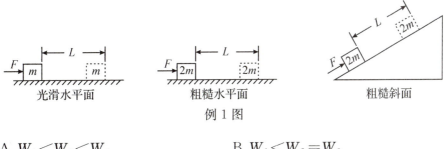

例 1 图

　A. $W_1 < W_2 < W_3$ 　　　　　　　　　B. $W_1 < W_2 = W_3$

　C. $W_1 = W_2 < W_3$ 　　　　　　　　　D. $W_1 = W_2 = W_3$

解析 题目中有不同质量、光滑水平面、粗糙水平面、粗糙斜面等多种变量,怎样求解呢?事实上,力对物体做的功等于力的大小与物体沿该力方向移动距离的乘积,与其他因素无关.答案为 D.

感悟 功的计算一定要"去伪存真",排除干扰,找具体的力,找力与距离之间的关系.

⏵**例 2** (多选)轻绳的一端通过定滑轮与质量为 m、可看成质点的小物体相连,另一端受到大小为 F 的恒力作用,开始时绳与水平方向的夹角为 θ. 小物体从水平面上的 A 点被拖动到水平面上的 B 点,A、B 之间的距离为 L,随后从 B 点沿斜面被拖动到滑轮 O 处,B、O 之间的距离也为 L. 小物体与水平面及斜面间的动摩擦因数均为 μ,若小物体从 A 运动到 O 的过程中,F 对小物体做的功为 W_F,小物体在 BO 运动过程中克服摩擦力所做的功为 W_f,则以下结果正确的是 ( )

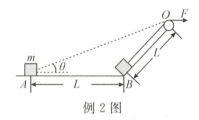

例 2 图

A. $W_F = FL(\cos\theta + 1)$ B. $W_F = 2FL\cos\theta$

C. $W_f = \mu mgL\cos2\theta$ D. $W_f = FL - mgL\sin2\theta$

解析 题中力 F 的大小不变,但方向变化,不能直接套用功的计算公式.那怎么办呢?结合题意,绳子把拉力 F 做的功"传递"给物块,因此,绳子拉力对物块做的功等于恒力 F 对绳子端点做的功.物块从 A 点被拉到 O 点时,拉力 F 作用点移动的距离 $s = OA = 2L\cos\theta$,则拉力做功 $W_F = Fs = 2FL\cos\theta$,选项 B 正确.由几何关系,BO 与水平方向的夹角为 2θ,物块从 B 运动到 O 的过程中,滑动摩擦力的大小为 $f = \mu mg\cos2\theta$,则克服摩擦力所做的功为 $W_f = fL = \mu mgL\cos2\theta$,选项 C 正确.答案为 BC.

感悟 运用"等值转换法",找到某个与变力做功相同的恒力,把"变力"转换成"恒力".

例3 如图所示,一长为 L、质量为 m 的木板,自光滑水平面滑向粗糙区域.粗糙区域的动摩擦因数为 μ,问:从开始进入粗糙区域到木板右端前进 $2L$ 的过程中,木板克服摩擦力做的功是多少?

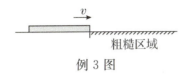

例3图

解析 木板在逐渐进入粗糙区域的过程中,在粗糙区域的长度越来越大,对粗糙区域的压力也越来越大,所受摩擦力也逐渐增加.为了确定木板所受摩擦力与前进距离的关系,不妨设木板在粗糙区域内行进的距离为 x,对应的质量为 m_x,如答图(a)所示.

例3答图

① 当 $x \leqslant L$ 时,结合木板质量均匀分布,应有 $\dfrac{m_x}{x} = \dfrac{m}{L}$,解得 $m_x = \dfrac{m}{L}x$,粗糙区域对 x 长度部分的摩擦力大小为 $f = \mu m_x g = \dfrac{\mu mg}{L}x$.可见,当 $x \leqslant L$ 时,f 与 x 是正比例关系.

② 当 $x = L$ 时,f 取得最大值 μmg.

③ 当 $x > L$ 时,木板已经全部进入粗糙区域,摩擦力恒为 $f = \mu mg$.

据此画出整个过程的 f-x 图像如答图(b)所示,这时 f-x 图像下方的面积表示变力 f 所做的功,则在木板前进 $2L$ 的过程中,f-x 图像下方为一梯形,其面积等于木板克服摩擦力做功的值,即 $W_f = \dfrac{L+2L}{2} \times \mu mg = \dfrac{3\mu mgL}{2}$.

感悟 运用"图像法",过程可视化,画出 F-x 图像,图像下方面积为所求功的大小.

小试身手 ▶▶

1.(多选)如图所示,某同学经过一段时间练习,掌握了跳高的技巧.同学质量为 m,重力加速度为 g,在跳起的第一阶段,脚没有离地,经过一定时间,重心上升 h_1,在第二阶段,脚离地,人躯干形态基本保持不变,重心又上升了

一段距离,到达最高点,以下说法中正确的有 （　　）

A. 在第一阶段地面支持力对人做的功为 mgh_1

B. 在第二阶段地面支持力对人做的功为 mgh_1

C. 在整个过程中地面支持力对人做的总功为 0

D. 在跳起的过程中存在人体肌肉中储存的化学能转化为机械能的过程

第 1 题图

2. 如图所示,定滑轮到滑块顶端的高度为 H,定滑轮摩擦不计,用恒力 F 作用于细线末端,滑块在 A、B 位置时细绳与水平方向的夹角分别为 α 和 β. 求将滑块由 A 点拉至 B 点的过程中,绳的拉力对滑块做的功.

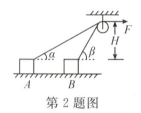

第 2 题图

3. 质量为 2kg 的物体放在动摩擦因数 $\mu = 0.5$ 的水平地面上,在水平拉力 F 的作用下,由静止开始运动,拉力做功 W 和物体位移 s 之间的关系如图所示. 物体从开始运动到前进 1m 的过程中,拉力大小为 $F =$ ＿＿＿＿ N;已知在前进距离为 1m 时速度恰为 $\sqrt{10}$ m/s,则从静止开始到运动 3m 的过程中,拉力的最大功率为＿＿＿＿ W.

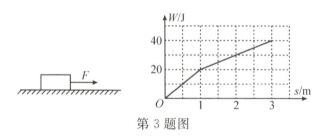

第 3 题图

4. 无风时,以速度 v 跑步,人所受的空气阻力 $f = \frac{1}{2}C\rho Av^2$,$C$ 为阻力系数,ρ 为空气的密度,A 为人在垂直于运动方向上的截面积,阻力功率 $P = fv$. 已知某人于平地上匀速跑步时,身体为跑步持续提供 80W 的功率,若此人质量 $m = 60$kg,$A = 0.40$m^2,$C = 2.0$,空气密度 $\rho = 1.3$kg/m^3,且跑步时没有任何打滑,则此人的跑步速度为＿＿＿＿ m/s;若肌肉消耗能量做功的效率为 25%,则此人跑步 30min 消耗＿＿＿＿ J 的能量.

28　机械能守恒法

引路人　兴化市南亭实验学校　翟应品

思想方法导引 ▶▶

机械能守恒定律是指在仅有重力、弹力(如弹簧弹力)做功的系统中,动能与势能相互转化,但总机械能保持不变.运用"机械能守恒法"解题的最大优势在于可以极大简化解题分析过程——只要直接比较初始状态与最终状态的总机械能,无需追踪复杂运动的过程细节.

正确运用"机械能守恒法"解题需遵循以下三个关键步骤.

1.识别系统能量:物体动能大小(速度大小和质量)、重力势能大小(高度和质量)和弹性势能(弹簧形变);

2.验证守恒条件:分析是否存在摩擦力、空气阻力等外力造成能量损耗;

3.建立守恒方程:初始机械能(动能＋势能)＝终末机械能(动能＋势能).

方法要点例析 ▶▶

例1 "嫦娥五号"返回器用类似"打水漂"的方式着陆地球,其着陆过程的部分轨迹简化为如图所示,下列说法正确的是　　(　　)

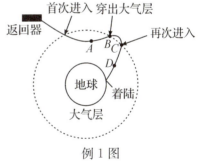

A.$A{\rightarrow}B$ 段返回器的动能变大

B.$B{\rightarrow}C$ 段返回器的机械能不变

C.$C{\rightarrow}D$ 段返回器动能增加量等于重力势能的减小量

D.$A{\rightarrow}D$ 的全过程中返回器机械能守恒

例1图

解析　$A{\rightarrow}B$ 段返回器的高度增加,重力势能增加,且此过程不能忽略空气阻力,机械能总量也在减小,故此段动能变小,故 A 错误;$B{\rightarrow}C$ 段返回器在大气层外,不受空气阻力,所以机械能保持不变,故 B 正确;$C{\rightarrow}D$ 段返回器进入大气层,受到空气阻力,部分机械能转化为内能,尽管高度减小,重力势能也减小,但动能的增加量小于重力势能的减小量,故 C 错误;由于受到空气阻力,$A{\rightarrow}D$ 的全过程中返回器机械能总量减小了,故 D 错误.

感悟 应用"机械能守恒法"一定要小心能量小偷哦! 由于本题 $A \rightarrow B$ 段和 $C \rightarrow D$ 段返回器受到空气阻力,故 $A \rightarrow D$ 段返回器的机械能总量是减小的.

🔴 **例2** 如图所示是蹦极运动的简化示意图,弹性绳一端固定在 O 点,另一端系住运动员,运动员从 O 点自由下落,在 A 点处弹性绳自然伸直,B 点是运动员受到的重力与弹性绳对其拉力相等的点,C 点是蹦极运动员到达的最低点,运动员从 O 点到 C 点的运动过程中忽略空气阻力. 则 （ ）

A. 从 O 点至 C 点运动员速度一直减小

B. 从 O 点至 A 点运动员机械能不守恒,从 A 点至 C 点运动员机械能守恒

C. 从 O 点至 A 点过程中运动员速度增大,从 A 点至 C 点过程中运动员速度减小

D. 从 O 点至 B 点过程中运动员速度增大,从 B 点至 C 点过程中运动员速度减小

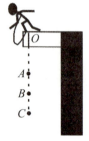

例2图

解析 运动员从 O 点至 C 点不是一直减速的. 比如,从 O 点到 A 点,弹性绳没有被拉伸,无弹性势能,运动员下落的重力势能转化为动能,运动员速度增大,故 A 错误.

从 O 点到 A 点,运动员的重力势能转化为他自己的动能,运动员自身机械能守恒;从 A 点到 C 点,运动员的机械能转化为弹性绳的弹性势能,故 B 错误.

从 O 点至 A 点,运动员的重力势能转化为他自身的动能,速度不断变大,但 A 点不是速度最大点,因为 $A \rightarrow B$ 段,弹性绳的弹力小于运动员重力,此阶段他仍将会加速向下运动,所以从 A 点至 C 点运动员速度先变大后变小,故 C 错误.

当运动员到达 B 点时,他受到重力与弹力且二力平衡,当他经过 B 点继续向下运动时,弹性绳进一步拉伸,运动员所受弹力大于重力,下落速度减小,直至到 C 点速度降为0. 因而 D 正确.

感悟 本题研究的不是单个运动员的机械能,而是"运动员+弹性绳"这个整体的机械能,所以这题不仅要研究运动员的动能和重力势能,还要研究弹性绳的弹性势能. 在物理学习中,选定研究物体非常重要!

🔴 **例3** 如图所示,弹簧左端固定在墙壁上,右端与木块相连,如果水平面粗糙,A 点是弹簧保持原长时木块对应的位置(本题"木块位置"均指木块最右端对应位置),用力压缩弹簧使木块到达 B 点,松手后,木块由位置 B 运动至位置 C,在位置 C 时速度为零. 则木块从位置 B 运动至位置 C 的过程中,

弹簧的弹性势能的变化情况是_____（填"减小""增大""先减小后增大""先增大后减小"或"不变"），木块的速度达到最大值的位置在_____（填"A 点""A 点左侧"或"A 点右侧"）．木块从 B 到 A 过程中动能的变化情况是_____（填"减小""增大""先减小后增大""先增大后减小"或"不变"）；从 A 到 C 过程中，木块的动能转化为_____．

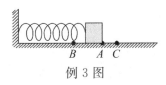

例 3 图

解析 B 点是弹簧被压缩到最短的位置，此时弹簧弹性势能最大，在木块逐渐向右运动的过程中，弹簧被压缩量减小，弹性势能也减小；当木块到达 A 点时，弹簧恢复原长，弹性势能为 0；紧接着弹簧又被拉长，弹性势能增大，故木块从 B 到 C 的过程中，弹簧弹性势能"先减小后增大"．

当木块从位置 B 开始向右运动时，因弹簧处于压缩状态，对木块有水平向右的弹力，且木块受到的弹力大于摩擦力，木块向右做加速运动；随着弹簧被压缩量的不断减小，弹簧弹力也不断变小；当木块所受弹力等于摩擦力时，木块的速度最大．这个"速度最大"位置不可能是点 A，因为在 A 点弹簧处于原长状态，弹簧弹力为 0，木块在水平方向上只受向左的摩擦力作用，所以木块在 A 点做减速运动；也不可能在 A 点右侧，因为由 A 到 C，弹簧由"被压缩"变成"被拉伸"，木块受弹簧弹力方向变成水平向左且还受水平向左的摩擦力，所以木块的速度更快地减小；只可能是在 A 点左侧某个位置，因为此时弹簧仍处在被压缩状态，对木块施加水平向右的弹力，当这个弹力与水平向左摩擦力二力平衡时，木块速度最大，故选填"A 点左侧"．

木块从 B 到 A 的过程中，速度先增大后减小，故木块的动能先增大后减小；木块运动到 A 位置时，只受水平向左的摩擦力，速度减小，动能减小；经过 A 点后，木块受摩擦力和水平向左不断变大的弹力，速度加速减小，动能也加速减小；当木块在摩擦力和水平向左弹力的作用下停在 C 点时，木块的动能转化为内能和弹性势能．

答案为：先减小后增大；A 点左侧；先增大后减小；内能和弹性势能．

感悟 如果刻板化地套用"机械能守恒法"，而不认真研读题目就会认为：木块到达 A 点时弹簧恢复原长，弹性势能全部转化为动能，木块在 A 点时速度最大．事实上，由于水平面粗糙，"木块＋弹簧"这个整体的机械能产生损耗，不能再直接套用"机械能守恒法"了．

⭐ 小试身手 ➤➤

1. 冬奥会自由式滑雪比赛中,某选手的运动轨迹如图所示,不计空气阻力,下列对选手的描述正确的是 （　　）

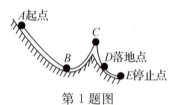

A. 从 A 下滑到 B 点的过程中,减小的重力势能全部转化为动能

B. 跃起到空中最高点 C 点时,动能为零

C. 从 C 点下落到 D 点过程中,机械能保持不变

D. 从 D 点落下,能继续前行到 E 点,是因为该运动员受到惯性的作用

第 1 题图

2. 如图所示,弯曲的跳板把人弹至高处,不计空气阻力,下列说法中（　　）

①弯曲的跳板把人向上弹起,在人刚好脱离跳板的那个瞬间,人的速度最大

②跳板把人从静止弹起至速度最大的过程中,跳板弹性势能的减小量大于人获得的动能

③人离开跳板弹向空中至最高点的过程中,动能转化为重力势能

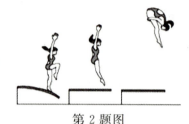

第 2 题图

④人在最高点时,如果受到的外力全部消失,人将竖直落下

A. 只有②正确　　B. 只有②③正确　C. 只有③正确　　D. 只有①④正确

3. 弹跳杆运动是一项广受欢迎的运动.弹跳杆结构如图甲所示.图乙是小华玩弹跳杆时由最低位置上升到最高位置的过程,针对此过程,不计空气阻力,下列分析正确的是 （　　）

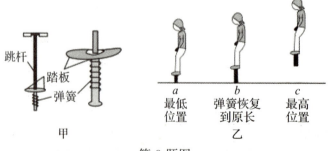

第 3 题图

A. $a \rightarrow b$ 的过程中,弹簧的弹力越来越大,在 b 状态时弹力最大

B. $b \rightarrow c$ 的过程中,弹簧的弹性势能转化为小华的重力势能

C. $a \rightarrow c$ 的过程中,小华先加速后减速,在 b 状态时速度最大

D. $a \rightarrow c$ 的过程中,小华的机械能不守恒

29 功能关系法

引路人　乐清市教育研究培训院　樊轶华

📖 思想方法导引 ≫

　　功能关系法是通过分析能量转化与守恒关系来解决力学问题的核心方法.它基于能量守恒定律,能够简化复杂系统的动力学分析,尤其是在涉及多物体、多变力或摩擦力的场景中.

　　运用功能关系法要注意以下两个核心要点.

　　1.功能关系:功是能量变化的量度,例如摩擦力做功会导致机械能与其他形式能量(如内能)的转化.

　　2.机械能守恒:机械能守恒分成个体机械能守恒和系统机械能守恒.单个物体只有重力做功时机械能守恒,外来弹力做功机械能还是不守恒.对于整个系统而言,只有重力和内部的弹力做功时机械能守恒.

🧠 方法要点例析 ≫

　　▶ **例1**　如图所示,固定在地面上的半圆形轨道,直径 ab 水平,小球 P 从 a 点正上方高 H 处自由下落,经过轨道后从 b 点冲出竖直上抛,上升的最大高度为 $\frac{2}{3}H$,空气阻力不计.当小球第二次下落到 b 点再经过轨道 a 点冲出时,能上升的最大高度 h 为　　　　（　　）

A. $h=\frac{2H}{3}$

B. $h=\frac{H}{3}$

C. $h<\frac{H}{3}$

D. $\frac{H}{3}<h<\frac{2H}{3}$

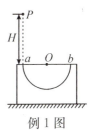

例1图

解析 第一次小球在槽中滚动损失的机械能为 $\frac{1}{3}mgH$.

由于第二次小球在槽中滚动时,对应位置处速度变小,根据圆周运动知识,速度越小,对轨道的压力越小.因此槽给小球的弹力变小,摩擦力变小,摩擦力做功小于 $\frac{1}{3}mgH$,机械能损失小于 $\frac{1}{3}mgH$,小球再次达到最高点时的机械能大于 $\frac{1}{3}mgH$,因此小球冲出 a 点时,能上升的高度为:$\frac{1}{3}H<h<\frac{2}{3}H$.所以选项 D 正确.

感悟 小球在槽中滚动时要克服摩擦力做功,导致机械能减少;同时小球做圆周运动时,速度越小,向心力越小,则对应的压力越小,摩擦力也越小.

◉ 例 2 如图所示,物体以某初速度从固定的粗糙斜面底端向上运动,然后又滑回斜面底端,若物体向上运动的距离中点为 A,取斜面底端重力势能为 0,则物体   （　　）

A.上滑时机械能减小,下滑时机械能增大

B.上滑时机械能增大,下滑时机械能减小

C.上滑至 A 点时动能大于重力势能

D.下滑至 A 点时动能大于重力势能

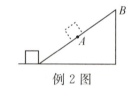

例 2 图

解析 物体在向上和向下运动的过程中,均需克服摩擦力做功,机械能转化为内能,所以机械能都减小,故 A、B 错误.

如答图所示,物体上滑过程中,机械能不断减小,所以物体在 A 点时的机械能大于在 B 点时的机械能,则由机械能的表达式可得 $mg\frac{h}{2}+\frac{1}{2}mv_A^2>mgh$,故 $\frac{1}{2}mv_A^2>mg\frac{h}{2}$,即上滑至 A 点时动能大于重力势能,故 C 正确;同理 D 错误.

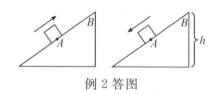

例 2 答图

感悟 本题关键在于滑动过程中,物体克服摩擦力做功,所以机械能不断减小,然后写出机械能的具体表达形式进行分析处理.

例 3 如图甲所示,在河中间固定一根细长圆管,管内有一轻质活塞,活塞下端位于水面,面积为 $1\,\text{cm}^2$,质量不计,大气压强为 $1.0\times10^5\,\text{Pa}$. 现将活塞缓慢提高 15m,结果如图乙所示. 则在该过程中外力对活塞做的功为 ( )

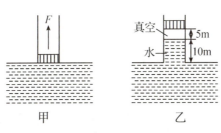

例 3 图

A. 50J B. 100J C. 150J D. 200J

解析 由题意可知,整个运动过程分为两个阶段,水上升和不上升. 根据功能关系,水上升阶段,拉力做功即增加的水的重力势能,即

$W_F = mg\times\dfrac{1}{2}h$,而 $m=\rho\cdot V=\rho\cdot S\cdot h$,

所以 $W_F = \dfrac{1}{2}mgh = \dfrac{1}{2}\times1.0\times10^3\,\text{kg/m}^3\times1\times10^{-4}\,\text{m}^2\times10\text{m}\times10\,\text{N/kg}\times10\text{m}$

$= 50\text{J}.$

水不上升阶段,力 F 做的功等于活塞克服大气压力做的功,故

$W_F' = p_0 S h' = 1.0\times10^5\,\text{Pa}\times1\times10^{-4}\,\text{m}^2\times5\text{m}=50\text{J}.$

所以整个过程中,力 F 做的功 $W = W_F + W_F' = 50\text{J}+50\text{J}=100\text{J}.$

故选 B.

感悟 本题关键是要知道活塞上升分两个阶段,即水上升阶段和水不上升阶段,且机械能的增量应等于除重力外其他力所做的功.

✦ 小试身手 ▶▶

1. 如图所示,一条长为 L,质量为 m 的均匀链条放在光滑的水平桌面上,其中 $\dfrac{1}{4}$ 悬在桌边,则在链条的另一端用水平力缓慢地把链条全部拉到桌面上需做的功为 ( )

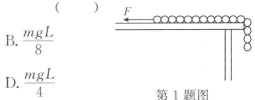

第 1 题图

A. $\dfrac{mgL}{16}$ B. $\dfrac{mgL}{8}$

C. $\dfrac{mgL}{32}$ D. $\dfrac{mgL}{4}$

2. 如图所示,一轻质弹簧一端固定在墙上的 O 点,另一端可自由伸长到 B 点.今使一质量为 m 的小物体靠着弹簧,将弹簧压缩到 A 点,然后释放,小物体能在水平面上运动到 C 点静止.已知 $AC=L$;若将小物体系在弹簧上,在 A 点静止释放,直到最后静止,小物体通过的总路程为 s,则下列说法中不可能的是 （　　）

A. $s=\dfrac{3}{4}L$ 　　　　　　　　B. $s=L$

C. $\dfrac{3}{4}L<s\leqslant L$ 　　　　　D. $s>\dfrac{L}{2}$

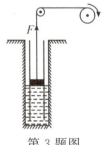

第 2 题图

3. 一个圆柱形的竖直井里存有一定量的水,井的侧面和底部是密闭的,在井中竖直固定着一根两端开口的薄壁圆管,管和井共轴,管下端未触及井底.在圆管内有一不漏气的活塞,它可沿圆管上下滑动.开始时,管内外水面相齐,且活塞恰好接触水面,如图所示.现用卷扬机通过绳子对活塞施加一个向上的力 F,使活塞缓慢向上移动,已知管筒半径 $r=0.100\mathrm{m}$,井的半径 $R=2r$,水的密度 $\rho=1.00\times10^3\mathrm{kg/m^3}$,大气压 $p_0=1.00\times10^5\mathrm{Pa}$.求活塞上升 $H=9.00\mathrm{m}$ 的过程中拉力 F 所做的功.(井和管在水面以上及水面以下的部分都足够长.不计活塞质量,不计摩擦,$\pi=3.14$,$g=10\mathrm{N/kg}$.)

第 3 题图

30　杠杆平衡法

引路人　如东县教师发展中心　郑克东

思想方法导引 ➤➤

　　利用杠杆平衡条件解决杠杆中力或力臂的问题时,一般思路可分为两个步骤:首先要明确杠杆的五要素,即确定所研究杠杆的转动轴(支点的位置),分析作用在杠杆上各力的大小及方向、确定各力的力臂,明确各力使杠杆顺时针转动还是逆时针转动,至于哪个力是阻力,哪个力是动力则无需过多纠结;然后再根据杠杆平衡条件($F_1 l_1 = F_2 l_2$)建立方程,把已知条件代入平衡方程讨论求解.杠杆的平衡状态遵循固定转动轴的物体平衡条件,实质是力矩(力与力臂的乘积)的平衡,即逆时针的力矩等于顺时针的力矩,当涉及的力多于两个力时,可以从力矩平衡的角度思考.

方法要点例析 ➤➤

　　▶ 例 1　小明有一件如图甲所示的工艺品,用细线悬挂工艺品两端点 A、B 使其处于静止状态. 他想用平衡的知识,通过计算,在 A、B 连线上找出一个点(O 点),以便用一根细线系在 O 点将工艺品悬挂起来,静止时如图乙所示,并计算出工艺品的重力. 小明身边只有一把弹簧测力计($0\sim10$N)、一把刻度尺和若干细线,他设计了如下实验:

例1图

　　(1)取下工艺品,用刻度尺测出工艺品长度 $L_{AB} = 35.0$cm.

　　(2)用弹簧测力计拉住 A 端,B 端用细线悬挂,平衡时如图丙所示,此时弹簧测力计的读数 $F_1 = 8.0$N.

　　(3)交换弹簧测力计和细线的位置,平衡时工艺品的位置也如图丙所示,弹簧测力计读数 $F_2 = 6.0$N.

根据以上实验测得的数据,可以计算出该工艺品的重力 $G=$ _____ N,O 点到端点 A 间的距离 $L_{OA}=$ _____ cm.

解析 AB 可以看成一个杠杆,当弹簧测力计拉住 A 端时,支点为 B,杠杆平衡时满足 $F_1 L_{AB} = G L_{OB}$,即 $8\text{N} \times 35\text{cm} = G(35\text{cm} - L_{OA})$;当弹簧测力计拉住 B 端时,支点为 A,杠杆平衡时满足 $F_2 L_{AB} = G L_{OA}$,即 $6\text{N} \times 35\text{cm} = G L_{OA}$;两式联立成方程组,解得 $G=14\text{N}$,$L_{OA}=15\text{cm}$.

感悟 根据杠杆平衡条件求解较复杂问题时,有时需要选择合适的支点(转动轴)来建立杠杆平衡方程.

▶ **例 2** 小强为课题研究小组提供了一把家中收藏的旧杆秤.杆秤的刻度模糊不清.秤砣遗失,只有 5kg 和 6kg 的刻度清晰可辨.小组成员对杆秤的外形进行了测量,测量结果如图所示.请根据以上情况,判断该杆秤的重心(不包括秤砣)应该在提纽的哪一侧,并求出秤砣的质量.

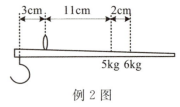

例 2 图

解析 以提纽为支点,被测物体对杆秤拉力的力臂 $l_物 = 3\text{cm}$,设被测物体的质量 $m_物$、秤砣质量为 $m_砣$、杆秤质量为 m,由杠杆平衡条件得 $m_物 g l_物 = m_砣 g l_砣 + m g l_秤$,解得 $m_物 = \dfrac{m_砣 l_砣}{l_物} + \dfrac{m l_秤}{l_物}$,可判断出杆秤刻度是均匀的.由题意可知,$l_砣$ 每增加 2cm,$m_物$ 增加 1kg,所以从"0"刻度线到 5kg 的位置,杆长为 10cm,故杆秤"0"刻度在提纽右侧 1cm 处,秤砣移到此处与杆秤重力平衡,所以,杆秤重心在提纽左侧.

因为杠杆平衡,杆秤重心在提纽左侧,所以可列式 $5\text{kg} \times g \times 3\text{cm} + m g l_秤 = m_砣 g \times 11\text{cm}$ 和 $6\text{kg} \times g \times 3\text{cm} + m g l_秤 = m_砣 g \times 13\text{cm}$,解得 $m_砣 = 1.5\text{kg}$.

感悟 杆秤刻度均匀是判断杆秤重心位置的关键,而两个刻度对应着两次杠杆平衡,列出方程组,即可求出秤砣质量.

▶ **例 3** 现有一根形变不计、长为 L 的铁条 AB 和两根横截面积相同、长度分别为 L_a、L_b 的铝条 a、b,将铝条 a 叠在铁条 AB 上,并使它们的右端对齐,然后把它们放置在三角形支架 O 上,AB 水平平衡,此时 OB 的距离恰好为 L_a,如图所示.取下铝条 a 后,将铝条 b 按上述操作方法使铁条 AB 再次水平平衡,此时 OB 的距离为 L_x.下列判断正确的是 （　　）

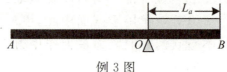

例 3 图

A. 若 $L_a < L_b < L$，则 $L_a < L_x < \dfrac{L_a + L_b}{2}$ 成立

B. 若 $L_a < L_b < L$，则 $L_x > \dfrac{L_a + L_b}{2}$ 成立

C. 若 $L_b < L_a$，$\dfrac{L_a + L_b}{2} < L_x < L_a$ 成立

D. 若 $L_b < L_a$，则 $L_x < \dfrac{L_a + L_b}{2}$ 成立

解析 若 $L_a < L_b < L$，如答图甲所示，相当于在铝条 a 左侧放了一段长为 $L_b - L_a$、重为 $G_b - G_a$ 的铝条，其重心距 B 端长度为 $L_a + \dfrac{L_b - L_a}{2} = \dfrac{L_a + L_b}{2}$，而铁条 AB 和铝条 a 组成的整体的重心在距 B 端长度为 L_a 的位置，要使铁条 AB 水平平衡，由杠杆的平衡条件可知，支架 O 应移到上述两个重心之间，即 $L_a < L_x < \dfrac{L_a + L_b}{2}$，故 A 正确、B 错误；若 $L_b < L_a$，用铝条 b 替换铝条 a，如答图乙所示，相当于在距 B 端 $\dfrac{L_a + L_b}{2}$ 处施加一个竖直向上的力，其大小等于 $G_a - G_b$，由杠杆的平衡条件可知，要使铁条 AB 水平平衡，支架 O 应向 A 端移动，则 $L_x > L_a = \dfrac{L_a + L_a}{2} > \dfrac{L_a + L_b}{2}$，故 C、D 错误，应选 A.

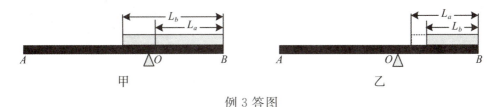

例 3 答图

感悟 能把"铝条 b 替换铝条 a"看作在原来的基础上增加或减少一个物体是关键.

小试身手

1. 图甲是常用移动指示牌的正视图，图乙为其侧视图，其中 $ABCD$ 为指示牌的牌面，CM 和 BN 为支架，已知 $ABCD$ 为矩形，M、N 分别为 OP、EF 中点，$OP = EF = 50\text{cm}$，$MN = 30\text{cm}$，且各部分材料均是质地均匀的. 当有风吹过时，风力等效作用于牌面中间，甲、乙两种情形中使指示牌不被吹倒时的风力最大作用力分别为 F_{T_1}、F_{T_2}，则 $F_{T_1} : F_{T_2} = $ _____.

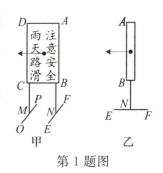

第 1 题图

2. 如图所示,甲、乙两个 M 形硬质轻杆可绕中间转轴 O 灵活转动,杆两端分别用细绳悬挂两个质量相等的重物.现保持平衡状态.用手使两个右端的重物略微下降一小段距离后再松手,能恢复到原来平衡位置的是　　（　　）

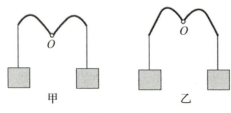

第 2 题图

A. 只有甲　　　　B. 只有乙　　　　C. 甲和乙　　　　D. 都不能

3. 如图是《天工开物》中记载的我国古代的提水工具"辘轳":在两个支架上摆放一根直的硬棒,支点为 O_1、O_2,A 端系一石块,B 端装有轮轴,轮轴能绕着硬棒转动,悬吊空桶的绳索另一端绕过轮轴后系紧在轮轴上.若空桶质量为 10kg,轮轴质量为 10kg,空桶和轮轴对硬棒的作用力视作施加在 B 位置,O_1A 长为 0.6m,O_1O_2 长为 1m,O_2B 长为 0.8m,硬棒及绳索质量忽略不计.(g 取 10N/kg)

第 3 题图

对辘轳不施加力.桶中未装水,为保证硬棒不会翻转,石块质量最多为_____kg;若 A 点系上质量为 40kg 的石块,提水时为保证硬棒不翻转,桶中最多可装_____kg 的水.

31　滑轮组分析法

引路人　浙江省教育厅教研室　沈启正

💭 思想方法导引 ➤➤

在不计绳重和滑轮的各种摩擦的情况下,求解类似滑轮组绕线拉力的问题,不宜采用背诵口诀"有几段绳子支持动滑轮,所受力就等于总重力的几分之一"的方法解题.滑轮组问题的实质是同一直线上的多力平衡问题,解决这类问题的总体思想方法是:研究对象所受相反方向的力相等,即合外力为零.由于滑轮组的组成方式种类繁多、构成复杂,甚至包括轮轴-滑轮组、差动滑轮等,因此在建立力的平衡方程时,需要运用隔离法,及时变换研究对象.涉及求功问题时,要注意用控制变量法先判断相邻动滑轮升降距离的关系,再得出动力作用点或重物的升降高度.另外,诸如"作用力与反作用力大小相等""绳子不能伸缩""同一根绳子上的拉力大小相等"等规律特点往往是解滑轮组问题的突破口.

☁ 方法要点例析 ➤➤

▶ **例 1**　如图所示,吊篮的重力为 400N,动滑轮总重为 50N,定滑轮重力为 40N,人的重力为 600N,人在吊篮里拉着绳子不动时,人需用力　　　　　　（　　）

A. 218N　　　　　　　　　　B. 220N

C. 210N　　　　　　　　　　D. 236N

例 1 图

解析　乍看只有 4 根绳子支持动滑轮,但若把动滑轮、吊篮和吊篮里的人看作整体作为研究对象,在定滑轮和动滑轮之间划一条水平线就不难看出,5 根绳子的拉力之和与动滑轮、吊篮和人的重力之和相等.故有 5F＝50N＋400N＋600N,即 F＝210N.

故选 C.

感悟　数出支持动滑轮的绳子条数来判断绳子拉力大小很容易出错,一定要从源头出发,正确选择研究对象用受力平衡的条件来判断.

例2 n 个动滑轮和一个定滑轮组成的滑轮组,每个动滑轮质量与所悬挂的物体质量相等,不计摩擦与绳的重力,滑轮组平衡时拉力大小为 F,如图所示,若在图示中再增加一个同样质量的动滑轮,其他条件不变,则滑轮组再次平衡时拉力大小为 ( )

A. $\dfrac{F}{2}$ B. F

C. $\dfrac{n+1}{n}F$ D. $\dfrac{n}{n+1}F$

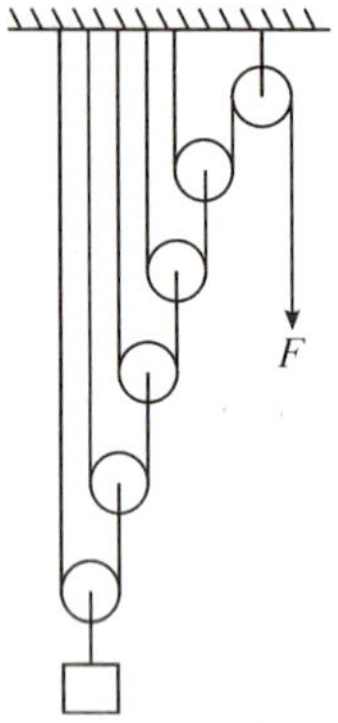

例2图

解析 由图可知,最下面的动滑轮受力最简单,因此从最下面的动滑轮开始受力分析,动滑轮质量与所挂物体质量 m 相等,绕过最下方动滑轮的这根绳子的拉力为 F_T,由平衡条件,有 $2F_T=2mg$,故有 $F_T=mg$,依此向上类推,每根绳子上的拉力都为 $F_T=mg$,即 $F=F_T=mg$,与动滑轮数 n 的大小与增减均无关.故答案为 B.

感悟 动滑轮数 n 本身未知,乍看无头绪时,从最易处突破,找到绳子拉力的变化规律.

例3 如图所示的滑轮组中,不计绳重和滑轮的各种摩擦,重物质量 $m=10\text{kg}$,滑轮 A、B 和 C 的质量均为 1kg,$g=10\text{N/kg}$,如果物体匀速上升 1m,则

(1)力 F 的大小至少为多少?

(2)力 F 做的功等于多少?

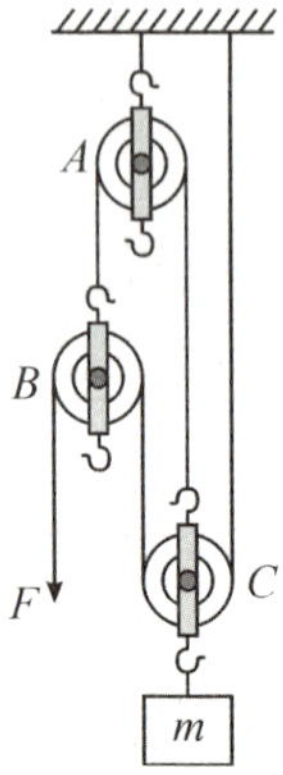

解析 (1)以 B 为研究对象,绕过 A 滑轮的绳子拉力为 $2F+1\cdot g$.由于本题有两段绳子,以 C 滑轮和重物 m 作为研究对象,同一段绳子的拉力大小处处相等,故有

$4F+1\cdot g=(m+1)g$,得 $F=25\text{N}$.

例3图

(2)求力 F 做的功,需要知道力的作用点移动的距离,由于两段绳子有关联,可采用控制变量法,先按住滑轮 B 不动,滑轮 C 与重物上升 1m 再按住 C 不动,此时 C 上的三段绳子均放松 1m.若 F 此时拉直绳子,F 作用点将下降 2m,定滑轮 A 上的绳子放松了 1m,若松开 B,滑轮 B 将下降 1m,B 两边的两段绳子将各放松 1m.若 F 此时拉直绳子,F 作用点将再下降 2m,故 F 作用点将总共下降 4m,故 $W=F\cdot s=25\text{N}\cdot4\text{m}=100\text{J}$.

感悟 动滑轮之间存在复杂连接时,先正确判断有几段绳子,再依据同一段绳子的拉力大小相等,列出研究对象受力平衡的关系式.当各动滑轮移动的距离不同时,宜采用控制变量法分步确定力作用点的移动距离,再合成得到总的移动距离.

例 4　如图所示,一辆绞车由两个直径不同、固定在同一轴上的圆柱体组成,一根轻绳缠绕在两圆柱体上,摇把转动时,小圆柱体上绳子下降,大圆柱体上绳子上升,从而提起重物.设物重为 G,小圆柱体和大圆柱体的半径分别是 R_1 和 R_2,摇把的半径为 R_3.

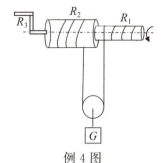

例 4 图

(1)摇把旋转一周时,求重物上升的高度 H;

(2)若摇把以每秒 n 圈的转速匀速转动,则物体克服重力做功的功率 P_G 为多少?

(3)至少以多大的力 F 作用于摇把上,才能将重物匀速提起?(滑轮质量不计,并忽略一切摩擦阻力)

解析　(1)摇把转动一周,动滑轮左边的绳子上升 $2\pi R_2$,动滑轮右边的绳子下降 $2\pi R_1$,故重物上升的高度为 $H = \dfrac{(2\pi R_2 - 2\pi R_1)}{2} = \pi(R_2 - R_1)$.

(2)摇把以每秒 n 圈的转速匀速转动,

则重物上升的速度为 $v = n\pi(R_2 - R_1)$,

故物体克服重力的功率 $P_G = G \cdot v = Gn\pi(R_2 - R_1)$.

(3)根据功的原理,摇把转动一周时,力 F 做的功

$$W_F = F \cdot 2\pi R_3 = W_G = G \cdot H = G \cdot \pi(R_2 - R_1),\ 得\ F = \frac{R_2 - R_1}{2R_3}G.$$

感悟　功的原理是解决轮轴-滑轮组问题的重要法宝.

✦ 小试身手 ▶▶

1. 如图所示,人的质量为 50kg,木板质量为 10kg,若摩擦力与滑轮质量不计,则人需用_____ N 的向上拉力,才能使整个系统可悬挂在空中不动.此时人对木板的压力为_____ N.

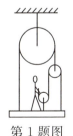

第 1 题图

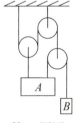

第 2 题图

2. 如图所示,用滑轮装置将 A、B 两物体悬挂,如果不计滑轮重力与摩擦,要使整个装置处于平衡,则 $G_A = $ _____ G_B.

3. 如图所示的滑轮组,若不计滑轮的重力及一切摩擦,要使系统处于平衡状态,物体 1、2、3 的质量 m_1、m_2 和 m_3 之间必须满足关系 （   ）

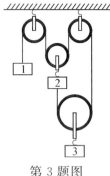

A. $m_3 = 2m_2 = m_1$

B. $m_1 = m_2 = 2m_3$

C. $m_3 = 2m_2 = 2m_1$

D. $m_3 = 4m_2 = 2m_1$

第 3 题图

4. 如图所示,用滑轮组匀速提起重为 G 的物体,使其升高 h,每个动滑轮自重为 $G_轮$(不计绳重和各种摩擦),则滑轮组自由端拉力 F 为多大? F 做的功是多少?

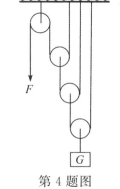

第 4 题图

5. 如图所示是一个差动滑轮,它由两个同轴的半径各为 R 和 r 的带齿定滑轮以及一个带齿的动滑轮组成,用链条按图示的方法把定滑轮和动滑轮联系起来.若被匀速提起的重物的物重为 G,则拉动链条的力 F 为多大? 不计滑轮的重力和摩擦,不计链条的重力.

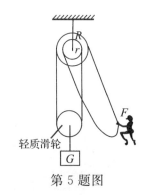

轻质滑轮

第 5 题图

32 斜面省力模型

引路人　杭州市观成武林中学　黄　臻

💬 思想方法导引 ▶▶

斜面常被用来帮助人们省力.斜面省力模型可以用两种方法来分析.

方法 1　从受力分析的角度.在倾角为 θ 的斜面上,用力 F 拉一个重为 G 的物体向上做匀速直线运动,斜面给物体的支持力为 F_N,沿斜面向上的拉力为 F.可将重力等效分解为沿斜面向下的力 F_1 和垂直斜面向下的力 F_2(这里会用到一小部分高中知识),将 F_1 表示为 $G \cdot \sin\theta$.在没有摩擦力的情况下,$F = F_1 = G \cdot \sin\theta$,因为 $\sin\theta$ 的值在 0 到 1 之间,所以 $F = G \cdot \sin\theta < G$,从而达到了省力的效果.当存在摩擦力 f 时,$F = F_1 + f$,通常情况下依然能够省力,只是比无摩擦时需要的力大一些.

方法 2　从功的原理的角度.在无摩擦的情况下,不考虑额外功,那么直接提升物体所做的功 $W = G \cdot h$ 和沿斜面的拉力所做的功 $W = F \cdot l$ 应该是相等的.由 $F \cdot l = G \cdot h$,得 $F = \dfrac{Gh}{l} = G \cdot \sin\theta$,因为 $\sin\theta$ 的值在 0 到 1 之间,所以 $F < G$.当存在摩擦力 f 时,拉力做的功等于有用功和额外功之和,即 $F \cdot l = G \cdot h + f \cdot l$,$F = \dfrac{Gh}{l} + f = G \cdot \sin\theta + f$.只要斜面长度足够长,$f$ 不是非常大,通常能够实现省力.

由上可知,斜面的省力程度与倾角 θ 的大小和斜面的粗糙程度有关.斜面的倾角 θ 越小、表面越光滑,斜面就越省力.斜面机械效率与所提物体的重力无关,当斜面的粗糙程度和倾角 θ 不变时,改变所拉物体的重力,机械效率不变,这个特点可以用于计算.

☁️ 方法要点例析 ▶▶

▶ **例1**　如图是一款健身拉力器原理图.斜面的倾角为 30°,重 500N 的物块与固定在斜面底端的轻质弹簧相连.小刘通过定滑轮拉着物块沿斜面向上匀速运动 2m 的过程中(此过程中弹簧始终处于被拉伸状态),

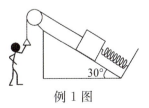

例 1 图

小刘对绳的拉力所做的功为 1000J,克服弹簧拉力做功 300J,在忽略绳重、滑轮与轴的摩擦情况下,求:

(1)克服物块重力所做的功;

(2)物块与斜面之间摩擦力的大小.

解析 首先我们要求出物块在竖直方向被提高的高度,由 $h=l\cdot\sin\theta$,可得物体上升的高度为 1m,再用 $W=G\cdot h$ 可以得出克服重力的功为 500J. 从力的角度看,拉力应该等于摩擦力、重力沿斜面向下的分力以及弹簧弹力的和,但是我们无法求出弹力. 而从功的原理看,人做的总功应该是克服重力、摩擦力和弹簧拉力做的功的总和,故有 $W_额=1000J-500J-300J=200J$,$f=\dfrac{W_额}{l}=\dfrac{200J}{2m}=100N$.

感悟 运用功的原理分析解题,只要分析清楚总功都分别用到了何处,分哪几个部分,比运用力的平衡分析解题要简单方便得多.

▶ **例2** 如图所示,建筑工人通过滑轮装置将质量为 100kg、底面积为 $0.1m^2$ 的物体沿斜面由底端匀速地拉到顶端,工人所用的拉力 F 始终与斜面平行,斜面长为 10m,高为 6m,物体对斜面的压强为 8000Pa,动滑轮重 200N,不计绳重及滑轮与绳之间的摩擦,物体与斜面之间的摩擦力始终为其重力的 k 倍,g 取 10N/kg.

(1)求物体对斜面的压力 $F_压$;

(2)若工人所用拉力 F 的大小为 410N,求此时装置的机械效率及物体与斜面间的摩擦力;

(3)若某工人的拉力最大为 515N,则他能拉起最大重力为多大的物体?

例2图

解析 (1)物体对斜面的压力 $F_压=p\cdot S=8000Pa\times0.1m^2=800N$.

(2)因为在斜面上有动滑轮,所以工人拉绳子的动力点通过的距离为两倍斜面长,即 20m,工人做的总功为 $W_总=F\cdot s=410N\times20m=8200J$,有用功为 $W_有=G\cdot h=1000N\times6m=6000J$,机械效率 $\eta=\dfrac{W_有}{W_总}=\dfrac{6000J}{8200J}=73.2\%$.

要求出摩擦力,我们还是要找到有关摩擦力的额外功,而这里还有动滑轮造成的额外功. 由此分析可得,$W_f=W_总-W_有-W_动=8200J-6000J-200N\times6m=1000J$,$f=\dfrac{W_f}{l}=\dfrac{1000J}{10m}=100N$.

(3)由条件可知,摩擦力和重力的比值 $k=\dfrac{100N}{1000N}=0.1$. 因为动滑轮的机械效率与物重有关,所以第二小题中的机械效率不能继续使用. 假设最大物

重为 G_1.

由功的原理可得，$W'_总 = W'_有 + W_动 + W'_f$，即 $F_1 \cdot s = G_1 \cdot h + G_动 \cdot h + 0.1G_1 \cdot l$，可以解得 $G_1 = 1300$N.

感悟 功的原理在解决组合机械的问题时比较方便简单. 在物重发生改变时，机械效率往往会发生改变，要格外小心.

🔴 **例3** 如图，在盛水的水池侧面有一段斜面 AB 长 3.4m，高 0.5m，质量为 1kg 的实心铁块在沿斜面向上的拉力作用下，以 0.5m/s 的速度匀速从斜面底端 A 点拉到 B 点，忽略水的阻力，若斜面的机械效率为 80%，$\rho_铁 = 7.9 \times 10^3$ kg/m³，$\rho_水 = 1 \times 10^3$ kg/m³，试求：

(1)沿斜面方向的拉力 F.
(2)拉力 F 的功率.
(3)铁块所受的摩擦力.

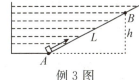
例3图

解析 (1)铁块在水中会受到浮力，相当于重力有所减少. 所以此时的有用功 $W_有 = (G - F_浮) \cdot h = (mg - \rho_水 \, gV_排) \cdot h = (1\text{kg} \times 10\text{N/kg} - 1 \times 10^3 \text{kg/m}^3 \times 10\text{N/kg} \times \dfrac{1\text{kg}}{7.9 \times 10^3 \text{kg/m}^3}) \times 0.5\text{m} = 4.37$J.

由机械效率为有用功除以总功，可得 $W_总 = \dfrac{4.37\text{J}}{80\%} = 5.46$J.

$$F = \frac{W_总}{l} = \frac{5.46\text{J}}{3.4\text{m}} = 1.6\text{N}.$$

(2)拉力的功率可以用 $P = Fv$ 来解，可得 $P = Fv = 1.6\text{N} \times 0.5\text{m/s} = 0.8$W.

(3)$W_额 = W_总 - W_有 = 5.46\text{J} - 4.37\text{J} = 1.09\text{J}$，$f = \dfrac{W_额}{l} = \dfrac{1.09\text{J}}{3.4\text{m}} \approx 0.32$N.

感悟 当物体浸在水中时，要考虑浮力的影响，最终导致克服重力做的功减小.

✦ **小试身手** ➤➤

1.（多选）如图所示，斜面长度 $AB > AC$，沿斜面 AB 和 AC 分别将同一重物从它们的底部拉到顶部，所需拉力分别为 F_1 和 F_2，所做的功分别为 W_1 和 W_2，则下列说法正确的是 （　　　）

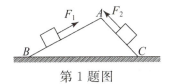
第1题图

A. 若斜面 AB 和 AC 均光滑,则 $F_1>F_2$,$W_1>W_2$

B. 若斜面 AB 和 AC 表面粗糙程度相同,则 $F_1<F_2$,$W_1<W_2$

C. 若斜面 AB 和 AC 均光滑,则 $F_1<F_2$,$W_1=W_2$

D. 若斜面 AB 和 AC 表面粗糙程度相同,则 $F_1<F_2$,$W_1>W_2$

2. 如图所示是一辆牵引轨道运料车.若钢索只允许承受 2500N 的力,把一辆总重为 10^4N 的运料车从轨道斜面底部匀速拉到 5m 高处.

(1)如不计摩擦,轨道长度至少要多少米?

(2)若轨道与运料车之间的摩擦力是车重的 0.02 倍,那么轨道的长度应为多少米? 这时轨道的机械效率是多少?

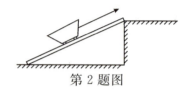

第 2 题图

3. 根据斜面可以省力的原理,人们在生活中发明了螺旋状的机械工具.如螺旋千斤顶(如图所示),是通过人力转动手柄,使螺杆上升,从而达到将重物举起的目的.

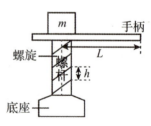

第 3 题图

(1)盘山公路也可以看成一种螺旋,其目的主要是为了省_____,但不能省_____.

(2)生活中有很多类似的螺旋状设计,除文中提到的以外,请再列举出一种:_____.

(3)使用螺旋千斤顶时,如果人始终垂直于手柄用力为 F 且作用点离螺杆中心的距离为 L,每旋转 1 圈,螺杆将质量为 m 的重物上举的高度为 h,这个螺旋千斤顶的机械效率为 η,则需要作用在手柄上的动力 F 为_____.能提高螺旋千斤顶效率的主要办法是_____(填"加润滑油"或"加长手柄").

33 机械效率法

引路人 无锡市凤翔实验学校 徐志红

思想方法导引 ▶▶

（1）机械效率，即有用功与总功的比值.机械效率越高，说明该机械在工作过程中有用功占总功的比例越大，能量损耗越少.切记：同一机械所做的有用功不同时，机械效率往往是不同的，即机械效率并不是某机械的特征属性.对于实际机械，由于额外功的存在，机械效率总是小于100%.

（2）处理组合机械的机械效率时，可以将组合机械看作是一个整体，是整个机械的有用功占总功的比例，数值上也等于各部分机械效率的乘积.

方法要点例析 ▶▶

▶ 例 1 如图所示，利用滑轮组和斜面将物体 A 从斜面底部匀速拉到顶部，已知物体 $G=500\mathrm{N}$，斜面高 $h=2\mathrm{m}$，斜面长 $L=4\mathrm{m}$，拉力 $F=120\mathrm{N}$，其中滑轮组机械效率 $\eta_1=80\%$.

（1）求斜面的机械效率 η_2 及物体受到的摩擦力.

（2）求整个装置的机械效率 η.

（3）比较 η_1、η_2、η 有什么发现？

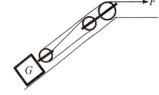

例1图

解析 （1）本题涉及斜面与滑轮组两个物理模型，设动滑轮对物体的拉力为 F_1，滑轮组的有用功 $W_{有1}=F_1L$，$W_{总1}=Fs$，其中 $s=3L$.

$$\eta_1=\frac{W_{有1}}{W_{总1}}\times100\%=\frac{F_1L}{Fs}\times100\%，解得 F_1=288\mathrm{N}.$$

再处理斜面模型.

$$W_{总2}=W_{有1}=F_1L=288\mathrm{N}\times4\mathrm{m}=1152\mathrm{J}，W_{有2}=Gh=500\mathrm{N}\times2\mathrm{m}=1000\mathrm{J}，$$

$$\eta_2=\frac{W_{有2}}{W_{总2}}\times100\%=\frac{1000\mathrm{J}}{1152\mathrm{J}}\times100\%\approx86.8\%.$$

$$W_{额}=W_{总2}-W_{有2}=1152\mathrm{J}-1000\mathrm{J}=152\mathrm{J}，f=\frac{W_{额}}{L}=\frac{152\mathrm{J}}{4\mathrm{m}}=38\mathrm{N}.$$

（2）组合后的机械效率，$W_{有}=Gh=1000\mathrm{J}$，$W_{总}=Fs=1440\mathrm{J}$，

$$\eta = \frac{W_{有}}{W_{总}} \times 100\% \approx 69.4\%.$$

（3）发现 $\eta = \eta_1 \cdot \eta_2$.

感悟 在组合机械中，要注意区别不同机械的总功和有用功. 同样的功对某一机械来说是有用功，而对另一机械来说却是总功；组合机械的效率 $\eta = \eta_1 \cdot \eta_2$.

◉ 例2 如图甲所示，用滑轮组提升水中正方体物块，物块 $G = 2000$N，在提升过程中拉力 F 与物体上升高度 h 的关系如图乙所示，求：

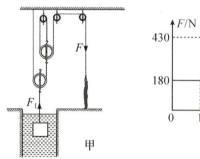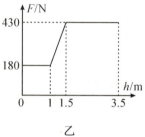

甲　　　　　乙

例 2 图

（1）物体露出水面前，滑轮组的机械效率.

（2）物体露出水面后，滑轮组的机械效率.

解析 （1）本题为滑轮组和浮力结合的综合题.

设动滑轮对物体的拉力为 F_1，滑轮组 $W_{有} = F_1 s_1$，$W_{总} = Fs$.

由图乙可知物体露出水面前 $h = 1$m，即 $s_1 = 1$m，进而由滑轮组结构分析，$s = 6h = 6$m.

用浮力知识求 F_1. 由图乙知物体高 0.5m.

$F_{浮} = \rho V g = 1000 \text{kg/m}^3 \times 0.5^3 \text{m}^3 \times 10 \text{N/kg} = 1250 \text{N}$，

$F_1 = G - F_{浮} = 2000\text{N} - 1250\text{N} = 750\text{N}$，

$W_{有} = F_1 s_1 = 750\text{N} \times 1\text{m} = 750\text{J}$，$W_{总} = Fs = 180\text{N} \times 6\text{m} = 1080\text{J}$，

$$\eta_1 = \frac{W_{有}}{W_{总}} \times 100\% \approx 69.4\%.$$

（2）由图乙知物体露出水面后继续升高 $h' = 2$m，即 $s' = 12$m.

此时 $W'_{有} = Gh' = 2000\text{N} \times 2\text{m} = 4000\text{J}$，$W'_{总} = Fs' = 430\text{N} \times 12\text{m} = 5160\text{J}$，

$$\eta_2 = \frac{W'_{有}}{W'_{总}} \times 100\% \approx 77.5\%.$$

感悟 本题中滑轮组的有用功是指动滑轮对物体做的功，即 $W_{有} = F_1 s_1$，而不是 Gh.

例 3 如图所示,用轮轴和滑轮组提升物体($G=1000$N),每个动滑轮 $G_{动}=40$N,轮轴的轴半径 $r=0.1$m,轮半径 $R=0.3$m,20s 内将物体提升 2m,轮轴的机械效率 $\eta_2=90\%$,不计绳重及绳子与轮子之间的摩擦,求:

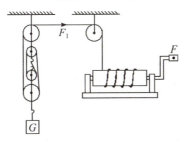

例 3 图

(1)滑轮组的机械效率 η_1.

(2)动力 F 及 F 做功的功率.

(3)整个装置的机械效率 η.

解析 (1)以滑轮组为研究对象,

$F_1=\dfrac{1}{4}(G+2G_{动})=\dfrac{1}{4}(1000\text{N}+80\text{N})=270\text{N},s_1=4h=8\text{m},$

$W_{有}=Gh=1000\text{N}\times 2\text{m}=2000\text{J},W_{总}=F_1s_1=270\text{N}\times 8\text{m}=2160\text{J},$

$\eta_1=\dfrac{W_{有}}{W_{总}}\times 100\%\approx 92.6\%.$

(2)以轮轴为研究对象,轮轴转动一周,

$W'_{有}=F_1D_1,W'_{总}=FD_2,D_1=2\pi r,D_2=2\pi R,$

$\eta_2=\dfrac{W'_{有}}{W'_{总}}\times 100\%=\dfrac{F_1D_1}{FD_2}\times 100\%=\dfrac{F_1\cdot 2\pi r}{F\cdot 2\pi R}\times 100\%,$

解得 $F=100$N.

由题意知,在 20s 内 F_1 作用点移动 $s_1=4h=8$m,

所以 F 作用点移动 $s=3s_1=24$m,

$W_F=Fs=100\text{N}\times 24\text{m}=2400\text{J},P=\dfrac{W_F}{t}=\dfrac{2400\text{J}}{20\text{s}}=120\text{W}.$

(3)以整个装置为研究对象,$\eta=\eta_1\cdot\eta_2=92.6\%\times 90\%\approx 83.3\%.$

感悟 两个物理模型的关联是滑轮组的动力与轮轴的阻力大小相同,都是 F_1;轮与轴的力作用点通过的距离比与它们的半径比相同.

⭐ **小试身手** ➤➤

1. 如图甲所示,汽车质量为 2000kg,车轮与水平面的接触总面积为 1000cm²,汽车通过滑轮组提升矿井内的物体 M,在 4s 内物体匀速上升了 10m 高度,此过程中,汽车受到的摩擦力为车重的 0.05 倍,汽车牵引力 F 所做的功 W 随汽车运动的距离 s 的变化关系如图乙所示,已知提升物体时滑轮组的机械效率为 95%.(不计绳重及绳与轮的摩擦)则:

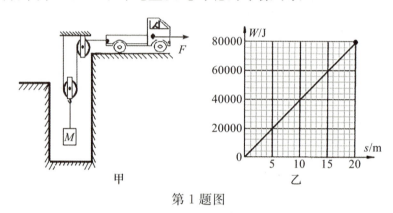

第 1 题图

(1)汽车的速度为多大?牵引力 F 为多大?

(2)汽车对滑轮组的拉力为多大?物体 M 的重量为多大?

2. 如图所示,利用杠杆与动滑轮组合机械匀速提升物体,经过水平位置附近可近似认为竖直方向运动,物体重 $G = 450N$,动滑轮的机械效率为 90%,杠杆质量分布均匀 $m = 4kg$,摩擦力和绳重不计,在此过程中,求:

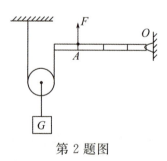

第 2 题图

(1)杠杆对动滑轮的拉力 F_1.

(2)整个装置的机械效率及杠杆的机械效率.

3. 如图甲是某居民楼前的无障碍通道,一中年人正用轮椅推着他年迈的母亲缓缓上行,图乙是该通道的斜面示意图.为了解中年人推轮椅时所用力的大小,小红和小华进行了探究.她们从斜面底端 A 点沿斜面确定了相距 1m 的 B 点.(g 取 10N/kg)

甲

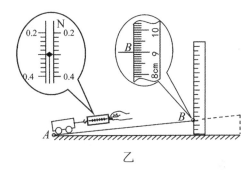
乙

第 3 题图

(1)使刻度尺"0"刻度线与水平地面对齐,正确测量 B 点高度,结果如图乙为_____ cm.

(2)选用车轮材质、花纹与轮椅相同的小车为研究对象,进行了如下操作:

①正确使用弹簧测力计,测出小车重为 2.0N;

②将调零后的弹簧测力计与斜面平行放置,沿斜面方向匀速拉动小车,如图乙所示,弹簧测力计示数为_____N;从 A 点拉到 B 点的过程中的机械效率为_____.

(3)在小车上逐渐添加重物,测出小车的总重 G,测出沿斜面匀速拉动小车需要的力,计算出拉小车从 A 点到 B 点所做的功 W_1;计算出竖直向上将小车从水平地面提升到 B 点所做的功 W_2.以功为纵坐标,以小车总重为横坐标,建立平面直角坐标系,作出 W_1 和 W_2 与小车总重 G 的关系图像,分别如图丙中的线段 a 和 b.

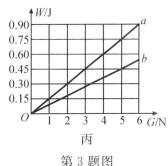

第 3 题图

①由图像可知:用该通道斜面提升物体时的机械效率与物重_____("有关"或"无关").

②若这位母亲的质量为 45kg,所坐的轮椅质量为 15kg,则中年人用沿着通道斜面方向的力推轮椅匀速上坡时,力的大小为_____N.

34　比热容计算法

引路人　宁波市镇海区立人中学　杨喜军

📁 思想方法导引 ≫

在理想情况下,交换热量的两个物体吸收的热量等于放出的热量. 可以用 $Q_吸＝Q_放$ 建立热平衡方程,进而展开为 $c_1 m_1 \Delta T_1＝c_2 m_2 \Delta T_2$ 求解.

当水流过热水器的时候,一方面太阳能或电流对水做功,输入热量,另一方面不断流入的冷水需要吸热升温,同时存在热损失,选取单位时间内流过热水器的水为研究对象,根据 $Q_吸＋Q_损＝Q_{输入}$ 求解.

在热传递过程中,单位时间内高温物体向低温物体传递的热量与两个物体的温差成正比,即 $Q_放＝k\Delta T$,其中,k 为比例系数,与传递热量的物质有关.

☁ 方法要点例析 ≫

▶ **例1**　甲、乙两容器中装有质量相等的水,水温分别为 $25℃$ 和 $75℃$,现将一温度为 $65℃$ 的金属球放入甲容器中,热平衡后水温升高到 $45℃$,然后迅速取出金属球并放入乙容器中,热平衡后乙容器中水温为(不计热量散失和水的质量的变化)　　　　　　　　　　　　　(　　)

A. $65℃$　　　　　B. $60℃$　　　　　C. $55℃$　　　　　D. $50℃$

解析　依据两次热平衡列方程,记金属球的比热容为 c_0,质量为 M;甲、乙容器中水的质量均为 m,水的比热容为 c.

设热平衡后乙容器中水温为 T,则

$$c_0 M(65℃－45℃)＝cm(45℃－25℃),　　　　　　　　　　①$$
$$c_0 M(T－45℃)＝cm(75℃－T).　　　　　　　　　　②$$

由 $\dfrac{①}{②}$ 可得,$T＝60℃$,

因而答案选 B.

感悟　对于未知量较多的比热容问题,尽量使方程具有对称性,采用方程与方程之比的形式,可以有效地消除未知量.

例2 将 1 勺热水倒入盛有一些冷水的保温容器内,水的温度升高 5℃.然后又向保温容器内倒入同样 1 勺热水,水的温度又上升了 3℃.如果再连续倒入 10 勺同样的热水,则保温容器内水的温度还将升高多少摄氏度? (保温容器吸收的热量忽略不计)

解析 设冷水的质量为 M,每一勺热水的质量为 m,热水与冷水的温差为 ΔT,最后所求变量为 Δt.依据 $Q_{吸}=Q_{放}$ 列三次热平衡方程.

第一勺热水倒入冷水中,热水的温度改变量为($\Delta T-5℃$),可得
$$c \cdot M \cdot 5℃=c \cdot m \cdot (\Delta T-5℃). \qquad ①$$

第二勺热水倒入冷水,可以看作两勺热水一起倒入,冷水温度升高 8℃,热水的温度改变量为($\Delta T-8℃$),可得
$$c \cdot M \cdot 8℃=c \cdot 2m \cdot (\Delta T-8℃). \qquad ②$$

再连续倒入 10 勺同样的热水,可看作将 12 勺热水一起倒入,冷水温度升高($8℃+\Delta t$),热水的温度改变量为($\Delta T-8℃-\Delta t$),可得
$$c \cdot M \cdot (\Delta t+8℃)=c \cdot 12m \cdot (\Delta T-8℃-\Delta t). \qquad ③$$

由 $\dfrac{①}{②}$ 可得,$\Delta T=20℃$;由 $\dfrac{①}{③}$ 可得,$\Delta t=8℃$.

感悟 第二勺热水倒入冷水的时候,如果以第一勺倒入后的水为基准列方程将得到 $c \cdot (M+m) \cdot 3℃=c \cdot m \cdot (\Delta T-8℃)$,这个方程与①不对称,相比的时候无法消除未知量.同理,按此方法列出的第三个方程也不对称.解决此题的巧妙之处在于,每一次都是将热水合起来倒入最初的冷水,所列方程对称,有利于消元求解.

例3 已知太阳正射到地球表面的功率为 1.0kW/m^2,现有一太阳能热水器,其收集阳光的面积为 $3.0\text{m}\times8.0\text{m}$,转换太阳辐射能为水的热能的效率为 80%,假设此热水器的进水温度与室温皆为 25℃,该热水器的热量损失功率正比于热水器内水温与室温之温差.当热水器出水口关闭时,经过长时间照射后,热水器内的水温可以达到 85℃,问:若热水器以 6L/min 的流量出水,经过一段时间后,其稳定的出水温度为多少摄氏度?

解析 太阳能热水器的输入功率
$$P=3.0\text{m}\times8.0\text{m}\times1000\text{W/m}^2\times80\%=1.92\times10^4\text{W}.$$

根据题意,热水器损失功率 $P_{损}=k(T-T_0)$,

当热水器不出水,也不进水时,热水器内水的温度稳定在 85℃,这时太阳能热水器的输入功率与损失功率相等,即 $1.92\times10^4\text{W}=k(85℃-25℃)$,解得 $k=320\text{W/℃}$.

当热水器出水时,设稳定的出水温度为 T',以每分钟出水量 6L,即 6kg 计算,根据 $Q_{吸}+Q_{损}=Q_{输入}$ 可得

$c_水 m(T'-T_0)+k(T'-T_0)t=Pt$,即

$4200J/(kg \cdot ℃) \times 6kg \times (T'-25℃)+320W/℃ \times (T'-25℃) \times 60s = 1.92 \times 10^4 W \times 60s$,

解得 $T'=51℃$.

感悟 本题选取了每分钟流出的 6kg 水作为研究对象,将一个动态的加热和散热问题,转化为一个静态的问题,这是物理解题的一种重要思想.

▶**例 4** 一般情况下,单位时间内高温物体向低温物体传递的热量与两个物体的温差成正比.冬天的北方比较冷,房间内都有供暖系统.如果户外温度为 $-20℃$,则房间内温度为 $18℃$;如果户外温度为 $-30℃$,则房间内温度为 $12℃$.那么,房间内暖气管的温度为 （　　）

　　A. $75℃$　　　　B. $70℃$　　　　C. $65℃$　　　　D. $60℃$

解析 设房间内暖气管的温度为 T,暖气管向房间放热时的比例系数为 k_1,房间向户外放热时的比例系数为 k_2,依题意 $Q_{放}=k\Delta T$.有如下考虑:

为了使房间内温度恒定,暖气管向房间放出的热量 Q_1 应等于房间向户外放出的热量 Q_2,即

$k_1(T-18℃)=k_2[18℃-(-20℃)]$, ①

$k_1(T-12℃)=k_2[12℃-(-30℃)]$. ②

由 $\dfrac{①}{②}$ 可得,$T=75℃$,答案选 A.

感悟 不同介质间传热的系数是不一样的,但在一个系统内,暖气管向房间内的散热量必然等于房间向户外的散热量,否则房间内温度会发生变化.

★☆ **小试身手** ▶▶

1. 把加热到 $100℃$ 的某铁块投入质量为 m_1 的 $20℃$ 水中,混合温度为 $40℃$;把加热到 $100℃$ 的该铁块投入质量为 m_2 的 $20℃$ 水中,混合温度为 $60℃$;如果把加热到 $100℃$ 的该铁块投入质量为 (m_1+m_2) 的 $20℃$ 水中,混合温度为 （　　）

　　A. $50℃$　　　　B. $48℃$　　　　C. $36℃$　　　　D. $32℃$

2. 将一杯热水倒入容器内的冷水中,冷水温度升高 $10℃$,又向容器内倒入同样一杯热水,冷水温度又升高 $6℃$,若再向容器内倒入同样一杯热水,则冷水温度将再升高(不计热损失) （　　）

　　A. $4.5℃$　　　　B. $4℃$　　　　C. $3.5℃$　　　　D. $3℃$

3. 将质量为 m_0 的一小杯热水倒入盛有质量为 m 的冷水的保温容器中，使得冷水温度升高了 $3℃$，然后又向保温容器中倒入一小杯同质量同温度的热水，水温又上升了 $2.8℃$．不计热量的损失，则可判断 （　　）

    A. 热水和冷水的温度差为 $87℃$，$m_0：m=1：28$

    B. 热水和冷水的温度差为 $69℃$，$m_0：m=1：32$

    C. 热水和冷水的温度差为 $54℃$，$m_0：m=1：24$

    D. 热水和冷水的温度差为 $48℃$，$m_0：m=1：20$

4. 如图所示，三个相同的热源分布在一横放的、一端开口的圆筒内，筒壁均绝热，开口被导热膜封住，另用两个导热膜在圆筒内将三个热源互相隔开，形成 A、B、C 三个独立单元区域．假设周围环境的温度恒定，并且传导的热功率与温差成正比，每个独立单元区域内部空气的温度均匀，A、B、C 三个区域与周围环境的温度差分别为 ΔT_A，ΔT_B 和 ΔT_C，则 $\Delta T_A：\Delta T_B：\Delta T_C=$ （　　）

第 4 题图

    A. $3：2：1$ B. $6：3：2$ C. $5：3：1$ D. $6：5：3$

35 物态变化的热平衡法

引路人 常州市北环中学 王 勇

💾 思想方法导引 ➤➤

物体在发生物态变化过程中仍然满足热平衡方程,不计热损失的条件下,$Q_{放}=Q_{吸}=m\lambda$,m 表示物体的质量,λ 表示熔化(凝固)热、汽化(液化)热、升华(凝华)热,晶体在物态变化过程中虽然有热量的变化,但物态变化前后的温度相同.

☁ 方法要点例析 ➤➤

▶ 例 1 已知冰的比热容为 2.1×10^3 J/(kg · ℃),冰的熔化热为 3.36×10^5 J/kg,水的比热容为 4.2×10^3 J/(kg · ℃).把质量为 10g、温度为 0℃的冰和质量为 200g、温度为 100℃的金属块同时投入质量为 100g、温度为 20℃的水中,当它们达到热平衡时,它们的共同温度为 30℃.若不计热量损失,求金属块的比热容.

解析 当它们达到热平衡时,有 $Q_{冰熔化}+Q_{冰吸}+Q_{水吸}=Q_{金属放}$,

即 $m_{冰}\lambda+m_{冰}c_{水}(t-0℃)+m_{水}c_{水}(t-20℃)=m_{金}c_{金}(100℃-t)$,

代入数据解得金属块的比热容 $c_{金}=0.63\times10^3$ J/(kg · ℃).

感悟 热平衡的本质是能量转化,冰升温、熔化、水升温的整个过程吸收的热量(能量)都来源于金属块降温,冰的熔化吸热 $Q_{冰熔化}=m_{冰}\lambda$(λ 为冰的熔化热),根据能量守恒列出方程求解.

▶ 例 2 为探究某种晶体物质在固态和液态时的吸热能力,小兰用酒精灯作为热源加热,在理想的情况下均匀加热(火焰大小保持不变且不计热损失)0.6kg 该固体,根据实验数据可以绘制出图线如图所示.并通过查阅资料得知该物质液态时的比热容为 3.0×10^3 J/(kg · ℃).问:

(1)该物质在固态时的比热容为多大?

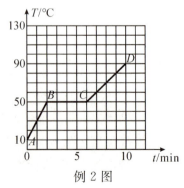

例 2 图

（2）该物质熔化热是多少？

解析　理想情况下相同热源加热可理解为：单位时间内物质吸收的热量相同，加热时间比就是吸收热量比．由图可知，AB 段固态升温时间为 2min，BC 段熔化过程为 4min，CD 段液态升温时间为 4min．可以得到：该物质在 CD 段吸收的热量 $Q_{CD}=cm\Delta T=7.2\times10^4\text{J}$；

$$\frac{Q_{AB}}{Q_{CD}}=\frac{c_{AB}m\Delta T_{AB}}{c_{CD}m\Delta T_{CD}}=\frac{1}{2},$$

熔化过程中质量不变，解得 $c_{AB}=1.5\times10^3\text{J/(kg}\cdot\text{℃)}$

（2）由于是均匀加热，由加热时间可知

$Q_{AB}:Q_{BC}:Q_{CD}=1:2:2$ 可求得 $Q_{BC}=Q_{CD}=7.2\times10^4\text{J}$，

由 $Q_{BC}=m\lambda$ 代入数据可得 $\lambda=1.2\times10^5\text{J/kg}$．

感悟　相同热源加热隐含条件：单位时间内物质吸收的热量相同，加热时间比就是吸收热量比．由此可以快速计算出物质在不同阶段吸收或者放出的热量．

例 3　单位质量的某种液体变为同温度的气体所需要吸收的热量，叫作这种液体的汽化热．通常情况下，同种液体在不同温度下的汽化热是不同的．某课外活动小组设计了如图所示的装置，可以用来测定 100℃ 时水的汽化热．该装置的测量原理是：用电压可调的电加热器使玻璃容器内的水沸腾，用电子天平分别测量沸腾一段时间前后水的质量，同时测量所用的时间及在该段时间内电加热器的电压和电流，根据相关的数据和能量守恒关系即可求出水的汽化热 λ．由于这个装置工作时的散热损失是不可忽略的，该组同学实验时测量了两组数据，如下表所示：

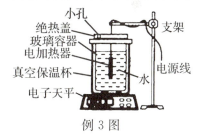

例 3 图

组别	电压/V	电流/A	时间/s	水的初质量/g	水的末质量/g
第一组	20	1	300	70	68
第二组	40	2	300	70	60

（1）试简单说明该装置的散热功率是否随加热功率的改变而改变．

（2）根据以上数据，求水的汽化热 λ．

解析　（1）因为只要水沸腾，水的温度就保持在沸点，与外界温度差不变，所以，该装置的散热功率不随加热功率的改变而改变，$P_{散}$ 为定值．

137

（2）根据第一组数据，汽化的水的质量：$m_1=2\text{g}$，

消耗的电能 $W_1=U_1I_1t_1=20\text{V}\times1\text{A}\times300\text{s}=6000\text{J}$，

由能量守恒定律可得：$W_1=P_{散}t+m_1\lambda$.　　　　　　　　　①

根据第二组数据，$m_2=10\text{g}$，

消耗的电能 $W_2=U_2I_2t_2=40\text{V}\times2\text{A}\times300\text{s}=24000\text{J}$，

由能量守恒定律可得：$W_2=P_{散}t+m_2\lambda$.　　　　　　　　　②

把相关数据代入①②，联立解得水的汽化热：$\lambda=2.25\times10^6\text{J/kg}$.

感悟　散热功率是由温差决定的，两组都是沸水散热即可得到装置散热功率不变.汽化吸热 $Q=m\lambda$ 中 m 是水汽化的质量，不是全部水的质量，不要混淆.

✿✿ 小试身手 ➤➤

1. 将质量为 m、温度为 $0℃$ 的雪（可看成是小冰晶）投入装有热水的容器中，热水的质量为 M，平衡后水温下降了 t；向容器中再投入质量为 $2m$ 的上述同样性质的雪，平衡后容器中的水温恰好又下降了 t.则 $m:M$ 为　　　（　　　）

　　A.1：2　　　　　B.1：3　　　　　C.1：4　　　　　D.1：5

2. 地球大气层上空垂直太阳光的平面上，每秒钟每平方米可接收到 $1.3\times10^3\text{J}$ 的太阳能，记为 $I=1.3\times10^3\text{J/m}^2$，这些能量的大部分被大气层吸收，全年平均起来，大约有 15% 到达地面.假设其中照射到水域的能量才能被水吸收，已知地面水域面积占全球面积的 70%，平均汽化热估计为 $\lambda=2.5\times10^6\text{J/kg}$，试估算每秒钟进入大气的平均水蒸发量（已知地球半径 $R=6.4\times10^6\text{m}$）.

3. 将 100g、$-10℃$ 的冰，100g、$0℃$ 的冰和 100g、$20℃$ 的水混合，不计热损失，最终混合物的状态是什么？各部分质量分别是多少？[$\lambda_{熔化}=334\times10^3\text{J/kg}$、$c_{冰}=2.1\times10^3\text{J/(kg}\cdot℃)$]

36 分子运动与内能思想

引路人 嘉兴教育学院 吴标清

思想方法导引 ➤➤

分子运动理论的主要内容是三句话:物质是由大量分子构成的,分子永不停息地做无规则运动,分子间存在着相互作用的引力和斥力.物体的内能包括分子动能和分子势能.分子无规则运动具有的能称为分子动能,分子无规则运动越剧烈,分子动能越大,外在表现为温度越高;分子间相互作用所具有的能称为分子势能,它与分子间的相对距离有关,宏观表现与物体体积、物态有关.

关于内能学习的思想方法可概括为:明白一个"特点",理解两种"方法",关注三个"变化".分子无规则运动的剧烈程度与温度相关,这是分子运动的"特点",温度是物体内能的显化指标;改变物体内能有两种方法——"做功和热传递",这两种方法对改变物体内能等效;解决问题时要关注三个"变化",分析物体内能的变化时要注意物体质量的变化,分析单个物体内能的变化时要关注物体温度的变化,分析多个物体时要关注能量的转化和转移,但要注意能量守恒.

方法要点例析 ➤➤

▶ **例 1** 两个相同的烧杯中分别盛有等量的 10℃ 冷水和 90℃ 热水,室温为 20℃.把少许等量红墨水分别同时滴入其中,静置 3min,结果如图所示.请用科学原理解释该实验现象:＿＿＿＿＿＿＿＿,3min 后这杯热水的内能会＿＿＿＿.

例 1 图

解析 将题干信息与原理整合：热水的温度高，分子无规则运动剧烈，热水中红墨水扩散更快，整杯水先全部变红.90℃热水在20℃室温的环境中会向外散热，水分蒸发导致热水的质量减少，由此可知经过3min后热水内能将会减少.

感悟 扩散现象是分子热运动的宏观呈现，分析物体的内能变化要关注物体质量的变化及能量的转移与转化.

◯ 例2 对于下列各图描述的物理过程，分析正确的是 （　　）

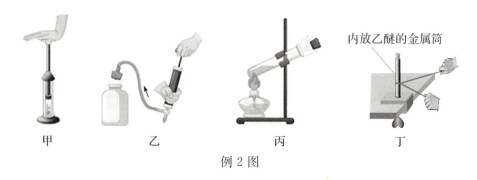

内放乙醚的金属筒

甲　　　乙　　　丙　　　丁

例2图

A.图甲：厚玻璃筒内的气体被压缩时，气体的温度升高，内能不变

B.图乙：瓶子内的气体推动塞子做功后，瓶子内气体的温度会升高

C.图丙：试管内的水蒸气在推动塞子冲出时，机械能转化为内能

D.图丁：来回拉动绳子，做功使筒的内能增大，热传递使乙醚内能增大

解析 A选项：压缩气体做功，机械能转化为内能，气体内能增加，因而A错误；B选项：气体对外做功，内能转化为机械能，气体内能减少，温度下降，因而B错误；C选项：水蒸气推动塞子冲出，属于气体对外做功，是内能转化为机械能，因而C错误；D选项：来回拉动绳子，通过做功，机械能转化为内能，使筒的温度升高，筒与筒内乙醚有温度差，通过热传递，热量从筒传递给乙醚，使乙醚内能增大，温度升高，因而D正确.答案：D.

感悟 分析物体内能变化时要聚焦热传递和做功，分析能量的转化和转移，要抓住能量变化与温度之间的对应性.

◯ 例3 如图所示，一个边长为 a、密度为 $2\rho_{水}$ 的均匀正方体物块放入水中，从物块刚好浸没开始到刚好沉在池底的过程中，池水深度 H 保持不变，不计能量耗散和物块吸热，水的内能增加了多少？（已知 $H > a$）

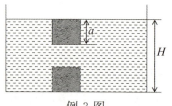

例3图

解析　$G_物＝\rho_物\, gV_物＝2\rho_水\, ga^3.$

物块在水中下沉距离为 $h＝H-a$,

物体的重力势能减少 $E_{物势}＝G_物\, h＝2\rho_水\, ga^3(H-a)$,

物体下沉 $(H-a)$ 的距离,相当于与物体同体积的水上升 $(H-a)$ 的距离,有

$E_{水势}＝G_水\, h＝m_水\, gh＝\rho_水\, gV_水(H-a)＝\rho_水\, gV_物(H-a)＝\rho_水\, ga^3(H-a).$

此过程中,物体减少的重力势能转化为水增加的重力势能和内能

$E_{水内}＝E_{物势}-E_{水势}＝2\rho_水\, ga^3(H-a)-\rho_水\, ga^3(H-a)＝\rho_水\, ga^3(H-a).$

所以此过程中,池中水的内能增加了 $\rho_水\, ga^3(H-a)$.

感悟　内能与其他形式的能存在着广泛的联系,不同能量之间能够发生相互转化,而功是能量转化的量度.

✦ 小试身手 ➤➤

1. 如图甲所示,将 $2℃$ 的牛奶放在初温 $45℃$ 的热水中,每隔 $1\min$ 测量水和牛奶的温度,绘出它们的温度随时间变化的图像(如图乙所示),下列说法错误的是　　　　　　　　　　　　　　　(　　)

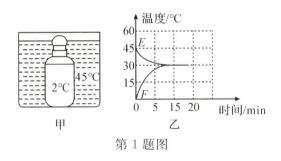

第 1 题图

A. 周围环境温度可能为 $30℃$

B. 牛奶吸收的热量等于热水放出的热量

C. 曲线 E 表示热水放出热量,温度下降

D. 热水温度比牛奶温度变化慢

2. 二氧化碳(CO_2)爆破技术是现代工程建设中非常环保的技术. 起爆前高压泵将 CO_2 压缩成高压气体,再液化后输入爆破筒内. 如图所示,爆破时电加热管发热,使筒内的液态 CO_2 迅速汽化,形成的高压气体从泄气孔中喷出,实施爆破. 下列说法正确的是　　　(　　)

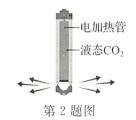

第 2 题图

A. 高压泵压缩 CO_2,气体内能增大,温度降低

B. 高压泵压缩 CO_2, 气体内能减小, 温度升高

C. 高压 CO_2 气体喷出时, 内能增大, 温度升高

D. 高压 CO_2 气体喷出时, 内能减小, 温度降低

3. 如图所示是某物质由固态变为液态的过程中, 温度随时间变化的图像, 下列说法正确的是 （　　）

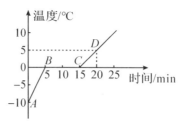

第 3 题图

A. 物质在 A 点时没有内能

B. 物质在 B、C 两点时具有的内能相等

C. 物质在 B 点具有的内能小于在 C 点具有的内能

D. 在 A、B、C、D 四个点中, 物质在 D 点具有的内能最小

4. 某科学兴趣小组利用自行车内胎、打气筒、温度传感器以及计算机等装置研究自行车内胎气体的内能变化情况. 实验过程为: 开始打气→打气结束后静置片刻→突然拔掉气门芯放气→放气后静置片刻. 整个过程中, 车胎内气体的温度随时间变化的情况如图所示. 请你用所学物理知识解释在 $O \sim t_1$、$t_2 \sim t_3$ 和 t_3 以后的三个时间段里温度变化的原因.

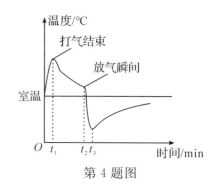

第 4 题图

37　能量转化守恒法

引路人　泰州医药高新区(高港区)教师发展中心　戴同兰

思想方法导引 ≫

能量转化守恒法包括以下要点:

(1)能量守恒定律包括"能量转化"和"能量转移"两个方面.表达式是:$\Delta U = Q + W$.系统吸热或对系统做功,系统的内能就要增加;反之如果系统放热或系统对外做功,系统的内能就要减少.无论是能量转化还是转移,能量的总量是不变的.

(2)改变物体内能的方式有两种:做功和热传递.这两种方式在改变物体内能方面是等效的.内能可以释放出来转化为功,功也可以转化为内能,转化过程中能量的总量不变.

(3)不同形式的能量在转化时存在着方向性问题,也就是说不同形式的能量存在着品质的高低.内能不可能完全转化为其他形式的能而不产生损耗,机械能、电能等则可以完全转化为内能.

方法要点例析 ≫

▶ **例1**　冰箱工作时,将热量从低温的冰箱内部转移到高温的外部环境.这一过程需要消耗电能,这说明热量_____(填"能"或"不能")自发地从低温物体传递到高温物体.同时还说明能量的转化和转移具有_____.

解析　热量不能自发地从低温物体传递到高温物体,但通过消耗其他形式的能量,可以实现这一过程.冰箱的工作原理就是基于制冷循环,通过消耗电能将冰箱内部的热量转移到外部,实现热量从低温区域向高温区域的转移.本题答案为:不能,方向性.

感悟　热量可以自发地从高温物体传递到低温物体,而不会自发地从低温物体传递到高温物体.热量的逆向传递需要消耗高品质的能量(如电能、机械能等)来实现.

▶ **例2** 用简易太阳晒水箱来淋浴既方便,又能节约能源.如图所示的晒水箱内装水 60kg,水箱玻璃盖的面积为 0.84m². 某日地球上与太阳光线垂直的表面接收太阳的辐射能为 7.56×10^4 J/(min·m²),这类水箱吸收太阳能的效率为 50%,散热损失约为 20%. 假设使用中能够及时调整水箱朝向,使太阳光始终垂直射入玻璃盖.请计算 4h 后箱中水升高的温度.

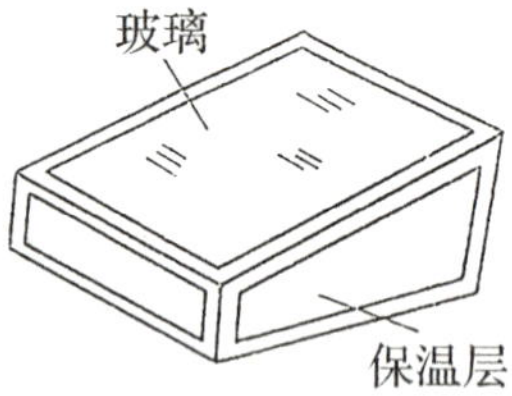

玻璃

保温层

例2图

解析 7.56×10^4 J/(min·m²)表示每平方米面积上,每分钟接受太阳辐射的热量为 7.56×10^4 J,用 P_0 表示,0.84m² 的面积上,4h 太阳辐射到水箱处的总热量为 $Q_{总} = P_0 St$,水箱吸收太阳能的效率 $\eta_1 = 50\%$,水箱对水加热时的效率 $\eta_2 = 1 - 20\% = 80\%$,太阳能对水箱中的水加热时的效率 $\eta = \eta_1 \eta_2 = 50\% \times 80\% = 40\%$,水吸收的热量为 $Q_{吸} = cm\Delta T$.

根据热效率公式 $\eta = \dfrac{Q_{吸}}{Q_{总}} \times 100\% = \dfrac{cm\Delta T}{P_0 St} \times 100\%$,

$\Delta T = \dfrac{\eta P_0 St}{cm} \times 100\% = 24.2℃.$

故答案为 24.2℃.

感悟 如果系统内各子系统能量使用效率都不是 100% 的话,整个系统的效率为 $\eta = \eta_1 \eta_2 \cdots \eta_n$.

▶ **例3** 下表列出的是某厂生产的家用燃气热水器的部分参数.表中"额定热负荷"指的是满负荷使用时,1h 内燃料燃烧产生的热量.

产品名称	燃气快速热水器		
产品型号	JSY5-C	JSR5-C	JST5-C
适用燃气	液化石油气	人工煤气	天然气
额定热负荷	37MJ/h		
额定燃气耗量	0.368×10^2 m³/h	1.964×10^2 m³/h	1.04×10^2 m³/h
热效率	>80%		
热水产率 升温 25℃	5l/min		
热水产率 升温 40℃	3l/min		
热水产率 升温 55℃	2.2l/min		

(1)请根据表中数据计算燃烧 1m³ 液化石油气所产生的热量.

(2)小明同学说,"热水产率"一栏中,5、3、2.2 后面的好像是数字"1"但是在"/min"的前面又好像丢掉了什么.请你通过计算判断这个栏目中三个参数的正确数值和单位.

(3)"热效率"一栏给的是参考值,"热水产率"一栏给的是厂家对样品的实测值.请分别计算升温 25℃ 和 55℃ 时的热效率,并解释这两种情况下热效率不同的原因.

解析 (1)由表可知:燃气热水器额定热负荷为 $37MJ/h=3.7×10^7J/h$.液化石油气的额定燃气耗量为 $0.368×10^2m^3/h$,燃烧 1m³ 液化石油气所产生的热量为 $q=\dfrac{Q_{放}}{V}=\dfrac{3.7×10^7J/h}{0.368×10^2m^3/h}=1.0×10^6J/m^3$.

(2)以升温 40℃ 为例,根据表中其他参数计算热水产率.我们希望能够以此判断类似"1"的文字的含义.设每分钟产热水的质量为 m,水在 1min 内吸收的热量可以表示为 $Q_{吸}=cm\Delta T$ ①.

另一方面,根据表中所给的参数,热效率按 80% 计算时,水在 1min 内吸收的热量为 $Q_{吸}=\dfrac{3.7×10^7}{60}J×80\%=4.93×10^5J$ ②.由①②两式解出

$$m=\dfrac{4.93×10^5J}{c\Delta T}=\dfrac{4.93×10^5J}{4.2×10^3J/(kg·℃)×40℃}=2.9kg≈3kg.$$

由此判断,"3"和"/min"之间的符号如果代表质量,它的意义应该是"kg".考虑到 1kg 水的体积是 1L,所以这个符号一定是字母"l"(小写的 L),而不是数字"1".因此,正确的数值和单位是 3L/min.分析升温 25℃ 和 55℃ 两种情况可以印证这个结论.

(3)由关系式 $Q_{吸}=cm\Delta T$ 可知,升温 25℃ 时每分钟吸收的热量是

$Q_{吸}=cm\Delta T$

$=c\rho V\Delta T=4.2×10^3J/(kg·℃)×1×10^3kg/m^3×5×10^{-3}m^3×25℃$

$=5.25×10^5J,$

燃气每分钟产生的热量是 $Q_{放}=\dfrac{3.7×10^7}{60}J=6.17×10^5J$,

热效率 $\eta=\dfrac{Q_{吸}}{Q_{放}}×100\%=\dfrac{5.25×10^5J}{6.17×10^5J}×100\%=85\%$,

同理可得,升温 55℃ 时,热效率 $\eta=82.4\%$,升温较高时热量散失多,所以热效率较低.

感悟 能从复杂的题目中得出相关信息是解答本题的关键.

✦ 小试身手 ➤➤

1. 下列关于温度、热量和内能的说法,正确的是 （   ）

A. 发生热传递时,温度总是从高温物体传递给低温物体

B. 在相同温度下,1kg 的水比 1kg 的冰含有的热量多

C. 物体温度升高,内能不一定增加,但一定要吸收热量

D. 热量可以从内能小的物体传递给内能大的物体

2. 明代宋应星所著的《天工开物》中,有关于火法炼锌的工艺记载:"每炉甘石十斤,装载入一泥罐内,……然后逐层用煤炭饼垫盛,其底铺薪,发火煅红,罐中炉甘石熔化成团,冷定毁罐取出.……即倭铅也.……以其似铅而性猛,故名之曰'倭'云."下列关于炼锌说法正确的是 （   ）

A. 煤饼燃烧放出热量没有被锌全部吸收,所以不遵循能量守恒定律

B. 熔化成液态的金属锌倒入罐子,在凝固过程中温度保持不变,所以金属锌内能不变

C. 炉甘石被烧红是通过热传递的方式改变炉甘石的内能

D. 炼锌时煤饼燃烧后剩下的煤饼热值减小

3. 有人设计了如图所示的"永动机":在距地面一定高度处架设一个水槽,水从槽底的管中流出冲击水轮机,水轮机的轴上安装有一个抽水机和一个砂轮.他希望抽水机把地面水槽里的水抽上去,这样循环不已,机器不停地转动,就可以永久地用砂轮磨制工件了.请你从能量转化角度分析说明这个机器是否能够永远运动下去.

第 3 题图

38　热机分类模型

引路人　湖州市教育科学研究中心　费新良

📁 思想方法导引 ≫

利用内能做功的各类机械称为热机.热机的种类很多,主要可分为蒸汽机、内燃机、喷气发动机、汽轮机、火箭发动机等类型.每种热机都有其独特的工作原理和应用场景.

初中物理中常见的热机是内燃机.四冲程内燃机由吸气、压缩、做功、排气四个冲程组成一个工作循环,每一个循环活塞往复运动两次,曲轴转动两周,对外做功一次.

在做功冲程开始时,高温高压气体在燃烧室内膨胀,其对活塞的平均压力为 $\overline{F}$,气体推动活塞移动 L,则燃气所做的功为 $W=\overline{F}L$,若活塞横截面积为 S,气体对活塞的平均压强为 $\overline{p}$,则 $W=\overline{p}SL$,若完成这些功所用时间为 t,则气体膨胀做功功率为 $P=\dfrac{W}{t}=\dfrac{\overline{p}SL}{t}$.

热机的效率即做有用功的能量与燃料完全燃烧放出能量的比值:

$$\eta=\frac{W_{有用}}{Q_{燃}}\times 100\%.$$

🧠 方法要点例析 ≫

▶ **例 1**　如图是第一台成功商业化的蒸汽机(阀门 C 附近有储水装置,未画出),是一种"利用火力抽水"的设备,可以将矿井水抽上来.其抽水过程如下:过程一,当阀门_____和_____(填"A""B""C"或"D")打开,其他阀门关闭时,锅炉产生的蒸汽会把"汽缸"内的水顶出,于是"汽缸"内充满蒸汽.过程二,关闭之前打开的阀门,打开 D,并通过 C 注入少量冷水,其作用是_____.之后循环往复就可以源源不断地将水抽上来.此蒸汽机在过程一中的有效能量转化是:_____.

某同学发现这个蒸汽机"汽缸"中的水与蒸汽之间没有活塞,请说一说没有活塞会有什么影响.

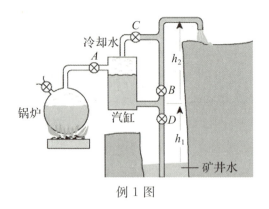

例 1 图

解析 此蒸汽机原理:一个上方开口的水箱充当"汽缸",当 A、B 打开,C、D 关闭时,锅炉产生的蒸汽会把汽缸内的水顶出,此过程将蒸汽的热能转化为水的机械能,汽缸内充满蒸汽.之后 A、B 关闭,D 打开,并通过 C 注入少量冷水,蒸汽冷凝为水,造成缸内气压降低,大气压可以将地下水压入汽缸中.

此蒸汽机没有活塞,则蒸汽进入低温汽缸后,直接与冷水接触,并冷凝为水.这个过程中大量的热能损失掉了.活塞可以把蒸汽和冷水隔开.

感悟 作为最初的热机,蒸汽机也是利用内能做功的机械.其结构不同会有不同工作原理和应用场景,针对具体的蒸汽机结构需要具体分析,了解其工作原理.通过前后热机结构的对比,了解其演变过程,深度理解各类热机的设计.

🔘 **例 2** 百公里油耗指的是汽车在道路上行驶时每百公里平均燃料消耗量.由于多数车辆在 90km/h 时接近经济车速,因此大多对外公布的理论油耗通常为 90km/h 的百公里匀速油耗.某品牌汽车在 90km/h 的车速下行驶 100km 油耗为 8L,汽车发动机的输出功率为 25kW(已知燃油的热值为 4.5×10^7 J/kg,燃油的密度为 0.75×10^3 kg/m³).试求:

(1)8L 燃油完全燃烧放出的热量;

(2)该品牌汽车在理论测速下发动机的热机效率.

解析 (1)$Q = mq = \rho V q = 6$kg $\times 4.5 \times 10^7$ J/kg $= 2.7 \times 10^8$ J.

(2)$v = 90$km/h $= 25$m/s,则汽车在一百公里内发动机做的功为

$$W = Pt = P \cdot \frac{s}{v} = 2.5 \times 10^4 \text{W} \times \frac{1 \times 10^5 \text{m}}{25\text{m/s}} = 1 \times 10^8 \text{J},$$

发动机的效率 $\eta = \frac{W}{Q} \times 100\% = \frac{1 \times 10^8 \text{J}}{2.7 \times 10^8 \text{J}} \times 100\% \approx 37.04\%$.

感悟 热机效率可与机械效率进行对比理解.热机用来做有用功的那部分能量可以通过 $W = Pt$ 或 $W = FL$ 来得到,而燃料完全燃烧放出的能量可以通过 $Q = mq$ 来得到.热机效率是衡量热机性能好坏的一个重要参数.

▶ **例 3** 如图为一款螺旋桨飞机所使用的星型活塞式发动机.从图中可以看到,此款星型发动机有 7 个汽缸,共同推动中间的螺旋桨转轴(未画出)转动.每个汽缸的工作过程与四冲程汽油机工作原理相同,分为吸气、压缩、做功和排气四个冲程.则在螺旋桨转动一圈的过程中,发动机一共做功_____次.根据图中间曲轴的情况,7 号汽缸进气门打开,排气门关闭;1 号汽缸进气门和排气门都关闭;2 号汽缸进气门关闭,排气门打开.由此可以判断此时第_____号汽缸即将进入做功冲程.从稳定性角度来讲,飞机采用了隔一个汽缸点火的设计(即按"1357246"的顺序依次做功),目的是_____.

例 3 图

解析 每个汽缸都是四冲程的,每个汽缸完成一次做功需要活塞在汽缸中来回运动两次,对应螺旋桨转动两周(即旋转 720 度).所以螺旋桨转动两周,发动机一共做功 7 次,转动一周做功 3.5 次.根据图中曲轴的位置,此时 1 号汽缸的活塞即将来到汽缸顶部,且进气门和排气门都处于关闭状态,所以 1 号汽缸即将进入做功冲程.在星型发动机中,曲轴上的曲拐按特定角度分布,形成类似于星星的形状.通过每隔一个汽缸进行点火,可以平衡各汽缸的工作负荷,减少振动,并且在一个完整的旋转周期内(即 720 度),所有汽缸都能按照预定顺序完成吸气、压缩、做功和排气四个步骤,从而保证了发动机运行的稳定性和效率.这种设计特别适用于需要高可靠性的应用场景,如航空发动机.

感悟 星型活塞式发动机通过增加活塞个数提高了发动机功率,通过结构的设计来达到功率与稳定的需求.对四冲程内燃机的构造与原理的了解是理解星型活塞式发动机的基础.

✿ 小试身手 ▷▷

1.某同学看到一些小汽车的尾部都标有"0.8""1.6""1.8"或"2.0"等字样,他上网查询得知这是汽车发动机"排气量"的数值.所谓排气量就是发动机气缸的工作容积,是指所有气缸内活塞从下止点到达上止点所扫过的容积之和.一般情况下发动机的"排气量"越大,功率越大.现有一辆小轿车发动机为四冲程汽油机,排气量为 1.8L,最大功率为 74kW,当该发动机以最大功率工作时,曲轴的转速为 5200r/min.汽油机工作时的最佳空燃比(即空气和燃油的质量比)为 14:1,压缩比是 10(即气缸总容积与燃烧室容积的比值),若发动机在最大功率时汽油和空气的混合密度为 1.35kg/m³,汽油的热值为

4.6×10⁷J/kg、密度为 0.71×10³kg/m³. 则这台发动机在最大功率时的热机效率为_____. 如果发动机在最大功率时,汽车的最高时速为 175km/h,在此情况下汽车每百公里油耗为_____L.

2. 如图为某飞机的涡轮喷气发动机的示意图,其结构由进气道、压气机、燃烧室、涡轮和尾喷管组成. 其工作原理为:燃烧室产生的高温、高压气体一方面推动涡轮叶片旋转,涡轮又通过传动轴驱动压气机,压气机将空气压缩送入燃烧室与燃油混合燃烧,产生高温、高压气体,形成循环. 另一方面,经过涡轮的气体最终通过尾喷管向外喷出,产生推力. 涡轮喷气发动机没有类似汽车发动机的四冲程,它是通过连续的吸气、压缩、燃烧和排气过程产生推力. 但能量转化类似,燃料的化学能转化为气体内能发生在_____结构,而将气体内能转化为机械能主要发生在_____结构,将机械能转化为气体内能又发生在_____结构. 而发动机产生推力最多的是_____结构.

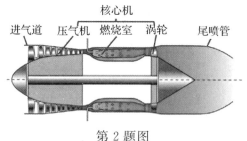

第 2 题图

3. 如图是某小型摩托车所使用的二冲程汽油机的工作原理图,可燃混合气体经进气孔进入曲轴箱,在工作循环的适当时候通过扫气孔进入上方的燃烧室,压缩后由火花塞将气缸内的可燃混合气体点燃,气体膨胀做功,在活塞下行到一定时候排气孔打开,进行排气. 一个工作循环中活塞往复运动一次,曲轴转动一周,活塞从上止点向下止点运动过程中三个孔的开放顺序依次是进气孔、_____、_____;过程中将_____能转化为_____能. 对比四冲程的汽油机,二冲程汽油机有怎样的优点和缺点?

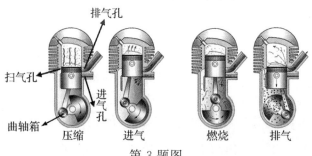

第 3 题图

39 电路连接识别法

引路人　江苏省镇江第一中学　王文涛

思想方法导引 ≫

　　初中电路结构基本上是三种类型:串联电路、并联电路和混联电路.对于简单的电路,可以使用电流路径法和分合点法来判断;而对于复杂的电路,节点法则是一个非常实用且广泛使用的工具.在电路结构理解的基础上,对电表测量对象的判断也可以利用电路进行,电流表测量的是与其串联的电路电流,电压表测量的是与其并联的电路电压.

方法要点例析 ≫

　　例1 如图所示电路中,有灯泡 L_1、L_2,开关 S、S_1、S_2、S_3,下列判断正确的是 　　　　( )

A. 开关 S、S_1、S_3 闭合时,灯泡 L_1、L_2 组成并联电路

B. 开关 S、S_2 闭合时,灯泡 L_1、L_2 组成并联电路

C. 开关 S、S_2、S_3 闭合时,灯泡 L_1、L_2 组成串联电路

D. 开关 S、S_3 闭合时,灯泡 L_1、L_2 组成串联电路

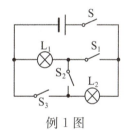

例1图

　　解析 本题可以用"电流路径法"来判断,如答图甲所示,串联电路的特点是每个元件头尾相连,电流只有一条路径.并联电路的特点是每个元件头和头相连,尾与尾相连,电流有多条路径.若并联电路支路中有导线,则其他与其并联的元件被短接,电流只经过导线,不经过其他并联的元件.

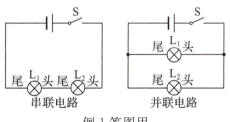

例1答图甲

　　各选项的开关闭合后,电路如答图乙所示.将断开的开关去除,并标出各

个元件的头和尾,如答图丙所示,按照串并联的电路特点,可以判断出各选项对应的电路结构.

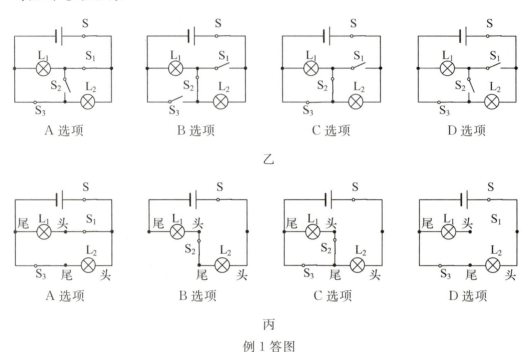

乙

例 1 答图

由上图可知:A 选项为并联电路;B 选项为串联电路;C 选项 L_1 被导线短接,只有 L_2 接入电路;D 选项只有 L_2 接入电路.所以正确选项为 A.

感悟　简单电路结构判断只需要从电源出发找出电流的路径,即可判断电路结构.

▶ **例 2**　如图所示的电路,开关 S 闭合后,下列说法正确的是　　（　　）

A.电流表 A_1 测量的是通过 L_1 和 L_3 的电流

B.电流表 A_2 测量的是通过 L_1 和 L_3 的电流

C.电流表 A_1 测量的是通过 L_2 和 L_3 的电流

D.电流表 A_2 测量的是通过 L_2 和 L_3 的电流

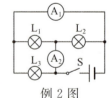

例 2 图

解析　在研究复杂电路的结构时,可以采用节点法,其基本理念是将所有导线直接相连的点视为同一点,观察每个元件两端接在哪两个节点之间,从而判断出电路的基本结构.本题中可以先将电流表用导线代替,如答图所示,从电源正极开始,将元件两端的节点标上数字序号,同一节点用同一数字表示.经过一个元件依次标下一个数字序号,直到电源的负极.本题可以发现,三个灯泡都是接在1、2节点之间,其结构是并联结构.根据电路是并联,每个灯泡的电流都是从电源的正极出发流过灯泡再回到电源的负极,可以在原图上标出通过三个灯泡电流 I_1、I_2 和 I_3 的流向,从而判断出电流表测量的电流.

根据电流的流向可以判断,A_1 表上测量的是经过 L_1 和 L_3 的总电流.A_2 表上测量的是经过 L_1 和 L_2 的总电流,所以 A 选项是正确的.

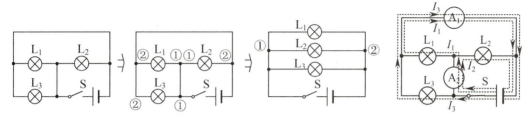

例 2 答图

感悟 对于元件较多的电路,抓住相同导线相连的为同一节点,利用节点法可以快速理清元件的连接方式,从而判断电路的结构.通过标出电流回路,判断出电流表的测量对象.

◯ 例 3 下图中,电压表 V_1、V_2、V_3 分别测量的是什么电压? 电流表 A 测量的是什么电流?

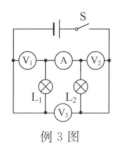

例 3 图

解析 在判断电路连接结构时,电流表可以当作导线,电压表可以去除.电流表测量的电流可以通过电路结构判断,电流表与哪个元件串联,即测量哪个元件的电流.电压表测量对象可以通过两种方式来确定.一是可以用节点法,看元件两端的编号和电压表两端相同的是什么.二是用去除电源法,即除电压表两端外,将包含电源的部分去除,剩下的就是电压表测量对象.如答图甲所示,可以判断电路结构是串联,所以电流表测的是通过 L_1、L_2 的电流.如答图乙所示,对 V_1,可以将左侧的连接点滑动到 L_1 的下端,V_1 两端接在 L_1 的两端,所以测量的是 L_1 的电压.对 V_2 用相同方法可知测量的是 L_2 的电压.如答图丙所示,对于 V_3 用去除电源法,可以发现 V_3 测量的是 L_1 和 L_2 串联后两端的电压.

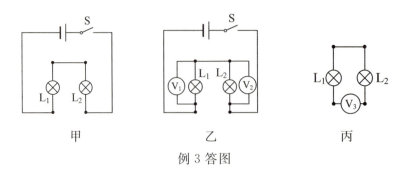

例 3 答图

感悟 在分清电路结构的基础上,对于电表的测量对象,电流表与哪个元件串联,即测量那个元件的电流;电压表与哪个元件并联,即测量那个元件的电压.

✦ 小试身手 ➤➤

1. 在学习了电流表的使用后,同学们连接了如图所示的电路.下列说法正确的是 （　　）

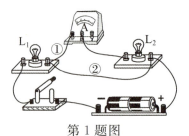

第 1 题图

A. 闭合开关,灯 L_1、L_2 均发光

B. 闭合开关,电流表有示数

C. 只去掉导线②,闭合开关,灯 L_1 和 L_2 串联,电流表测量电路中的电流

D. 只将导线①的左端改接到 L_1 左端,闭合开关,L_1 和 L_2 并联,电流表测量 L_1 中的电流

2. 闭合开关 S,L_1 与 L_2 并联,电流表 A_2 测量流过 L_2 的电流,符合以上要求的电路是 （　　）

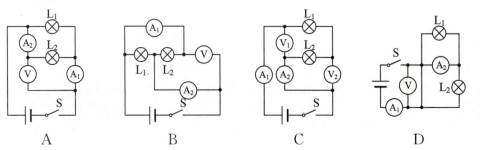

A　　　　　　B　　　　　　C　　　　　　D

3. 如图所示,电源电压保持不变.两定值电阻为 R_1 和 R_2,滑动变阻器为 R_3,甲、乙为电流表或电压表.闭合开关 S,三个电阻中都有电流通过,以下说法正确的是 　　　　　(　)

A. 电路可能串联也可能并联

B. 甲、乙一定都是电压表

C. 在滑动变阻器的滑片 P 滑向 b 端的过程中,乙表的示数一定变大

D. 若交换 R_3 和 R_2 的位置,并保证各元件均工作,则在调节 R_3 的滑片过程中,甲、乙示数的变化量一定相等

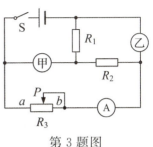

第 3 题图

4. 如图所示,电流表 A_1 和 A_2 的示数分别为 3A 和 2A,若将 R_2 和 R_3 两个电阻互换,其他条件不变,发现两电表的示数不变,则通过 R_1 的电流为 ＿＿＿＿＿ A.

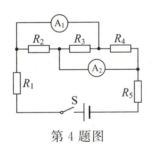

第 4 题图

40　电表改装法

引路人　温州市教育教学研究院　余雪妹

思想方法导引 ➤➤

1.常用的电压表和电流表都是由小量程电流表 G（表头）改装而成的.从电路的角度看,小量程电流表（表头）就是一个电阻,同样遵从欧姆定律.若表头的内阻为 R_g,满偏电流（允许通过的最大电流）为 I_g,则加在表头两端的满偏电压 $U_g = I_g R_g$（图 1）.所以表头本质上不仅仅是一个电流表,也是一个电阻,还是一个电压表.

2.把表头或小量程电流表改装成大量程电压表的方法:串联一个阻值较大的电阻 R（如图 2 所示）.串联的电阻 R 起分压作用,$R = \dfrac{U_R}{I_R} = \dfrac{U - I_g R_g}{I_g}$;

改装后电压表的内阻 R_V 等于 R_g 与 R 的串联值,即

$$R_V = R + R_g \text{ 或 } R_V = \frac{U}{I_g}.$$

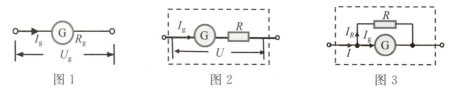

图 1　　　　　　　图 2　　　　　　　图 3

3.把表头或小量程电流表改装成大量程电流表的方法:并联一个阻值较小的电阻 R（如图 3 所示）.并联的电阻 R 起分流作用,$R = \dfrac{U_R}{I_R} = \dfrac{I_g R_g}{I - I_g}$;

改装后的电流表内阻 R_A 等于 R_g 与 R 的并联值,即

$$R_A = \frac{R_g R}{R_g + R} \text{ 或 } R_A = \frac{I_g R_g}{I}.$$

4.解决电表改装问题,关键是分清电路连接方式,并利用串并联电路的特点和欧姆定律求解.

方法要点例析 ▶▶

⊙ 例1 如图所示,虚线框内为改装好的电表,M、N 为新表的接线.已知表头 G 的满偏电流为 $200\mu A$,内阻为 490Ω,电阻箱读数为 10Ω.根据以上数据计算可知改装后的电表为 （　　）

A. 电流表,量程为 $0\sim2\mu A$

B. 电流表,量程为 $0\sim10mA$

C. 电压表,量程为 $0\sim1mV$

D. 电压表,量程为 $0\sim100mV$

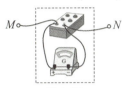

例1图

解析 电表并联一个电阻,所以改装后的电表为电流表.M、N 两端电压为 $U=I_gR_g=98mV$,流过 M、N 的电流为 $I=I_g+\dfrac{I_gR_g}{R}=10mA$,故选 B.

感悟 电流表改装,并联的电阻越小,改装后电流表的量程越大.

⊙ 例2 在如图所示的电路中,小量程电流表 G 的内阻 $R_g=30\Omega$,满偏电流 $I_g=1mA$,$R_1=2970\Omega$,$R_2=0.05\Omega$.

(1)当 S_1 和 S_2 均断开时,改装而成的电表是_____(填"电流表"或"电压表"),量程是_____,内阻是_____.

(2)当 S_1 和 S_2 均闭合时,改装而成的电表是_____(填"电流表"或"电压表"),量程是_____,内阻是_____.

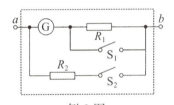

例2图

解析 (1)根据串联电阻具有分压作用可知,当 S_1 和 S_2 均断开时,小量程电流表 G 与 R_1 串联,改装而成的是电压表.由 $U=I_g(R_g+R_1)=0.001\times(30+2970)V=3V$ 可知量程是 $0\sim3V$,内阻 $R_V=R_g+R_1=3000\Omega$.

(2)当 S_1 和 S_2 均闭合时,小量程电流表 G 与 R_2 并联,改装而成的是电流表,由 $I=I_g+\dfrac{I_gR_g}{R_2}=0.001A+\dfrac{0.03}{0.05}A=0.601A$,可知量程是 $0\sim0.6A$,内阻 $R_A=\dfrac{R_gR_2}{R_g+R_2}\approx0.05\Omega$.

感悟 电表改装之后,表头的三个参量 I_g、U_g 和 R_g 是不变的,只是量程发生了变化.改装后的电压表可看作一个电压可读的"大电阻";改装后的电流表可看作一个电流可读的"小电阻".

例 3 如图所示为电表改装的电路图,其中表头 G 的内阻 $R_g = 200\Omega$,满偏电流 $I_g = 3mA$. 将 1、2 接线柱接入电路可作为量程为 $0 \sim 0.6A$ 的电流表使用,将 1、3 接线柱接入电路可作为量程为 $0 \sim 15V$ 的电压表使用. 求电阻 R_1、R_2 的阻值.

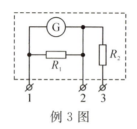

例 3 图

解析 将 1、2 接线柱接入电路,当通过表头的电流为 I_g 时,并联总电流 $I = 0.6A$,根据并联电路特点有 $I_g R_g = (I - I_g) R_1$,所以 $R_1 = \dfrac{I_g R_g}{I - I_g} \approx 1\Omega$.

将 1、3 接线柱接入电路,通过表头的电流为 I_g 时,1、3 接线柱间的电压 $U = 15V$,电阻 R_2 两端的电压 $U_2 = U - I_g R_g = 14.4V$,通过电阻 R_2 的电流即为 G 和 R_1 并联的总电流 $I = 0.6A$(注意不是 $I_g = 3mA$),所以 $R_2 = \dfrac{U_2}{I} = 24\Omega$.

感悟 分清电路连接方式,然后利用串并联电路的特点和欧姆定律求解是关键.

例 4 将一个表头并联一个电阻 R 改装成了一个大量程的电流表. 把改装后的电表和一个标准电流表串联后去测量电流,发现标准电表的示数为 $1.00A$,改装电表的示数为 $0.95A$. 为了使改装电表与标准电表测量值一致,下列说法正确的是　　　　　　　　　　　　　　　(　　)

A. 在 R 上并联一个阻值很大的电阻

B. 在 R 上并联一个阻值很小的电阻

C. 在 R 上串联一个阻值很大的电阻

D. 在 R 上串联一个阻值很小的电阻

解析 改装电流表示数小于真实值,说明所并联电阻的分流太大,即分流电阻阻值偏小,所以只需让分流电阻 R 稍大些即可,故应在 R 上串联一个小电阻,故选 D.

感悟 电流表改装,实质上是采用并联小电阻分流的方式(注意所分电流与电阻成反比). 当改装后电流表的读数相对于标准电表的读数偏低时,若想达到标准值,应调大改装电表的分流电阻.

小试身手 ➤➤

1. 如图所示电路是用一个灵敏电流计 G 和一个可变电阻 R 改装成的量程更大的电表.下列判断正确的是（　　）

第 1 题图

A. 改装成了电压表，R 增大时量程减小

B. 改装成了电压表，R 增大时量程增大

C. 改装成了电流表，R 减小时量程减小

D. 改装成了电流表，R 减小时量程增大

2. 某实验小组把一只满偏电流 $I_g = 3\text{mA}$，内阻 $R_g = 100\Omega$ 的灵敏电流计，改装成双量程电压表（0～3V 和 0～15V），设计的电路图如图所示.若选量程 0～3V 时应该使用_____两接线柱（填"A、B""A、C"或"B、C"），若要达到改装目的，图中两个电阻的阻值 $R_1 =$ _____ Ω，$R_2 =$ _____ Ω.

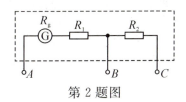

第 2 题图

3.（多选）如图所示是一种自动测定油箱内油量多少的装置，R 是滑动变阻器.当油箱内无油时，油量表的示数为零；当油箱内注入油时，从油量表指针所指的刻度，就能知道油箱内油量的多少.下列说法正确的是（　　）

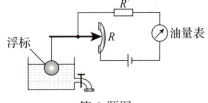

第 3 题图

A. 油量表是由电流表改装而成的

B. 电表的零刻度就是油量表的零刻度

C. 油量增加，油量表的示数增大

D. 油量增加，电路中的电流增大

4. 实际测量中使用的大量程电流表是由小量程电流表改装而成的.如图是某同学改装后的电流表电路图，G 是灵敏电流表，满偏电流（小量程电流表允许通过的最大电流）为 I_g，内阻 $R_g = 100\Omega$，定值电阻 $R_1 = 16\Omega$、$R_2 = 4\Omega$.当使用 A、O 两接线柱时，改装后电流表的量程为 0.6A.求：

（1）灵敏电流表 G 的满偏电流 I_g 的值；

（2）使用 B、O 两接线柱时改装电流表的量程.

第 4 题图

41　基尔霍夫电流定律法

引路人　南京师范大学附属中学　房　颐

思想方法导引 ▶▶

基尔霍夫电流定律（KCL）由德国物理学家基尔霍夫于1845年提出，是电路分析的基本定律之一．如图，电路网络中由3条或3条以上支路形成的交点称为节点，对电路中任何一个节点，流出的电流之和等于流入的电流之和，即

$$\sum I_\text{入} = \sum I_\text{出}.$$

如果将流入节点的电流定义为正，流出节点的电流定义为负，那么汇于节点的各支路电流强度的代数和为零，即

$$\sum I_i = 0.$$

应用基尔霍夫电流定律的注意事项：

（1）有些支路的电流流向是方便判断的，但有一些支路电流的流向是未知的，遇到这种情况，可以先假设未知电流的流向，然后利用基尔霍夫电流定律列式计算，如果得出的电流值为正，说明之前关于电流流向的假设正确，如果为负则说明电流的真实流向与之前的假设相反．

（2）对于有 n 个节点的完整回路，可列出 n 个方程，实际上只有 $(n-1)$ 个方程是独立的．

（3）有的时候仅仅采用基尔霍夫电流定律不足以解决问题，这时候需要结合回路中的电压变化，才能完整求解电路问题．

方法要点例析 ▶▶

▶ 例1 如图所示的电路中，已知 $I=3\text{A}$，$I_1=2\text{A}$，$R_1=10\,\Omega$，$R_2=5\,\Omega$，$R_3=30\,\Omega$，则通过电流表的电流方向是_____，电流大小为_____．

解析　由基尔霍夫电流定律，流过 R_2 的电流

$$I_2 = I - I_1 = 3\text{A} - 2\text{A} = 1\text{A},$$

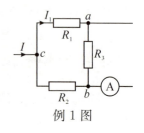

例1图

根据欧姆定律,电阻 R_1 和 R_2 的电压分别为

$U_1 = I_1 R_1 = 2 \times 10\text{V} = 20\text{V}$,

$U_2 = I_2 R_2 = 1 \times 5\text{V} = 5\text{V}$,

如答图所示,这意味着 c、a 之间电压为 20V,c、b 之间电压为 5V,则 b、a 间的电压为 $U_3 = U_1 - U_2 = 15\text{V}$,则 R_3 中电流由 b 流向 a.

电流大小为 $I_3 = \dfrac{U_3}{R_3} = \dfrac{15}{30}\text{A} = 0.5\text{A}$.

再根据基尔霍夫电流定律,通过电流表的电流大小为

$I_A = I_2 - I_3 = 1\text{A} - 0.5\text{A} = 0.5\text{A}$,方向向右.

感悟　基尔霍夫电流定律是解决问题的一把钥匙,它给出各支路电流之间的部分关系,但是通常还要借助电路中的电压才能列出完整的方程,从而解决问题.

例2　如图所示是电路的某一部分,$R_1 = R_2 > R_3$,Ⓐ 为理想电流表.若电流只从 A 点流入此电路,且流过 R_1 的电流为 0.2A,则以下说法中正确的是　　　　　　　　　　（　　）

A. 电流不可能从 C 点流出,只能从 B 点流出

B. 流过 Ⓐ 的电流为零

C. 流过 R_2 的电流一定大于 0.4A

D. R_2 两端的电压不一定比 R_3 两端的电压大

解析　如答图标注出各电流符号.A 选项,流过 R_1 的电流为 $I_1 = 0.2\text{A}$,则 A、D 间的电压为 $I_1 R_1$,由于电流表理想,则 A、C 间电压为零,那么流经 R_3 的电流一定由 C 流向 D,且 $I_3 = \dfrac{I_1 R_1}{R_3}$,至于 C 点右侧是否还有其他电路结构,本题并

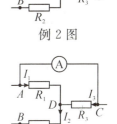

没有交代,即 C 点右侧电流走向未知,所以 A 错.

B 选项,虽然电流表理想,A、C 之间电压为零,但是电流表上的电流是由节点 A 左右两侧电流之差决定的,所以电流表上可以有电流.当然也可以假设不违反题意的某种情况,即若电流从 A 点流入,B 点流出,则 R_1、R_3 并联后与 R_2 串联,这种情况下电流表测 R_3 的电流,电流表示数不为零,所以 B 错.

C 选项,因为流过 R_1 的电流 $I_1 = 0.2\text{A}$,已知 $R_1 = R_2 > R_3$,所以流过 R_3 的电流 $I_3 = \dfrac{I_1 R_1}{R_3} > 0.2\text{A}$,则流过 R_2 的电流 $I_2 = I_1 + I_3$ 一定大于 0.4A,C 对.

D 选项,流过 R_2 的电流大于流过 R_3 的电流,且 R_2 电阻也大于 R_3,所以 R_2 两端的电压比 R_3 两端的电压大,D 错.

感悟 我们研究的电路可以是某个电路网络中的一部分,得益于基尔霍夫电流定律,考虑局部电流、电压关系的时候,只要几个已知参量即可,而无须处理完整电路网络的全局电流分布.

例 3 如图所示,已知电源电压 $\varepsilon=1\text{V}$(电源内阻不计).电阻 $R_1=1\Omega$,$R_2=2\Omega$,$R_3=3\Omega$,$R_4=4\Omega$,$R_5=5\Omega$.求通过 R_1,R_2,R_3 的电流强度.

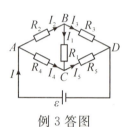

例 3 图

解析 如答图所示,由节点电流关系可得
$$I_2=I_1+I_3, \quad I_5=I_1+I_4,$$
$$I=I_2+I_4=I_3+I_5.$$

A、D 之间电压即电源电压可以表达为
$$\varepsilon=I_2R_2+I_3R_3, \quad \varepsilon=I_4R_4+I_5R_5,$$
$$\varepsilon=I_2R_2+I_1R_1+I_5R_5.$$

联立以上方程可得

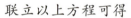

例 3 答图

$$I=\frac{62}{199}\text{A},I_1=\frac{2}{199}\text{A},I_2=\frac{41}{199}\text{A},I_3=\frac{39}{199}\text{A},I_4=\frac{21}{199}\text{A},I_5=\frac{23}{199}\text{A}.$$

感悟 以上解答中,各支路电流的方向设计得恰好与实际电流的方向一致.当然我们可以预想,如果以上解答中有一个值是负的,那么说明这个电流的实际方向和所设的方向是相反的.

小试身手

1. 如图所示的电路中,已知 $R_1=200\Omega$,$R_2=400\Omega$,$R_3=800\Omega$,$R_4=600\Omega$,则可知图中用箭头标出的两个电流之比 $I_1:I_2=$ _____.

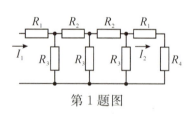

第 1 题图

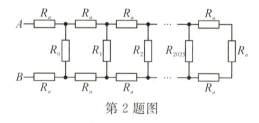

第 2 题图

2. 如图所示,已知 $R_0=R_1=R_2=R_3=\cdots=R_{2025}=3\Omega$,$R_a=2\Omega$.$A$、$B$ 间电压为 6V,则通过 R_{2025} 的电流大小是 _____.

3. 10 根电阻均为 R 的电阻丝接成如图所示的网络,试求 A、B 两点之间的等效电阻.

第 3 题图

42 回路分析法

引路人 徐州市东苑中学 朱文莲

📂 思想方法导引 ≫

回路分析法,简单来说,就是通过分析电路中的闭合回路来找出电压和电阻之间的关系.具体为:在一个闭合回路里,所有电路元件两端的电压加起来等于零(注意,这里的"加起来"要考虑电压的正负),在纯电阻电路中,也可以理解为在这个闭合回路中各电阻上的电压之和等于电源电压.

无论是只有一个用电器的简单电路,还是由多个电学元件串联或并联在一起形成的一个不太直观的混联电路,都可以简化电路,将其分解为多个独立回路,然后针对每个回路列出电压方程来求解未知量.

☁ 方法要点例析 ≫

例1 如图所示,电源电压为18V,当开关S闭合后,电压表 V_2、V_3 示数分别为8V、15V.问:

(1)L_1、L_2、L_3 两端的电压分别是多少?

(2)将电压表 V_2、V_3 分别换成电流表 A_2、A_3;闭合开关后,电流表 A_1、A_2、A_3 的示数分别为 1.2A、1A、0.6A,则通过 L_1、L_2、L_3 的电流分别是多少?

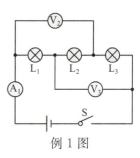

例1图

解析 (1)由电路图可知,闭合开关后,三灯泡串联,V_2 测 L_1、L_2 两端电压之和,有 $U_1+U_2=8V$,V_3 测灯泡 L_2、L_3 两端的电压之和,有 $U_2+U_3=15V$,又因为电源电压为18V,三个灯泡和电源形成一个回路,有 $U_1+U_2+U_3-18V=0$,联合解得 $U_1=3V$,$U_2=5V$,$U_3=10V$.

(2)由电路图可知,将电压表更换为电流表后,三灯泡并联,电流表 A_1 测干路电流,电流表 A_2 测 L_2 和 L_3 支路的电流之和,电流表 A_3 测 L_1 和 L_2 支路的电流之和,由于并联电路的干路电流等于各支路电流之和,

通过灯 L_1 的电流为 $I_1=I_{A1}-I_{A2}=1.2A-1A=0.2A$;

通过灯 L_3 的电流为 $I_3=I_{A1}-I_{A3}=1.2A-0.6A=0.6A$;

通过灯 L_2 的电流为 $I_2=I_{A1}-I_1-I_3=1.2A-0.2A-0.6A=0.4A$.

感悟 简化电路,有电流表的地方可看作导线,有电压表的地方可视作开路.沿着电流走向找到每一个回路,利用串联电路的分压原理和并联电路的分流原理,列出电压的方程式,求解出电路中各元件的电压和电流.

▶ **例 2** 如图所示电路中,R_0 的阻值为 6Ω,R_2 的阻值为 R_1 的 2 倍.只闭合开关 S_0 时,电流表的示数为 1A;开关都闭合时电流表的示数为 3A.求:

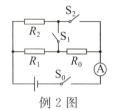

例 2 图

(1)只闭合 S_0 时,R_0 两端的电压;

(2)电源电压.

解析 (1)只闭合 S_0 时,R_1 和 R_0 串联,R_0 两端的电压 $U_0 = I_0 R_0 = 1A \times 6\Omega = 6V$.在电源、$R_1$ 和 R_2 串联起来的闭合回路中,有 $U = U_0 + I_0 R_1$.

(2)开关都闭合时,电路为只有 R_1、R_2 的并联电路,$R_1 : R_2 = 1 : 2$,$I_1 : I_2 = 2 : 1$,$I_1 + I_2 = 3A$,所以 $I_1 = 2A$,回路就是 R_1 和 R_2 并联后与电源组成的路径,则有 $U = I_1 R_1$.

由于电源电压不变,有 $I_1 R_1 = U_0 + I_0 R_1$,即 $2A \times R_1 = 6V + 1A \times R_1$,解得 $R_1 = 6\Omega$,R_1 两端电压即电源电压 $U = I_1 R_1 = 2A \times 6\Omega = 12V$.

感悟 开关的开闭操作相当于形成两种回路,简化电路后,分别在这两个回路中列出电压关系式,联立两个方程式求解未知量.

▶ **例 3** 如图所示电路中,电源电压恒定,定值电阻 R 的阻值为 30Ω.闭合开关后,将滑动变阻器的滑片 P 从某个位置向右滑动一段距离,使变阻器连入电路中的阻值变化了 15Ω,电流表的示数变化了 $0.04A$,则电压表的示数变化是 ( )

A.增大了 1.2V

B.减小了 1.2V

C.增大了 0.6V

D.减小了 0.6V

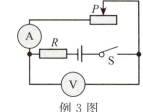

例 3 图

解析 在这个电路中,定值电阻 R、滑动变阻器串联在一起,形成一个闭合回路.由图知,滑动变阻器的滑片 P 向右移动,接入电路的电阻增大.电压表测量滑动变阻器两端的电压,由欧姆定律,在两种情况下,$R = \dfrac{U_1}{I_1} = \dfrac{U_2}{I_2}$,$R = \dfrac{U_1 - U_2}{I_1 - I_2} = \dfrac{\Delta U}{\Delta I}$,故 $\Delta U = \Delta I R = 0.04A \times 30\Omega = 1.2V$,即定值电阻 R 减小电压 1.2V,在这个闭合回路中,各部分电压之和等于电源电压,故变阻器增大的电压等于定值电阻 R 减小的电压,即电压表示数增大了 1.2V.故选 A.

感悟　滑动变阻器和定值电阻 R 的串联电路中,电源电压不变,定值电阻 R 两端电压变化的绝对值等于滑动变阻器两端电压变化的绝对值.

小试身手 ➤➤

1. 如图所示电路中,电源两端的电压一定,当开关 S_1 闭合、S_2 断开时,电流表和电压表示数分别为 I_1、U_1;当再闭合 S_2,且将滑片 P 适当左移后,电流表和电压表示数分别为 I_2、U_2,则下列叙述一定正确的是　　（　　）

A. $I_1 > I_2$, $U_1 > U_2$

B. $I_1 > I_2$, $U_1 < U_2$

C. $I_1 < I_2$, $U_1 < U_2$

D. $I_1 < I_2$, $U_1 > U_2$

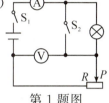

第 1 题图

2. 在设计和制作一个"模拟的调光灯"的综合实践活动中,物理兴趣小组设计了下面的几个调光灯的电路图,图中小灯泡的规格都是"3V 0.5A",所用的定值电阻的电阻值都是 6Ω,电源电压大小如图所示.要求:滑片滑动时,灯泡的亮度连续调节且不能烧坏小灯泡.你认为设计最合理的调光灯电路是　　（　　）

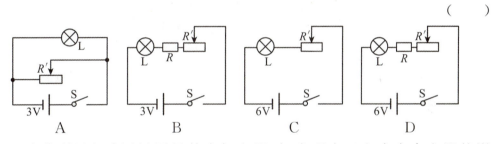

3. 小华利用电路图甲测量某未知电阻时,发现由于电表本身电阻的影响,造成测量结果有误差.现采用图乙所示电路,能较准确地测量 R_x 的阻值,已知 C、D 之间的电压 U 保持不变.当 S 接通 c 时,电压表示数为 10V,电流表示数为 0.2A;当 S 接通 d 时,电压表示数为 12V,电流表示数为 0.15A.则待测电阻 R_x 的阻值为_____ Ω.

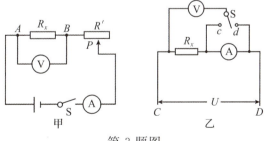

第 3 题图

43 电路故障判断法

引路人　衢州市柯城区教学研究室　余不易

思想方法导引 >>

　　电路故障通常是指电路中的电路元件、电表出现损坏或出现连接错误，导致电路不正常的现象.电路故障分为断路(开路)和短路两大类.断路指电路某处处于断开的状态；短路指电流没有通过用电器而直接流向电源负极，包括电源短路和用电器短路两种情况.当电路发生故障时，电路中的灯泡发光情况、电流表或电压表指针偏转等会不正常，因此在判断电路故障时，应该从电路中的不正常现象入手，根据灯泡是否发光以及电流表或电压表的指针偏转情况对电路故障做出判断(可以参照下表进行判断).

电路元件	现象	原因
电流表	没有示数	电路断路或接触不良
		电流表被短路
	指针反转	正负接线柱接反
	指针超过满刻度	电路短路,或被测电流超过所选量程
电压表	没有示数	被测元件短路(电压表被短路)
		被测元件之外的其他位置断路
	指针反转	正负接线柱接反
	指针超过满刻度	被测元件两端的电压超过所选用的量程
	电压增大,近似电源电压	被测元件断路(电压表串联在电路中)
小灯泡	不发光	灯丝断了或电路某处断开
		灯泡短路
		电路中电流太弱,无法发光
	突然变亮	电路中其他元件短路

方法要点例析 >>

例1 如图所示,电路电源电压为 3V,闭合开关 S,移动滑动变阻器的滑片 P,小灯泡无法发光,电流表示数为零,电压表示数为 3V,此时电路可能发生的故障是 ( )

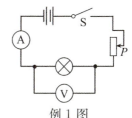

例1图

A. 开关接触不良

B. 电流表断路

C. 滑动变阻器断路

D. 小灯泡断路

解析 题图为初中物理电学的经典电路.该电路为串联电路,只存在一个灯泡、一个变阻器及两个电表.由灯泡不亮与电流表示数为零可知,电路出现断路.结合电压表示数等于电源电压,可知断路的为灯泡.当灯泡断路时,电压表被串联在电路中,电压表电阻很大,电路近似断路,导致电流表示数为零,因为串联电路中电压随电阻分配,电压表几乎承担了全部电源的电压.故选 D.

感悟 电压表因为被测元件断路,而被串联在电路中,因其电压很大,示数会近似为电源电压,这点是解题的关键.

例2 小明在做电学实验时,按右图所示连接电路.电源电压不变,闭合开关后,灯 L_1、L_2 都发光.一段时间后,其中一盏灯突然熄灭,而电流表、电压表示数都不变.产生这一现象的原因可能是 ( )

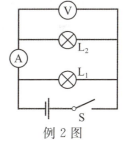

例2图

A. L_1 短路   B. L_2 短路

C. L_1 断路   D. L_2 断路

解析 该题电路为并联电路,电压表测各支路两端电压和电源电压,电流表测通过灯 L_2 的电流.灯泡熄灭的原因不是灯泡断路就是短路,因为题中熄灭的灯泡未知,需要进行假设判断.若灯 L_2 发生断路,电流表示数会变为 0;若灯 L_2 发生短路,电压表示数为 0,电流表会因为电流过大容易烧毁.因此熄灭的是灯 L_1.若 L_1 短路,则为电源短路,电流表和电压表示数均为 0,只有 L_1 发生断路时,不影响 L_2 支路的电压和电流.故选 C.

感悟 电路故障判断时首先要明确电路是串联电路还是并联电路,再根据不正常的现象判断短路还是断路,进而确定故障位置.

例 3 如图所示的电路中电源电压保持不变,电表均正常.闭合开关 S 后,电路正常工作.过了一会儿,一个电表的示数变大,另一个电表的示数变小,则下列判断正确的是 （　　）

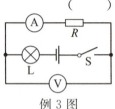

A. 电阻 R 一定断路

B. 电阻 R 一定短路

C. 灯 L 的亮度可能不变

D. 灯 L 可能变亮

例 3 图

解析 由图可知,该电路为串联电路,电压表测电阻 R 两端的电压.当电阻 R 断路时,灯熄灭,电压表示数变大接近电源电压,电流表示数变为 0;当电阻 R 短路时,灯变亮,电压表示数为 0,电流表示数变大;当灯 L 断路时,灯熄灭,电压表和电流表均变为 0;当灯 L 短路时,灯熄灭,电压表和电流表均变大.因此符合"一个电表示数变大、一个电表示数变小"现象的可能是"电阻 R 断路""电阻 R 短路"两种情况,灯泡分别出现变亮和熄灭的现象.故选 D.

感悟 电路串并联的判断不要只看表面形式,需要先对电表进行处理再判断,如将电流表视为导线,将电压表视为断路.串并联的判断是解题的前提和关键.

✦ 小试身手 ➤➤

1. 如图所示,闭合开关,两个灯泡都不亮,电流表指针几乎不动,而电压表指针有明显偏转,该电路故障可能是 （　　）

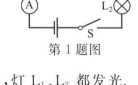

A. 电流表坏了或未接好

B. 灯 L_1 中有断路

C. 灯 L_2 灯丝烧断

D. 电流表和 L_1、L_2 都坏了

第 1 题图

2. 如图所示的电路中,电源电压不变,闭合开关 S 后,灯 L_1、L_2 都发光.一段时间后,其中一盏灯突然熄灭,电压表示数不变,电流表示数变小,则产生这一现象的原因可能是 （　　）

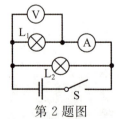

A. L_1 短路

B. L_2 短路

C. L_1 断路

D. L_2 断路

第 2 题图

3. 在如图所示的电路中,电源电压不变,闭合开关 S,L_1、L_2 均会发光,而在一段时间后其中一盏灯突然熄灭,同时电压表 V_1 的示数变大,V_2 的示数变小,发生这一现象主要是因为　　　　　(　　)

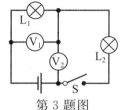

A. L_1 断路

B. L_2 断路

C. L_1 短路

D. L_2 短路

第 3 题图

4. 在图所示的电路中,如果电源电压为 3V,当闭合开关 S 后,两灯均不发光,现用一只理想的电压表测量 a、b 两点间的电压为 0,b、c 两点间的电压为 3V,那么电路中的故障有可能是_____(写出所有可能,提示:电路中可以出现多处故障).

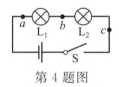

第 4 题图

44　电路变化溯源分析法

引路人　南京市栖霞区教师发展中心　陈　晨

💭 思想方法导引 ▶▶

　　电路中某一电学量的变化往往会引起电路中各物理量的一连串变化,会导致干路中总电流的改变,因此寻根溯源极其重要.利用不同物理量间的依存关系,通过相应物理公式寻根溯源,再通过源头物理量的改变,顺藤摸瓜,进而解决问题.例如电流的变化引起电压、电阻、电功率等物理量的变化,写出函数表达式即可知道电路的变化情况.有时电路变化是由非电学量变化引起的,例如通过半导体传感器将非电学量变化转换为电阻变化,而非电学量和电阻的函数关系往往会给出.此外,对于一次函数斜率的物理意义也有一定的要求.因此这一类问题对数学功底尤其是函数知识要求较高.

☁ 方法要点例析 ▶▶

　　🔴 **例1**　如图所示,电源电压保持不变,当闭合开关 S,滑动变阻器的滑片 P 由左向右移动过程中,下列说法错误的是　　　　（　　）

A. 电路中的电流不断变小

B. 电压表 V_1 的示数变小

C. 电压表 V_1 的示数与电压表 V_2 的示数之比变小

D. 电压表 V_1 的示数变化量等于电压表 V_2 的示数
　　变化量

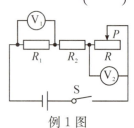

例1图

　　解析　本题是串联电路的动态问题.由于滑动变阻器滑片右移,导致接入电路的阻值变大,从而引起其他物理量的变化,具体如下:$R_P\uparrow \to I\downarrow \to U_1\downarrow$、$U_2\downarrow \to U_P\uparrow$,所以选项 A、B 和 C 正确.此外,根据串联分压,即 $\dfrac{U_1}{U_P}=\dfrac{R_1}{R_P}$,也可知道选项 C 正确.由于电源电压不变,所以电路中总电压变化量 $\Delta U=0$,$\Delta U_{增}=\Delta U_{减}$,即 $\Delta U_1+\Delta U_2=\Delta U_P$,所以选项 D 错误.

　　感悟　串联电路的动态分析问题,首先要明确物理量分析的先后顺序,同时需要用到物理量间的函数关系,甚至包括数学公式背后的物理意义.

🔴 **例2** 如图所示,电源为恒功率电源,工作时输出的总功率大小恒定,R_1 为定值电阻.移动滑动变阻器 R_2 的滑片 P,下列表示通过 R_1 的电流 I_1,通过 R_2 的电流 I_2 随电流表示数的倒数 $\frac{1}{I}$ 变化的关系图线中,可能正确的是 （　　）

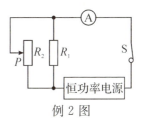

例2图

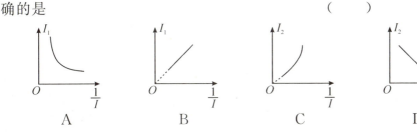

A　　　　　B　　　　　C　　　　　D

解析 本题的关键是要能够求出 I_1 和 I_2 关于 $\frac{1}{I}$ 的函数关系,再利用函数表达式分析图像.由于电源恒功率,则有 $P_总 = U_总 I$.电路为并联电路,结合欧姆定律有 $I_1 = \frac{P_总}{I R_1}$,根据公式可以看出 I_1 和 $\frac{1}{I}$ 成正比,选项 B 正确;再根据并联电路电流特点 $I = I_1 + I_2$,可得 $I_2 = I - I_1 = I - \frac{P_总}{I R_1}$,$I_2$ 和 $\frac{1}{I}$ 应为双曲线函数,选项 C 和 D 错误.

感悟 此类问题一定要将两个物理量的函数关系表示出来,利用函数关系式判断其图像.

🔴 **例3** 如图所示,电源电压保持不变,闭合开关,现将滑动变阻器 R_2 的滑片向下滑动,四个理想电表示数均发生变化.V_3 示数变化量的绝对值为 ΔU_3,理想电流表 A_1、A_2 的示数变化量的绝对值分别为 ΔI_1、ΔI_2,则下列说法错误的是 （　　）

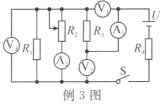

例3图

A. A_1 的示数增大　　　　　　　B. V_2 示数与 A_1 示数的比值减小

C. ΔU_3 与 ΔI_1 的比值为 R_4　　D. ΔI_1 小于 ΔI_2

解析 本题是混联电路,R_1 和 R_2 先并联,再和 R_3、R_4 串联.滑片向下滑动,R_2 阻值变小,总电流变大,选项 A 叙述正确;R_1 和 R_2 先并联再和 R_3 串联的总电阻变小,分压变少,所以 V_2 示数变小,又由于 A_1 示数变大,所以其比值减小,选项 B 叙述正确;写出 U_3 与 I_1 的函数解析式,即 $U_3 = U_总 - I_1(R_3 + R_4)$,$\Delta U_3$ 与 ΔI_1 的比值为斜率 $R_3 + R_4$,选项 C 叙述错误;由于总电流增大,所以 $R_3 + R_4$ 两端的总电压变大,R_1 两端电压变小,通过 R_1 的电流变小,则通过 R_2 的电流变大,且 I_2 的增大量 ΔI_2 大于 I_1 的减少量 ΔI_1,选项 D 叙述正确.故选 C.

感悟 两个物理量的变化量之比往往是这两个物理量函数式中的斜率,写出表达式后观察斜率的物理含义,从而解决问题.

✦ 小试身手 ➤➤

1. 如图所示,电源电压为 12V 且保持不变.闭合开关 S,当滑片 P 置于变阻器的中点时,电压表的示数为 4V;当滑片 P 置于变阻器的 b 端时,电压表的示数变化了 2V,在 10s 内定值电阻 R_1 产生的热量为 60J.则下列结果正确的是 （　　）

A.电路中的最小电流为 1.5A

B.滑片 P 在中点时,9s 内滑动变阻器 R 消耗的电能为 144J

C.R_1 先后两次消耗的电功率之比为 4∶3

D.R 先后两次消耗的电功率之比为 8∶9

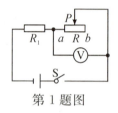

第 1 题图

2. 如图所示,电源电压恒为 6V,$R_1 = 10\Omega$,电流表量程为 0～0.6A,电压表量程为 0～3V,滑动变阻器 R_2 的规格是"20Ω 0.5A".闭合开关 S 后,在保证电路安全的前提下移动滑片 P,下列描述电路图中各物理量关系的图像中正确的是 （　　）

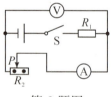

第 2 题图

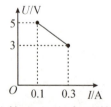

电压表示数和电流表示数的关系

A

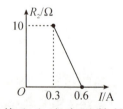

R_2 的阻值和电流表示数的关系

B

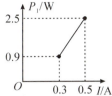

R_1 电功率和电流表示数的关系

C

电路总功率和电流表示数的关系

D

3. 如图所示，R_0、R_1 为定值电阻，R_2 为滑动变阻器．闭合开关 S，当滑动变阻器的滑片 P 向下滑动时，四个理想电表的示数都发生变化，电表的示数分别用 I、U_1、U_2 和 U_3 表示，电表示数的变化量分别用 ΔI、ΔU_1、ΔU_2 和 ΔU_3 表示，则在滑片 P 向下滑动的过程中　　　　　（　　）

A. Ⓐ示数变大

B. $\dfrac{U_1}{I}$ 不变，$\dfrac{\Delta U_1}{\Delta I}$ 不变

C. $\dfrac{U_3}{I}$ 不变，$\dfrac{\Delta U_3}{\Delta I}$ 不变

D. $|\Delta U_3| = |\Delta U_1| + |\Delta U_2|$

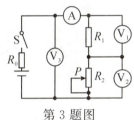

第 3 题图

45　网络电路求解法

引路人　浙江省温州中学　吴海平

思想方法导引 ▶▶

计算电路中某两点之间的总电阻时,往往先把电路简化为简单的串、并联电路,再通过 $R=R_1+R_2+R_3+\cdots$ 或 $\frac{1}{R}=\frac{1}{R_1}+\frac{1}{R_2}+\frac{1}{R_3}+\cdots$ 求解.实际的电路往往很复杂,很难看出某些电阻之间的串、并联关系,尤其是一些网络状的电路,此时要找到网络的规律特点,再通过等效变换将复杂电路简化为直观的串、并联电路.等效变换的方法有很多,基于我们目前所掌握的知识水平,常用的有四种方法.方法一:求解某两端间的等效电阻时,可用测量法,用电压表测两端的电压 U,再用电流表测量通过的电流 I,则两端间等效电阻的阻值 $R=\dfrac{U}{I}$;方法二:寻找某些两端间电压为零的电阻,然后拆除电阻或用导线直接连接,简化电路;方法三:寻找电路的对称性,化立体为平面,简化电路;方法四:对于无穷网络电路,寻找相同的单元网格,根据自相似的方式将其简化为有限的网络电路.总之,求解网络电路的要义就是拆除、对称"拍平"或对折、无限变有限,进而简化电路,再根据串、并联的特点,求解相关的电路物理量.

方法要点例析 ▶▶

▶ **例1** 如图所示的电路中,将 A、B 端连在恒定电源上,仅标出的电阻阻值 R 已知,为 2Ω,其他电阻未知,用电压表测得 A、B 之间的电压为 $2V$;用电流表测得通过 A、B 的电流为 $3A$,则拆除电阻 R 后,A、B 之间的等效电阻的阻值为_____.

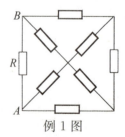

例1图

解析 没有拆除电阻 R 前,根据欧姆定律得到,A、B 之间的等效电阻的阻值为 $\dfrac{2}{3}\Omega$,设拆除电阻 R 后的等效电阻为 R_X,则 R、R_X 并联的电阻阻值为 $\dfrac{2}{3}\Omega$,这样就能计算出拆除电阻 R 后,A、B 之间的等效电阻的阻值为 1Ω.

感悟 不含源电路中,求解复杂电路时可以用测量法,即用电压表与电流表分别测量出电压与电流,用欧姆定律求出对应电阻.

▶ **例2** 如图所示的电路中,$R_1 = R_2 = R_3 = R_4 = R$,$R_5 = 2R$. A、B 之间的等效电阻的阻值为_____;当 A、B 间加恒为 U 的电压时,流过电阻 R_5 的电流大小为_____.

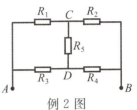
例2图

解析 当 A、B 间加恒为 U 的电压时,拆去 C、D 间电阻 R_5,流过电阻 R_1、R_2 与 R_3、R_4 两条支路的电流相等,R_2 与 R_4 两端的电压相等,则 C、D 两点间的电压为零,则 C、D 间有无电阻对电路没有影响. 所以流过 R_5 的电流大小为零. 此时电路可以等效变换为答图,根据串、并联特点求得 A、B 间的等效电阻的阻值为 R.

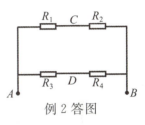
例2答图

感悟 寻找电路中某两点间的电压为零,可以拆除这两点之间的电阻,把复杂的电路等效变换为串、并联电路,再根据串、并联特点求解相关物理量.

▶ **例3** 如图所示是由 20 条相同的电阻丝组成的两个立方体,每条电阻丝的电阻均为 R,则 B、D 之间的等效电阻的阻值为_____;在 B、D 之间加上电压恒为 U 的电源,则通过电阻丝 BC 的电流大小为_____.

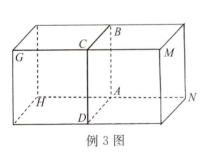
例3图

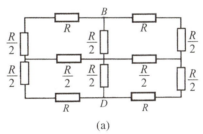
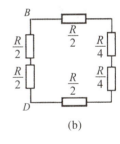
例3答图

解析 根据电路的对称性,正方体 A 与 C 间的电压为零,同理,H 与 G,N 与 M 之间的电压也为零,都可以用导线连接而不影响电路,电路图可以等效变换为答图(a). 再利用左右对称性,将答图(a)等效变换为答图(b). 根据电阻串、并联特点求得 B、D 之间的等效电阻的阻值为 $\frac{3}{5}R$,在 B、D 之间加上电压恒为 U 的电源,流过答图(b)中 BD 的电流为 $\frac{U}{R}$,而流过答图(b)中 BD 的电流恰好是流过电阻丝 BC 的电流的两倍,所以通过电阻丝 BC 的电流大小为 $\frac{U}{2R}$.

感悟 电路的对称性为电路的等效变换带来了极大的方便,需强调一下,对称是相对某两个点的等效电阻而言,不同的两个点对称形式往往不同.

▶例 4 如图所示为无穷电阻网络,每个小段的电阻阻值均为 R,则 A、B 两端的电阻为_____;若在 A、B 之间加恒定电压 U,则通过 DC 导线的电流为_____.

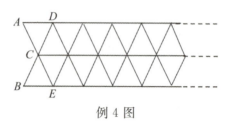

例 4 图

解析 C 点向右连接的中间线关于 A、B 两点对称,则中间线上任意两点间的电压都为零,可以将题图等效变换为答图(a).C 点处可以将 ACB 与 DCE 拆开,将答图(a)等效变换为答图(b).设 A、B 之间等效电阻的阻值为 R_{AB},每一个单元由六个相同的电阻构成,由于是无穷网络,可以将答图(b)等效变换为答图(c),根据串、并联特点列出如下方程:$R_{AB}=(R_{AB}//2R+2R)//2R$,求解得到 $R_{AB}=\dfrac{2\sqrt{3}}{3}R$.若在 A、B 之间加恒定电压 U,则流过干路的总电流大小为 $I=\dfrac{\sqrt{3}U}{2R}$,分流到 A、D 的电流大小为 $I_1=\dfrac{(\sqrt{3}-1)U}{2R}$,再通过并联电路中流经的电流与电阻成反比,得到通过 DC 导线的电流为 $\dfrac{(2-\sqrt{3})U}{2R}$.

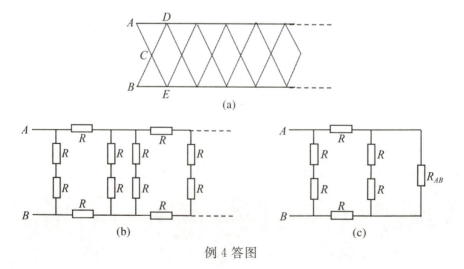

(a)

(b)   (c)

例 4 答图

感悟　无穷网络的电路,很重要的一点要找到单元,减少一个单元不影响原来的无穷网络,即少一个单元的等效电阻与原来的等效电阻相等,然后找到关系式,解一元两次方程,就可以求得相关的电路物理量.

小试身手

1. 如图所示的电路,电阻 7 和 8 的阻值均为 20Ω,其余各电阻的阻值均为 10Ω,电源两端电压为 $3V$,则电流表的示数为_____ A.

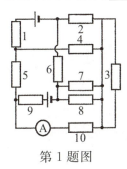

第 1 题图

2. 如图所示,正八面体每边长为 L,每边的电阻均为 R,则 A、C 两端的等效电阻的阻值为_____,当电流 I 从 A 端流入,从 C 端流出,则 A、B 这两点的电压为_____.

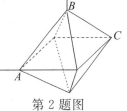

第 2 题图

3. 如图所示,已知 $R_0 = R_1 = R_2 = R_3 = \cdots = R_{200} = 3\Omega$,$R_a = 2\Omega$. A、B 间电压为 $6V$,则通过 R_8 的电流与通过 R_{28} 的电流之比为　　　　　　　(　　)

A. $1 : \left[\dfrac{2}{3} \times \left(\dfrac{1}{3}\right)^{21}\right]$

B. $\dfrac{2}{3} : \left(\dfrac{1}{3}\right)^{20}$

C. $1 : \left[\dfrac{2}{3} \times \left(\dfrac{1}{3}\right)^{20}\right]$

D. $1 : \left(\dfrac{1}{3}\right)^{20}$

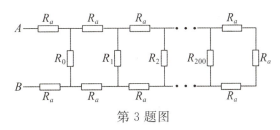

第 3 题图

46　电学器材选择法

引路人　扬州市江都区实验初级中学　王元锋

📖 思想方法导引 ▶▶

　　初中物理电学实验中,在明确实验目的、确定电路组成、了解器材参数的前提下选择器材时,必须考虑安全性、准确性和可操作性.如电流、电压不能超过电表的量程,有时需要运用电学规律通过计算选择电表的规格.选择滑动变阻器时,需要考虑在电路中用限流接法起限流、降压作用,用分压接法起分压、分流作用;滑动变阻器用限流接法时,负载电压、电流调节范围比分压电路小.在同样的负载电压下,电路消耗功率比分压电路小.实际电路中还需要考虑电流和电压表对实验误差的影响,比如电表的内接和外接.

☁ 方法要点例析 ▶▶

　　▶ **例 1**　小林用如图所示的电路"探究电流与电阻之间的关系".实验器材如下:电压恒为 4.5V 的电源一个,电流表、电压表各一个,阻值分别为 5Ω、10Ω、15Ω、25Ω、30Ω 的定值电阻各一个,滑动变阻器两个:R_1（10Ω,2A）、R_2（20Ω,1A）,开关一个,导线若干.

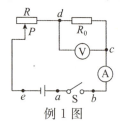

实验次数	1	2	3	4	5
R/Ω	5	10	15	25	30
I/A	0.60	0.30	0.20	0.12	0.10

例 1 图

　　小林选择器材、连接电路均正确,在 c、d 两点间依次接入 5Ω、10Ω、15Ω、25Ω 和 30Ω 的定值电阻,得到表中的五组数据,完成实验并得出实验结论,则他选用的滑动变阻器是_____（填"R_1"或"R_2"）.

　　解析　实验中使用的定值电阻阻值最大为 30Ω,定值电阻两端的电压始终保持 $U_0 = IR_0 = 0.1\text{A} \times 30\Omega = 3\text{V}$,滑动变阻器分得的电压 $U_滑 = U - U_0 = 4.5\text{V} - 3\text{V} = 1.5\text{V}$,故有 $\dfrac{3\text{V}}{1.5\text{V}} = \dfrac{30\Omega}{R_滑}$,解得 $R_滑 = 15\Omega$,所以选用 R_2.

　　感悟　题设中实验数据的最小值或最大值是选择实验器材规格的突破口.

▶ **例 2** 在"测定金属丝的电阻"的实验中,待测金属丝的电阻 R_x 约为 5Ω,实验室备有下列实验器材:A. 电压表 V_1(量程 $0\sim3V$,内阻约为 $15k\Omega$);B. 电压表 V_2(量程 $0\sim15V$,内阻约为 $75k\Omega$);C. 电流表 A_1(量程 $0\sim3A$,内阻约为 0.2Ω);D. 电流表 A_2(量程 $0\sim0.6A$,内阻约为 1Ω);E. 滑动变阻器 $R_1(0\sim10\Omega,0.6A)$;F. 滑动变阻器 $R_2(0\sim2000\Omega,0.1A)$;G. 电池组 E(电压 $3V$);H. 开关 S,导线若干.

为减小实验误差:

(1)应选用的实验器材有＿＿＿＿＿＿＿＿＿＿＿(填器材前面的序号);

(2)应选用如图中＿＿＿＿(填"甲"或"乙")为该实验的电路原理图,并按所选择的电路原理图把图丙中的实物用线连接起来.

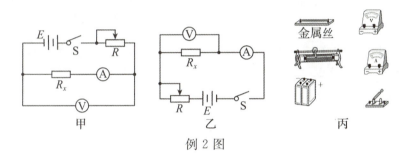

例 2 图

解析 (1)由于电源的电压为 $3V$,所以电压表应选 A;被测电阻约为 5Ω,可以求出电路中的最大电流值约为 $0.6A$,电流表应选 D;根据滑动变阻器允许通过的最大电流可知,滑动变阻器应选 E;还要选用电池组和开关,导线若干.故应选用的实验器材有 A、D、E、G、H.

(2)由于被测电阻是小电阻,它与大内阻的电压表并联后再与电流表串联,通过电流表的电流才较接近于通过被测电阻的电流,伏安法才能测得较准,应采用电流表外接法,选图乙所示电路.实物连接略.

感悟 根据实验需求等选择合适的器材,还需综合考虑电源内阻、电表内阻等因素,通过合理选择接法,可以减小测量误差,提高测量的准确性.

▶ **例 3** 用电流表和电压表测电流和电压时,通常并不考虑仪表本身电阻对待测电路的影响,而将其视为"理想电表",即认为电流表的内阻为零,电压表的内阻为无限大.实际上,电流表和电压表都有一定的电阻值,因而我们可以把电流表看成一个能显示通过电流大小的、阻值很小的电阻;可以把电压表看成一个能显示两端电压大小的、阻值很大的电阻.所以,把电流表或电压表接入待测电路时,就相当于在待测电路中串联(或并联)一个电阻.这样,电流表两端就要有一定的电压,电压表中就要通过一定的电流,因此实际上很难同时精确地测出待测电阻两端的电压和通过待测电阻的电流.

（1）现有一个量程为 0.6A，内阻为 0.13Ω 的电流表，能否用它测量某电路两端的电压？若不能，请说明理由．若能，请说明用它能测量的最大电压值．

（2）现要精确测量一个阻值约为 8Ω 的电阻 R_x，实验室提供下列器材．

电流表 A_1：量程为 100mA，内电阻 $r_1=4\Omega$；

电流表 A_2：量程为 $500\mu A$，内电阻 $r_2=750\Omega$；

电压表 V：量程为 10V，内电阻 $r_3=10k\Omega$；

变阻器 R_0：阻值约 10Ω；

定值电阻 R_1：阻值约 10kΩ；

电池 E：两端电压约 1.5V；

开关 S、导线若干．

①选出你测量时所需的适当器材，并画出电路图．

②需要测量哪些物理量？根据所测物理量，写出被测电阻 R_x 的表达式．

解析（1）由于电流表可以看成一个能显示通过自身电流大小、阻值很小的电阻，所以可以用电流表测量某电路两端的电压；它能测量的最大电压值为量程乘以电流表内阻．

将已知内阻的电流表 A_2 作为电压表，其量程只有 $500\mu A\times 750\Omega=0.375V$，采用电流表外接，用滑动变阻器分压接法，电路图如答图所示．

（2）需要测量的物理量有通过两电流表 A_1、A_2 的电流 I_1、I_2，由 $I_2 r_2=(I_1-I_2)R_x$，解得 $R_x=\dfrac{I_2 r_2}{I_1-I_2}$．

例 3 答图

感悟 此题采用已知内阻的电流表 A_2 作为电压表，要考虑电流表的分流作用，应用并联电路规律列方程解答．

✦ 小试身手 ≫

1. 小明在做实验时，发现一个色环电阻的外漆脱落（如图甲），于是采用伏安法测量其电阻 R_x．

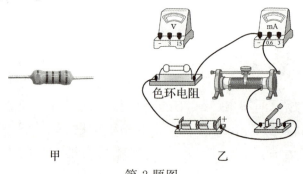

甲　　　　　　　乙

第 2 题图

(1)图乙是部分连接好的实物电路图,请用电流表内接法完成接线并在图中画出.

(2)因电表内阻影响,测量值偏_____(填"大"或"小"),原因是_____
_____.

2. 某同学欲利用半偏法测量量程为 2.0V 的电压表 V 的内阻(内阻约为几千欧),设计了如图甲所示电路,可供选择的器材有:电阻箱 R(最大阻值 9999.9Ω),滑动变阻器 R_1(最大阻值 20Ω),滑动变阻器 R_2(最大阻值 2kΩ),直流电源 E(电压为 3V),开关 2 只,导线若干.实验步骤如下:

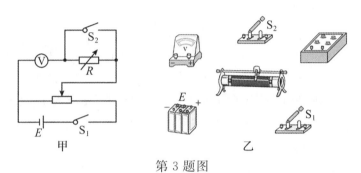

第 3 题图

a.按图甲连接线路;b.闭合开关 S_1、S_2,调节滑动变阻器滑片,使电压表满偏;c.保持滑动变阻器滑片位置不变,断开开关 S_2,调节电阻箱使电压表示数为 1.0V,记下电阻箱的阻值.

(1)实验中滑动变阻器应选择_____(填"R_1"或"R_2").

(2)根据图甲电路,用笔画线代替导线,将图乙中实物图连接成实验电路.

(3)在步骤 b 中,闭合开关 S_1、S_2 前,滑动变阻器的滑片应该移到图甲中最_____端.

(4)在步骤 c 中,记录的电阻箱阻值为 1998.0Ω,若认为调节电阻箱时滑动变阻器上的分压不变,则该电压表的内阻为_____Ω(结果保留到个位).实际上,在调节电阻箱时,滑动变阻器上的分压会发生微小变化,如果要考虑其变化的影响,用半偏法测量的电压表内阻与其真实值相比,测量值_____(填"小于""等于"或"大于")真实值.

47　电学实验设计法

引路人　宁波市北仑区顾国和外国语学校　焦越

📁 思想方法导引 ➤➤

初中物理电学实验设计的核心思路是围绕"欧姆定律"和"串并联电路特性",运用控制变量、等效替代等方法进行实验设计.在解决这类问题的过程中,首先要确定实验的目标,对实验目标进行原理分析,即厘清测量原理、操作原理.然后基于测量、操作原理选择合适的仪器.在安全的前提下,前者要求测量准确,后者要求易于操作.遇到测量仪器缺失的情况,能够灵活应用等效替代的思想进行解决,例如:电流表可用与定值电阻并联的电压表代替、电压表可用与定值电阻串联的电流表代替.遇到无法直接测量、求解的物理量,可利用"电源电压不变""串并联电路中的比例关系"等电路隐藏条件取得实验思路上的突破.

☁ 方法要点例析 ➤➤

▶ **例1**　(多选)如图所示四个电路中,电源电压保持不变,R_0 为已知阻值的定值电阻,可以测出未知电阻 R_x 阻值的电路是　　　　　　(　　)

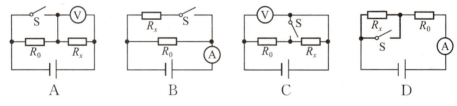

解析　A 选项电路中,通过开关的断开和闭合,分别可以测出 R_x 的电压和总电压 $U_总$,进而求出 R_0 的电压 $U_0 = U_总 - U_x$,利用串联电路中 $\dfrac{U_x}{U_0} = \dfrac{R_x}{R_0}$,可求出 R_x 的电阻;B 选项电路中开关断开,测出电流 I_1,从而利用 $U_总 = I_1 \cdot R_0$,求出总电压,然后闭合开关,测出总电流 I_2,则经过 R_x 的电流为 $I_2 - I_1$,利用 $R_x = \dfrac{I_1 \cdot R_0}{I_2 - I_1}$ 进行求解;C 选项电路中开关断开和闭合,电压表都在测电源电压,因此无法求出经过 R_x 的电流,故不行;D 选项电路中,开关断开,电

路为 R_0 和 R_x 的串联电路,测出电流 I_1,同时得出 $U_总=I_1(R_0+R_x)$,开关闭合,电路为 R_0 的基本电路,测出电流 I_2,同时得出 $U_总=I_2\cdot R_0$,利用电源电压不变,解方程组可得 R_x 的阻值.故选 ABD.

感悟 解决此类问题,要熟练掌握串并联电路的特点,"串并联电路的比例关系""电源电压不变""电表的等效替换"都是破题的角度.

● 例2 (多选)在"测量小灯泡的电功率"的实验中,小灯泡的额定电压为2.5V.小科利用单电表、一个已知阻值的定值电阻 R_0 和电压未知的电源,设计了下列电路,其中能顺利测出该小灯泡额定功率的电路图是 ( )

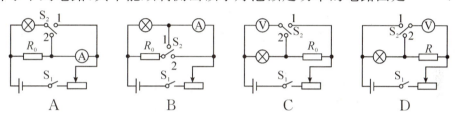

解析 测小灯泡额定功率的实验原理是:在小灯泡正常发光时,测出经过小灯泡的电流和小灯泡两端的电压,然后求解额定功率.因此判定灯泡正常发光的状态和测出对应的电压(或电流)是该实验的核心环节.选项 A、B 中缺电压表,因此用与定值电阻串联的电流表等效替代电压表,显然选项 B 中电路不可行.选项 A 中 S_2 接1,调节滑动变阻器,当电流表读数 $I_1=\dfrac{2.5\text{V}}{R_0}$ 时,小灯泡正常发光.然后保持滑片位置不变,让 S_2 接2,电流表测得的 I_2 为总电流.综上可得,$P_额=2.5\text{V}(I_2-I_1)$.同理,选项 C、D 中缺电流表,因此用与定值电阻并联的电压表等效替代电流表.选项 C 中开关接2,调节滑动变阻器,当电压表读数为 2.5V 时,灯泡正常发光.再将开关接1,测得小灯泡和 R_0 的总电压 U_1,则此时经过小灯泡的电流为 $\dfrac{U_1-2.5\text{V}}{R_0}$,故小灯泡额定功率为 $P_额=2.5\text{V}\times\dfrac{U_1-2.5\text{V}}{R_0}$.而 D 选项中无法判定小灯泡正常发光状态,因此不可行.故选 AC.

感悟 解决单表测电功率(或测电阻)时,要熟练掌握测量原理,同时灵活应用"电表的等效替换"进行破解.

● 例3 在测量未知电阻 R_x 的实验中,有如下电路元件:电压未知的恒压电源、电流表、电阻箱 R_0(0~9999Ω)、滑动变阻器、导线和开关若干.请设计测量未知电阻 R_x 的电路,并写出测量方案.

解析 测量未知电阻 R_x,需要测出经过 R_x 的电流和 R_x 两端的电压.题中只给出电流表,缺电压表.因此可用"与定值电阻串联的电流表"替换,运用电源电压不变的条件、等效替代的思想来解决.

思路一: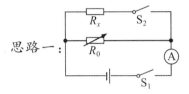

步骤1:断开开关 S_1 和 S_2,调节变阻箱的阻值为 R_{01},闭合 S_1,测出电流 I_1;

步骤2:再闭合开关 S_2,测出总电流 I_2;

步骤3:利用 $R_x = \dfrac{I_1 \cdot R_{01}}{I_2 - I_1}$ 求出 R_{x1};

步骤4:重复步骤1~3,求出 R_{x2}、R_{x3}.然后求出 $R_x = \dfrac{R_{x1} + R_{x2} + R_{x3}}{3}$.

思路二: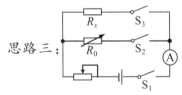

步骤1:断开开关 S_1,调节变阻箱的阻值为 R_{01},闭合 S_1,测出电流 I_1;

步骤2:断开开关 S_1,调节变阻箱的阻值为 R_{02},闭合 S_1,测出电流 I_2;

步骤3:利用电源电压不变,$I_1 \cdot (R_{01} + R_x) = I_2 \cdot (R_{02} + R_x)$,求出

$$R_x = \frac{I_1 \cdot R_{01} - I_2 \cdot R_{02}}{I_2 - I_1}.$$

思路三:

步骤1:闭合开关 S_1、S_3,断开开关 S_2,调节滑动变阻器,测出电流 I_1;

步骤2:保持滑动变阻器滑片位置不变,闭合开关 S_1、S_2,断开开关 S_3,调节变阻箱的阻值使电流表读数为 I_1;

步骤3:步骤1的总电阻和步骤2的总电阻相等,$R_x + R_变 = R_0 + R_变$,则 $R_x = R_0$.

感悟 理解变阻箱的两大功能:既有滑动变阻器的变阻功能,又有明确阻值呈现(可视作若干个定值电阻),这使电阻箱在许多电学实验的设计中有更多的用途.

1. 实际的电源都有一定的电阻,如干电池,我们需要用它的电压 U 和电阻 r 这两个物理量来描述它. 实际计算过程中,可以把它看成是由一个电压为 U、电阻为 0 的理想电源与一个电阻值为 r 的电阻串联而成,如图甲所示. 实验室有一电源,电压约为 3 V、电阻不到 1 Ω. 为了测量该电源的电压和电阻,现有两个电阻 $R_1 = 15\ \Omega$, $R_2 = 5\ \Omega$, 一量程为 0~0.3 A 的电流表,并设计了如图乙、丙所示的两种测量电路.

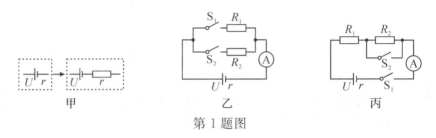

第 1 题图

(1) 请选择可行的测量电路＿＿＿＿＿＿(填"乙"或"丙").

(2) 简要叙述实验步骤.

(3) 根据测量数据(用相应字母表示)和已知量,求电源电压 $U_{总}$(计算结果不用带单位).

2. 某实验小组利用如图电路测量小灯泡的额定功率. 已知电源电压恒定不变,小灯泡的额定电压为 $U_{额}$, 滑动变阻器 R_2 的最大阻值为 R_0, 请完成下列实验步骤:

(1) 只闭合开关 S 和 S_1, 调节变阻器 R_2 的滑片,使小灯泡的电压为 $U_{额}$;

第 2 题图

(2) 断开 S_1, 闭合 S 和 S_2, 保持 R_2 的滑片位置不变,＿＿＿＿＿＿;

(3) 保持 R_1 的滑片位置不变,将 R_2 的滑片调至最左端,记下电压表的示数为 U_1; 再将 R_2 的滑片调至最右端,记下电压表的示数为 U_2.

则小灯泡额定功率的表达式 $P =$＿＿＿＿＿＿(用 $U_{额}$、R_0、U_1、U_2 表示).

3. R_1、R_2 为定值电阻,R_3 为变阻箱,另有恒压电源和灵敏电流表各一,导线、开关若干. 利用上述器材测量未知电阻 R_x. 请设计测量的电路图,并写出实验步骤.

48 黑箱法

引路人 江苏省赣榆高级中学 王 野

思想方法导引 ▶▶

电学"黑箱问题"是指电学元件被封闭在一个"黑箱"内,在不能直接观察到元件的种类和组成的情况下,要求通过应用电表探测或观察外部元件的连接等方式,从外部表现推断其内部元件种类及电路组成.

"黑箱问题"涉及的电学元件一般有电源、电阻、灯泡、电铃、电流表、电压表、滑动变阻器、二极管等.黑箱问题信息量大,不确定因素多,往往题干中给出的条件越多,越需要多视角推理分析.

拆解复杂黑箱问题的步骤:

1.如图,在黑箱内部找中心点,连接各接线柱.

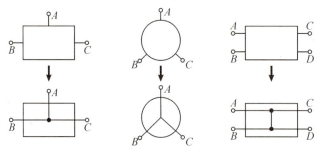

2.通过条件获取电路基本信息并计算电阻,按电阻由小到大的顺序尝试将其填入电路中.

3.检验并完善电路,注意题目是否有多解.

在处理黑箱问题时,要充分运用逆向思维法、发散思维法、逻辑思维法、直觉思维法进行渐进式分析,从而使解决方案有章可依.

方法要点例析 ▶▶

例1 某电路的一个密封部件上有三个接线柱 A、B、C 和灯泡、电铃各一只,如图甲所示.用导线连接 A、C 时,灯亮铃不响;连接 A、B 时,铃响灯不亮;连接 B、C 时,灯不亮铃也不响.请根据上述情况在图乙方框中画出这个部件的电路图.

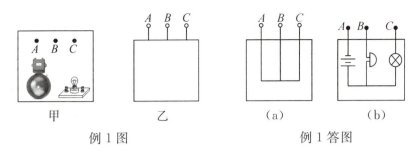

甲　　　　乙　　　　（a）　　　　（b）

例1图　　　　　　例1答图

解析　根据题目条件,首先估计密封部件内有的电路元件:电源、电灯、电铃,并可以猜测内部电路的结构如答图(a)所示,图中各条线不只代表导线,也可能接有电路元件.连接 A、C 时,灯亮铃不响,说明 AC 这条线上有电源和电灯;连接 A、B 时,铃响灯不亮,说明在 AB 这条线上有电源和电铃.所以电源在 A 所在导线上,电铃在 B 所在导线上,电灯在 C 所在导线上,其结构如答图(b)所示.

感悟　此类黑箱问题是根据对电路的控制要求来设计或判断电路的组成,通过逐步拆解题中条件,寻找有效信息.试连出电路后,一定要进行检验.

● 例2　如图方框表示一个不透明的盒子,里面有两个电阻值都为 R 的电阻和几根导线连成的电路.盒外1、2、3、4分别是从盒内连出的接线柱,测得1、3间的阻值为 $2R$;1、2间的阻值为 R;2、4间的阻值为零.试画出其内部电路图.

例2图

解析　根据题目中的条件可以做如下判断:2、4间阻值为零,说明2、4间只有导线连接;1、2间阻值为 R,1、3间阻值为 $2R$,可估计这两个电阻在1、2间一个,在3、4间一个.其连接情况如答图所示,经检验符合题目中的条件.

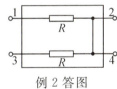

例2答图

感悟　根据各接线柱间的电阻值,判断黑箱内部的电阻连接方法及其阻值.此类问题通常从两点间阻值较小、比较简单的情况开始入手,通过尝试,逐步判断比较复杂的情况.

● 例3　如图所示的电学黑箱中有两个电阻:定值电阻 $R_0=8\Omega$,未知电阻 R_x.由箱内抽出三根引线 A、B、C.当开关 S 与 C 闭合时,电流表的读数为1A,电压表的读数为8V;当开关 S 与 D 闭合时,电流表的读数仍为1A,电压表的读数为10V.请在黑箱中画出两个电阻和 A、B、C 的连接图.由图可知,$R_x=$＿＿＿＿.

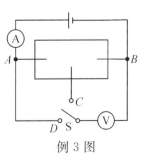

例3图

解析 当开关 S 与 C 或与 D 连接时,电路中的电流没有改变,说明它只是改变了电压表测电压的位置,而没有改变内部电路的连接情况. 根据 S 接 D 时的电流 $1A$ 和电压表测得的 A、B 间电阻为 $10V$,可以计算出 A、B 间电阻为 10Ω;根据开关 S 接 C 时的电流 $1A$ 和电压表测得 B、C 间的电压 $8V$,可以计算出 B、C 间的电阻为 8Ω. A、B 间的电阻大于 B、C 间的电阻,可以判断 A、B 间是串联电路,根据串联电路的特点可以判断,A、C 间的电阻为 2Ω. 则箱内电阻连接情况如答图所示,$R_x=2\Omega$.

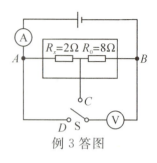

例 3 答图

感悟 此类根据电流电压判断黑箱内部电阻阻值的问题,应使用欧姆定律和串并联电路特点,计算相应电阻,并判断其连接方法.

🔴 **例 4** 如图所示的黑箱中有一个理想二极管(正向电阻为零,反向电阻无穷大),还有两个阻值均为 $1k\Omega$ 的电阻,它们与黑箱的接线柱 1、2、3 接成电路,用多用电表的欧姆挡对三个接线柱间的电阻进行测量,得到的数据如下表所示(在多用电表外部,电流从黑笔流向红笔). 试画出黑箱内部电路.

例 4 图

黑笔触点	1	1	2
红笔触点	2	3	1
表头读数	0	$0.5k\Omega$	$2k\Omega$

解析 由 1、2 间电阻为 0 可知,1、2 接线柱间应接入导线或正向二极管,又因 2、1 间电阻不为零,排除导线可能,接入二极管. 由 1、3 间电阻为 $0.5k\Omega$ 可知,1、3 间两电阻并联,由 2、1 间电阻为 $2k\Omega$ 可知,2、1 间两电阻串联,具体如答图所示.

例 4 答图

感悟 因二极管具有单向导电性,在黑箱问题中,同一组接线柱在电流方向不同时,会出现不同的测量结果.

⭐ **小试身手** ➤➤

1. 如图所示,暗箱中装有灯泡、电阻、电池,面板上装有 A、B、C、D 四个接线柱和灯泡的玻璃泡,两接线柱间只能接一个元件. 为了弄清箱内电路连接情况,用另一个相同的灯泡和导线相连,再将其两端与 A、B 相连时两灯泡都不亮,与 A、C 相连时两灯泡都亮,与 A、D 相连时两灯泡都亮,但比上次要暗. 试根据上述情况画出箱内电路图.

第 1 题图

2. 如图是从某电子仪器中拆出来的密封盒子,已知盒内有三个电阻,a、b、c、d 为四根导线,用专用的电表测量得知:a、c 间的电阻为 10Ω,c、d 间的电阻为 25Ω,a、d 间的电阻为 15Ω.若用导线把 b、d 连接后测得 a、d 间的电阻为 10Ω,请在方盒内画出电阻的连接图,并在图中标出每个电阻的阻值(多解).

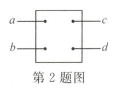

第 2 题图

3. 在某次科技活动中,刘老师给同学们展示一个如图甲所示的黑盒子,绝缘外壳上有 A、B、C 三个接线柱.刘老师告诉同学们,盒内电路由两个定值电阻连接而成.小海同学设计了如图乙所示的电路来研究盒内电阻的连接情况及其电功率.已知电源电压恒定不变,R_0 是阻值为 3Ω 的定值电阻,R_1 是滑动变阻器.小海进行了如下的实验操作:

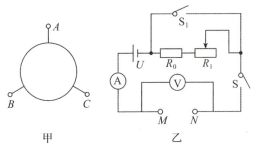

第 3 题图

(Ⅰ)把 B、C 两个接线柱接到 M、N 之间,只闭合开关 S,将 R_1 的滑片移至最左端时,电压表示数为 $1.8V$,电流表示数为 $0.6A$;

(Ⅱ)用导线把 A、C 连接起来,再将 A、B 接线柱接入 M、N 之间,闭合开关 S 和 S_1,此时电流表的示数为 $1.8A$;

(Ⅲ)把 A、C 两个接线柱接到 M、N 之间,只闭合开关 S,小海发现将 R_1 的滑片从某位置移至最左端或最右端时,电压表的示数均变化了 $0.45V$,电路的总功率均变化了 $0.18W$.

(1)请根据操作(Ⅰ)求出黑盒子 B、C 间的电阻.

(2)在操作(Ⅱ)中,求黑盒子工作 $100s$ 消耗的电能.

(3)①请画出黑盒子内的电路图,并标明各电阻的阻值.

②小海接下来继续进行研究,他将 A、B 两个接线柱接到 M、N 之间,只闭合开关 S.移动 R_1 的滑片,黑盒子的电功率会随之变化,求此过程中黑盒子的最大电功率与最小电功率之比.

49　电功(率)测量法

引路人　常州市武进区湖塘实验中学　梅建芬

思想方法导引 ▶▶

电功是电流通过导体时所做的功,电功在数值上等于电能转化量.测量电功的方法有:①伏安法.根据电功公式 $W=UIt$ 进行测量.②电能表法.测量较大电功时可读取电能表表盘上前后两次的示数,其差即为用电器在这段时间内所消耗的电能(电功).测量较小电功时可根据电能表表盘上的铭牌和电子脉冲闪烁的次数 n(若每消耗 $1kW \cdot h$ 电能,电能表指示灯闪烁 N 次),则计算消耗的电能(电功)为 $W=\dfrac{n}{N} kW \cdot h=\dfrac{n}{N} \times 3.6 \times 10^6 J$.

电功率是单位时间内电流所做的功,表示电能转化为其他形式能的快慢.测量电功率的方法有:①伏安法.根据 $P=UI$ 分别测量电压和电流,然后计算.测量过程中若缺测量工具则可转换测量目标.缺电压表→用已知电阻和电流表串联替代电压表;缺电流表→用已知电阻和电压表并联替代电流表.②电能表法.仅让待测用电器工作,记下电能表电子脉冲闪烁 n 次所用的时间 t.根据 $P=\dfrac{W}{t}$,计算用电器的实际功率 $P=\dfrac{n}{Nt} \times 3.6 \times 10^6 W$.

以上测量方法在具体使用时,可根据测量目标(电功或电功率)、可用器材(是否有电表或已知电阻),快速匹配相应方法,按步骤有序操作.

方法要点例析 ▶▶

▶ 例1　如图所示为某电能表的表盘,小明利用该电能表检测一只标识为"220V 10W"LED灯的额定功率.他关闭其他所有用电器,将该节能灯接入220V 的测量电路,设计了四种测量方案,你认为最可行的是　　　(　　)

　　A.测量出电能表显示消耗 $1kW \cdot h$ 电能所用时间 t

　　B.测量出通电 $1h$ 前后表盘显示的数值之差

　　C.测量出 $1min$ 时间内电能表指示灯闪烁的次数

　　D.测量出电能表指示灯相邻两次闪烁的间隔时间 t

例1图

190

解析 选项 A 方案:节能灯消耗 $1kW \cdot h$ 电能所用时间为 $100h$,时间 t 较长不易操作;选项 B 方案:通电 $1h$ 前后表盘显示的数值之差为 $0.01kW \cdot h$,因数值较小很难在电能表中读出,也不可行;选项 C 方案:节能灯工作 $1min$,电能表指示灯闪烁的次数 $n<1$ 次,无法观察;选项 D 方案:通过相邻两次闪烁间隔时间,可以测量电能并间接计算出功率.由于 LED 灯的功率较低,闪烁间隔时间较长,易于测量且误差较小,故 D 符合题意.

感悟 电能表的示数是以 $kW \cdot h$ 为单位的,只能精确到 $0.1kW \cdot h$,在实际测量过程中不仅要考虑理论上的可行性,还需兼顾精度与操作可行性.

▶ **例2** 如图,电源电压未知,定值电阻 R_0 阻值已知,如下四种方案中,能测量出仅标有额定电压 $U_{额}$ 的小灯泡的额定功率的最可行方案是 （ ）

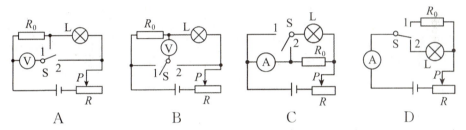

解析 测量灯泡的额定功率,需确保灯泡达到额定电压 $U_{额}$,选项 A 中需多次调节滑动变阻器,使开关 S 在 2 和 1 之间转换时两次电压表示数的差值为小灯泡的额定电压,但操作复杂效率低,排除.选项 B 中,当 S 在 1 和 2 之间转换时,会出现电压表反转情况,不符合电表使用规范;选项 C 中,灯泡和定值电阻并联,S 在 1 时,调节变阻器当 R_0 与电流表示数乘积为 $U_{额}$ 时灯泡正常发光,再把 S 转换至 2 测出总电流,两次电流表示数的差值为灯泡正常发光时的电流,操作简便可行.选项 D 中仅用电流表,无法确定灯泡是否达到额定电压,难以测量额定功率,排除.故 C 符合题意.

感悟 用特殊方法测小灯泡电功率,本质还是伏安法.可根据 $P=UI$ 聚焦测量目标进行设计.测量方法的起点,是确保小灯泡能够正常发光,再以已知电阻为桥梁,通过串并联重构电路,灵活转化目标量,寻找测量电压或电流的替代方案.

▶ **例3** 如图甲是某同学探究"①定值电阻 R_0 的发热功率 P_0""②滑动变阻器 R 消耗的电功率 P_R"和"③电源总功率 P_U"随电流 I 变化的关系的实验电路图,通过实验得到的数据在图乙中用描点法在同一坐标系中作出了 a、b、c 三条图线.

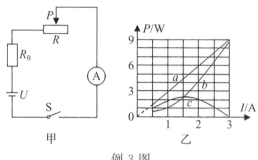

例 3 图

（1）请你描述 b、c 分别对应的是用电器_____、_____的 P-I 图像（填"①""②"或"③"）.

（2）滑动变阻器 R 消耗的最大电功率为_____ W.

解析 $P_U = UI$（U 为电源电压，恒定，所以图像为正比例函数，即为图线 a），由图像可求得电源电压为 3 V；$P_0 = I^2 R_0$（图像为过原点的二次函数，且开口向上，即为图线 b），由图像可求得 R_0 为 1 Ω；滑动变阻器 R 消耗的电功率 $P_R = U_R I = (U - IR_0)I = UI - I^2 R_0$（图像为二次函数，且开口向下，即为图线 c），当 $I = \dfrac{U}{2R_0}$ 时，变阻器 R 消耗的功率有最大值，即当滑动变阻器接入电路的阻值 $R = R_0 = 1\,\Omega$ 时，$P_{R\text{最大}} = \dfrac{(1.5\,\text{V})^2}{1\,\Omega} = 2.25\,\text{W}$.

故答案为：（1）①；②；（2）2.25.

感悟 通过分析各功率的数学表达式，观察图像形状差异，找到表达式与图像的对应关系.结合代数式推导得出 P_R 的最大功率值.

小试身手

1. 小明想测量家中干衣机（如图甲所示）的电功率，于是他将家中其他用电器关闭，只让干衣机单独工作.

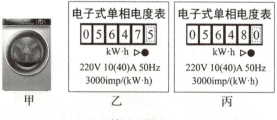

第 1 题图

(1)除了电能表之外,还需要的测量工具是_____;

(2)经过 30min,电能表的示数从图乙变成了图丙,则干衣机在这 30min 内消耗的电能为_____,电能表的灯闪烁了_____次,干衣机的电功率是_____ W.

(3)考虑到电路中的电线会消耗一部分电能,小明测得干衣机的电功率_____(填"偏大""偏小"或"准确").

2. 小明选取了一个额定电压为 U_0 的小灯泡进行实验.他利用学生电源(电压未知)、电阻箱 R_1、滑动变阻器 R_2(电阻足够大)和电压表设计了如图所示的电路.为了精确地测量这个小灯泡的额定功率,请完成下列实验步骤.

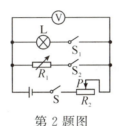

第2题图

①正确连接电路,将 R_1、R_2 的阻值调至最大;②闭合开关 S、S_1,断开 S_2,调节滑动变阻器 R_2 的滑片,直至_____;③闭合开关 S、S_2,断开 S_1,_____,读出此时电阻箱的示数为 R_0;④小灯泡额定功率的表达式 $P_{额}$ = _____(用已知量和所测物理量的符号表示).

3. 如图所示是一辆玩具汽车上的控制电路,小明对其功率进行测量和研究发现:电动机的线圈电阻 R_M 为 1Ω,保护电阻 R 为 4Ω,当闭合开关 S 后,两电压表 V_1 和 V_2 的示数分别为 6V 和 2V,则电动机的线圈两端的电压为_____ V,保护电阻 R 两端的电压为_____ V,电路中的电流为_____ A,电动机的功率为_____ W,该电动机发热功率为_____ W.

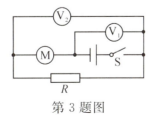

第3题图

引路人 宁波市江北区教育局教研室 吴利文

思想方法导引 ➤➤

电功率极值问题,一般是通过电路中的电学量变化来考查的,如通过开关的断合或者滑动变阻器阻值的改变使电路中的电功率发生变化,多出现在串联电路中.电功率极值问题一般分两种情况,一是求定值电阻的电功率极值,二是求可变电阻的电功率极值.由于初中阶段电源电压视为不变,故定值电阻的电功率为单调变化,只存在较简单的最值问题,而可变电阻的电功率变化往往存在二次函数的关系,需要通过函数解析式求解最值问题.

其余情况均能转为上述两种情况.另外,在求解过程中有时还需要考虑其他用电器或者电学元件的安全问题.

方法要点例析 ➤➤

例 1 在图甲所示电路中,电源的电压恒定,滑动变阻器的最大阻值为 $R_1 = 8\,\Omega$,R_2 为定值电阻但看不清标识.滑动变阻器滑片从左端 M 滑到右端 N 的过程中,滑动变阻器的电功率 P 随其上滑片 P 和 N 端间电阻 R 变化的关系如图乙所示,由图可知滑动变阻器阻值取 $2\,\Omega$ 和 $8\,\Omega$ 时电功率相同,则该电路消耗的总电功率最大值为多少?

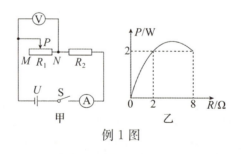

例 1 图

解析 解题关键在于求出电源电压和 R_2 的阻值,因为总电功率最大时就是电路总阻值最小时,也就是只有 R_2 接入电路时.因此,只需要通过题干给的 $2\,\Omega$ 和 $8\,\Omega$ 时电功率相同的信息,求出两种情况下的电流,再建立关于电

源电压 U 和 R_2 的方程组即可求得 U 和 R_2.

由题意有 $I=\sqrt{\dfrac{P_1}{R_1}}=\sqrt{\dfrac{2\,\mathrm{W}}{2\,\Omega}}=1\,\mathrm{A}$, $\quad I'=\sqrt{\dfrac{P_1}{R_1'}}=\sqrt{\dfrac{2\,\mathrm{W}}{8\,\Omega}}=0.5\,\mathrm{A}$.

因串联电路总电压等于各分电压之和,且电源的电压恒定,

所以,由 $I=\dfrac{U}{R}$ 可得,电源的电压 $U=I(R_1+R_2)=I'(R_1'+R_2)$,

即 $1\,\mathrm{A}\times(2\,\Omega+R_2)=0.5\,\mathrm{A}\times(8\,\Omega+R_2)$,解得 $R_2=4\,\Omega$.

电源的电压 $U=I(R_1+R_2)=1\,\mathrm{A}\times(2\,\Omega+4\,\Omega)=6\,\mathrm{V}$.

所以,当 $R_1=0$ 时,$P_{\max}=\dfrac{U^2}{R_2}=\dfrac{(6\,\mathrm{V})^2}{4\,\Omega}=9\,\mathrm{W}$.

感悟 求解电路总功率的极值问题时,要紧紧围绕 $P=UI$、$P=\dfrac{U^2}{R}$ 和 $P=I^2R$ 这三个公式,通过题干的信息获取或求解得到电源电压,以及电流或电阻极值.

🔘 **例 2** 如图甲所示电路中,电源电压 U 保持不变,R_0、R_1 均为定值电阻,R_2 为滑动变阻器,其最大阻值为 $R_{2\max}$.闭合开关 S,改变 R_2 接入电路的阻值,两电压表示数与电流表示数的变化关系如图乙所示.当滑片 P 在 b 端时,电流表示数为 $0.3\,\mathrm{A}$.当滑片 P 置于滑动变阻器 R_2 的中点时,R_2 消耗的电功率为 $0.8\,\mathrm{W}$.则滑片 P 从 a 端移到 b 端,R_2 消耗的电功率的最大值为多少?

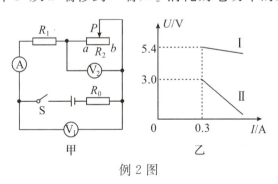

例 2 图

解析 R_2 是可变电阻,它消耗的电功率存在最大值,需要通过函数解析式来求解此最大值.由图甲可知电流表测量电路中电流,电压表 V_2 测 R_2 两端的电压,电压表 V_1 测 R_1 与 R_2 两端的总电压,因串联电路特点可知 V_1 的示数大于 V_2 的示数,故题图乙中 I 为 V_1 示数随电流变化而变化的图像,II 为 V_2 示数随电流变化而变化的图像.

当滑片 P 在 b 端时,电路的电流 I 最小,为 $0.3\,\mathrm{A}$,此时 V_1 的示数 U_1 为 $5.4\,\mathrm{V}$,V_2 的示数 U_2 为 $3\,\mathrm{V}$,由欧姆定律可得

$$R_{2\max}=\frac{U_2}{I}=\frac{3\text{V}}{0.3\text{A}}=10\Omega; \quad R_1=\frac{U_1-U_2}{I}=\frac{5.4\text{V}-3\text{V}}{0.3\text{A}}=8\Omega.$$

根据串联电路分压规律及欧姆定律可得电源电压为

$$U=U_1+IR_0=5.4\text{V}+0.3\text{A}\times R_0. \qquad ①$$

当滑片 P 置于滑动变阻器 R_2 的中点时,滑动变阻器连入电路的电阻

$R_2'=\frac{1}{2}R_{2\max}=5\Omega$,已知 R_2 消耗的电功率为 0.8W,根据 $P=I^2R$ 可得

电路的电流 $I'=\sqrt{\dfrac{P_2}{R_2'}}=\sqrt{\dfrac{0.8\text{W}}{5\Omega}}=0.4\text{A}.$

则此时电源电压 $U=I'(R_1+R_2'+R_0)=0.4\text{A}\times(8\Omega+5\Omega+R_0).$ ②

由①②两式可解得 $U=6\text{V}$,$R_0=2\Omega$.

则 R_2 消耗的电功率

$$P_2'=I''^2R_{变}=\left(\frac{6\text{V}}{10\Omega+R_{变}}\right)^2R_{变}=\frac{36\text{V}^2}{\frac{(10\Omega+R_{变})^2}{R_{变}}}=\frac{36\text{V}^2}{\frac{(10\Omega-R_{变})^2}{R_{变}}+40\Omega}.$$

所以,滑片 P 从 a 端移到 b 端,当 $R_{变}=10\Omega$ 时,R_2 消耗的电功率最大,

$$P_{2\max}=\frac{36\text{V}^2}{40\Omega}=0.9\text{W}.$$

感悟 求解电路中可变电阻电功率极值问题时,一般会采用 $P=I^2R_{变}$,要求出电流 I,必须先求出电源电压和定值电阻的阻值,之后代入公式构建 P 关于 $R_{变}$ 的二次函数来求解最大值.

🔴 **例3** 如图所示,电源电压恒为 4V,小灯泡标有 "2.5V 1W"字样(电阻不变),滑动变阻器上标有"20Ω 1A" 字样,电流表量程为 $0\sim0.6\text{A}$,电压表量程为 $0\sim3\text{V}$.闭合 开关,在保证电路安全使用的情况下,移动滑片.设滑片移 动过程中滑动变阻器的电功率为 P_1,小灯泡的电功率为

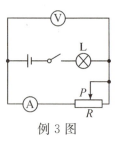

例3图

P_2,$\dfrac{P_1}{P_2}$ 的最大值为 a,最小值为 b,则 $\dfrac{a}{b}$ 为多少?

解析 本题易被滑动变阻器的最大电功率干扰,误认为最大的比值是滑 动变阻器的阻值和小灯泡阻值相同时.其实本题为串联电路,根据 $P=I^2R$,因 电流 I 相等,所以 $\dfrac{P_1}{P_2}=\dfrac{R_{滑}}{R_L}$.又因为 R_L 的阻值不变,则 $\dfrac{a}{b}=\dfrac{R_{滑\max}}{R_{滑\min}}$.在保证电路 安全使用情况下,电路允许通过的最大电流为小灯泡的额定电流 0.4A,此时

$$R_{滑\min}=\frac{4\text{V}}{0.4\text{A}}-\frac{(2.5\text{V})^2}{1\text{W}}=10\Omega-6.25\Omega=3.75\Omega.$$

当电压表示数为 3V 时, 滑动变阻器的阻值达到最大. 根据串联电路分压规律可知, $R_{\text{滑max}} = 3 \times 6.25\Omega = 18.75\Omega$, 所以 $\dfrac{a}{b} = \dfrac{18.75\Omega}{3.75\Omega} = 5$.

感悟 电学元件的安全使用条件也是滑动变阻器阻值改变范围的制约因素.

☆ 小试身手 ▶▶

1. 如图所示电路中电源两端电压 $U = 4.5V$ 且保持不变. 电阻 $R_1 = 5\Omega$, 滑动变阻器 R_2 的铭牌上标有"20Ω 0.5A"的字样, 电流表的量程为 $0\sim0.6A$, 电压表的量程为 $0\sim3V$, 在保证电路安全的条件下, 整个电路消耗电功率的最大值为多少?

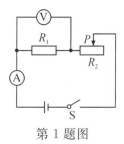

第 1 题图

2. 实际的电源都有一定的电阻, 如干电池, 我们需要用它的电压 U 和电阻 r 两个物理量来描述它. 内阻会消耗电能并将其转化为内能. 实际计算过程中, 可以把电源看成由一个电压为 U、电阻为 0 的理想电源与一个电阻值为 r 的电阻串联而成, 如图甲所示. 图乙中, 将电阻为 R 接在电压为 U、内阻大小为 r 的电源两端, 当开关闭合后, 当电阻 R 满足什么条件时, 电源的输出功率最大? 最大值是多少?

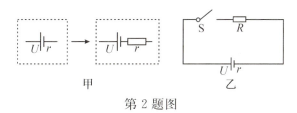

甲 乙

第 2 题图

3. 现有一个粗细均匀的金属圆环,它是由一段铜丝和一段同种材料制成的电阻丝连接而成的.为了研究它的导电性,小科把它接入如图甲所示的电路中.实验时,小科先将触点 M 与圆环上的 A 点固定,再移动滑动变阻器 R_0 的滑片 P 至最右端后,闭合开关 S,将触点 N 从 A 开始沿逆时针方向滑动一周,在触点 N 滑动的过程中,触点 M、N 之间的电阻等效于一个变化的电阻,记为 R_{MN}.设滑过弧 MN 的长为 x,电流表示数 I 与 x 之间的关系如图乙所示.已知电源电压恒为 4.5 V,铜丝的阻值不计,触点接触良好.粗细均匀、同种材料制成的电阻丝阻值与其长度成正比.如图丙所示,把 N 点接到 M 点所在直径的另一端,将滑片 P 移到最左端后闭合开关 S,通电 1 min,电路消耗的电能为 W.求 W 的最大值.

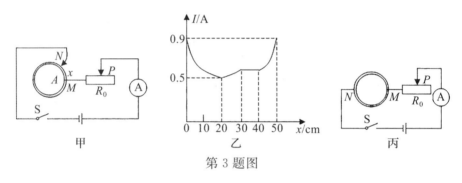

第 3 题图

51 电功和电热分析法

引路人 扬州市江都区实验初级中学 刘震宝

思想方法导引 ▶▶

在解决电功和电热问题时,需要从能量转化的角度来思考.电流做功是将电能转化其他形式能的过程.家庭电路中的电能表是记录电流做功和消耗电能多少的仪表.电路分析是解决问题的关键,解决电功问题时要分析清楚哪一段电路的电流做功.电功的计算公式:$W=UIt$;电热的计算公式:$Q=I^2Rt$.对于非纯电阻电路,有电功大于电热,即有 $W>Q$;对于纯电阻电路,电流做功将电能全部转化为内能,有 $W=Q=UIt=I^2Rt=\dfrac{U^2}{R}t$,可在解题时直接使用.

(1)利用电能表可测量电功的多少,根据 $P=\dfrac{W}{t}$ 测量用电器的功率.

(2)某一段电路电流做功,应用串、并联电路的电流和电压特点,结合欧姆定律进行分析,再用电功公式进行计算.

(3)多挡位电热器是电热的难点之一,这类问题的解决应根据 $W=Pt=UIt$ 分析,电压一定时,电流越大电功率越大.

方法要点例析 ▶▶

例1 电热水器是利用电流的_____效应工作的.小明家中的电能表示数如图甲所示,为_____ kW·h,现仅接通如图乙所示的电热水器,观察到电能表指示灯闪烁 80 次用时 1min,则 1min 消耗电能为_____ J,电热水器两端电压_____(填"高于" "等于"或"低于")220V.小明家电路还允许再接入功率不超_____ W 的用电器同时正常工作.

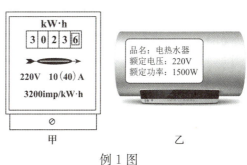

例1图

解析 电热水器是利用电流的热效应工作,通过热传递的方式使水的内能增加、温度升高的.图中电能表示数为 3023.6kW·h;电路中仅接入电热水器时,消耗的电能为 $W=\dfrac{n\ 次}{N\mathrm{imp}/(\mathrm{kW\cdot h})}=\dfrac{80}{3200}\mathrm{kW\cdot h}=9\times10^4\mathrm{J}$,电热水器的实际功率 $P_{实}=\dfrac{W}{t}=\dfrac{9\times10^4\mathrm{J}}{60\mathrm{s}}=1500\mathrm{W}=P_{额}$,故热水器两端电压等于 220V.电路允许接入用电器的最大总功率 $P_{最大}=UI_{最大}=220\mathrm{V}\times10\mathrm{A}=2200\mathrm{W}$,还允许接入的电功率 $P'=P_{最大}-P_{实}=700\mathrm{W}$.

感悟 利用电能表的参数计算用电器的电功和电功率,关键是对电能表的作用及其参数意义的理解,再应用相关公式进行计算.

▶**例2** 如图电路中,电源电压 $U=9\mathrm{V}$,R_1、R_2、R_3 为定值电阻,其中 $R_2=45\Omega$,$R_3=30\Omega$.

(1)当闭合开关 S 和 S_1、断开开关 S_2 时,求 R_3 两端的电压 U_3;

(2)当开关 S、S_1 和 S_2 均闭合时,求电流表的示数 I;

(3)当闭合开关 S、断开开关 S_1 和 S_2 时,电压表示数为 6V,求 1min 通过电阻 R_1 的电流做的功.

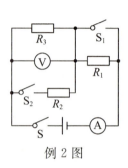

例2图

解析 本题通过开关通断构成不同电路,关键是正确分析电路.

(1)当闭合 S 和 S_1、断开 S_2 时,电路中只有 R_3,R_3 的电压 U_3 等于电源电压,即 $U_3=U=9\mathrm{V}$.

(2)当 S、S_1 和 S_2 均闭合时,R_2 和 R_3 并联,R_2 支路的电流为 $I_2=\dfrac{U}{R_2}=0.2\mathrm{A}$,$R_3$ 支路的电流为 $I_3=\dfrac{U}{R_3}=0.3\mathrm{A}$,此时干路电流为 $I=I_2+I_3=0.5\mathrm{A}$.

(3)当闭合 S、断开 S_1 和 S_2 时,R_1 和 R_3 串联,电压表测 R_3 两端电压,电流表测电路电流,则电路电流为 $I'=\dfrac{U'_3}{R_3}=0.2\mathrm{A}$,根据串联电路电压的特点可知,$R_1$ 两端的电压为 $U_1=U-U'_3=3\mathrm{V}$,则通过电阻 R_1 电流做的功 $W=U_1I't=36\mathrm{J}$.

感悟 分析电路随着开关通断的变化,应用串、并联电路的电流和电压特点结合欧姆定律,再用电功公式进行电功的计算.

例3 某电水壶的电路如图甲，R_1、R_2 为电热丝，S 是电源开关，S_0 是温控开关.该电水壶的部分参数如图乙.已知电源电压为 220V.求：

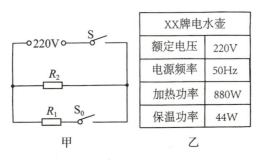

XX牌电水壶	
额定电压	220V
电源频率	50Hz
加热功率	880W
保温功率	44W

甲　　　　　　乙

例 3 图

(1)当开关 S 闭合、S_0 断开时，电路中的电流；

(2)当开关 S 和 S_0 均闭合时，R_1 的电功率；

(3)在加热状态下，该电水壶工作 50s 消耗的电能.

解析 本题的两个挡位是通过两个电阻的并联来实现的.

(1)由题图甲可知，当 S 闭合、S_0 断开时，R_2 单独工作，

电路中的电流为 $I_2 = I_保 = \dfrac{P_{保温}}{U} = 0.2\text{A}$.

(2)当 S 和 S_0 都闭合时，R_1 与 R_2 并联，

R_1 的电功率为 $P_1 = P_{加热} - P_2 = P_{加热} - P_{保温} = 836\text{W}$.

(3)加热状态下电水壶消耗的电能 $W = P_{加热}t = 4.4 \times 10^4\text{J}$.

感悟 应用串、并联电路的电流和电压特点，结合欧姆定律分析电路时，需要对电路整体进行分析，再用电功和电功率公式进行计算.

例4 如图所示是一款家用电风扇，该电风扇内部使用的直流电动机的额定电压为 24V，额定电流为 1.5A，电动机的内部线圈电阻为 4Ω，该电风扇正常工作 2h 电流做功多少？电动机转子被卡住时，10s 产生的热量为多少？

例 4 图

解析 本题的电动机是非纯电阻电路，非纯电阻电路正常工作时，欧姆定律不适用.电动机正常工作时电流做功主要转化为机械能，只有少部分电能转化为内能.此时电功大于电热，即有 $W > Q$；电功 $W = Pt = UIt = 24\text{V} \times 1.5\text{A} \times 2\text{h} = 259200\text{J}$.电动机转子不转时，电动机的线圈就是纯电阻电路，适用欧姆定律，即 $I' = \dfrac{U}{R} = \dfrac{24\text{V}}{4\Omega} = 6\text{A}$，此时 $Q = W' = UI't = 24\text{V} \times 6\text{A} \times 10\text{s} = 1440\text{J}$.

感悟 非纯电阻电路要分清电功和电热的关系，运用合适的公式进行运算.

⭐ **小试身手** ➤➤

1. 在"对家庭用电的调查研究"综合实践活动中,小明发现家中电能表表盘如图所示,该电能表的示数为 _____ kW·h,他家同时工作的用电器总功率不能超过 _____ W. 小明想测家中电水壶的功率,只让电水壶在电路中工作,当指示灯闪烁了 48 次时,用时 1min,则该电水壶的功率为 _____ W.

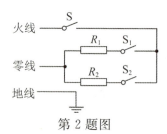

第 1 题图

2. 小华查看家中电炖锅的说明书后发现:电炖锅有低温、中温、高温三挡;电阻 $R_2 = 60.5\Omega$,$R_1 = 4R_2$,该电炖锅的原理图如图所示. 请解答:

(1)闭合开关 S、S_1,电炖锅处于 _____ 挡.

(2)电炖锅高温挡的额定功率为多大?

(3)正常工作时,使用电炖锅高温挡加热 10min,可将一锅 1.5kg 的汤从 20℃ 加热到 100℃,电炖锅的加热效率是多少?〔汤的比热容取 $4 \times 10^3 \text{J}/(\text{kg}\cdot\text{℃})$〕

第 2 题图

3. 图甲所示是一款能自动行走的坦克玩具,其简化电路如图乙所示. 该玩具的电源电压为 4.5V,闭合开关后,"0.5V,0.2W"的指示灯正常发光,线圈电阻为 0.5Ω 的电动机正常工作,则 ( )

甲　　　　　乙

第 3 题图

A. 指示灯的灯丝电阻为 0.8Ω　　　　B. 电动机的发热功率为 1.6W

C. 电动机的额定功率为 0.08W　　　　D. 电路的总功率为 1.8W

52 图像确定工作点法

引路人　杭州市十三中教育集团　陈苍鹏

💡 思想方法导引 ▶▶

物理图像上的"工作点"代表着某一物理状态,是物理元件和物理规律共同作用的结果.利用物理图像确定工作点的参数是解决一些复杂、隐含条件的物理问题的关键.

利用图像确定"工作点"问题的实质是工作点的参数既符合元件遵循的要求又要同时满足所在环境(例如电路)遵循的规律,常见的有:①利用工作点的纵、横坐标,求面积得到有关的物理量,如求电功率;②利用不同元件的图线的"交点"的比值求斜率,利用斜率求有关的量,如求电阻;③利用曲线与直线的切点求相应的物理量;④利用工作点所代表的物理意义,如最大值、最小值等求有关的物理量等等.解决这类问题首先要弄清纵、横坐标轴表示的物理量,确定纵、横坐标轴表示的物理量之间的函数关系.

☁ 方法要点例析 ▶▶

🔴 例1　若如图甲所示,将两个相同的小灯泡并联后再与一个 4Ω 的定值电阻 R_0 串联,接到内阻为 1Ω、电压为 $5V$ 的电源上;图乙为小灯泡的 $I\text{-}U$ 图线.求通过每个小灯泡的电流强度和小灯泡的电功率.

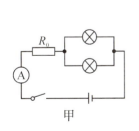
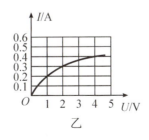
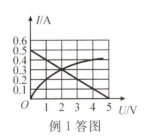

甲　　　　　乙　　　　　例1答图

例1图

解析　设每盏小灯泡的电流为 I,电灯两端的电压为 U,则 $U_{总}=U+2I(R_0+r)$,即 $U=5-10I$,将此函数关系的图线画在灯泡的 $U\text{-}I$ 图像上(如答图),可看出交点处即为电路的工作点,$I=0.3A$,$U=2V$,所以功率 $P=UI=0.6W$.

感悟 本题将不同元件的函数图像画在同一个图中,首先找到它们的工作点,再利用工作点所代表的物理意义,求得相应的物理量.

🔴 **例2** 干电池本身有一定的电阻,因此,实际的干电池可以等效为由一节没有电阻的理想干电池和一个阻值一定的电阻串联而成.如图甲所示,电源由几节相同的干电池组成.合上开关 S,变阻器的滑片从 A 端移到 B 端的过程中,电路中的一些物理量的变化如图乙、丙、丁所示,其中图乙表示的是电压表示数与电流表示数的关系,图丙表示的是干电池输出功率与电压表示数的关系,图丁表示的是干电池输出电能的效率 η 与变阻器接入电路的电阻大小的关系.不计电表、导线对电路的影响.

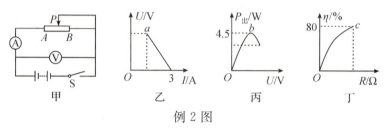

例2图

(1)求串联的干电池节数.

(2)求变阻器的最大电阻.

(3)求 a、b、c 各点的坐标.

解析 在本题中,要求考虑干电池的电阻 r,因此,本题可以看成一个定值电阻 r 和滑动变阻器 R 串联,再接到一组无电阻的理想干电池上,如答图所示.

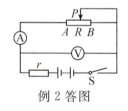

例2答图

(1)设干电池的电阻为 r,据图乙,当滑片 P 在 A 端时,$I=3\text{A}$,即 $I=\dfrac{U}{r}=3\text{A}$;由图丙得,$P_{出}=I^2R=\dfrac{U^2R}{(R+r)^2}=$

$\dfrac{U^2R}{R^2+2Rr+r^2}=\dfrac{U^2R}{(R-r)^2+4Rr}$,当 $R=r$ 时,干电池输出功率达到最大,即

$P_{出最大}=\dfrac{U^2}{4R}=\dfrac{U^2}{4r}=4.5\text{W}$;联立解得 $U=6\text{V}$,$r=2\Omega$,由于一节干电池的电压为

1.5V,因此,干电池有 4 节.

(2)由图丁知,c 点变阻器的电阻最大,此时电源输出效率最大,$\eta=80\%$,

$\eta=\dfrac{I^2R}{I^2(R+r)}=80\%$,即 $\dfrac{R}{R+r}=0.8$,因 $r=2\Omega$,则 $R=8\Omega$.

(3)由(2)知,c 点的坐标为 $(8,80)$.

由图乙知,a 点电流最小,则变阻器 R 接入电路阻值最大.

$$I = \frac{U}{R+r} = \frac{6\text{V}}{8\Omega+2\Omega} = 0.6\text{A},$$

因此，$U' = U - Ir = 6\text{V} - 0.6\text{A} \times 2\Omega = 4.8\text{V}$，所以，$a$ 点的坐标为 $(0.6, 4.8)$.

图丙中，当 $R = r$ 时，干电池输出功率达到最大，因此，b 点的横坐标为 $U_b = \frac{U}{2} = \frac{6\text{V}}{2} = 3\text{V}$，所以，$b$ 点的坐标为 $(3, 4.5)$.

感悟 本题需要分析滑动变阻器阻值变化时，电压表与电流表示数变化、滑动变阻器的功率及电池输出功率的变化. 结合三幅函数图像中的特殊点进行分析，能又好又快解决相关问题.

▶例3 在一搅拌机的容器内装有质量 $m = 0.5\text{kg}$ 的水，把水加热到 70℃ 后让其在室温下自动冷却. 其温度随时间变化的关系如图所示. 现开动电动搅拌机对该冷却的水不停地搅拌，电动机的功率为 900W，其做的功有 80% 转化为水的内能. 不考虑容器的内能变化，已知水的比热容是 $4.2 \times 10^3\text{J}/(\text{kg} \cdot ℃)$.

(1)若不考虑室温下的自动冷却，搅拌机每秒钟能使水温上升多少？

(2)若考虑室温下的自动冷却，水最终的温度大约是多少？

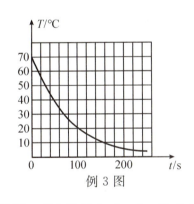

例3图

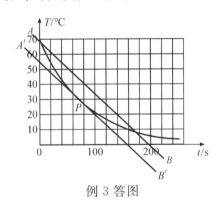

例3答图

解析 (1)搅拌机 1s 内，使水增加的内能

$$Q = W\eta = Pt\eta = 900\text{W} \times 1\text{s} \times 80\% = 720\text{J},$$

由 $Q = cm\Delta T$ 可知，这些能量可以使水温度升高

$$\Delta T = \frac{Q}{cm} = \frac{720\text{J}}{4.2 \times 10^3\text{J}/(\text{kg} \cdot ℃) \times 0.5\text{kg}} = 0.343℃.$$

(2)据题意，在 1s 内，当 $Q_{吸} = Q_{放}$ 时，水温不再冷却. 由(1)知此时水冷却速度等于 0.343℃/s. 在图中作斜率 $k = -0.343℃/s$ 的直线 AB（$T = 70℃ + kt$），再作 AB 的平行线 $A'B'$ 且与水温图线相切，读出切点 P 的纵坐标，可知水的最终温度约为 30℃，则水最终的温度大约是 30℃.

感悟　弄清图线切线斜率的物理含义是本题的关键,根据单位时间内当 $Q_{放}=Q_{吸}$ 时,水的温度不再降低,以水温自动下降速度为斜率作出直线与水温下降曲线相切,从而找到工作点,最终求出水的最终温度.

小试身手 ➤➤

1. 如图甲所示,电源电压恒定,R_0 为定值电阻.将滑动变阻器的滑片从 a 端滑到 b 端的过程中,电压表示数 U 与电流表示数 I 之间的关系图像如图乙所示.求:

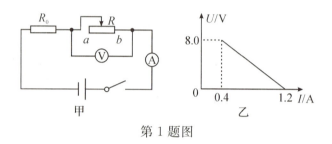

第 1 题图

(1)滑动变阻器 R 的最大阻值;

(2)R_0 的阻值及电源电压;

(3)当滑片滑到滑动变阻器的中点时,电阻 R_0 消耗的电功率.

2. 如图甲所示的电路中,R_0 为定值电阻,在移动滑动变阻器 R 滑片的过程中,描绘出了如图乙所示的滑动变阻器消耗电功率与电流关系的图像.以下计算结果错误的是　　　　　(　　)

A.滑动变阻器消耗的最大功率为 3.6W

B.电源电压为 12V

C.滑动变阻器的最大阻值为 100Ω

D.R_0 的阻值为 20Ω

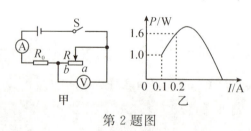

第 2 题图

3. 如图甲所示为一个电灯两端的电压与通过它的电流的变化关系曲线. 由图可知,两者不成线性关系,这是由于热量使灯丝的温度发生了变化的缘故. 参考这条曲线回答下列问题(不计电流表和电池的内阻).

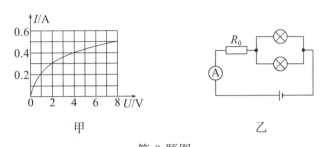

第 3 题图

(1)若把三个这样的电灯串联后,接到电压为 12V 的电源上,求流过灯泡的电流和每个灯泡的电阻.

(2)如图乙所示,将两个这样的电灯并联后再与 10Ω 的定值电阻串联,接在电压为 8V、内阻不计的电源上,求通过电流表的电流值和每个灯泡的电阻.

53　安全用电情境法

引路人　江苏省淮安经开区开明中学　戴国成

📖 思想方法导引 ▷▷

　　家庭电路的学习难点是理解电路故障的成因及安全用电的原理.以下是针对这些问题的解决方案.

　　情境模拟法:通过实验模拟家庭电路中的短路、过载等故障,使用干电池、小灯泡、铝箔条、熔丝等简单器材,直观展示上述电路故障产生的现象,理解故障成因.

　　模型演示法:利用人体模型模拟触电情境,人体模型内置导线,沿手脚方向分别连接多个 LED 小灯泡,展示触电时有电流通过人体的现象,了解不同触电情况下的电流路径.

　　生活情境法:将人体模型中的小灯泡替换为一只额定电压为 220V 的灯泡,模拟真实情境下各种触电情境,模拟电器漏电情境,观察家庭电路保护装置的触发,理解空气开关和漏电保护器的作用.

　　情境口诀法:牢记"不接触低压带电体,不靠近高压带电体,不弄湿用电器,不损坏绝缘层"等安全用电原则.

☁ 方法要点例析 ▷▷

　　◉ 例 1　如图为某家庭电路的连接图,节能灯、电热水壶和插座均能正常使用.

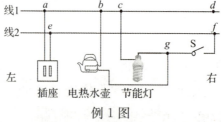

例 1 图

　　(1)闭合开关 S,节能灯发光、电热水壶正常工作,用测电笔检测插座两孔,氖管均不发光.则该电路是从_____(填"左"或"右")端进户的,其中_____(填"线 1"或"线 2")是火线,上述电路故障可能是_____.

（2）排除故障，将节能灯换成 LED 灯，再闭合开关 S，电热水壶正常工作，LED 灯不发光，用测电笔检测插座，只有检测右孔时氖管发光.该故障可能是_____.你的解决方案是_____.

解析　（1）闭合开关 S，电热水壶正常工作，节能灯正常发光，说明连接这两个用电器的线路是正常的，但检测插座两孔，氖管均不发光，说明插座没有电，因此电路是从右端进户的.开关应接在火线上，所以线 2 是火线.电路故障可能是插座与火线之间的连接断开，即 e、f 之间断路.

（2）将节能灯换成 LED 灯后，LED 灯不发光，但电热水壶正常工作，检测插座，右孔氖管发光，说明 LED 灯可能损坏或接线错误.解决方案是先切断电源或断开开关 S，检查 LED 灯的接线是否正确，或更换 LED 灯.

感悟　通过家庭电路的实际情境，学会以"问题导向"排查电路故障，尝试解决故障.熟悉电路连接，要正确理解教材等资料中的家庭电路配图，不要形成"进户线须从左入""上排线定为火线"的僵化认知.

▶ **例 2**　家用电器和常用插排基本上用的是三脚插头，插头上标有文字和符号，如图甲所示.

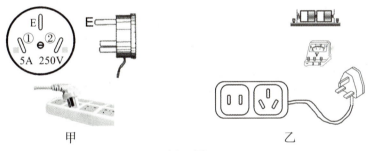

例 2 图

（1）某插头下方两个插脚符号模糊，你认为插脚①符号应为_____（选填"L"或"N"）.

（2）三脚插头中标有"E"字的插脚比其他两脚稍长一些，你认为用电器使用这样的三脚插头有什么好处？

（3）三脚插头上的标识"5A 250V"有何意义？该插排能否同时连接正常使用的 500W 电熨斗和 700W 电饭锅？

（4）若插排中的接地线断路，用该插排连接洗衣机，对洗衣机有何影响？请你利用如图乙所示的电源、电压表和导线来判断一个插排中的接地线是否断路，用笔画线代替导线连接图中电路元件，写出你的判断方法，并说明理由.

解析　（1）插脚①符号应为"L"（火线）；插脚②符号应为"N"（零线）.

（2）三脚插头中标有"E"字的插脚比其他两脚稍长一些，好处是在插入插座时,接地线先接通,拔出时最后断开,确保用电器的金属外壳通电前或断电后始终接地,防止触电.

(3)插排上的标识"5A 250V"表示该插排的最大承载电流为5A,最大承载电压为250V.500W电熨斗和700W电饭锅同时连接插排,若都正常工作,插排线路的总电流 $I = \dfrac{P}{U} = \dfrac{(500\mathrm{W} + 700\mathrm{W})}{220\mathrm{V}} = 5.45\mathrm{A}$,超过了插排的额定电流,因此不能同时使用.

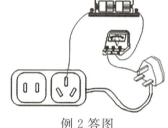

(4)若插排中的接地线断路,洗衣机仍能正常工作,但其金属外壳可能带电,存在触电风险.判断接地线是否断路的方法:按答图所示连接好电路,若电压表有示数,则接地线连接完好,若电压表无示数,则接地线断路.理由:电压表可以直接测量电源电压.

例2答图

感悟 学会通过直观的实物理解抽象的电学符号,理解接地线的作用.通过电器功率计算,判断电路是否负载.通过实验,知道电路故障的检测方法.

▶ 例3 阅读短文,回答问题.

在现代家庭中,电力如同血液般流淌在墙壁里,为各种电器设备提供动力.平静的电力系统,离不开各种守护家庭用电安全的卫士,如图所示.

空气开关是家庭电路的第一道防线.当电路出现短路或过载,电流超过空气开关额定值时,它会迅速切断电源,防止线路过热引发火灾.目前家庭使用DZ系列的空气开关,常见的有C16、C25、C32、C40、C60、C80、C100、C120等规格,其中C表示脱扣电流,即起跳电流,例如C32表示起跳电流为32A.

漏电保护器则是更为灵敏的安全卫士.它时刻监测电路中流入和流出的电流,当检测到电流差超过设定的动作阈值(额定漏电动作电流)时,能在额定分断时间内切断电源.电流差往往意味着发生了漏电,可能危及人身安全.

空气开关 　　漏电保护器 　　熔断器
例3图

熔断器一般是安装在用电设备中的守门卫士.一旦设备中电流超过规定值一段时间,熔断器自身产生的热量使熔体熔化,从而使电路断开,该设备停止工作.

我们要定期测试电路保护装置,养成良好安全用电习惯.

(1)若某家庭所有用电器的总功率为7.6kW,应选用DZ系列_____规格的空气开关.

（2）先用 1.2kW 微波炉加热馒头后，将微波炉插头从插座中拔出，再将功率为 0.9kW 的电饭煲插头接入该插座中，其他用电器仍正常工作，闭合电饭煲上的开关，空气开关跳闸.你觉得空气开关跳闸的原因可能是　　（　　）

A.电饭煲插头处短路

B.电饭煲内部电路短路

C.插座处短路

D.用电器的总功率过大，使电路中电流超过了空气开关的额定电流

（3）某房间一插座的电路连接如图甲所示，将电脑插头接入该插座中，电脑能否正常开机使用？说出理由.

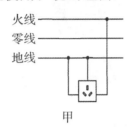

例 3 图

（4）当有人出现如图乙所示的双线触电事故时，请分析家庭电路保护装置能否起到作用.

解析 （1）家庭所有用电器的总功率为 7.6kW，电流为 $I = \dfrac{P}{U} = \dfrac{7600\text{W}}{220\text{V}} = 34.55\text{A}$，应选用 C40 规格的空气开关.

（2）1.2kW 微波炉能正常使用，说明插座正常，所以 C 错误.换用 0.9kW 的电饭煲，总功率变小，且闭合电饭煲上的开关前电路正常，所以 A 和 D 错误.本题选 B.

（3）该插座的零线插套接在了地线上，电脑插头接入该插座中，当电脑开机时，电流流向地线，会出现漏电现象，此时，家庭电路中若有漏电保护装置，漏电保护器会切断电源，电脑不会损坏，但不能正常使用.

（4）在双线触电情况下，漏电保护器不能切断电源，空气开关也不会断开电路.因为此时，电流流过人体，电流是平衡的，没有漏电情况，不能触发漏电保护器；再则此时流过人体的电流大约为 0.13A，电流较小，也不能激发空气开关.但这个电流值对人体是致命的，所以要注意安全用电.

感悟 同学们要能通过家庭用电功率计算，选择合适规格的保护装置.学会通过分析故障情境，理解电路保护装置的工作原理.知道并不是所有触电情形下电路保护装置都能起到作用，要牢固树立"安全第一"的理念.

小试身手 ➤➤

1. 在生活中,应注意安全用电和科学防雷,下列做法符合安全要求的是（　　）

A. 用手触摸通电灯泡

B. 在高压线下放风筝

C. 高烟囱上装避雷针

D. 雷雨时树下避雨

2. 请设计一种按键开关带指示灯的家庭电路. 如图所示,灯 L_1 的电阻远大于灯 L_2 的电阻,其中一盏灯为室内照明灯,当照明灯不工作时,另一盏指示灯能发出微光,指示开关位置. 请用笔画线代替导线将电路补充完整,在电路合适位置画上开关.

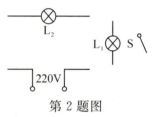

第 2 题图

3. 如图所示为某款直流电焊机,其输出电压为 35V、输出功率为 2500W. 为了满足江浙地区四季均可使用,请从安全角度考虑,帮忙选择某种规格的导线作为电焊机的输出导线,电焊机各种橡胶绝缘铜芯导线在不同温度下的安全载流量(长时间通电时的最大安全电流)见下表. 计算说明选择的理由.

第 3 题图

导线横截面积 S/mm²		2.5	4	6	10	16	25	35
安全载流量 I/A	10℃	34	45	58	80	105	138	170
	20℃	31	41	53	73	96	126	155
	30℃	28	37	48	66	87	114	140
	40℃	25	34	43	60	79	104	127

54　磁场及电磁铁应用模型

引路人　温州瑞安教育发展研究院　翁庆双

📖 思想方法导引 ➤➤

　　磁场及电磁铁应用模型需要的必备知识包括：①电生磁，即电流的磁效应。通电导体(电流)周围存在磁场，电流的磁场方向与电流方向有关，可以用安培定则来判断。②磁生电，即电磁感应现象。闭合电路的一部分导体在磁场中做切割磁感线运动时，产生感应电流；感应电流方向与磁场方向和导体切割磁感线的运动方向有关，可以用右手定则判断。③磁场对电流的作用。通电导线在磁场中可以受到磁场力的作用(安培力)；安培力的方向与磁场方向和电流方向有关，可以用左手定则判断。

　　运动电荷形成电流，电流周围产生磁场，磁场对电流有力的作用，所以电与磁是相互联系的辩证统一体。以电器设备和电子产品为载体的磁场及电磁铁应用试题，往往指向电路的分析、连接、计算、设计；关于电磁继电器和各类灵敏电阻的使用，解答时常需联结简单机械、运动与力等知识，同时需要从表格、直角坐标系中获取信息的能力。

☁ 方法要点例析 ➤➤

　　▶例1　如图所示，L 是电磁铁，在 L 正上方用弹簧悬挂一条形磁铁，设电源电压不变，闭合开关 S，待电磁铁稳定后，当滑动变阻器 R 的滑片 P 由上向下缓缓地滑动时，弹簧的长度将　　　　　　　　　　　　　（　　）

A. 变长　　　　　　　　　　B. 变短

C. 先变长后变短　　　　　　D. 先变短后变长

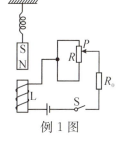

例1图

　　解析　从滑动变阻器 R 的滑片 P 滑动引起电路中电阻变化，由此开始，按照一定的顺序进行推理。(1)由电源的正负极确定电流的方向，结合螺线管的绕线方式用安培定则确定磁场的方向，螺线管的上方为 N 极，下方为 S 极。(2)当滑片 P 向下移动时，根据并联电阻规律，电路中的总电阻 R 先变大后变小,而电压不变,所以电流的变化是先变小后变大,电磁铁的磁性强弱也随之先变小后变大.(3)同名磁极相互排斥,异名磁极相互吸引,电磁铁对磁极附近的条形磁体的斥力先变小后变大,因此,弹簧的长度将先变长后变短,故选C.

感悟 磁极间相互作用规律和影响电流大小的因素是该题的关键,前者将电磁铁磁场方向与力的知识联系起来,后者将滑动变阻器对电流大小的影响与电磁铁磁性的强弱联系起来.

▶ 例 2 如图所示,两根相互平行的长直导线分别通有方向相反的电流I_1和I_2,且$I_1 > I_2$.a、b、c、d为导线某一横截面所在平面内的四点,且a、b、c与两导线共面,b点在两导线之间,b、d的连线与导线所在平面垂直.磁感应强度可能为零的点是 ( )

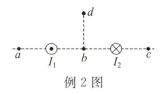

例2图

A.a点   B.b点   C.c点   D.d点

解析 磁场的强弱可以用磁感线的疏密反映,磁感线越密,磁场越强,反之越弱.磁感线是有方向的,磁感线上任意一点的切线方向跟小磁针放在该点静止时的北极指向一致,可以用安培定则判断.影响磁场强弱的因素有距离导线的远近和电流的大小.本题可用安培定则判断出导线电流I_1、I_2的磁场在a点处的强弱与方向(如答图),利用磁感应强度的合成法则——矢量合成,便可求得a点的磁场强弱与方向.同理,可以判断b、c和d点的磁场强弱与方向,只有c点的磁场有可能强弱相等、方向相反,因此,磁感应强度可能为零的点是c点.

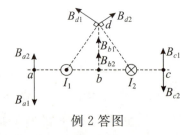

例2答图

感悟 对于抽象物理概念的学习,不能停留在简单的现象表述上.要利用物理基本概念、原理和定律进行分析、推理和判断,以加深对概念的理解.

▶ **例3** （多选）小明设计了一款"智能门禁"，能监测体温并进行人脸识别. 工作原理为：①若体温正常开关 S_1 闭合，人脸识别成功开关 S_2 闭合，电动机 M 工作（门打开），警示灯不亮；②若体温异常 S_1 不闭合，人脸识别成功 S_2 闭合，电动机 M 不工作且警示灯亮起；③不管体温是否正常，若人脸识别失败 S_2 不闭合，电动机 M 不工作且警示灯不亮. 下列电路设计符合要求的是　　　　　　　　　　　　　（　　）

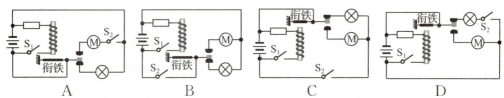

A　　　　　　B　　　　　　C　　　　　　D

解析 此题解决的突破口是：电动机 M 工作受开关 S_1、S_2 控制，只有同时闭合开关 S_1（体温正常）、S_2（人脸识别成功），电动机 M 才工作（门打开）. 开关 S_1 闭合，电磁铁有磁性，衔铁触点与电动机连接，开关 S_2 闭合后电路才处于通路状态，且警示灯电路处于断路状态，所以电动机工作（门打开），警示灯不亮. 分析电路，只有 B、C 满足条件.

感悟 含电磁继电器问题是中考物理常考点之一，掌握"由简入繁建模型、由繁入简抓关键"的双向路径，可突破难点，提炼方法，提高答题正确率.

▶ **例4** 如图甲是小明制作的防盗报警装置示意图，其中工作电路电源电压 $U_1 = 6V$，指示灯 L 的额定电压 $U_L = 2.5V$，定值电阻 $R_0 = 350\Omega$；控制电路电源电压 $U_2 = 1.5V$，磁敏电阻 R_x 的阻值大小与其所处位置磁场强度的关系如图乙所示，当窗户分别处在轨道 A、B、C 处时，磁敏电阻 R_x 所处位置的磁场强度分别为 a、b、c. 闭合开关 S_1 和 S_2 后，当窗户关闭时，指示灯亮，蜂鸣器不工作；当窗户打开一定程度时，指示灯熄灭，蜂鸣器发出警报声.

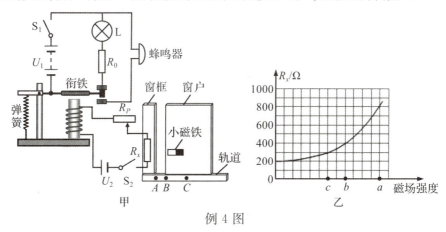

例4 图

已知电磁铁线圈中的电流达到 $3mA$ 时,电磁铁的衔铁刚好被吸下,指示灯 L 熄灭,蜂鸣器开始报警.现移动滑动变阻器 R_P 的滑片,使其接入电路的阻值为其最大阻值的 $\frac{2}{3}$,当窗户移至轨道 B 点位置时,蜂鸣器恰好开始报警.若要求窗户移至轨道 C 点位置时蜂鸣器才开始报警,此时能否通过调节滑动变阻器的阻值来实现?请通过计算加以说明.(写出计算过程,电磁铁线圈电阻忽略不计)

解析 本题以防盗报警装置为题材,借助两幅图的准确表达,很自然地融入了电磁继电器、串并联电路、坐标图、杠杆、开关控制、欧姆定律计算等一系列知识,充分考查学科内的综合运用能力.

当窗户移至 B 点时,据图可知,$R_x=400\Omega$,此时,$I=0.003A$.

$$\frac{2}{3}R_P=\frac{U_2}{I}-R_x=\frac{1.5V}{0.003A}-400\Omega=100\Omega,$$

所以滑动变阻器的最大阻值 $R_P=150\Omega$.

当窗户移至 C 点时,据图可知,$R'_x=300\Omega$,若蜂鸣器刚好报警,控制电路中电流为 $0.003A$,此时滑动变阻器接入电路的有效阻值为

$$R'_P=\frac{U_2}{I}-R'_x=\frac{1.5V}{0.003A}-300\Omega=200\Omega>150\Omega.$$

所以当滑动变阻器阻值调节到最大值时,窗户还未移至 C 点,控制电路中的电流已大于 $0.003A$,蜂鸣器已报警,因此无法通过调节滑动变阻器阻值来实现.

感悟 这种从"解题"向"解决问题"转变的情境设计,旨在引导学生在平常生活中发现问题,逐渐形成运用学科知识分析和解决实际问题的意识.情境中创新装置的设计,可以引导学生创新思维的发展和创新意识的形成.

✨ 小试身手 ▶▶

1. 如图所示,条形磁铁放在水平地面上,在磁铁正上方有一通电导线垂直磁铁放置,电流方向向里,磁铁保持静止状态,则磁铁对地面的压力(　　)

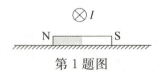

第 1 题图

A.大于磁铁重力　　　　　　　B.小于磁铁重力

C.等于磁铁重力　　　　　　　D.无法确定

2. 雾天能见度低,骑车易发生交通事故,要减速慢行.小明想为自行车设计一种"雾灯",以提示过往的行人和车辆,要求"雾灯"工作时灯泡能持续交替闪烁,忽略弹性衔铁和电磁铁线圈电阻,下列电路中符合设计要求的是　　（　　）

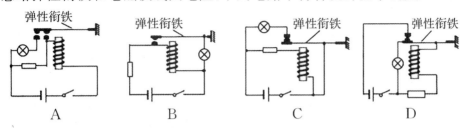

3. 小明设计了如图甲所示的多功能电饭煲模拟电路,能实现"煮饭时保持高温快煮,快煮后自动保温".

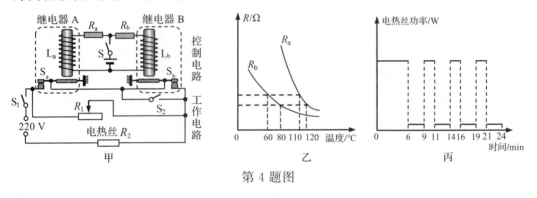

第 4 题图

【电路简介】

工作电路:S_1 为电源开关;S_2 为定时器开关,其闭合后自动开始计时,计时结束后自动断开,不再闭合;R_1 为可调电阻;R_2 为电饭煲内的电热丝.

控制电路:电磁继电器 A 和 B 完全相同,R_a 和 R_b 是分别安装在电饭煲内的热敏电阻,它们的阻值随温度的变化如图乙所示,当温度达到 120℃时,L_a 吸引弹性衔铁使 S_a 断开,当温度降到 110℃时,L_a 释放弹性衔铁使 S_a 闭合.

【快煮模式】闭合开关 S、S_1、S_2,电饭煲进入快煮模式直至定时开关 S_2 自动断开.在快煮过程中温度将维持在 110℃～120℃,工作电路的电热丝在高功率和低功率之间切换,其功率随时间变化如图丙所示.

【保温模式】开关 S_2 断开后,电饭煲进入保温模式,最后温度维持在 60℃～80℃.

(1)若 R_1 接入电路的阻值为 840Ω,R_2 阻值为 40Ω,工作电路电源电压为 220V,则电饭煲在完成一次 24min 快煮过程,电热丝 R_2 消耗的电能为多少焦?

(2)请结合图甲、乙说明开关 S_2 断开后,电饭煲实现自动保温的工作原理.

55　电动机模型

引路人　扬州市江都区浦头中学　胡寿文

思想方法导引 ≫

　　直流电动机是利用"通电线圈能在磁场中转动"的原理制成的.通电导体在磁场中所受力的方向与电流方向和磁场方向有关,如果要让通电线圈能在磁场中持续转动,就必须改变线圈中的电流方向或者改变磁场方向.直流电动机模型中的换向器就是每当线圈因惯性转过平衡位置时,能自动改变线圈中的电流方向,使线圈持续转动下去.

　　电动机是典型的非纯电阻电路,电流做的功(消耗的电能)大部分转化为转动的机械能和线圈电阻上的内能.在不计各种摩擦的情况下,根据能量守恒定律,电动机消耗的电能等于机械能与内能之和.用公式表示为 $W_电=W_机+Q$.常见的机械能($W_机$)在不计机械损耗的情况下,可认为是使用机械的有用功.

方法要点例析 ≫

　　例1　如图所示为送餐机器人,下列图中能说明其内部电动机工作原理的是　　　　　　　　　　　　　　　　　　　　　（　　）

例1图

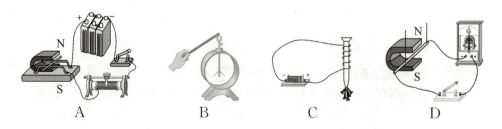

A　　　　　　　　B　　　　　　　　C　　　　　　　　D

解析 电动机的原理是通电线圈在磁场中受力运动,选项 A 图反映了该原理,符合题意;选项 B 图,验电器的工作原理是同种电荷相互排斥,不符合题意;选项 C 图,在螺线管中插入铁芯可以构成电磁铁,增强磁性,可以吸引铁钉,不符合题意;选项 D 图,闭合开关,当导体棒做切割磁感线运动时,有感应电流产生,反映了电磁感应原理,不符合题意.故选 A.

感悟 识别电动机和发电机工作原理图的依据是电能与机械能之间的转换方向.从形式上看,初中常见的情况是,有电流表(或小灯泡)的是发电机,有电源的是电动机.可以用"有源无表电动机,有表无源发电机"来理解.

▶**例2** 在研究一个微型电动机的性能时,应用了如图所示的实验电路.闭合开关,当调节滑动变阻器 R 使电动机停止转动时,电流表和电压表的示数分别为 0.5A 和 2V;再调节 R 使电动机正常运转时,电流表和电压表的示数分别为 2A 和 24V.求这个电动机内部线圈的电阻和电动机正常运转时的输出功率.

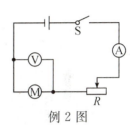
例 2 图

解析 当电动机通电但线圈不转动时,电流做的功全部转化为内能,可以用欧姆定律计算电动机线圈的电阻:

$$R = \frac{U_1}{I_1} = \frac{2V}{0.5A} = 4\Omega.$$

当电动机正常转动时,电流做的功大部分转化为机械能,少部分转化为线圈上的内能,用功率表示为:

电动机输入电功率 $P = U_2 I_2 = 24V \times 2A = 48W$,

电动机线圈发热功率 $P_内 = I_2^2 R = (2A)^2 \times 4\Omega = 16W$,

电动机正常运转时的输出功率 $P_机 = P - P_内 = 48W - 16W = 32W$.

感悟 电动机不转动时,电能全部转化为内能,可以根据欧姆定律计算线圈的电阻,此时电动机的线圈容易烧断.电动机正常工作时,消耗的电能转化为机械能和线圈上的内能,即 $W = W_机 + Q$,此时不能根据欧姆定律计算相关物理量.可以通过功能关系建立方程求解.

▶**例3** 电动机线圈的电阻是 10Ω,接到家庭电路中使用,通过它的电流是 5A,这台电动机的效率是_____(用百分数表示,并取一位小数.)

解析 找出关键词句,电动机接在家庭电路中,则电动机两端的电压为 220V.

电动机消耗的电功率 $P_电 = UI = 220V \times 5A = 1100W$,

电动机线圈上的发热功率 $P_内 = I^2 R = (5A)^2 \times 10\Omega = 250W$,

电动机上的机械功率 $P_机 = P_电 - P_内 = 1100W - 250W = 850W$,

电动机的效率 $\eta=\dfrac{P_{机}}{P_{电}}\times100\%=\dfrac{850\text{W}}{1100\text{W}}\times100\%=77.3\%$.

感悟 电动机的效率是指电动机转动时获得的机械能与消耗的电能的比值.在不考虑各种摩擦的情况下,机械能等于电能减去线圈电阻上消耗的内能.实际运转时,由于受各种因素的影响,电动机的效率将变化.

▶ **例 4** (多选)用一个小型电动机提升重物,当给定电压为 2V 时,电动机没有转动,此时通过电动机的电流为 1A.当电压增加到 12V 时,电动机开始工作,此时电动机能带动 16N 重的物体以 1m/s 的速度匀速上升,则下列判断正确的是 ( )

A.电动机的工作电流一定为 4A

B.电动机的线圈阻值一定为 2Ω

C.电动机的损耗功率可能为 8W

D.电动机的效率可能为 50%

解析 电动机没有转动时,线圈电阻 $R=\dfrac{U}{I}=\dfrac{2\text{V}}{1\text{A}}=2\Omega$.电动机提升重物时,克服重力做有用功,其输出功率 $P_{机}=Gv=16\text{N}\times1\text{m/s}=16\text{W}$.设电动机的工作电流为 I,则电动机的输入功率 $P_{电}=UI=12\text{V}\times I$,线圈上的发热功率 $P_{内}=I^2R=2\Omega\times I^2$.

因为 $P_{电}=P_{机}+P_{内}$,即 $UI=Gv+I^2R$,代入数据得

$12\text{V}\times I=16\text{W}+2\Omega\times I^2$,解得 $I=4\text{A}$ 或 $I=2\text{A}$,故 A 错误.

因为电动机线圈电阻为 2Ω,故 B 正确.

电机线圈的损耗功率 $P_{内}=I^2R=(4\text{A})^2\times2\Omega=32\text{W}$ 或 $P_{内}=I^2R=(2\text{A})^2\times2\Omega=8\text{W}$.故 C 正确.

当 $I=4\text{A}$ 时,$P_{电}=UI=12\text{V}\times4\text{A}=48\text{W}$,

电机的效率 $\eta=\dfrac{P_{机}}{P_{电}}\times100\%=\dfrac{16\text{W}}{48\text{W}}\times100\%=33.3\%$.

当 $I=2\text{A}$ 时,$P_{电}=UI=12\text{V}\times2\text{A}=24\text{W}$,

电机的效率 $\eta=\dfrac{P_{机}}{P_{电}}\times100\%=\dfrac{16\text{W}}{24\text{W}}\times100\%=66.7\%$.

故 D 错误.本题的正确选项是 BC.

感悟 在不能确定电动机工作电流时,可以设电流为 I,代入电动机工作的功能关系方程中,解一元二次方程就可以求出电流值.

☆☆ 小试身手 ➤➤

1. 一辆无轨电车的行驶速度是 36km/h,阻力为 2200N.如果电车效率为 80%,所用电压为 550V,那么通过电动机的电流为_____ A.

2. 如图所示,用一台直流电动机提升重为 500N 的货物,已知电源两端的电压为 100V,不计各种摩擦.当电动机以一定的速度向上匀速提升货物时,电路中电流为 5A,电动机线圈的电阻为 2Ω,则提升重物的速度为_____.

第 2 题图

3. 用直流电动机提升重物的卷扬机如图所示,重物的质量 $m=50kg$,电源电压 $U=110V$,不考虑摩擦,当卷扬机正常工作提升货物匀速上升时,经历 5s 可上升 4.5m.已知电动机线圈的电阻 $R=4Ω$,则卷扬机正常工作时,电路中的电流 $I=$_____ A.(g 取 10N/kg)

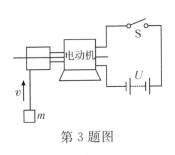

第 3 题图

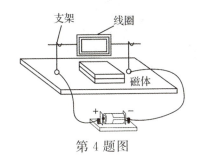

第 4 题图

4. 如图所示,兴趣小组制作了一个电动机,给线圈通电,轻轻一推,线圈就会持续转动,则电动机转动时主要把电能转化为_____能.要改变线圈的转动方向可以_____或者_____.线圈两端的漆是怎样刮去的?_____.这样的做法与换向器的作用_____(填"相同"或"不相同").

56　发电机模型

引路人　浙江省温州市苍南县教师发展中心　林　茂

思想方法导引 ▶▶

发电机与电动机对比：电动机是因电而动，消耗电能获得机械能；发电机则是因动而电，发电机本身就是电源，消耗机械能获得电能．无论是直流发电机还是交流发电机，线圈切割磁感线而产生的都是交流电．交流发电机输出的是交流电，直流发电机在换向器的作用下输出的是直流电．

判断发电机中感应电流的方向可用右手定则（如右图）：伸开右手，大拇指与四指垂直，并且都跟手掌在同一平面内；让磁感线垂直穿过手心，大拇指指向导体切割磁感线的运动方向，则四指所指的方向就是导体中感应电流的方向．

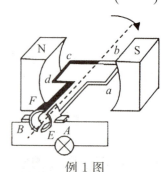

方法要点例析 ▶▶

▶ 例1　如图是直流发电机的工作原理图，关于直流发电机，下列说法正确的是　　　　　　　　　（　　）

A. 直流发电机线圈内产生的是交流电，供给外部电路的是直流电
B. 直流发电机线圈内产生的是直流电，供给外部电路的是直流电
C. 它是利用电流的磁效应工作的
D. 图中的 E、F 被称为换向器，它的作用是改变线圈中的电流方向

例1图

解析　直流发电机的线圈在转动过程中，不断周期性地切割磁感线，所以在线圈内产生了交流电，而供给外部的是直流电，A 符合题意，B 不符合题意；直流发电机是根据电磁感应原理制成的，C 不符合题意；图中的 E、F 称为换向器，换向器的作用是将线圈中的交流电在输出时变为直流电，并没有改变线圈中的电流方向，D 不符合题意．故答案为 A．

感悟 了解直流发电机的结构和工作原理,要清楚在线圈中流过的始终是交流电,若输出的仍是交流电,则为交流发电机,若用换向器将交流电变为直流电,则为直流发电机.

例2 如图所示,线圈Ⅰ和线圈Ⅱ绕在同一个铁芯上,下列情况中不能引起电流计指针偏转的是 （ ）

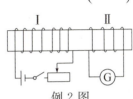

A. 闭合开关瞬间

B. 开关闭合稳定后

C. 断开开关瞬间

D. 开关闭合稳定后移动滑动变阻器的滑片

例2图

解析 开关闭合瞬间,线圈Ⅰ中电流从无到有,穿过线圈Ⅱ的磁通量也从无到有,线圈Ⅱ中产生感应电流,电流计指针偏转,A不符合题意;开关闭合稳定后,线圈Ⅰ中电流稳定不变,穿过线圈Ⅱ的磁通量稳定不变,线圈Ⅱ中无感应电流产生,电流计指针不发生偏转,B符合题意;开关断开瞬间,线圈Ⅰ中电流从有到无,穿过线圈Ⅱ的磁通量也从有到无,线圈Ⅱ中有感应电流产生,电流计指针偏转,C不符合题意;开关闭合稳定后,移动滑动变阻器的滑片,线圈Ⅰ中的电流发生变化,穿过线圈Ⅱ的磁通量也发生变化,线圈Ⅱ中有感应电流产生,电流计指针偏转,D不符合题意.故答案为B.

感悟 产生感应电流的条件主要有两个:一是电路要闭合;二是磁通量要发生变化.

例3 法拉第发现了电磁感应现象之后,又发明了世界上第一台发电机——法拉第圆盘发电机,揭开了人类将机械能转化为电能并进行应用的序幕.法拉第圆盘发电机的原理如图所示,将一个圆形金属盘放置在电磁铁的两个磁极之间,并使盘面与磁感线垂直,盘的边缘附近和中心分别装有与金属盘接触良好的电刷A、B,两电刷与灵敏电流计相连.当金属盘绕中心轴按图示方向转动时,下列说法错误的是 （ ）

A. 金属盘产生的感应电流方向从A到B

B. 若仅提高金属盘转速,灵敏电流计的示数将变大

C. 若仅减小电刷A、B之间的距离,灵敏电流计的示数将变小

D. 若仅将滑动变阻器的滑片向左滑,灵敏电流计的示数将变小

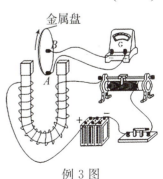

例3图

解析 根据安培定则可知电磁铁产生的磁场方向向左,根据右手定则可知,金属盘产生的感应电流方向从 B 到 A,A 错误;若仅提高金属盘转速,金属盘产生的感应电动势将增大,则感应电流增大,灵敏电流计的示数将变大,B 正确;若仅减小电刷 A、B 之间的距离,金属盘有效切割长度减小,金属盘产生的感应电动势将减小,则感应电流减小,灵敏电流计的示数将变小,C 正确;若仅将滑动变阻器滑片向左滑,其接入电路的电阻增大,流过电磁铁的电流将会减小,产生的磁感应强度减小,感应电动势将减小,则感应电流减小,灵敏电流计的示数将变小,D 正确. 故答案为 A.

感悟 理解圆盘发电机的原理,知道圆盘发电机靠切割磁感线产生感应电动势.

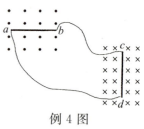

⏵ **例 4** 两根金属棒 ab 和 cd 连成一回路,分别放在两个方向相反的匀强磁场中,如图所示,现要使 cd 向右运动,那么 cd 中电流方向应为_____(填"$c \to d$"或"$d \to c$"),ab 应_____运动(填"向上"或"向下").

例 4 图

解析 要使 cd 向右运动,则 cd 应受向右的安培力,根据左手定则可知,电流应由 c 到 d,方向向下;由电路规律可知 ab 中电流由 a 到 b,则由右手定则可知,ab 应向上运动. 故答案为"$c \to d$"和"向上".

感悟 要注意左手定则和右手定则的应用,明确它们的区别,注意左手定则应用在"因电而动"而右手定则应用在"因动而电".

✦ 小试身手 ➤➤

1. 如图所示,发电机的线圈从水平位置开始转动,下列说法正确的是 (　　)

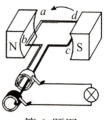

A. 线圈转到图示位置时,不能产生感应电流

B. 线圈转到图示位置,cd 边不受磁场力作用

C. 线圈从图示位置转过 $180°$ 后,ab 边电流方向不变

D. 线圈从图示位置转过 $90°$ 瞬间,线圈中没有电流

第 1 题图

2. 如图所示为两根平行光滑长直金属导轨,其电阻不计,导体棒 ab 和 cd 跨在导轨上,ab 电阻大于 cd 电阻,当 cd 在外力 F_2 作用下匀速向右滑动时,ab 在外力 F_1 作用下保持静止,则 ab 两端电压 U_{ab} 和 cd 两端电压 U_{cd} 相比,U_{ab}_____ U_{cd},外力 F_1 和 F_2 相比,F_1_____ F_2.(均填">""<"或"=")

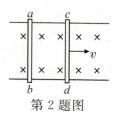

第 2 题图

3. 有一种磁流体发电机,它可以把气体的内能转化为电能,如图所示,将一束高温下电离的气体(含大量带正电或负电的微粒,整体呈中性)喷射进磁场,磁场中有金属板 A、B,A、B 与外线路相连,试简要说明它的工作原理.

第 3 题图

4. 如图所示,一个铜盘绕其竖直的轴转动,且假设摩擦等阻力不计,转动是匀速的.现把一个蹄形磁铁移近铜盘,则铜盘的转动速度如何改变?请说明理由.

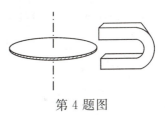

第 4 题图

57 电磁波信息传递

引路人 绍兴市教育教学研究院 郑长兴

📖 思想方法导引 ▶▶

现在人们能随时随地交流和获取信息,越来越依赖电磁波,如手机、卫星电话等移动通信,无人机、太空舱的远程控制、导航定位以及互联网数据传输等.电磁波不仅能在介质中传播,也能在真空中传播,光波实质上就是电磁波.电磁波在真空中的传播速度为 $3 \times 10^8 \, \mathrm{m/s}$,电磁波信息传递具有信息量大、抗干扰能力强等优点.

解决电磁波信息传递的有关问题,需要了解电磁波产生的机理.电磁波在真空中是沿直线传播的,描述电磁波的基本物理量是振幅、周期、频率、波长等基础知识.电磁波信息传递还需构建基本的空间位置观,利用简单的数学几何知识和速度公式来解决相应问题.

☁ 方法要点例析 ▶▶

🔘 **例1** 红外遥感卫星通过接收地面物体发出的红外辐射来探测地面物体的状况.地球大气中的水汽(H_2O)和二氧化碳(CO_2)能强烈吸收某些波长范围的红外辐射,即地面物体发出的某些波长的电磁波,只有一部分能够通过大气层被遥感卫星接收.如图为水和二氧化碳对某一波段不同波长电磁波的吸收情况,由图可知,在该波段红外遥感大致能够接收到的波长范围为 (　　)

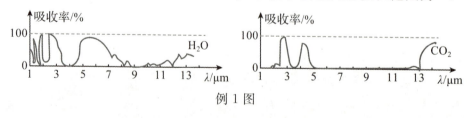

例1图

A. $2.5 \sim 3.5 \, \mu\mathrm{m}$　　B. $4 \sim 4.5 \, \mu\mathrm{m}$　　C. $5 \sim 7 \, \mu\mathrm{m}$　　D. $8 \sim 13 \, \mu\mathrm{m}$

解析　由图可知,水对电磁波吸收的波长范围为 $0 \sim 3 \, \mu\mathrm{m}$ 及 $5 \sim 8 \, \mu\mathrm{m}$,二氧化碳对电磁波吸收的波长为 $3 \sim 5 \, \mu\mathrm{m}$ 和大于 $13 \, \mu\mathrm{m}$,故能够通过大气层被遥感卫星接收的波长范围为 $8 \sim 13 \, \mu\mathrm{m}$.所以 A、B、C 不符合题意,选 D.

感悟 电磁波能传递信息,但传输过程中,如果某波段的电磁波缺失或被干扰,该段电磁波携带的信息就无法正确传递.

▶ **例2** 电磁波在信息传递中扮演着非常重要的角色.打开收音机,调至没有电台的位置,将音量开大,将一节干电池和一根导线拿到收音机附近.先将导线一端与电池负极相连,再将导线另一端与正极摩擦,使它们时断时续地接触,这时会听到收音机发出"喀喀"的杂音,这是产生的电磁波被收音机接收了.当导线中的电流迅速发生变化时,变化的电场和变化的磁场相互激发,会在空间形成电磁波.广播电台、电视台、手机就是靠复杂的电子线路产生的迅速变化的电流发射电磁波的.

(1)小科搜集了以下几种情况,其中能产生电磁波的是_____.

A	开灯的瞬间
B	手电筒正常发光时
C	电饭锅从加热状态自动调到保温状态时

(2)电磁波在生活中有哪些应用?请你列举2个实例.

(3)过量的电磁波照射对人体是有害的,家里的微波炉如果微波泄漏超标,会是家庭中的无形杀手.小科想知道自己家里的微波炉是否有微波泄漏的情况,请你帮他设计实验进行检验.

解析 (1)情况A:打开电灯的瞬间,电路中的电流发生变化,就会产生电磁波,符合题意;情况B:手电筒正常发光时,电路中的电流没有发生变化,不会产生电磁波,不合题意;情况C:电饭锅从加热状态自动调到保温状态时,电路中的电流大小迅速发生变化,会产生电磁波,符合题意.故选AC.

(2)电磁波在生产生活中有着广泛的应用,例如:用微波炉加热食品、电视信号的发射与接收、使用手机打电话等都是利用电磁波进行的.

(3)可以利用手机来探究微波炉是否有微波泄漏.方法:先用手机拨通家里的固定电话,当固定电话的铃声响起时,将手机放入微波炉内,并关上炉门,观察家里固定电话的铃声有无发生变化.如果铃声减弱直至无声,说明手机发射的电磁波不能从微波炉内泄漏出来,则微波炉的防泄漏功能较强;如果仍能听到铃声,说明手机发射的电磁波能够泄漏出来,微波炉的防泄漏功能存在问题.

感悟 了解电磁波产生的机理与电磁波在生产生活中的应用,尽管电磁波能在固体中传播,但采用特殊的材料和吸收方法,能隔绝其传播,用手机电磁波信号检测微波炉是否存在微波泄漏,是模拟的科学思想方法.

▶ **例 3** 卫星通信系统由赤道上空一定高度上的地球同步卫星和经该卫星连通的地球站两部分组成.同步卫星天线波束最大覆盖面可以达到地球表面总面积的三分之一（以上），因此，在赤道上空同平面轨道上等间隔放置三颗同步卫星，就能实现全球范围的通信.目前使用的国际通信卫星系统就是按照上述原理建立起来的，三颗卫星分别位于大西洋、印度洋、太平洋上空.

（1）已知地球半径为 6.4×10^3 km，要实现全球卫星通信，卫星在轨理论高度（距地面高度）至少为多少？

（2）卫星传输的主要缺点是传输时延较大.甲、乙两人打接越洋电话，已知他们两地基站共用的是一颗在轨高度约 3.6×10^4 km 的通信卫星，且两地距卫星均为 4.5×10^4 km，考虑信号（传播速度为光速）的往返传播，接打一次电话时延多少秒？

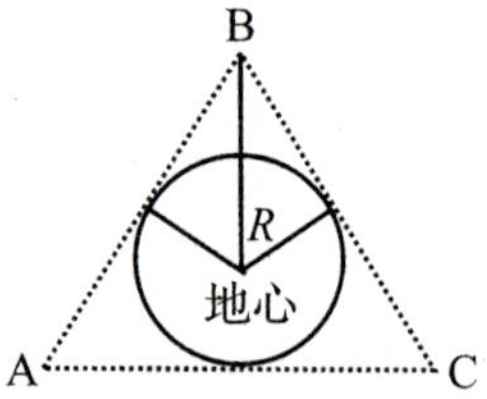

解析 （1）三颗同步卫星实现全球范围的通信，其示意如答图所示.

例 3 图

由几何关系可得，$h = \dfrac{R}{\cos 60^\circ} - R = R = 6.4 \times 10^3$ km.

（2）共用一颗卫星进行通信，信号需要经过两次往返（即四次单程），计算信号延迟：$\Delta t = \dfrac{4d}{c} = \dfrac{4 \times 4.5 \times 10^4 \text{ km}}{3 \times 10^8 \text{ km/s}} = 0.6$ s.

感悟 卫星通信的信号延迟主要取决于卫星与地面之间的距离以及信号传播的速度.

✦ **小试身手** ➤➤

1. 在下列通信方式中，利用电磁波进行信息传递的是 （   ）

　　A.线路电话　　　　　　　　B.无线电广播

　　C.有线电视　　　　　　　　D.光纤通信

2. 在相同时间内，5G 通讯传输的信息量约为 4G 的 10 倍.与 4G 相比，5G 电磁波 （   ）

　　A.频率更高　　　　　　　　B.频率更低

　　C.传播速度更小　　　　　　D.传播速度更大

3. 2019 年 1 月 4 日，"嫦娥四号"通过"鹊桥"中继卫星传回了世界上第一张近距离拍摄的月球背面的图片.中继卫星"鹊桥"是在地球和月球背面的探测器之间搭了一座"桥"，有效地解决了探测器和地球间的通信问题，如图 1 是探测器通过"鹊桥"向地球传递信息的示意图.

第 3 题图 1

为了实现通讯和节约能源,"鹊桥"的理想位置就是围绕"月-地系统"的拉格朗日点旋转,拉格朗日点是指空间中某个理想点,在该点放置一个质量很小的天体,该天体仅在地球和月球对它的万有引力作用下保持与地球和月球的相对位置不变.请根据材料,回答问题.

(1)飞行控制中心通过"鹊桥"中继卫星向"嫦娥四号"发送的指令是利用_____(填"电磁波"或"声波")传播的.

(2)若将中继卫星"鹊桥"直接置于如图所示的拉格朗日点上,中继卫星"鹊桥"将无法完成地球地面向飞行控制中心传递信号的任务,请在图中画图示意并简要说明原因.

第 3 题图 2

4.我国多次成功进行了陆基中段反导拦截技术试验.被拦截的弹道导弹在飞行时分为"助推段""中段"和"末段".某科技小组为了模拟该试验的过程,建立了如图所示物理模型:"助推段"和"末段"路程相对于导弹飞行路程,占比比较小,忽略不计;"中段"飞行轨迹相对固定,可认为是沿以"发射点"和"目标点"连线为直径的圆弧匀速飞行.图中发射点和目标点位于地球赤道上,发射点和目标点正上方有轨道高度相同的卫星 A 和 B,与地心连线夹角为 $120°$,被拦截导弹飞行轨迹位于赤道平面上.

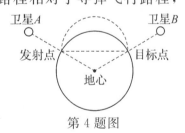

第 4 题图

(1)已知地球半径 $R=6400\text{km}$,不考虑地球大气对电磁波的偏折,为了实现发射点发射导弹后卫星 A 通过电磁波立即将信息传递给卫星 B,求卫星距离地面的最低高度.

(2)卫星 B 收到发射信息后,目标点立即发射拦截弹对导弹进行拦截.为了简化过程,可认为拦截弹在较短距离内加速到最大速度后(加速时间忽略不计),以最大速度沿直线向拦截点飞行.为了使被拦截导弹"刚冒出"目标点地平线时恰好被拦截,求拦截弹的平均速度.(被拦截导弹飞行速度约为 4.71km/s,可能用到的数学知识:$\pi\approx3.14$)

58　能源与能量转化法

引路人　徐州市丰县教师发展中心　陈爱国

思想方法导引 ▶▶

在解决涉及风能、内能、电能等复杂的能源问题时，可以运用能量转化法，具体步骤如下：

1. 明确研究对象，分析物理过程，确定初末状态.

2. 分析能量转化情况，确定初末状态的能量形式，列出相应能量表达式.

3. 列出能量关系式，根据物理过程中能量的转化或转移情况，列出能量守恒方程.

（1）如果系统没有能量损失（理想情况）：$E_初 = E_末$.

（2）如果系统有能量损失：$E_初 = E_末 + E_损失$ 或 $E_末 = \eta E_初$（η 为能量转化效率）.

运用能量转化法解决问题时，判断初末状态的能量形式是关键，如风能发电，就是把风的动能 $\frac{1}{2}mv^2$（m 为空气质量，v 为空气流动速度）转化为电能；再如水电站，是把水的重力势能 mgh（m 为水的质量，h 为水的落差高度）转化为电能.

方法要点例析 ▶▶

▶ 例1　在"引渤入疆"（指引渤海水进入新疆）研讨会上，专家组提出一个方案：从天津渤海湾取水，由黄旗海—库布齐沙漠—毛乌素沙漠—腾格里沙漠—乌兰布和沙漠—巴丹吉林沙漠，走河西走廊，经疏勒河自行流入罗布泊.此路径中最高海拔 $h_1 \approx 1200m$，从罗布泊到下游的艾丁湖，又有 $h_2 \approx 1000m$ 的落差.此方案是否可行，涉及环境、能源、技术等多方面.下面我们仅从能量的角度分析这个方案，取 $g = 10N/kg$，海水的密度 $\rho = 1.0 \times 10^3 kg/m^3$.

（1）若通过管道将 1t 海水提升到海拔高度 1200m 处，电能效率 60%，需要电能 E_1 多少？

（2）若每年调 $4 \times 10^9 m^3$ 海水入疆，即使把从罗布泊到下游艾丁湖落差发的电全部用来提升海水，还需要额外提供电能.额外需要的电能可以从三峡水电站输送,已知三峡水电站水库面积为 $1.0 \times 10^9 \, \mathrm{m}^2$,年平均流量 $Q = 5.0 \times 10^{11} \, \mathrm{m}^3$,水库与发电机所在位置的平均高度差 $h = 100 \mathrm{m}$,发电效率 $\eta = 60\%$,求在一年中"引渤入疆"工程额外需要的电能占三峡电站年发电量的比例.

解析 (1)将 1t 海水提升到海拔 1200m,

增加的重力势能 $E_p = mgh_1 = 1.2 \times 10^7 \mathrm{J}$.

由于电能的效率为 60%,所以 $E_1 \times 60\% = E_p$.

消耗的电能 $E_1 = \dfrac{E_p}{60\%} = 2.0 \times 10^7 \mathrm{J}$.

(2)利用 1000m 落差,1t 水可以发电 $E_2 = mgh_2 \times \eta = 6.0 \times 10^6 \mathrm{J}$

将 1t 海水输送到艾丁湖,额外需要耗电 $\Delta E_0 = E_1 - E_2 = 1.4 \times 10^7 \mathrm{J}$.

每年从渤海湾调 $4 \times 10^9 \, \mathrm{m}^3$ 海水入疆需要额外用电

$\Delta E = 4 \times 10^9 \times \Delta E_0 = 5.6 \times 10^{16} \mathrm{J}$.

三峡水电站的年发电 $E = \rho Q g h \eta = 3.0 \times 10^{17} \mathrm{J}$.

"引渤入疆"工程需要的电能占三峡电站发电量的比例为

$\dfrac{\Delta E}{E} = \dfrac{5.6 \times 10^{16} \mathrm{J}}{3.0 \times 10^{17} \mathrm{J}} = 18.7\%$.

感悟 复杂问题往往是简单问题的组合,要善于将复杂问题合理分解,如求从渤海湾调 $4 \times 10^9 \, \mathrm{m}^3$ 海水入疆需要的额外用电量,可以先求调 1t 海水需要的额外用电量;水力发电就是把水的重力势能转化为电能,注意能量转化效率.

⏵**例2** 我国西北地区风能充足.通过风轮机一个叶片旋转一周扫过面积的最大风能为可利用风能,取空气密度 $\rho = 1.25 \mathrm{kg/m^3}$.某风力发电机的发电效率 $\eta = 40\%$,其风轮机一个叶片旋转一周扫过的面积 $S = 400 \mathrm{m}^2$,某地区风速不低于 $v = 10 \mathrm{m/s}$ 的时间每年约为 5600h(合 $2.0 \times 10^7 \mathrm{s}$).求在该地区一台这样的风力发电机一年的发电量.

解析 对一台这样的风力发电机,1s 内垂直流向叶片旋转面积的气体质量为 $\rho v S$.

风能的最大功率 $P_m = \dfrac{1}{2}(\rho v S)v^2 = \dfrac{1}{2}\rho v^3 S = 2.5 \times 10^5 \mathrm{W}$.

一年发电量 $W \approx \eta P_m t = 40\% \times 2.5 \times 10^5 \times 2.0 \times 10^7 \mathrm{J} = 2.0 \times 10^{12} \mathrm{J}$.

感悟 风力发电就是将风的动能 $\dfrac{1}{2}mv^2$ 转化为电能,欲求风的动能,需要知道风的质量,欲求 1s 内通过风轮机的风的质量,需求 1s 内流过风的体积 vS.

例 3 某太阳能汽车上接收板的面积是 $8m^2$,它正对太阳时电池能够产生 120V 的电压,并对车上电动机提供 10A 的电流.电动机的直流电阻为 4Ω,而太阳光照射到地面时单位面积上的辐射功率为 $1.0\times10^3 W/m^2$.

(1)该车的太阳能电池的发电效率是多少?

(2)电动机把电能转化为机械能的效率是多少?

解析 (1)太阳能接收板接收的功率 $P_1=1.0\times10^3 W/m^2\times 8m^2=8\times10^3 W$.

电池的输出功率 $P_2=UI=120V\times10A=1.2\times10^3 W$.

电池的效率 $\eta_1=\dfrac{P_2}{P_1}\times100\%=\dfrac{1.2\times10^3 W}{8\times10^3 W}\times100\%=15\%$.

(2)电动机线圈的发热功率 $P_3=I^2R=(10A)^2\times4\Omega=0.4\times10^3 W$.

电动机的效率 $\eta_2=\dfrac{P_2-P_3}{P_2}\times100\%=\dfrac{1.2\times10^3 W-0.4\times10^3 W}{1.2\times10^3 W}\times100\%=67\%$.

感悟 因为电动机工作时会发热,所以,电动机消耗的电能转化为机械能和内能,即消耗的电能等于机械能和内能之和.弄清电动机工作过程中的能量转化情况是解决问题的关键.

例 4 汽车尾部所标的"0.8""1.6""1.8"或"2.0"等字样,是汽车发动机的"排气量",指汽缸内活塞从下止点到上止点所扫过的容积之和.一般情况下发动机的"排气量"越大,功率越大.汽车发动机每一个工作循环要经历四个冲程,带动曲轴转动 2 周.现有一辆小轿车发动机排气量为 1.8L,最大功率为 74kW,当该发动机以最大功率工作时,曲轴的转速为 5200r/min.汽油机工作时的最佳空燃比(即空气和燃油的质量比)为 14∶1,压缩比是 10(即汽缸总容积与燃烧室容积的比值),若发动机在最大功率时汽油和空气的混合密度为 $1.35kg/m^3$,汽油的热值为 $4.6\times10^7 J/kg$.求这台发动机在最大功率时的热机效率.

解析 这台发动机以最大功率工作时 1min 内发动机做的有用功

$W_{有}=74\times10^3\times60J=4.44\times10^6 J$.

1min 内转动 5200 转,吸入汽油和空气的混合气 2600 次,1min 内发动机消耗汽油的质量 $m=\rho V=1.35kg/m^3\times1.8\times10^{-3}m^3\times\dfrac{10}{9}\times2600\times\dfrac{1}{15}=0.47kg$.

1min 内汽油完全燃烧放出的热量 $W_{总}=0.47kg\times4.6\times10^7 J/kg=2.16\times10^7 J$.

这台发动机在最大功率时的热机效率 $\eta=\dfrac{W_{有}}{W_{总}}=20.5\%$.

感悟 每次吸入的汽油和空气混合气体的体积为气缸总容积,是由气缸排气量和燃烧室容积两部分构成,即气缸总容积=气缸排气量+燃烧室容积.

✦ 小试身手 ➤➤

1. 抽水蓄能水电站可调剂电力供应.深夜时,用过剩的电能通过水泵把下蓄水池的水抽到高处的上蓄水池内.白天则通过闸门放水发电,以补充电能不足,如图所示.若上蓄水池长 150m,宽 30m,从深夜 11 时至清晨 4 时抽水,使上蓄水池水面增高 20m,而抽水过程中水上升的高度始终保持为 400m.不计抽水过程中其他能量损耗,试求抽水的功率.($g=10$N/kg)

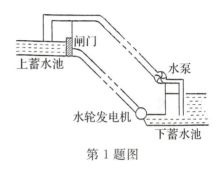

第 1 题图

2. 某机床上使用的一台直流电动机,标有"36V 36W"的字样.用多用电表测得电机的电阻为 2Ω.试计算这台电动机在满负荷工作时的效率.

3. 洗浴用的电热水器的电功率是 1.2kW,热水器内筒的直径是 30cm,高是 50cm.如果加热过程中的热量散失率为 10%,则把满筒的水从 20℃加热到 70℃需要多长时间?

4. 风力发电机发电时,风机叶片在风力的推动下转动,然后带动发电机发电.已知风能密度(单位时间内通过单位面积的风能)$W=0.5\rho v^3$,其中 v 为风速,ρ 为空气密度.某台风力发电机风机叶片的旋转面积 $S\approx5\times10^3\text{m}^2$(即叶片旋转过程中所扫过的面积),在工作过程中始终保持风速与叶片的旋转面垂直.当地空气密度为 $\rho=1.2$kg/m³.

(1)当风速 $v_1=8$m/s 时,求 1s 内流过叶片旋转面的空气质量.

(2)当风速 $v_2=10$m/s 时,1h 输出电能约为 960kW·h,若传动装置和齿轮箱的能量损失不计,其中发电机的效率为 80%,求风机的效率.

59　能源特征分类法

引路人　江苏省锡山高级中学匡村实验学校　刘　轶

思想方法导引 >>

　　能源是指能够提供能量的资源,可以为人类提供电能、光能、内能、机械能、化学能等多种形式的能量.能源可根据不同特征进行分类:

　　(1)按来源途径可分为来自太阳辐射、来自地球自身与来自天体引力;

　　(2)按开发程度可分为常规能源与新能源;

　　(3)按清洁程度可分为清洁能源与非清洁能源;

　　(4)按获取方式可分为一次能源与二次能源;

　　(5)按再生情况可将一次能源分为可再生能源与不可再生能源.

　　在判断能源所属类别时,无需记忆所有能源的全部类别,解题方法是结合典型能源理解不同分类的特征,在此基础上进行判断即可.

　　在判断能源分类时需要注意以下几点:

　　(1)地球上除了核能、地热能来自地球自身,潮汐能来自天体引力外,包括风能、水能、生物能、煤、石油、天然气等绝大多数能源都间接来自太阳.

　　(2)由于电能、氢能、汽油与柴油等都无法从自然界中直接获取,而是要消耗一次能源才能得到,因此都是二次能源.

　　(3)核能作为一种矿产资源,与煤、石油、天然等能源一样属于不可再生能源.

方法要点例析 >>

　　例 1　中国是一个负责任的大国,为构建人类命运共同体而不懈努力,实现可持续发展已成为 21 世纪各国的任务.能源可按不同方式分类,如图,下列四组能源中,能归入图中阴影部分的一组是　　　　　　(　　)

　　A. 煤炭、沼气

　　B. 太阳能、风能

　　C. 水能、天然气

　　D. 石油、核能

例 1 图

解析 (1)能从自然界中源源不断得到的能源是可再生能源,如太阳能、风能、水能;而煤炭、天然气、石油、核能属于不可再生能源;另外是否可再生只对一次能源划分,因此对作为二次能源的沼气划分是否可再生无意义.

(2)除了地热能和核能来自地球,潮汐能来自天体引力,地球上其他能源几乎都来自太阳.

(3)人类开发利用的新能源有太阳能、风能、核能等.

故选 B.

感悟 明确常见能源的不同分类特征是解答此题的关键.

▶例2 "玲龙一号"是中国研发、全球首创的陆上商用小型核能发电装置,核能属于 ( )

①可再生能源;②不可再生能源;③常规能源;④清洁能源

A.①③ B.①④ C.②③ D.②④

解析 核能利用的原材料主要为铀矿石,随着开采越用越少,不能在短期内从自然界得到补充,属不可再生能源;虽然核能发电会产生放射性废物,但现代核反应堆能够有效得到控制,且核能发电过程中无有害气体排放,因此我们认为核能属于清洁能源.故选 D.

感悟 20 世纪 40 年代,科学家发明了可以控制核能释放的装置——核反应堆,拉开了以核能为代表的新能源利用的序幕,这种来源于地球自身的能源属于不可再生能源、清洁能源.

▶例3 地球内部储藏有取之不尽、用之不竭的地热能,有报道也把地热能叫做地温能,地球浅表层蕴含的地温能在一定程度上已经能够开发利用.比如在地球浅表层埋上水管,做成地热导管,用水泵推动形成水循环,将地热"携带"到地面,可供冬天御寒而代替空调.那么,这里所说的地温能属于 ( )

A.动能 B.电能 C.化学能 D.内能

解析 通过地温源热泵从地下水或土壤中提取和利用的热能称为地温能,因此能量形式为内能.

故选 D.

感悟 地温能是一种在当前技术条件下具备开发利用价值的地球内部的低温地热能资源,同太阳能、风能等能源一样,不产生二氧化碳及热岛效应,属于可再生能源、清洁能源、新能源.

例4 氢能源汽车使用的是氢燃料电池,其工作原理示意图如图所示.电池工作时,在催化剂的作用下氢原子失去电子形成氢离子,穿过电极 A 通过电解液移动到电极 B 与氧离子结合形成水分子;而电子则从电极 A 经外部电路通过电动机到达电极 B,形成电流.

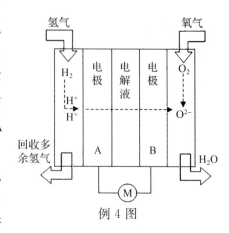

例4图

(1)从能量转化的角度,分析氢燃料电池工作时是将化学能直接转化为_____能,从能源分类来说,氢能属于_____(填"新能源"或"常规能源").

(2)氢燃料电池工作时,通过电动机的电流方向是_____(填"从左到右"或"从右到左").

(3)若将在制氢过程中基本上没有碳排放而得到的氢气称为绿氢.则下列方式无法制得绿氢的是_____.

A.风力发电制氢   B.太阳能光伏发电制氢
C.火力发电制氢   D.潮汐能发电制氢

解析 (1)电池是将化学能转化为电能的装置;氢能尚未大规模生产与利用,属于新能源.

(2)由题目信息可知电子从电极 A 经外部电路通过电动机到达电极 B,形成电流,而电流的方向与电子的流向相反,故电动机内电流从右到左.

(3)由于火力发电燃烧化石燃料,排放二氧化碳,因此不能制得绿氢.

故答案为:(1)电;新能源.(2)从右到左.(3)C.

感悟 通过阅读题目中的文字与图片提取相关信息是解题的关键.

小试身手 ➤➤

1.6 月 5 日是世界环境日,为减少环境污染和生态破坏,实现节能减排,中国在沿海地区大力推广风力发电.这种发电方式是把_____转化成电能;在众多能源中,煤、石油、天然气和铀矿等都属于_____(填"可再生"或"不可再生")能源.

2.2024 年末,白鹤滩水电站所有机组投产发电,发电量为世界第二,仅次于三峡水电站,其利用的水能属于   (   )

①可再生能源;②不可再生能源;③常规能源;④新能源

A.①③   B.①④   C.②③   D.②④

3. 能源是人类生存和发展的基础,人类社会的每一次重大进步都伴随着能源的改进和更替.关于能源的开发和利用,下列说法错误的是 （ ）

A. 核能是不可再生能源,开发和利用核能是人类获取能源的一个新途径

B. 煤是不可再生能源,以煤为主要燃料的火电站容易造成环境污染

C. 太阳能是一次能源,可直接利用且污染小,开发前景广阔

D. 电能、氢能等能源是一次能源,属于可再生能源

4. 了解能源分类对实现能源可持续发展有重要的意义.下列能源既是来自太阳辐射的能源,又属于可再生能源的一组是 （ ）

A. 煤炭、沼气　　　　　　　　B. 石油、潮汐能

C. 风能、水能　　　　　　　　D. 柴薪、天然气

5. 干热岩是一种地热能源,是指存在于地壳深处的无水岩体,其温度一般在 200℃ 以上.全球陆区干热岩资源量是全球石油、天然气和煤炭蕴藏能量的近 30 倍,我国干热岩资源占世界资源量的 $\frac{1}{6}$ 左右.如图为利用其发电的原理图,请回答下列问题.

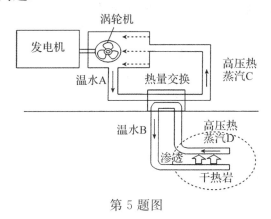

第 5 题图

(1)由图可知利用干热岩发电,主要涉及的能量转化有:内能→_____→电能,在发电过程中,内能_____(填"能"或"不能")全部转化为电能.

(2)高压蒸汽 C 经过涡轮风扇之后变成温水 A,其物态变化过程是:_____.

(3)干热岩是未来大力发展新能源之一,与火力发电相比,该能源的优点是_____.

60　等效替代法

引路人　江苏省淮阴中学新城校区　赵　杰

思想方法导引 ▷▷

　　等效替代法是常用的科学思维方法,是在保证某种效果相同的前提下,将实际、复杂的物理问题和过程等效为简单的、易于研究的问题和过程来研究和处理的方法.等效是替代的前提条件,抓住替代前后某一物理量的不变性是解决问题的关键.

　　等效替代法在初中物理中常见于探究平面镜成像中的物像替代、力的作用效果的等效替代、电路中测未知电阻和灯泡未知电功率的等效替代等.在解决问题前,要明确研究对象、替代量、等效点分别是什么.如在平面镜成像实验中 B 蜡烛替代了 A 蜡烛去比较像与物的大小关系,而和像重合后的 B 蜡烛此时又替代了像,确定了像的位置.

方法要点例析 ▷▷

　　▷ 例 1　小明同学自制了一个不等臂杠杆 ($OA>OB$),将 O 点处悬挂后杠杆水平平衡,如图所示,现用该杠杆及一盒砝码和一堆细沙,准确称取 40g 细沙.

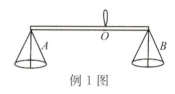

例1图

　　(1)在图中右盘内放两个 20g 的砝码,向左盘添加细沙,直至杠杆动态平衡,则左盘中细沙质量_____40g.(填"大于""小于"或"等于")

　　(2)在不改变 A、O、B 三点位置的情况下,下一步的操作是_____.

　　解析　(1)由杠杆平衡条件得 $F_A \times L_{OA} = F_B \times L_{OB}$,已知 $L_{OA} > L_{OB}$,则 $F_A < F_B$,A、B 对杠杆的拉力等于盘中物体的重力,所以 $G_A < G_B$,根据 $G = mg$ 可知左盘中细沙质量小于 40g.

　　(2)左盘中的沙子质量小于 40g,与准确称取 40g 沙子这一目标无定量关系,而右侧的两个 20g 砝码可以作为等效替代对象,即将右侧砝码去掉换成细沙,直至杠杆水平平衡,则右盘中细沙的质量等于砝码的质量,如此即可准确称取 40g 细沙.

感悟　杠杆平衡条件是力与力臂的定量关系,但在解决等量问题时,寻找到等效关系则更能体会到等效替代法的必要性.

例2　学习小组利用天平、量筒、烧杯和电子秤等器材测量鸭蛋的密度.

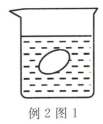
例2图1

(1)如图1,小明将鸭蛋放入盛水的烧杯中,向烧杯中加盐并不断搅拌使盐完全溶解,直至鸭蛋悬浮在盐水中,测出此时盐水的密度即为鸭蛋的密度.

测量盐水密度时,有以下四个步骤:

①向烧杯中倒入适量盐水,测出烧杯和盐水的总质量;

②将烧杯中盐水倒入量筒(烧杯内有残留),测出盐水体积;

③……

④算出盐水密度,为使测量结果更准确,步骤③的操作是_____(填"直接"或"擦干残留盐水后")测量烧杯质量.

(2)小华用另一种方案测量鸭蛋密度的步骤如图2所示.

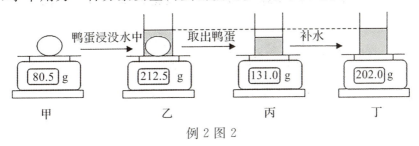
例2图2

图中电子秤显示了四个数据,若没有"131.0g"这个数据,能否求出鸭蛋的密度? 若能,请写出鸭蛋的密度值;若不能,请说明理由.

解析　(1)悬浮时物体的密度等于液体的密度,利用等效替代法,测出此时盐水的密度即为鸭蛋的密度.由公式$\rho=\dfrac{m}{V}$可知,从烧杯中倒出的盐水等于倒入量筒中的盐水,为了减小液体残留对测量结果的影响,应测量出残留盐水与烧杯的总质量,算出倒入量筒的盐水质量及其体积,使所测密度更为准确.若擦干残留盐水测量烧杯质量,则所测盐水质量会偏大,使所测密度偏大.

(2)$m_{蛋}=80.5g$,再用排水法来测量鸭蛋的体积,$V_{蛋}=V_{排}$.在乙、丙两图中,由于取出鸭蛋时带出一些水,在丁中补入水的体积略大于鸭蛋排开水的体积,按丙、丁数据计算鸭蛋的体积会使所测体积偏大,由$\rho=\dfrac{m}{V}$可知,所测鸭蛋的密度会偏小.

若没有丙中数据,由甲、乙、丁三个数据计算排开水的体积可以不受带出水对实验的影响,此时,$m_排 = m_丁 + m_甲 - m_乙 = 202.0\text{g} + 80.5\text{g} - 212.5\text{g} = 70\text{g}$,

$$V_蛋 = V_排 = \frac{m_排}{\rho_水} = \frac{70\text{g}}{1\text{g}/\text{cm}^3} = 70\text{cm}^3,$$

$$\rho_蛋 = \frac{m_蛋}{V_蛋} = \frac{80.5\text{g}}{70\text{cm}^3} = 1.15\text{g}/\text{cm}^3 = 1.15 \times 10^3 \text{kg}/\text{m}^3.$$

感悟 等效替代的精髓是"等效",学会具体分析不等效所带来的问题.

⏵**例3** 小红利用图中所示电路,测出了 R_x 的阻值.其中 R 为定值电阻、R' 为电阻箱,请在空白处填上适当内容.

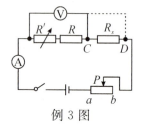

例3图

(1)闭合开关前,将滑动变阻器的滑片滑到 b 端,电阻箱调到某一阻值 R_1;

(2)闭合开关,调节滑动变阻器的滑片 P,使电压表和电流表的示数为合适的值;

(3)断开开关,再将电压表与待测电阻 C 端接的导线改接到 D 端(图中虚线所示),闭合开关,反复调节_____,使两表的示数与(2)中相同,记录此时电阻箱的示数为 $0.4R_1$,断开开关;

(4)则待测电阻的阻值 $R_x =$_____.(用已知量或测量量的符号表示)

解析 改接后,电压表测电阻箱、定值电阻、待测电阻两端的电压;要使电表示数均与(2)中相同,而电源电压不变,由 $R_总 = \dfrac{U_总}{I}$ 可知此时总电阻与(2)中相同,可知一定要调节电阻箱的阻值,且仍然是4个电阻元件串联,所以还需要调节滑动变阻器才能使总电阻不变,使电流表示数不变;调节前后电路的总电阻不变,$R_1 + R = 0.4R_1 + R + R_x$,则待测电阻的阻值 $R_x = 0.6R_1$.

感悟 本题并不是电阻箱替代了未知电阻,而是电路调节前后所有电路元件的总电阻不变.所以等效替代的替代对象可能是单一替代,也有可能是组合替代,抓住两电表示数不变这一等效点是解决问题的突破口.

✦**小试身手** ➤➤

1. 静止在斜面上的物块受到的重力产生两方面的作用效果:使物块压紧斜面以及使物块有沿斜面向下滑动的趋势,因而可将物块的重力沿斜面方向和垂直斜面的方向进行分解.实际解决问题时,就可以用这两个方向上的分力来等效替代物块的重力.如图所示,物块 A 静止于固定的斜面上,A 所受的

重力为 G,支持力为 F_N,摩擦力为 f,当减小斜面倾角时物块 A 仍处于静止状态,则下列说法正确的是（　　　）

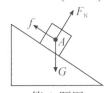

A. 支持力 F_N 不变

B. 摩擦力 f 大小不变

C. F_N 和 f 的合力不变

D. F_N 和 G 的合力不变

第 1 题图

2. 现有一瓶饮料,小明用托盘天平、烧杯和已知密度为 ρ_0 的金属块测出了该饮料的密度 ρ.

（1）分析小明的实验方案发现,由于金属块取出时带走部分饮料,使测量结果偏大,请从以下选项"A. 瓶和饮料、B. 烧杯和饮料、C. 金属块的质量"中选择合理的选项,补全小明的实验步骤.（填字母序号）

①用天平测出_____的质量 m_0.

②在烧杯内倒入适量饮料,用天平测出_____的总质量为 m_1.

③将金属块缓缓浸没在烧杯中,在烧杯壁上标记液面的位置;

④取出金属块,向烧杯中注入适量饮料到标记处,用天平测出_____的总质量 m_2.

（2）为使测量结果更准确,上述实验步骤中补入的三个选项应依次为_____.

3. 小华利用图中所示实物电路测出了一个标有"0.3A"字样的小灯泡（阻值约为 10Ω）的额定功率.电阻箱 R_0 的规格是"$0\sim999.9\Omega$",电源电压约为 6V.请在空白处填上适当内容.

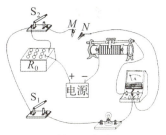

（1）断开 S_2,闭合 S_1,调节电阻箱和滑动变阻器,直到_____,记下此时电阻箱的阻值.

第 3 题图

（2）断开 S_1,在 M、N 间接入一个元件后,正确操作可以完成测量任务.有以下四个元件:

a. 一根导线;　b. 5Ω 电阻;　c. 30Ω 电阻;　d. 电阻箱

其中符合要求的有_____（填字母）,操作过程中,_____（填"需要"或"不需要"）调节滑动变阻器.

61　理想化法

引路人　台州市黄岩区教育局教研室　张晓宇

思想方法导引 ≫

　　理想化法是一种最常用、最基本的科学方法.理想化法突出研究的主要因素,忽略次要因素,透过现象抓住本质,是科学抽象的一种形式,使学习者更容易理解和解决问题.理想化法有三种类型:一是设置理想条件,对实验环境或条件进行合理简化,创设理想场景;二是构建理想模型,对实际物理对象或物理现象进行一种近似、简化和理想化的描述;三是设计理想实验,在实验事实的基础上,通过逻辑推理得出结论或规律.

方法要点例析 ≫

　　▶ 例1　理想实验是科学研究中的一种重要方法,它把可靠事实和理论推理结合起来,可以深刻地揭示自然规律,如牛顿第一定律的得出.与此类似,有人为研究质量不同的物体在真空中下落的快慢,做过下面的理想实验:将形状和体积都相同的铜、铝、木三个实心小球,分别放入三种密度不同的介质中($\rho_1 > \rho_2 > \rho_3$),在同一高度,同时由静止释放,观察比较某一时刻三个小球下落的情况,如图所示.由实验可知:

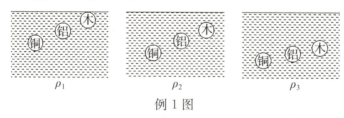

例1图

　　(1)在同种介质中,下落速度最快的是_____球.(填"铜""铝"或"木")

　　(2)同一小球,在不同介质中下落,介质密度越小,小球下落的速度_____(填"越快""不变"或"越慢");介质密度越小,三个小球的下落速度差值_____(填"越大""不变"或"越小").

　　(3)进一步推理可得,当三个小球在真空中从同一高度,同时由静止下落时,相同时刻的下落速度_____.

解析 观察图示可得出:(1)铜.(2)越快;越小.(3)介质密度越小,三个小球的下落速度差值越小,进一步推理可得,在真空中,介质密度为零,三个小球的下落速度差值为零,下落速度相同.

感悟 理想实验通常是基于一定的事实依据,在合理的想象和推理下进行的,虽无法在现实中实现,但却能揭示物理规律的本质,这种依据逻辑推理把实际实验理想化的方法是研究物理问题的重要方法.

⊙ 例2 在"观察物体间力的作用"活动中,小科进行了如下实验:将两个规格相同的测力计 A、B 竖直悬挂、调零,如图甲所示;然后把它们的挂钩勾在一起后悬挂起来,竖直向下拉测力计 B 的圆环,如图乙所示.小科发现:当测力计 A 的示数为 2.0N 时,测力计 B 的示数为 1.8N.此时,测力计 A 对 B 的拉力大小为多少?为什么?

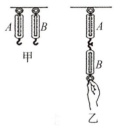
例2图

解析 将两测力计 A、B 竖直悬挂、调零,说明两个测力计能正常使用.如果是不计挂钩和弹簧自重的理想测力计,在竖直互拉时,测力计 A、B 示数应相同.但测力计 A、B 的示数不同,说明不是理想测力计,倒置使用时,弹簧自重会抵消部分拉力效果,导致测力计 B 示数偏小,测力计 A 的示数应是真实拉力值,故 A 对 B 的拉力为 2.0N.

感悟 学习和研究时往往是从理想模型入手,而实际应用时需考虑理想模型的局限性,不能被理想的模型或方法所束缚,应进行逆理想化思考.

⊙ 例3 桥式起重机在工业生产上有广泛应用.如图是某桥式起重机的示意图,水平横梁 MN 架在轨道 A 和 B 上,电动机 D 可沿横梁左右移动.已知横梁长度为 L,零件质量为 m,电动机吊着零件从 M 点出发并开始计时,以水平速度 v 匀速运动到 N 点.若横梁、电动机、挂钩、滑轮、钢索、导线的质量以及滑轮上的摩擦均不计.横梁对轨道 B 的压力 F 与时间 t 的关系式为_____.

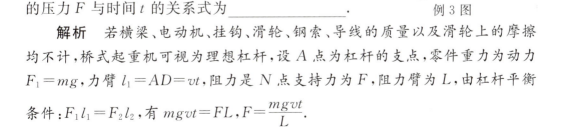
例3图

解析 若横梁、电动机、挂钩、滑轮、钢索、导线的质量以及滑轮上的摩擦均不计,桥式起重机可视为理想杠杆,设 A 点为杠杆的支点,零件重力为动力 $F_1 = mg$,力臂 $l_1 = AD = vt$,阻力是 N 点支持力为 F,阻力臂为 L,由杠杆平衡条件:$F_1 l_1 = F_2 l_2$,有 $mgvt = FL$,$F = \dfrac{mgvt}{L}$.

感悟 通过忽略次要因素(横梁质量等)构建理想杠杆模型,简化复杂问题,用初中简单的物理知识,也能解决复杂的现实问题.

如果需要深入研究,次要因素不能忽略,可以对理想化的模型进行修正,使之符合实际的要求.如横梁由粗细相同的均质材料制成,质量为 m_1,电动机、挂钩、滑轮钢索等总质量为 m_2,滑轮上摩擦不计,横梁对轨道 B 的压力 F 与时间 t 的关系式为:$F = \frac{1}{2}m_1g + (m_2 + m)\frac{gvt}{L}$.

✦ 小试身手 ➤➤

1. 为研究作用在物体上的两个力满足什么条件,才能使物体处于平衡状态,进行如图实验.

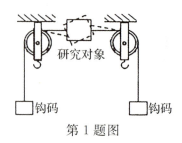

第 1 题图

(1)选用轻薄塑料片作为实验研究对象的原因是_____.

(2)将图中静止的研究对象转到虚线位置,松手后发现研究对象发生转动.据此可以得出结论:作用在物体上的两个力需要满足的条件是_____,物体才处于静止状态.

2. 实际的电源都有一定的电阻,如干电池,我们需要用电压 U 和电阻 r 两个物理量来描述它.实际计算过程中,可以把它看成由一个电压为 U、电阻为 0 的理想电源,与一个电阻值为 r 的电阻串联而成,如图甲所示.实际电流表也存在电阻.实验室有一电源,现设计如图乙所示电路来测量它的电压和电阻,其中电流表的内阻为 1Ω.闭合开关,调节滑动变阻器记录下电压表与电流表读数,根据实验数据作出的电压表读数 U 与电流表读数 I 的 U-I 图线,如图丙所示,由图可知,电源的电压 $U_0 =$_____ V,电阻 $r =$_____ Ω.

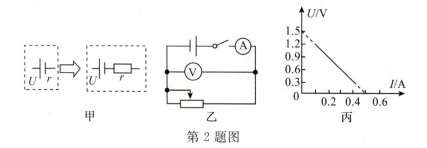

第 2 题图

3. 蹦极运动简化后与下列情景相似:如图甲所示,弹性细绳的一端固定在 O 点,另一端系着一个小球,小球从 O 点释放后上下往复运动.由于空气阻力作用,最终会停在 O 点下方的某个位置.已知第一次从 O 点下落至最低点的过程中,空气阻力可以忽略不计,小球速度 v 与下落高度 h 的关系如图乙所示,细绳拉力 F 与下落高度 h 的关系如图丙所示.请据图解答下列问题.

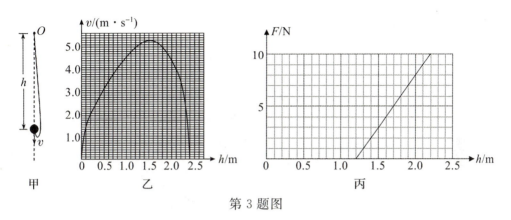

第 3 题图

(1)小球最终停在 $h=$ _____ m 的位置.

(2)已知小球在下落过程中减少的重力势能等于它所受重力做的功.不计空气阻力,求弹性细绳的最大弹性势能.

4. 伏安法测电阻时,如果不是理想电表,电流表存在内电阻,电压表内电阻不是无穷大,会产生系统误差,测量结果的准确程度可以用"百分误差" $\left(\dfrac{|\text{实际值}-\text{测量值}|}{\text{实际值}}\times100\%\right)$ 来表示.如图为用伏安法测量电阻的原理图,图中电流表内电阻为 30Ω,R 为电阻箱,R_x 为待测电阻,S 为开关,电源电压保持不变.当开关闭合后电压表读数 $U=1.2$V,电流表读数 $I=2.0$mA,电压表的内阻为 3000Ω.若将 $R_x=\dfrac{U}{I}$ 作为测量值,则 R_x 实际值是多少?所测结果的百分误差是多少?

第 4 题图

62 对称法

引路人　丽水市教育教学研究院　朱　峰

思想方法导引 ➤➤

对称法是利用各类场景的对称性来分析和解决物理问题的一种方法.对称法在物理解题中的应用广泛且高效.利用对称法可以避免复杂的数学演算和推导,直接抓住问题的实质,出奇制胜,快速简便地求解问题,并能在解决问题的过程中享受思维美的愉悦,深刻掌握各物理量在具体问题中的意义.

1.对称性的类型

(1)分布对称:指物理现象在空间分布的对称性.如平面镜成像、光路的可逆性、磁体的磁感线分布等.

(2)运动对称:指物体在运动过程中表现出的时空对称性.如做匀速直线运动的物体通过空间任一位置的速度相等、竖直上抛运动和简谐运动等.

(3)数学对称:指物理内容在数学形式(图与式)上的对称性.如简谐运动的运动图像、竖直上抛运动的图像、机械能守恒定律的表达式和杠杆平衡条件的表达式等.

(4)抽象对称:指用抽象的方法反映物理内容上的对称性.如处于平衡态的气体对容器的器壁压强处处相等等.

2.利用对称法解题的思路

(1)领会物理情景,选取研究对象.在仔细审题的基础上,通过题目的条件、背景、设问,深刻剖析物理现象及过程,建立清晰的物理情景,选取恰当的研究对象,如运动的物体、运动的某一过程或某一状态.

(2)透析研究对象的属性、运动特点及规律.

(3)寻找研究对象的对称性特点.在已有经验的基础上,通过直觉思维或借助对称原理的启发进行联想类比,分析挖掘研究对象在某些属性上的对称性特点,这是解题的关键环节.

(4)利用对称性特点,依据物理规律,对题目求解.

方法要点例析 ▶▶

例1 在两相交平面镜 AB、BC 之间有一发光点 S,如图所示.试画出由 S 发出的一条光线,分别经两镜面各反射一次后,使它仍回到 S 点.

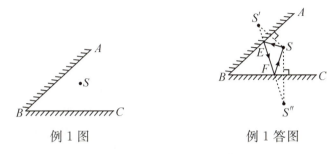

例1图   例1答图

解析 根据平面镜成像的对称性,分别作出 S 在平面镜 AB 中的像 S' 和 S 在平面镜 BC 中的像 S'',连接 S' 和 S'',与平面镜 AB 和 BC 的交点分别为 E、F,即为入射点.如答图中光线 $S \to E \to F \to S$(或 $S \to F \to E \to S$)即为所求.

感悟 根据平面镜成像的对称性求解比利用光的反射定律求解更简便.

例2 如图所示,一块均匀的半圆形薄电阻金属片,如按图(a)方式接在电极 A、B 之间,其电阻值为 R,如按图(b)方式接在电极 A、B 之间,求其电阻值(电极电阻忽略不计).

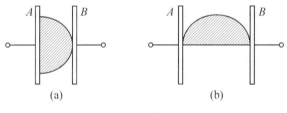

(a)   (b)

例2图

解析 粗看本题中两图没什么联系,但对研究对象进行分割后,它们之间的对称性及联系就显现出来了.将半圆形金属片看成是由两个四分之一圆金属片组成,因此图(a)可看成是两个四分之一圆金属片电阻的并联,而图(b)可看成两个四分之一圆金属片电阻的串联,容易得到按图(b)接在电极 A、B 之间的电阻为 $4R$.

感悟 当研究对象的对称关系不是很明显时,通常需要结合其他方法,如割补法,再找出它们的对称性关系.

例3 用材料相同的金属棒,构成一个正四面体如图所示.若每根金属棒的电阻为 r,求 A、B 两端的电阻值.

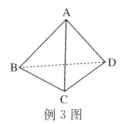
例3图

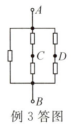
例3答图

解析 由于正四面体具有对称性,因此电流也具有对称性,C、D 两点为对称点,则这两点为等势点,即 C、D 间无电流通过,所以可将 C、D 断开,其等效电路如答图所示,显然 $R=\dfrac{r}{2}$.

感悟 对称点都有可能是等势点,等势点间没有电流流过,可将等势点间的电阻或元器件撤去,或者视为断路.运用这样的思想可以化繁为简,提高解题效率.

例4 如图所示,两个质量分别为 M 与 m 的木块通过轻质弹簧连在一起,放置于水平地面上.当在上面的木块上施加多大压力时,才刚好可以在撤去该力之后,使上面的木块跳起让下面木块离开地面?

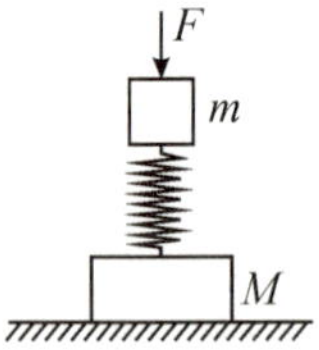

例4图

解析 此题可用能量守恒的观点求解,但过程较烦琐,而用弹簧形变的"对称性"来求解就简洁明了.若用拉力 F 作用在 m 上,欲使 M 离地,拉力 F 至少为 $(M+m)g$.根据弹簧的拉伸和压缩过程具有对称性,要产生上述效果,作用在 m 上的向下压力也应为 $(M+m)g$.

感悟 本题利用弹簧拉伸和压缩过程具有对称性进行求解,大大简化了求解的过程.

✦ 小试身手 ➤➤

1. 如图所示,一根质量不计的轻质弹簧,上端固定,下端挂一个小球,小球静止时距地面高度为 h.现用力向下拉小球使其与地面接触,然后从静止释放小球,不计空气阻力,且弹簧始终在弹性限度内.下列说法错误的是 (   )

A. 小球运动到最高点时速度为零

B. 运动过程中距地面的最大高度为 $2h$

C. 小球距地面高度为 h 时速度最大

D. 小球上升过程中整个系统的势能不断增大

第1题图

2. 在如图所示的电路中,各个电阻的阻值已在图中标出,求端点 A、B 间的等效电阻.

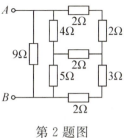

第 2 题图

3. 如图,长为 l 的两块相同的均匀长方形砖块 A 和 B 叠放在一起,A 砖相对于 B 砖伸出 $\dfrac{l}{5}$,B 砖平放在桌面上的,为实现 A、B 两块砖都不翻倒,求 B 能伸出桌面的最大长度.

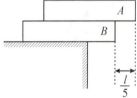

第 3 题图

4. 如图所示,用 12 根电阻均为 r 的电阻丝组成一个正方体,计算 A、G 两端间的总电阻.

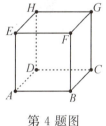

第 4 题图

5. 如图是一均匀圆薄板,半径 $R=20\text{cm}$,现从圆板上挖出一个半径为 $r=10\text{cm}$ 的内切圆,求剩余部分的重心与薄板圆心的距离.

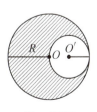

第 5 题图

63 比例法

引路人　金华市金东区光南中学　张成生

思想方法导引 ▶▶

比例法特别适合于处理变量间存在简单比例关系的问题,例如,当两个物理量满足 $y=kx$(正比)或 $y=\dfrac{k}{x}$(反比)关系时,可建立正比关系: $\dfrac{y_1}{y_2}=\dfrac{x_1}{x_2}$; 或反比关系: $\dfrac{y_1}{y_2}=\dfrac{x_2}{x_1}$. 在解题中常用的比例关系有以下几种.

力学类　①在测量范围内,弹簧的伸长量与拉力的关系: $\dfrac{F_1}{F_2}=\dfrac{\Delta L_1}{\Delta L_2}$;

②浮力计算:在体积相同的情况下,有 $\dfrac{\rho_{物}}{\rho_{液}}=\dfrac{G_{物}}{F_{浮}}$,或根据体积比求浮力与密度;

③杠杆平衡:利用 $F_1 L_1=F_2 L_2$ 进行求解.

电学类　①串联电路中,其余量都与电阻成正比,即 $\dfrac{R_1}{R_2}=\dfrac{U_1}{U_2}=\dfrac{W_1}{W_2}=\dfrac{P_1}{P_2}=\dfrac{Q_1}{Q_2}$;

②并联电路中,其余量都与电阻的倒数成正比,即 $\dfrac{\dfrac{1}{R_1}}{\dfrac{1}{R_2}}=\dfrac{I_1}{I_2}=\dfrac{W_1}{W_2}=\dfrac{P_1}{P_2}=\dfrac{Q_1}{Q_2}$;

③对同一个用电器,有 $\dfrac{I_1^2}{I_2^2}=\dfrac{U_1^2}{U_2^2}=\dfrac{P_1}{P_2}=\dfrac{W_1}{W_2}=\dfrac{Q_1}{Q_2}$.

另外,**运动类**有匀速直线运动的时间-路程关系、**能量类**有功率与时间关系等,也都有可用比例法进行解决的题目.

方法要点例析 ▶▶

例 1　一根弹簧悬挂 600g 砝码时长 200mm,悬挂 400g 砝码时长为 190mm,当悬挂 500g 砝码时,弹簧的长度是＿＿＿＿＿＿＿ mm.

解析　设弹簧原长为 L_0,所以伸长量 $\Delta L=L_{现}-L_0$. 又因在测量范围内弹簧的伸长与其所受的拉力成正比,即 $\dfrac{F_1}{F_2}=\dfrac{\Delta L_1}{\Delta L_2}$,所以可得 $F_1(L_2-L_0)=$

$F_2(L_1-L_0)$,代入已知可解得 $L_0=170\text{mm}$,进而得到 $\Delta L_1=30\text{mm}$.

根据 $\dfrac{F_1}{F_3}=\dfrac{\Delta L_1}{\Delta L_3}$,$\Delta L_3=\dfrac{F_3\Delta L_1}{F_1}=\dfrac{500\times30}{600}\text{mm}=25\text{mm}$,

所以加 500g 砝码时,弹簧的长度 $L_3=L_0+\Delta L_3=170\text{mm}+25\text{mm}=195\text{mm}$.

感悟 用比例法解题,需要明确哪些物理量之间存在怎样的比例关系,如本题为弹簧伸长量 ΔL 与所受拉力 F 成正比,而不是弹簧的长度 L,勿张冠李戴.

⚫**例 2** 网上有用一杯水简易测量密度来判断翡翠真假的方法:将一杯水放到电子秤上并将示数归零后,再将要测量的玉石类首饰用细线悬挂浸没于水中(要求不触碰到杯底和杯壁),读出并记录示数 1,然后将细线放下使首饰沉于杯底,读出并记录示数 2,利用这两个数据计算出该首饰的密度并与翡翠密度进行比较来辨别真假.某手镯测量得到示数 1 为 27.5g,示数 2 为 64.2g,则该手镯的密度为_____ kg/m^3.

解析 由题意可知,示数 1 为手镯在水中排开水的质量(正比于浮力),示数 2 为手镯的质量(正比于重力).在测量中,手镯两次都是浸没于水中,即 $V_{排}=V_{物}$.根据 $V_{排}=\dfrac{F_{浮}}{\rho_{水}\,g}$,同时 $V_{物}=\dfrac{G_{物}}{\rho_{物}\,g}$,从而可得 $\dfrac{\rho_{物}}{\rho_{水}}=\dfrac{G_{物}}{F_{浮}}$,

即 $\rho_{物}=\dfrac{\rho_{水}\,G_{物}}{F_{浮}}=1.0\times10^3\times\dfrac{64.2}{27.5}\text{kg}/\text{m}^3=2.33\times10^3\text{kg}/\text{m}^3$.

感悟 多个量时,利用某些相同的量使其他量之间建立起比例关系,如本题利用相同体积,使密度与力之间形成正比例关系,便可利用比例法进行简便计算.

⚫**例 3** 杠杆支点左侧挂 3 个钩码,右侧挂 4 个钩码,杠杆平衡.若两侧钩码同时浸没到水中(钩码密度相同),问:杠杆是否仍平衡?若不平衡,哪一端下沉?(钩码密度为水的 2 倍)

解析 杠杆原来平衡:$G_1\cdot L_1=G_2\cdot L_2$.

浸水后浮力分析:每个钩码重力 $G=\rho_{钩码}Vg$,浮力 $F_{浮}=\rho_{水}\,Vg$.

浸没后等效重力为 $G'=G-F_{浮}=(\rho_{钩码}-\rho_{水})Vg$.

已知 $\rho_{钩码}=2\rho_{水}$,故 $G'=\rho_{水}\,Vg=\dfrac{1}{2}G$.

即两侧受力均变为原来的 $\dfrac{1}{2}$,两侧受力之比不变,所以 $G_1'\cdot L_1$ 与 $G_2'\cdot L_2$ 依然相等,符合杠杆平衡条件,杠杆保持平衡.

感悟 题目中钩码密度相同,浸水后浮力与重力按相同比例减小,使得力与力臂乘积的比值保持不变,直接得出平衡结论.因此,解题中若多个物理量(如力、电阻、速度等)按比例变化,优先考虑比例法,可大幅提升解题效率.

例 4 如图所示,电源的输出电压恒定不变,现将一个灯泡 L(假设 L 电阻不变)接在离电源很近的 A、B 两点,灯泡 L 消耗的功率为 25W;若将灯泡 L 接在离电源较远的 C、D 两点时,灯泡 L 消耗的功率变为 16W,如图所示.则输电导线 AC、BD 上消耗的总功率为　　　　(　　)

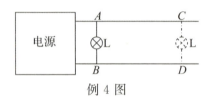

例 4 图

A. 9W 　　　　B. 4W 　　　　C. 2W 　　　　D. 1W

解析 因灯泡阻值不变,根据 $R=\dfrac{U^2}{P}$,可以建立比例关系 $\dfrac{P_1}{P_2}=\dfrac{U_1^2}{U_2^2}$,因两次功率之比为 25∶16,则两灯两端电压之比为 5∶4,即灯在 C、D 间时,灯两端电压为总电压的 $\dfrac{4}{5}$,则导线所占电压为 $\dfrac{1}{5}$,$U_{灯}∶U_{线}=4∶1$.灯与导线串联,此时功率与电压成正比,亦为 4∶1,导线的功率为灯的 $\dfrac{1}{4}$,即 4W.选项 B 正确.

感悟 当有多个变量时,保持某个量不变逐个分析,明确物理量之间的比例关系,并灵活应用比例关系简化步骤.

小试身手

1. 用滑轮组提升重物,动滑轮重为物重的 $\dfrac{1}{4}$,不计摩擦,求机械效率.

2. 现有甲、乙、丙三种初温相同的液体,其中甲、乙为质量相等的不同液体,乙、丙为质量不等的同种液体.若对这三种液体分别加热,则可根据它们吸收的热量和升高的温度,在温度-热量图像上分别画出对应的三点甲、乙、丙,如图所示.由此图像得出下列结论:①丙的比热容比甲的比热容大;②丙的比热容比甲的比热容小;③丙的质量比甲的质量大;④丙的质量比甲的质量小.则这些结论中正确的是　　　　(　　)

A. 只有①正确
B. 只有②正确
C. 只有①、④正确
D. 只有②、③正确

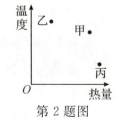

第 2 题图

3. 两物体密度比为 $\rho_A : \rho_B = 3 : 2$，体积相同，漂浮在水中，求浸入水中的体积之比 $V_{A排} : V_{B排}$．

4. 某调光灯（假设灯泡 L 电阻不变）电路如图所示，当滑动变阻器的滑片 P 滑至 a 端时，灯泡 L 的功率为 144W；当滑片 P 滑至 b 端时，灯泡 L 的功率为 36W．则当滑片 P 滑至 ab 的中点时，灯泡 L 的功率为 （　　）

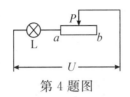

第 4 题图

A. 64W B. 72W C. 90W D. 81W

5. 如图所示的电路中，S_1 闭合、S_2 断开时，若甲、乙是电流表，其示数之比 $I_甲 : I_乙 = 1 : 3$，此电路通电 1min 所产生的热量为 Q_1；当 S_1、S_2 都闭合时，若甲、乙是电压表，此电路通电 1min 所产生的热量为 Q_2．则电阻之比 $R_1 : R_2 =$ _____，产生的热量之比 $Q_1 : Q_2 =$ _____．

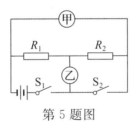

第 5 题图

64　逆向思维法

引路人　南通市海门区中小学教师研修中心　姜栋强

💡 思想方法导引 ▶▶

逆向思维不仅是一种解题技巧,更是一种重要的思维方式,它是一种从相反方向或非常规角度思考问题的思维方式.它不同于传统的正向思维(从已知条件出发,逐步推导出结果),而是从目标或结果出发,反向推导出实现目标的条件或方法.逆向思维强调打破常规,跳出固有思维模式,寻找新的解决方案.

💡 方法要点例析 ▶▶

🔘 **例 1**　如图所示,两端开口的圆筒内嵌有一凸透镜,透镜主光轴恰好与圆筒中轴线重合.为了测出透镜在圆筒内的位置,做如下实验:在圆筒左侧凸透镜的主光轴上放置一点光源 S,在圆筒右侧垂直凸透镜的主光轴固定一光屏,点光源 S 与光屏的距离为 L.左右移动圆筒,当圆筒左端面距离点光源 S 为 a 时,恰好在光屏上成一个清晰的像;将圆筒向右水平移动距离 b,光屏上又出现了一个清晰的像,则凸透镜与圆筒左端面的距离 x 为_____.

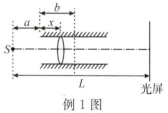

例 1 图

解析　结合题目,最终光屏上又出现了一个清晰的像,利用逆向思维,根据凸透镜成像规律和光路的可逆性,由 $\dfrac{1}{u}+\dfrac{1}{v}=\dfrac{1}{f}$ 可知,两次成像的物距和像距正好互换,即第一次的物距等于第二次的像距,第一次的像距等于第二次的物距.列出表达式,第一次物距 $u=a+x$(如答图甲);第二次像距 $v'=L-a-b-x$(如答图乙).$a+x=L-a-b-x$,解得 $x=\dfrac{L-2a-b}{2}$.

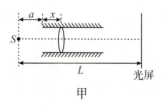
甲

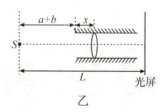
乙

例 1 答图

感悟　结合题目"光屏上又出现了一个清晰的像"这一已知结果,逆向推导成像的条件,结合凸透镜成像规律和光路可逆性,锁定物距和像距的关系,并结合图像,很快可以解出答案.

▶例2　智能手机可以手动调节屏幕亮度,也可以根据环境亮度自动调节屏幕亮度,即当环境较亮时屏幕随着变亮,当环境变暗时屏幕亮度也随着变暗,这样的自动调节功能有利于保护视力.调节屏幕亮度的原理可以简化为如图甲所示电路,手机屏幕犹如 L(电阻恒为 5Ω),电源电压恒为 $6V$,R_1 是滑动变阻器,R_2 是光敏电阻,其电阻随外界环境光照强度的变化情况见下表.

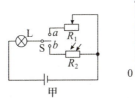 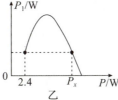

例 2 图

光照强度 E/lx	100	200	⋯	300	400	500
光敏电阻 R_2/Ω	12	6	⋯	4	3	2.4

(1)将 S 接 b,当光照强度为 375lx 时,求通过 L 的电流;

(2)将 S 接 b,当 L 消耗的功率为 $1.8W$ 时,求外界环境的光照强度;

(3)将 S 接 a,R_1 的功率 P_1 随整个电路总功率 P 的变化情况如图乙所示,图中 P_x 的数值是多少?

解析　通过要求的物理量和已知物理量,逆向推导它们之间的关系.如第(1)小问,要求 L 的电流,我们结合表格可以知道 E 和 R_2 的乘积是一个定值,即光照强度为 375lx 时 $R_2=3.2\Omega$,$I_L=\dfrac{6V}{5\Omega+3.2\Omega}=0.73A$.解答第(2)问,再反过来推导,对应的光照强度 E 与光敏电阻 R_2 的阻值也是一一对应的,当 $P_L=1.8W$ 时 $I=\sqrt{\dfrac{P}{R}}=\sqrt{\dfrac{1.8W}{5\Omega}}=0.6A$,再求出 $R_总=10\Omega$,从而求出 $R_2=5\Omega$,从而确定光照强度为 240lx.而第(3)结合已知的乙图可以知道 P_1 是 P 的二次函数,而结果 P_x 则是 P_1 的一个解,为此可以列出计算滑动变阻器 R_1 功率的方程:$P_1=P-\left(\dfrac{P}{U}\right)^2 R_L=-\dfrac{R_L}{U^2}\left(P-\dfrac{U^2}{2R_L}\right)^2+\dfrac{U^2}{4R_L}$,该二次函数的对称轴为 $P=\dfrac{U^2}{2R_L}=\dfrac{(6V)^2}{2\times 5\Omega}=3.6W$,根据二次函数图像的对称性,$P_x=2P-P_1=2\times 3.6W-2.4W=4.8W$.

感悟　从结果出发,架起结果和已知物理量之间的桥梁.本题各物理量之间没有直接的逻辑关系,也不易推导,此时可以通过逆向思维逐渐建构完善物理量之间的关系,并实现定量的求解.

▶例3　如图是一种烟雾报警器的电路图,其中 R_0 为定值电阻,R 为光敏电阻(其阻值随光照强度的增大而减小).当电路所在区域烟雾浓度增大到一定程度时,电压表指针偏转到某个位置触发报警装置(图中未画出),开始报警.则下列说法正确的是　　　　　　　　　　　　　　　　(　　)

A. 烟雾浓度增大时,电流表的示数增大

B. 烟雾浓度增大时,电压表的示数减小

C. 要使报警器在烟雾浓度较小时就开始报警,
　　应减小 R_0 的阻值

D. 要使报警器在烟雾浓度较小时就开始报
　　警,应减小电源电压

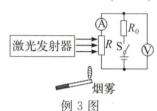

例3图

解析　从四个选项的结论逆向推导答案.如 A 和 B 选项,烟雾浓度增大,就是光照强度变弱,从而光敏电阻 R 变大,结合 R_0 和 R 并联,R 电阻变小,电压表示数保持不变,该支路的电流变小,故 A、B 错误.同样,对 C 和 D 选项,要使报警器在浓度较小的烟雾下报警,说明光照强度更强时,报警器就会报警,则此时的光敏电阻的阻值比原来的临界值小,此时 R 两端的分压变小,而报警是 R 两端的电压保持不变,根据串联电路的分压原理可知,应减小 R_0 的阻值或增大电源电压,故 C 正确、D 错误.

感悟　由结果逆向推导在这一结果背景下,其他物理量的变化,逐级理顺整个情境中各个物理量之间的逻辑关系,这样,揭秘多个物理量就顺理成章了.

✿ 小试身手 ➤➤

1. 如图所示,木块 A 和小车以相同速度一起向右做匀速直线运动(忽略空气阻力),则 A 受到的作用力有　　　　　　　　　　　　　　　　(　　)

A. 重力和压力

B. 重力、压力和摩擦力

C. 重力和支持力

D. 重力、支持力和摩擦力

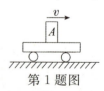

第1题图

2. 如果物体只受到两个力的作用,且处于静止或匀速直线运动状态,说明这两个力是平衡的.在"探究二力平衡的条件"活动中(钩码均相同):

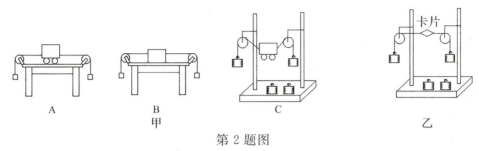

第 2 题图

(1)睿睿和琦琦两位同学不断改进装置并先后设计了三个实验方案,如图甲所示,请你判断出他们改进的先后顺序:_____(用 A、B、C 表示).

(2)如图乙是最终确认的实验方案.若睿睿以 10g 的小卡片为研究对象,为了探究两个力满足什么条件才能平衡,所挂钩码质量最合适的是_____.

A.5g   B.10g   C.200g   D.任意质量均可

(3)琦琦将系于小卡片两对角上的细线分别跨过左右支架上的滑轮,并在细线的两端挂上钩码,使作用在小卡片上的两个拉力方向_____,实验中通过改变钩码的_____来改变拉力,从而探究二力平衡时力的大小关系.

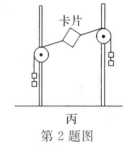

(4)睿睿后期发现自己在组装时由于粗心,左右支架上的两个滑轮没有安装在相同的高度,如图丙所示,使用丙装置_____(填"能"或"不能")探究二力平衡的条件.

丙
第 2 题图

3. 如图所示,两个薄透镜 L_1 和 L_2 共轴放置,已知 L_1 的焦距 $f_1=f$,L_2 的焦距 $f_2=-f$,两透镜间的距离也是 f,小物体位于物面 P 上,物距 $u_1=3f$.

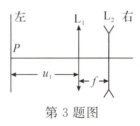

第 3 题图

(1)小物体经过这两个透镜的像在 L_2 的_____边,到 L_2 的距离_____,是_____像(填"实"或"虚")、_____像(填"正"或"倒").

(2)现在两个透镜位置调换,若还要使给定的原物体在原像处成像,两透镜作为整体应沿光轴向_____边移动距离_____,这个新的像是_____像(填"实"或"虚")、_____像(填"正"或"倒").

65　假设法

引路人　杭州市西湖区教育发展研究院　杨封友

思想方法导引 ≫

　　假设法是基于对问题或情境的理解,先提出一个假设,然后根据这个假设进行推理或演绎,最终得出结论或解决问题的方法.它不仅是科学研究中常用的方法,也是物理解题的一种有效策略.

　　在物理解题中,将某个物理条件、物理现象、物理过程、物理状态或物理量假设为某一特定情况,再以此为基础依据物理规律进行分析讨论、推理论证,最后通过验证假设来找到正确答案.其关键是根据题目中的已知条件或结论,对某个未知因素或条件作出合理的假设,然后根据这个假设进行推理和计算.如果推理过程中出现了矛盾,说明假设不成立,需要重新考虑;如果推理顺利且结果符合题意,则说明假设合理,从而找到问题的答案.

方法要点例析 ≫

　　▶ 例1　一个铁球在空气中重 3.16N,全部浸在水中时示重为 2.5N,请问:这个铁球是实心的还是空心的?($\rho_{铁}=7.9\times10^{3}\,kg/m^{3}$,$g=10N/kg$)

　　解析　假设铁球是实心的,以此进行倒推,得到铁球体积与铁球排开水的体积,然后分析二者的关系.若 $V_{铁球}=V_{排水}$,则假设成立,即铁球为实心;若 $V_{铁球}<V_{排水}$,则假设不成立,铁球为空心.当铁球是实心时,即铁球体积应当为

$$V_{球}=\frac{G}{\rho g}=\frac{3.16N}{7.9\times10^{3}\,kg/m^{3}\times10N/kg}=4\times10^{-5}\,m^{3}$$,铁球所受浮力 $F_{浮}=G-F_{示}=3.16N-2.5N=0.66N$,根据浮力公式能够计算出铁球在水中排开水的体积为 $V_{排}=\dfrac{F_{浮}}{\rho_{水}\,g}=\dfrac{0.66N}{1\times10^{3}\,kg/m^{3}\times10N/kg}=6.6\times10^{-5}\,m^{3}$.可见,$V_{排水}$ 比铁球体积还要大,证明假设不成立,因而铁球是空心的.

　　感悟　假设某个命题为真(或假),然后推导出矛盾或不合理的结果,从而证明原命题为假(或真),其关键是理清题干条件,找到不同推导结论之间的一致关系或悖论关系.

⏵ **例2** 如图所示,一根粗细均匀的木棒,置于盛水的杯上,恰好静止,木棒露出杯外和浸在水中的长度均为木棒全长的 $\frac{1}{4}$,求该木棒的密度.

例2图   例2答图

解析 木棒在如图所示情况下保持静止,可以认为木棒处于平衡状态,并将其看作以 O 为支点的杠杆(如答图所示),为了用杠杆平衡条件解题,必须对有关参量作出假设,设木棒与水平面间的夹角为 θ,木棒的长度为 l、横截面积为 S、密度为 ρ. 根据题意,得

$$OA=\frac{1}{2}l-\frac{1}{4}l=\frac{1}{4}l, \quad OB=l-\frac{1}{4}l-\frac{1}{8}l=\frac{5}{8}l,$$

木棒所受重力为 $G=\rho g l S$, 木棒受到的浮力 $F_浮=\frac{1}{4}\rho_水\,g l S$,

由杠杆的平衡条件,得 $G\cdot OA\cdot\cos\theta=F_浮\cdot OB\cdot\cos\theta$,

代入有关参量,$\rho g l S\cdot\frac{1}{4}l\cdot\cos\theta=\frac{1}{4}\rho_水\,g l S\cdot\frac{5}{8}l\cdot\cos\theta$,

消去参量 g、l、S、$\cos\theta$,得 $\rho=\frac{5}{8}\rho_水=0.625\times10^3\,\mathrm{kg/m^3}$.

感悟 此类题目解答通常要经历假设参量、建立方程、消去参量、求出结果的过程.

⏵ **例3** 将质量为 m_1、比热容为 c_1 的甲金属与质量为 m_2、比热容为 c_2 的乙金属混合制成合金,求这块合金的比热容.

解析 当物质发生吸热(或放热)现象时,比热容、质量、温度、热量四个量会产生联系. 为了建立起这四个量之间的联系,我们可假设对这块合金加热,让它吸收 Q 的热量,升高 Δt 的温度,再假设合金的比热容为 c,则从甲、乙两种金属各自吸热考虑,得 $Q=c_1 m_1\Delta t+c_2 m_2\Delta t$,从合金整体吸热考虑,得 $Q=c(m_1+m_2)\Delta t$,由以上两式,得 $c(m_1+m_2)\Delta t=c_1 m_1\Delta t+c_2 m_2\Delta t$,消去参量 Δt 并变形可得 $c=\frac{c_1 m_1+c_2 m_2}{m_1+m_2}$.

感悟 物理量之间的联系,总是发生在一定的物理现象与物理过程之中. 通过假设物理现象或物理过程,可架起物理量之间的桥梁.

☆ 小试身手 ➤

1. 某同学为测量某一电阻 R_0 的阻值,设计了如图所示电路图.已知该电阻的阻值大致为 30Ω,现有两个量程分别为 $0\sim3A$、$0\sim0.6A$ 的电流表,两个量程分别为 $0\sim3V$、$0\sim15V$ 的电压表,电压分别为 $3V$、$6V$、$15V$ 的三种电源.若要使电表指针的示值大于量程的 $\dfrac{2}{3}$,则该同学应如何选择电表与电源?

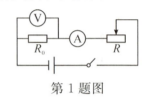

第 1 题图

2. 把质量相等、温度相同的铝球、铁球、铜球(它们的比热容:$c_{铝}>c_{铁}>c_{铜}$)分别放入质量相等、温度相同的三杯冷水中.若三杯冷水温度升高但均未沸腾,则哪一杯水的温度升得最高   (   )

　　A. 放铝球的　　　　　　　　　B. 放铁球的

　　C. 放铜球的　　　　　　　　　D. 一样高

3. 如图,两个质量不同的球分别被放在了轻质杠杆上,杠杆处于水平平衡状态.当两个球用相同速度在同一时间内向支点匀速移动的时候,那么杠杆   (   )

　　A. 仍能够平衡

　　B. 不能平衡,大球那端下沉

　　C. 不能平衡,小球端会下沉

　　D. 无法判断

第 3 题图

4. 机场的传送带正在匀速运行,放在水平传送带上的行李箱 A、B 在传送带上不打滑.某时刻行李箱 A、B 运动到如图所示位置,则它们与传送带之间是否存在摩擦力,下列判断正确的是   (   )

　　A. A、B 均受摩擦力作用

　　B. A、B 均不受摩擦力作用

　　C. A 受摩擦力,B 不受摩擦力作用

　　D. A 不受摩擦力,B 受摩擦力作用

第 4 题图

5. 某河流流速恒定,现有一船以恒定的速度从甲地顺流航行到乙地后,返回甲地,航行时间为 t_1,若水不流动,船以同一速度沿同一航线从甲到乙再返回甲的时间为 t_2,则   (   )

　　A. $t_1>t_2$　　　　B. $t_1<t_2$　　　　C. $t_1=t_2$　　　　D. 无法判断

66 类比法

引路人 江苏省宿迁市苏州外国语实验学校 王 健

📖 思想方法导引 ≫

　　类比法是逻辑学中的一种推理方法,利用联想思维,若两件事物在某些属性上相同或相似,推断它们在其他方面可能存在相同或相似.类比法是间接推理方法,是不完全归纳,存在着一定的不准确性,所以使用时应谨慎选择.

🧠 方法要点例析 ≫

　　▶例1　一名同学发现家中先后购买的 A_4 多功能复印纸包装袋上有 $70g/m^2$ 和 $80g/m^2$ 的不同,为了研究,他查阅到一些资料:在纺织、出版等行业中,通常用"克重"来表示布料和纸张的厚薄,由于布料、纸张的厚薄是均匀的,通常只需知道它单位面积的质量,叫做物质的"面密度",数值越大,表示纸张越厚,质量越好.国家标准规定以 A_0、A_1、A_2、A_3、…、B_0、B_1、B_2、…标记来表示纸张幅面规格,其中 A_3 纸张尺寸是 $297mm\times420mm$,B_3 纸张尺寸是 $353mm\times500mm$.而对粗细均匀的线型材料,也常常只需考虑其单位长度的质量,又叫物质的"线密度".

　　(1)同种材质做成等厚纸张,A_3 的"面密度"＿＿＿＿＿＿＿＿ B_3 的"面密度".(填"大于""小于"或"等于")

　　(2)家庭装修通常使用横截面积为 $2.5mm^2$ 和 $4mm^2$ 两种铜导线,关于它们的密度和"线密度"说法正确的是　　　　　　　　　　　　(　　)

　　A.它们的密度和"线密度"都不相同

　　B.它们的密度不相同,"线密度"相同

　　C.它们的密度相同,"线密度"不相同

　　D.它们的密度和"线密度"都相同

　　(3)有一捆横截面积为 $2.5mm^2$ 的铜丝,质量为 $89kg$,计算该铜丝的"线密度"为＿＿＿＿＿＿ g/m.(已知铜的密度为 $8.9\times10^3kg/m^3$)

　　解析　(1)同样材质做成等厚纸张,单位面积纸的质量相等,即同种材质做成的等厚纸张的面密度相等.

（2）两种铜导线的材料相同，则密度相同；它们的横截面积不同，单位长度的体积不同，由 $m=\rho V$ 可知，单位长度的质量不同，即它们的线密度不同. 故选 C.

（3）铜丝质量为 89kg，铜丝体积 $V=\dfrac{m}{\rho}=\dfrac{89\text{kg}}{8.9\times10^3\,\text{kg/m}^3}=0.01\text{m}^3$，

铜丝长度 $l=\dfrac{V}{S}=\dfrac{0.01\text{m}^3}{2.5\times10^{-6}\,\text{m}^2}=4000\text{m}$，

铜丝的线密度为 $\rho'=\dfrac{89\text{kg}}{4000\text{m}}=0.02225\text{kg/m}=22.25\text{g/m}$.

感悟 面密度、线密度分别描述物体单位面积、单位长度对应的质量，通过类比单位体积的质量——密度概念的建立过程，找到它们之间的区别与联系.

⚫例 2 水管中的水朝一个确定方向流动时，就会形成水流. 如图甲，水流动的速度为 v，水管的横截面积为 S，水的密度为 ρ，在 t 时间内流过该横截面的水的质量 $m=\rho Svt$，单位时间内流过该横截面的水的质量定义为水流量 I'，即 $I'=\rho Sv$.

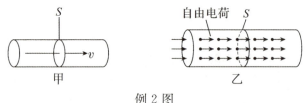

例 2 图

导体中的自由电荷定向移动时，就会形成电流. 物理学中把单位时间内通过导体某一横截面的电荷量定义为电流，用 I 表示. 如图乙，已知金属导体的横截面积为 S，导体中单位体积内的自由电荷数量为 n，每个自由电荷的电荷量为 q，自由电荷定向移动的速度为 v，请推导出电流 I 的表达式（用已知量符号表示）.

解析 在 t 时间内电荷移动的距离 $l=vt$，已知单位体积内的自由电荷数为 n，则在 t 时间内通过导体某一横截面的电荷数 $N=nSl=nSvt$，在 t 时间内通过导体某一横截面的电荷量 $Q=Nq=nSvtq$，电流强度为 $I=\dfrac{Q}{t}=\dfrac{nSvtq}{t}=nSvq$.

感悟 找到水管中水流量与导体中电流的相似之处进行类比，以便理解电流微观表达式.

✿ 小试身手 ➤

1. 如图所示,台球桌的四个边壁分别为 A、B、C、D,桌面上有 P、Q 两个球.现要求 P 球相继与 A、B、C、D 各壁发生完全弹性碰撞后,正好击中 Q 球,试画出 P 在 A 壁上入射点的位置.(提示:小球与台球桌完全弹性碰撞前后在台球桌上的运动轨迹与光遇到平面镜前后经过路径相一致)

第 1 题图

2. 为了测量天空中近似等高的浓云层高度,在水平地面上与观测者的距离为 3km 处进行一次爆炸实验,测得观测者听到由空气直接传来的爆炸声和由云层反射来的爆炸声在时间上相差 6s,已知空气中的声速为 $\frac{1}{3}$ km/s,则云层下表面的高度为 (　　)

A. 1.0×10^3 m

B. 2.0×10^3 m

C. 4.0×10^3 m

D. 5.0×10^3 m

3. 阅读材料,回答文后的问题.

当物体或物体的不同部分之间存在温度差时,会发生热传递.传导是热传递的一种方式,物体对热量的传导有阻碍作用,称为热阻,用 R 表示.物体的热阻与物体在热传导方向上的长度 l 成正比、与横截面积 S 成反比,还与物体的材料有关,关系式为 $R = \frac{l}{\lambda S}$,式中 λ 称为材料的导热系数,不同材料的导热系数一般不同.单位时间内从高温环境传导到低温环境的热量 Q 与墙壁两侧的温度差成正比,与墙壁的热阻成反比.

(1)热量传导过程和电流形成过程相比较,温度差相当于电路中 (　　)

A. 电流　　　　B. 电压　　　　C. 电阻　　　　D. 电功率

(2)如图,墙壁一侧是高温环境,温度始终为 t_1;另一侧是低温环境,温度始终为 t_2,墙壁中形成稳定的热量流动,热量在墙壁中传导,在传导方向上的长度为 l_1,横截面积为 S,导热系数为 λ_1;在墙壁右侧紧贴一层保温层,保温层与墙壁面积相同,在热传导方向上的长度为 l_2,导热系数为 λ_2,则单位时间内从高温环境传导到低温环境的热量 $Q = $ ＿＿＿＿

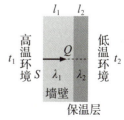

第 3 题图

67 极端与特殊值法

引路人 杭州第二中学钱江学校 梁 恒

📁 思想方法导引 >>

极端法是初中物理常用的一种思维方法.它是将所研究的问题,推到极端状态(如极大、极小、极快、极慢等)进行分析.比如在研究物体的运动速度对动能的影响时,想象速度极小(接近0)和极大这两种极端情况,对比动能大小变化,能更直观理解速度与动能的关联.又如分析电路中电阻变化对电流、电压等的影响时,把电阻设想成极大(断路)或极小(短路)的极端值,从而简便判断出各物理量相应的变化情况,帮助快速解题、理解物理规律.

特殊值法就是在解决相关问题时,根据题目给定的范围和条件,选取一些具有代表性、便于计算和分析的特殊数值、特殊情况等代入其中,通过对这些特殊情形的处理来快速找到解题思路、验证结论或者直接得出答案的一种方法.

运用极端法和特殊值法时要注意评估物理量变化趋势的单调性,以免出错.

☁️ 方法要点例析 >>

▶ **例 1** 如图所示,条形磁铁静止在水平桌面上,闭合电路开关 K 后,将滑动变阻器的滑片往右边移动一些,在滑动变阻器滑片移动的过程中,若条形磁铁始终相对于桌面静止,则桌面对条形磁铁的摩擦力向哪个方向? 大小如何变化?

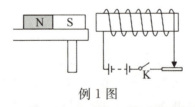

例 1 图

解析 闭合开关后,螺线管通电,相当于一个条形磁铁;根据右手螺旋定则,通电螺线管的左侧相当于磁铁的 S 极,和条形磁铁相互排斥.条形磁铁受到的磁场力向左,根据二力平衡的知识,桌面对磁铁的摩擦力向右.

滑动变阻器滑片向右移动一些,滑动变阻器接入电路的电阻增大,不妨使用极端法考虑,认为接入电路的电阻变得很大,这样电路中的电流变得很小,通电螺线管磁性很弱,故桌面上的条形磁铁受到通电螺线管的排斥力变小,所以可以判断出桌面对磁铁的摩擦力变小.

感悟 利用极端法进行分析,可以迅速判断出通电螺线管的磁性减弱,从而判断出螺线管和磁铁的相互作用力变小,得出正确的答案.

例2 甲、乙两同学从同一出发地前往同一目的地.甲同学以这样的方式前往:前一半路程保持 v_1 速度不变;后一半路程保持 v_2 不变.乙同学以这样的方式前往:前一半时间保持 v_1 速度不变;后一半时间保持 v_2 不变.若甲、乙两个同学从出发地到目的地一直都是做直线运动,且 v_1 不等于 v_2,则他们谁花的时间更短?

解析 设总路程为 100m, $v_1=1\text{m/s}$, $v_2=2\text{m/s}$,则可以算出甲同学花的时间是 $\dfrac{50}{1}\text{s}+\dfrac{50}{2}\text{s}=75\text{s}$;乙同学的平均速度为 $\dfrac{v_1+v_2}{2}=\dfrac{3}{2}\text{m/s}$,所以所花时间为 $\dfrac{100}{\frac{3}{2}}\text{s}=\dfrac{200}{3}\text{s}$,所以乙同学先到.而且从上述分析可以看出,若交换前后的速度,让 $v_1=2\text{m/s}$, $v_2=1\text{m/s}$,并不影响最后结果.

感悟 若本题从速度的字母表达式入手,且比较两种方式的平均速度的大小,对初中生来说数学要求太高.用特殊值法进行计算,则可以大大简化对表达式的运算.

✦ 小试身手 ➤➤

1. 如图所示,有四个光滑斜面 AB_1、AB_2、AB_3 和 AB_4,它们的高度均为 AB.现将一个很小的物块从斜面顶端 A 点由静止释放,请问:物块沿着哪个斜面滑落到斜面底端所花的时间最短?沿着哪个斜面所花的时间最长?

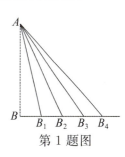

第 1 题图

2. 如图所示,一束细光束从水中以某一入射角 θ 射向水与空气的交界面,则下列说法正确的是 （ ）

A. 无论 θ 多大,细光束均能射出水面进入空气

B. 无论 θ 多大,细光束均不能射出水面进入空气

C. 若 θ 太大,细光束不能射出水面进入空气

D. 若 θ 太小,细光束不能射出水面进入空气

第2题图

3. 如图所示,足够大的杯子中盛有水,将木块放入杯子中后,木块的上面一部分漂浮在水面上,下面一部分浸在水中(未沉底).现沿着图中的虚线位置将木块下部分截掉从水中取出,那么剩余的木块在水中稳定后的位置与稳定前相比将会 （ ）

第3题图

A. 上升   B. 下降   C. 不变   D. 无法判断

4. 如图所示,将电源(电压恒定)、开关、灯泡(电阻恒定)和滑动变阻器串联连成电路,闭合开关,试回答下面的问题:

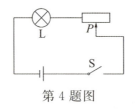

第4题图

(1)滑动变阻器的滑片往右移动,求灯泡的功率变化情况;

(2)左右移动滑动变阻器的滑片,要使得滑动变阻器消耗的功率最大,滑片是尽量靠近左端还是右端?

68　测量的放大与转换法

引路人　杭州市采荷中学　周　岷

📁 思想方法导引 ≫

在长度、质量等物理量测量的过程中,我们已经运用了叠加法、累积法、密绕法、化曲为直法等基本的放大和转换方法,其实还有一些隐蔽的、技巧性和综合性更强的方法,也广泛应用于力学、热学、光学、电学等多个领域,涉及众多的物理原理与规律.这里展示一些不一样的思路和应用场景.

例如,在力学中,对于微小力的测量,可利用杠杆原理进行放大;在热学中,利用液体的热胀冷缩将温度变化转换为体积变化来测量;在光学中,利用光的折射、反射定律将微小的距离或角度变化放大,便于观察;电学中则可借助电磁感应等原理将电能转化为机械能,把电流、电压等物理量的效果放大或转换为其他易于测量的物理量.其核心思想在于巧妙地改变物理量的呈现形式,或利用物理现象间的关联,使原本不易获取的信息变得清晰可测,从而帮助我们突破测量困境.

👍 方法要点例析 ≫

⊙ 例1　欲用普通弹簧测力计(量程 5N,分度值 0.1N)较准确地测量出一个重力大约只有零点几牛的物体,你该怎么办?

解析　取一根质量分布均匀的轻杆,在杆中间用细线悬挂,构建一个简单的杠杆装置,其左端悬挂这个重力非常小的物体,在杠杆右臂适当位置用调零后的弹簧测力计竖直向下施加拉力,令左力臂长度是右力臂长度的8倍(适量即可).若此时拉力为 1N,杠杆恰好处于水平平衡状态.根据杠杆平衡原理 $F_1 L_1 = F_2 L_2$,设小物体重力为 G,已知拉力 F,左力臂长 L_1,右力臂长 L_2,且 $L_1 = 8L_2$.可得 $GL_1 = FL_2$,即 $G \times 8L_2 = 1N \times L_2$,解得 $G = 0.125N$.

感悟　杠杆就像一个神奇的"放大器",通过合理设置力臂比例,将微小力的效果显著放大.杠杆的身影还可以出现在杆秤、台秤、水箱、油箱的浮球连杆、轮轴、可调式泄压阀、起重机等诸多机械结构领域.核心规律是相通的.

▶ **例2** 温度计是利用液体的热胀冷缩性质来测量温度变化的. 一个用粗细均匀的玻璃管制成的自制温度计, 在标准大气压下, 该液体在0℃时在玻璃管中的液柱高度为5cm, 在100℃时液柱高度为25cm. 现在测量某一未知温度时, 液柱高度为13cm, 求该未知温度. (设该液体的体积变化和温度变化成正比)

解析 由于温度与液柱高度呈线性关系, 设未知温度为t, 我们可以先计算出温度每变化1℃液柱高度的变化量 $\Delta h = \dfrac{25-5}{100-0}$ cm/℃ $= 0.2$ cm/℃, 从0℃到未知温度t, 液柱高度变化了 $13-5=8$cm, 所以温度变化量为 $\dfrac{8}{0.2}$℃ $= 40$℃, 则未知温度 $t = 40$℃.

感悟 通过将抽象的温度变化转换为直观的液柱高度变化, 我们实现了对温度的间接测量, 这种转换法使得温度变得"可视化".

▶ **例3** 请你用一张纸、一把刻度尺, 粗略估测太阳的直径.

解析 利用光的直线传播和小孔成像原理, 借助相似三角形原理进行测量和估算.

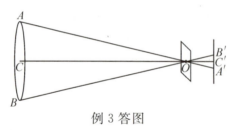

例3答图

如答图所示, 在纸片上用细针戳一个小孔(忽略孔径), 将纸片对准太阳, 设太阳的直径为AB, 在纸片的另一边的光屏上就会出现一个圆形的光斑(太阳的像). 此时用刻度尺测量出像(光斑)的直径$A'B'$和像距OC', 根据相似三角形原理, 可得$\triangle ABO$和$\triangle A'B'O$相似, 所以 $AB:CO=A'B':C'O$, 又因为已知日地距离 $CC' = 1.5 \times 10^8$km, 就不难得出太阳的直径 $AB = \dfrac{(C'C-C'O)A'B'}{C'O}$. 其实就日地距离而言, $C'O$的长度是可以忽略的.

感悟 利用光的直线传播原理构建出平面几何中的相似三角形, 根据"对应边成比例", 就可以把小三角形里的尺寸对应放大. 这种方法还能推广运用于光的反射、折射、凸透镜成像等问题.

▶ **例 4** 有一只热敏电阻(其伏安特性曲线如图甲所示),将这个热敏电阻接入如图乙所示的电路中,已知电源电压为 9V,$R_1 = 30\Omega$,内阻不计的毫安表读数为 500mA,则 R_2 的阻值为_____.

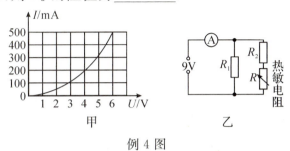

例 4 图

解析 通过欧姆定律 $I = \dfrac{U}{R}$ 得到

R_1 所在支路电流 $I_1 = \dfrac{9\text{V}}{30\Omega} = 0.3\text{A} = 300\text{mA}$,

并联电路分流,则 R_2 所在支路电流为 200mA.

则通过 R 的电流就为 200mA,读图得知此时 R 两端电压为 4V,

R_2 和 R 串联,则 R_2 分得 5V 电压.

再根据欧姆定律变形,$R_2 = \dfrac{U}{I} = \dfrac{5\text{V}}{0.2\text{A}} = 25\Omega$.

感悟 若干物理量之间如果存在着或近或远的(函数)关系,那我们就可以测量那些便于直接测量的物理量,再通过它们的关系推导,间接求得其他物理量.根据这个理念,不管具体问题是求什么,只要能找到相关物理量之间的关系,就可以将测量的物理量推导转换成目标物理量.

✦ 小试身手 ➤➤

1. 某同学用弹性系数为 20N/mm 的弹簧制作了一个台秤,设计用杠杆式指针来显示被测物体重力(如图所示).制作好后要对台秤进行定标.已经测得 0 刻度点 B 到最大刻度处 C 点的直线距离为 16.00cm,$AO = 0.50$cm,$OB = 10.00$cm,则这台秤的量程是多少?(弹簧始终在弹性限度内且未压缩到底)

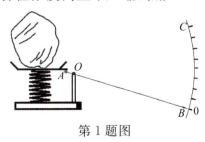

第 1 题图

2. 有一种借助 U 形管,用一种已知密度的液体测量未知液体密度的方法.如图所示,在 U 形管的左边灌的是水,右管灌的是一种和水不相溶的未知液体,已知 $H_1 = 3\text{cm}$,$H_2 = 8\text{cm}$,求右管内液体的密度.(请你思考:如果两种液体相溶,该怎么办呢?)

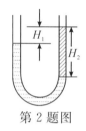

第 2 题图

3. 应用光的直线传播原理可以测量河道的宽度.一种测量河面宽度 AB 的方法:在此岸找一个正对彼岸 A 点的 B 点做好标志,在 B 点的边上任意确定一个点 C,并且测量出 BC 距离,另找一个 D 点,令 DC 垂直于河岸,并测量出 CD 距离.在此岸 BC 之间找一个点 K 正好能把在 D 点看向 A 点的视线挡住,测量出 CK 的距离,就可以知道河宽,请你写出河宽 AB 表达式.

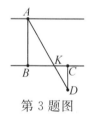

第 3 题图

4. 额定电压为 2.5V 的小灯泡,电源为两节干电池,一个阻值为 10Ω 的定值电阻 R_0、一个滑动变阻器、一台量程为 $0\sim3\text{V}$ 的电压表,单刀单掷开关和导线若干.请你设计实验电路图、写出实验主要步骤、得出小灯泡的额定功率表达式.(请你思考:如果只有一台电流表呢?你该如何操作?)

69 比较法

引路人　南京师范大学附属中学新城初级中学　蔡　丽

📁 思想方法导引 ≫

　　比较法是通过观察、分析,确定研究对象之间差异点和共同点的思维过程和方法.各种物理现象和过程都可以通过比较来"求同"或"求异".从比较方式上来说,比较法可以简单分为:异中求同比较法、同中求异比较法、同异综合比较法.前两者是通过比较研究对象的共同点、差异点来找到问题突破口的方法."同异综合比较法"即综合分析研究对象的共同点、差异点,然后选择恰当的规律和方法,使问题得以解决的物理方法.

🧠 方法要点例析 ≫

　　▶ **例 1**　如图所示,A 和 B 是两个材料相同的正方体,分别以①②③三种方式放置在相同的水平桌面上做匀速直线运动,其速度关系是 $v_1 < v_2 < v_3$,则 F_1 ＿＿＿＿ F_2 ＿＿＿＿ F_3(填">""<"或"=").

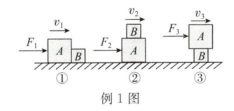

例 1 图

　　解析　①②③中 A、B 的放置方式不同,但"异中求同"比较可以发现:A、B 整体对地面的压力大小相同,接触面粗糙程度也相同,所以三种情况受到的摩擦力相同.且 A、B 整体做匀速直线运动,则推力和摩擦力是一对平衡力,故 $F_1 = F_2 = F_3$.

　　感悟　运用"比较法"分析问题时,首先要明确比较对象,对于看似不同的对象、现象,可以尝试利用"异中求同"的思想寻找解决问题的突破口.

▶ **例 2** 如图所示,小明利用甲、乙、丙三图中的装置进行了两项热学实验:实验一"探究不同物质吸热升温的现象",实验二"比较不同燃料的热值".

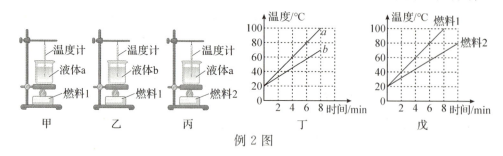

例 2 图

(1)比较实验器材:实验一"探究不同物质吸热升温的现象"应选择_____两图所示装置,实验二"比较不同燃料的热值"应选择_____两图所示装置进行实验.

(2)比较实验方案:关于两组实验,下列说法正确的是　　　　　(　)
A. 都必须控制被加热物体的质量相等
B. 都必须控制燃料质量相等
C. 都必须控制燃料燃烧时间相等
D. 燃料燃烧放出的热量都是通过液体温度变化来反映

(3)比较实验图像:实验一中液体 a、b 的温度随时间变化的图线如图丁所示,则液体_____的比热容大;实验二中被加热液体的温度随时间变化的图线如图戊所示,则燃料 1 与燃料 2 的热值之比为_____.(忽略热量的散失).

解析 (1)这两个探究实验有诸多相似之处,重点关注"同中之异":实验一的研究对象是不同液体,需要选择相同的热源,故选甲、乙;实验二的研究对象是不同的燃料且被加热液体要相同,故选甲、丙.

(2)两组实验都要控制被加热物体的质量相等;实验一不必控制燃料质量相等,且燃料燃烧放出的热量通过加热时间来反映;实验二需要燃料充分燃烧而不是燃烧相同时间.故选 A.

(3)实验一中加热相同时间(即吸收相同热量),比较发现质量相同的液体 a、b 中,液体 b 升温慢,由 $Q=cm\Delta t$ 可知 b 的比热容大.实验二中燃料 1、2 燃尽后两个装置液体 a 升高的温度之比为 4 : 3,则 $\dfrac{q_1}{q_2}=\dfrac{\dfrac{Q_1}{m}}{\dfrac{Q_2}{m}}=\dfrac{Q_1}{Q_2}=\dfrac{cm_a\Delta t_1}{cm_a\Delta t_2}=\dfrac{\Delta t_1}{\Delta t_2}=\dfrac{4}{3}$.

感悟 对于相似实验,可以利用"同中求异比较法",从实验装置和器材、实验方案、实验图像等方面加以比较和思辨,从而在比较中深化对实验本质的理解.

▶ **例3** 某项目小组参加体质测试后,拟制作一个简易的坐位体前屈测试装置,如图(a)所示.为将挡板推动至不同位置时所显示的成绩高低转换为电表示数大小,且成绩高,示数大,甲、乙两同学分别设计了如图(b)(c)所示的电路工作原理图.

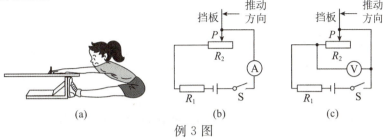

例 3 图

(1)甲、乙同学设计的工作原理图中均连入了电阻 R_1,其作用是_____;

(2)请应用所学的电学知识判断甲、乙两同学设计的电路中不合理的是_____(填"甲"或"乙"),请简单说明理由并提出改进意见.

解析 (1)"异中求同"发现:甲、乙同学的设计中 R_1、R_2 都是串联,电阻 R_1 的作用都是防止电路中电流过大,可以保护电路.

(2)两个设计的"不同点"也很明显,以不同电表的示数来显示成绩的高低.图(b)中成绩越高,R_2 阻值越小,电流表示数越大,故设计合理;图(c)中成绩越高,R_2 阻值越小,根据串联分压原理可知电压表示数会越小,不符合设计要求.改进:可以将电压表并联到 R_1 两端,测 R_1 电压.

感悟 解决"电路设计"问题的关键是明确设计目标和构建设计方案.运用"同异综合比较法"分析不同方案,可以促进我们对比反思、优化设计.

▶ **例4** 如图甲所示,轻质杠杆可绕 O 转动,A 点悬挂一物体 M,B 点受到电子测力计竖直向上的拉力 F,已知 $OA=AB=BC$.保持杠杆水平静止,将 F 作用点从 B 移至 C,此过程中 F 方向保持不变,F 的力臂记为 l.F 与 $\left(\dfrac{1}{l}\right)$ 的关系图线为图乙中的①;将 M 从 A 移至 B,再重复上述步骤,F 与 $\left(\dfrac{1}{l}\right)$ 的关系图线为图乙中的_____(填数字序号).

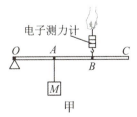

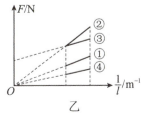

例 4 图

解析 根据杠杆平衡条件可得 $F \times l = G \times OA$,即 $F = G \times OA \times \dfrac{1}{l}$（Ⅰ）. 将物体 M 从 A 移至 B,杠杆保持水平静止,则 $F \times l = G \times OB$,即 $F = G \times OB \times \dfrac{1}{l}$（Ⅱ）. 由数学知识可知,Ⅰ、Ⅱ 两式中拉力 F 与 $\left(\dfrac{1}{l}\right)$ 的关系图线均为正比例函数图像,即利用"异中求同"的思维找到了两条图线的相同点. 图甲中 $OB > OA$,故通过"同中求异"可知 Ⅱ 式图线的斜率大于 Ⅰ 式,因此选择过原点且斜率比图线①大的图线②.

感悟 解决"动态杠杆"问题的关键是结合杠杆平衡条件,分析、比较过程中的"变"与"不变". 在数形分析的过程中利用"同异综合比较法",实现问题解决.

❄小试身手 ➤➤

1. 利用如图所示器材可以完成"探究影响压力作用效果的因素"（实验一）与"探究影响重力势能大小的因素"（实验二）两个实验. 比较两个探究实验,下面判断错误的是 （ ）

A. 都需要观察小桌陷入沙中的深度

B. 都选用大小不同的木块是为了改变相同的物理量

C. 前者实验不需要将木块从小桌正上方一定高度自由释放

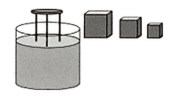

第1题图

D. 后者实验中小桌不需要倒放

2. 甲、乙两物体从同一点开始沿一直线运动,甲的 s-t 图像和乙的 v-t 图像如图所示,下列说法中正确的 （ ）

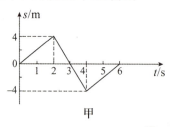
甲

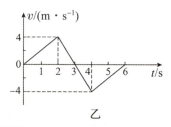
乙

第3题图

A. 甲、乙均为匀速直线运动

B. 甲、乙均在 3s 末回到出发点,距出发点的最大距离均为 4m

C. 0～2s 内与 4～6s 内,甲的速度等大、不同向

D. 6s 内甲的路程为 16m,乙的路程为 12m

70　控制变量法

引路人　宁波市镇海中学　胡益煦

思想方法导引 ▶▶

　　控制变量法不仅是初中物理实验中常用的方法,也是一种解题手段.当研究多个变量对实验结果产生的影响时,通过控制其他变量不变,只改变其中一个变量,观察其对结果的影响,从而得出科学结论.在实际或经模型化后的问题中,常常会出现多变量问题,可考虑采用控制变量法解决.若最终的状态是由几个变量共同引起的,则需将单变量引起的结果进行恰当叠加.

方法要点例析 ▶▶

　　例 1　如图所示是探究"动能的大小与哪些因素有关"的实验.

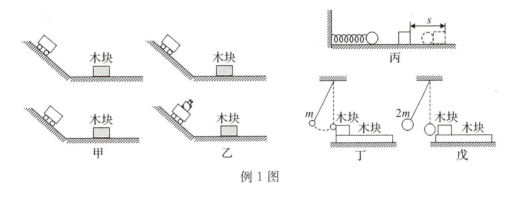

例 1 图

　　(1)甲、乙两实验可以通过比较＿＿＿＿＿＿＿＿＿＿＿来比较碰撞前小车动能的大小.

　　(2)图甲中,让同一辆小车分别从同一斜面的不同高度由静止开始滑下,撞击木块,发现第一次撞击后木块移动的距离更远,由此可以得出的结论是:＿＿＿＿＿＿＿＿＿＿＿＿＿＿＿＿＿＿＿＿＿＿＿＿＿＿＿＿＿＿＿＿＿＿.

　　(3)图乙中,让不同质量的小车分别从同一斜面的不同高度由静止开始滑下,撞击木块,来探究动能与物体质量的关系.该方案是否合理?＿＿＿＿＿.原因是＿＿＿＿＿＿＿＿＿＿＿＿＿＿＿＿＿＿＿＿＿＿＿＿＿＿＿＿＿＿.

(4)在探究动能与物体质量的关系时,为了控制物体的速度,小明又设计了如图丙所示的实验方案:利用不同质量的小球将弹簧压缩相同程度由静止释放,撞击同一木块.该方案是否可行?＿＿＿＿＿＿＿＿.若按此方案操作,他会看到的现象是＿＿＿＿＿＿＿＿＿＿＿＿＿＿＿＿.

(5)另一同学用如图丁、戊所示的方法探究动能的大小与质量的关系,他先将质量为 m 的小球拉过 θ 角度,由静止开始释放,撞击放在木板上的木块;接着将质量为 $2m$ 的小球拉过 θ 角度,由静止开始释放.他操作过程中存在的错误是＿＿＿＿＿＿＿＿＿＿＿＿＿＿＿＿＿＿＿＿＿＿＿＿＿＿＿.

解析 (1)本实验采用转换法的思想,通过观察小车推动木块移动的距离来反映小车动能的大小.

(2)结合控制变量法可得出结论:当质量一定时,物体速度越大,动能越大.

(3)要探究动能大小与质量的关系,应该控制小车的速度相同,即让小车从斜面的同一高度滑下;实验中没有控制小车到达水平面时的速度相同,故该方案不合理.

(4)撞击的动能由弹簧的弹性势能转化而来,而弹簧的弹性势能相同,转化出的动能相同,因此,木块最终移动的距离相同.根据控制变量法的要求,该实验既没有控制相关变量,也没有改变要研究的变量,不能完成实验目的.

(5)图中错误的操作是两次实验中未保持木块初始位置相同.

感悟 实验的精髓在于控制,任何物理实验都是在控制某些条件的情况下开展的.

▶ 例2 (多选)一开口向下导热均匀直玻璃管,通过细绳悬挂在天花板上,玻璃管下端浸没在固定的水银槽中,管内外水银面高度差为 h,下列情况中能使细绳拉力增大的有 ( )

A.降低环境温度且大气压强不变

B.大气压强增加

C.向水银槽内注入水银

D.略微增加细绳长度,使玻璃管位置相对水银槽下移

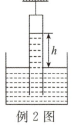

例2图

解析 对玻璃管作受力分析如答图所示,由平衡可得绳拉力 $F_T=(p_0-p)S+mg=\rho ghS+mg$,环境温度降低,假定封闭气体体积不变,压强减小,由 $p=p_0-\rho gh$ 可知,h 增大,所以拉力 F_T 增大,故 A 正确;大气压强增加时,液柱 h 增加,所以拉力 F_T 增大,故 B 正确;向水银槽内注入水银,封闭气体压强增大,故拉力减小,故 C 错误;玻璃管位置相对水银槽下移,封闭气体体积减

例2答图

小,压强增大,故拉力减小,故 D 错误.故选 A、B.

感悟 气体压强受温度、体积等多变量影响,在动态分析过程中,可先假设一个物理量不变,得到压强随另一变量变化的情况.

例 3 冬天冷风从正北方向吹来,一位学生骑自行车由西向东行驶,他会感到 (　　)

A. 风从左前方吹来　　　　　　B. 风从右前方吹来

C. 风从左后方吹来　　　　　　D. 风从右后方吹来

解析 ①若车不动(车头向东),风从正北方向吹来,这位同学会感到风从左边吹来.②若无风,骑自行车由西向东行驶,他会感到风从前方吹来.这两个风的运动是独立的,叠加后的结果就是选项 A.

感悟 若最终的状态是由几个变量共同引起的,则需将单变量引起的结果进行恰当叠加.

小试身手 ➤➤

1. 小明想探究摆的周期与什么因素有关,他猜想可能与小铁块的质量有关,还可能与细绳的长短以及摆角有关,于是他利用一条细绳一端系一个小铁块做成摆(如图所示),用电子表测出这个摆的周期(摆动一个来回所用的时间),他通过仅仅改变小铁块的质量或者细绳的长度测出摆动 10 个周期所用的时间(保持摆角不变),得出下表的实验数据:

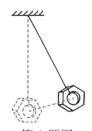

第1题图

测量值次数	铁块质量/g	细绳长度/cm	10 个周期/s	周期/s
1	10	50	14.0	1.4
2	10	80	18.0	1.8
3	20	50	14.0	1.4
4	20	80	18.0	1.8

(1)题中画线部分属于科学探究中的_____环节.摆动一个来回所用的时间比较短,小明的做法是:用停表测其摆动 10 次的时间,算出其摆动一次所用的时间,这样做的目的是_____.

(2)在第1、2次实验中,小明用其他条件不变,仅改变细绳长度方法来探究摆的周期与细绳长度的关系.这种方法是物理学中研究问题常用的_____.

(3)通过比较第1、2(或3、4)次实验的两组数据,得出的实验结论是_____;通过比较第_____实验的两组数据,得出的实验结论是:摆的周期与小铁块的质量无关.

(4)通过实验分析,小明得出的初步结论是＿＿＿＿＿＿＿＿＿＿.

(5)生活中的摆钟就是依据这个原理工作的,如果我们家里的摆钟走慢了,修理师傅需将摆钟的摆长调＿＿＿＿一点.

2. 如图所示是探究电流通过导体时产生热量的多少跟什么因素有关的实验装置,两个透明容器中密封着等量的空气,U形管中液面高度的变化反映密闭空气温度的变化.下列说法正确的是 （ ）

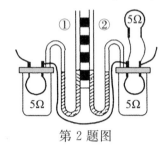

第2题图

A. 该实验装置是为了探究电流产生的热量与电阻的关系

B. 通电后能观察到管②中的液面比管①中的液面升得更快

C. 不改变导线的连接方式,将左边容器中的电阻丝换成 10Ω 的电阻丝后,就可以探究电流产生的热量与电阻的关系

D. 不改变导线的连接方式,将右边容器上方的 5Ω 电阻丝放入右边容器内,就可以探究电流产生的热量与电阻的关系

3. 如图甲,电源电压恒定不变,R 为定值电阻.闭合开关 S,电路中各部分功率与电流的关系图线如图乙,下列说法中正确的是 （ ）

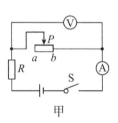

第3题图

A. 电压表示数与电流表示数比值不变

B. 电压表示数的减少量与电流表示数的增加量比值减小

C. 当电流表示数为 1A 时,滑动变阻器的滑片 P 处于 a 端

D. 图线①是电路总功率 P 与 I 的图线,图线③是滑动变阻器功率 P 与 I 的图线

4. 把边长 $L=0.5\text{m}$、密度 $\rho_A=0.6\times10^3\text{kg/m}^3$ 的正方体 A 放入底面积为 $S=1\text{m}^2$ 的盛水容器中,如图甲所示,将物块 B 轻放在 A 的上面,容器中的水面上升了 0.01m,如图乙所示,则物块 B 的质量为

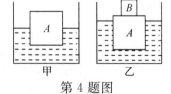

第4题图

＿＿＿＿＿＿;在这个过程中,A 重力做功的大小为＿＿＿＿＿＿J.(已知 $\rho_{水}=1.0\times10^3\text{kg/m}^3$,$g$ 取 10N/kg)

71 微元法

引路人　杭州学军中学　张宏根

📁 思想方法导引 ≫

微元法是中学物理处理复杂问题的核心方法之一,其本质是将连续变化的物理过程分割为无数个微小单元,利用线性关系近似建立方程,再通过累加得到整体规律.这种方法巧妙避开了高等数学的严格积分,却完整保留了微积分的思想内核,就像用显微镜观察世界,在每个极小的区间内,把它的变化过程放大,复杂的过程都会变得简单,这就是微元法的神奇之处!换言之,就是先"化整为零",再"积零为整".在初中物理中,微元法用于解决涉及连续变化的问题,主要有变速运动、变力做功、液体压强、速度关联的计算等.

☁ 方法要点例析 ≫

▶ **例1**　一辆小汽车在平直的公路上沿直线行驶,其速度随着时间均匀增加,初速度是 v_0,经过 t 时间后速度是 v,v-t 图像如图所示,求该小汽车 t 时间内行驶的路程.

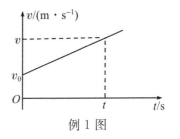

例1图

解析　如答图所示,将小汽车行驶总时间分为 n 等分,近似认为每一等分时间 $\Delta t = \dfrac{t}{n}$ 内做匀速运动,速度用这一小段时间起始时刻的瞬时速度替代,这一小段时间 Δt 内行驶的路程近似可用一个小矩形面积表示,则 t 时间内行驶的总路程可用 n 个矩形面积的累加之和近似表示.随着等分数 n 的增加,Δt 逐渐减小,每个小矩形面积与这一小段时间内的路程更加接近,利用极限思维,当 $n \to \infty$,$\Delta t \to 0$ 时,这样会得到无数个小矩形面积,它们的累加之和就等于总路程的准确值,表现在作图上即为这段时间内 v-t 图像与坐标轴围成的梯形面积.

所以可得该小汽车 t 时间内行驶的路程为:$x = S_{梯} = \dfrac{v_0 + v}{2} t$.

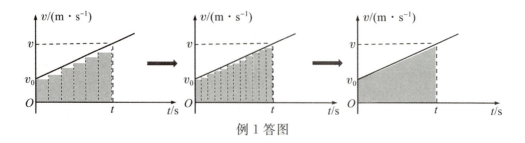

例 1 答图

感悟 将变速直线运动分成很多时间微元过程的累加,每个微元时间段内视为匀速直线运动,从而得到一段时间内的总路程可以用 $v-t$ 图像与坐标轴围成的面积表示.在这个线性加速过程中,全程的平均速度 $\overline{v}=\dfrac{v_0+v}{2}$.

⊙ 例 2 如图所示,一个质量为 m 的物体,从离地面高度为 h_1 的 A 点,通过一般的曲线路径运动到高度为 h_2 的 B 点,求此过程中重力所做的功.

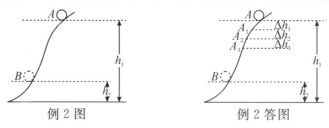

例 2 图 例 2 答图

解析 如答图所示,将物体运动的路径分割成无数段微元,每一小段微元可以看作是很短的直线路径 Δl,在这样很短的直线路径上重力做的功 $\Delta W_G=mg\Delta l\cdot\cos\theta=mg\Delta h$($\theta$ 角为 Δl 与水平线的夹角),则从 A 到 B 全过程重力做的功就是无数段微元路径上做功的代数和 $W_G=mg\Delta h_1+mg\Delta h_2+mg\Delta h_3+\cdots=mg(\Delta h_1+\Delta h_2+\Delta h_3+\cdots)=mgh_1-mgh_2$.

感悟 物体沿任意路径运动时,重力对它做的功只跟它的起点和终点的位置有关,而跟物体运动的路径无关,其实一切恒力做功都有这个特点.

⊙ 例 3 如图所示,将一个大小恒定的力 F 作用于可以转动的圆盘边缘,转动过程中力的方向始终与圆盘受力点的切线方向相同,已知 $F=6\mathrm{N}$,圆盘半径 $r=2\mathrm{m}$,则在该力的作用下,圆盘转动一周过程中,力 F 做了多少功?

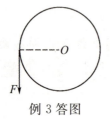

例 3 答图 例 3 答图

解析 力 F 在作用于圆盘的过程中,其方向始终与圆盘受力点的切线方向一致,由于力 F 的方向是随着圆盘的转动而不断变化,属于变力,这就增加了求力 F 做功的难度,常规方法很难求解.应用微元法可以将圆盘的周长无限分割,使之成为很多微小单元,如答图所示.当分割后的 Δs 无限小时,可以把 F 的作用方向与圆盘受力点的移动方向看作一致,则每个微小移动距离 Δs 内力 F 做的功 $\Delta W = F\Delta s$,则圆盘转动一周力 F 做的总功 $W = F\Delta s_1 + F\Delta s_2 + F\Delta s_3 + \cdots + F\Delta s_n = F(\Delta s_1 + \Delta s_2 + \Delta s_3 + \cdots + \Delta s_n) = F \cdot 2\pi r = 24\pi\,\mathrm{J}$.

感悟 本题通过将圆周分成与力作用方向一致的无数个微元移动距离,然后将这些微元移动距离上做的功累加到一起,巧妙地获得了变力做功的求解方法.

▶ 例 4 如图所示,大坝横截面是直角梯形形状,大坝面向水的一侧处于同一竖直平面内,大坝底部距离水面高度为 h,迎水面的宽度(垂直纸面方向)为 L,重力加速度为 g,水的密度为 ρ,求大坝迎水面受到水的压力大小(不考虑大气压强的影响).

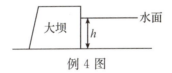

例 4 图

解析 如答图甲所示,正对大坝的迎水侧面看,在距离水面深度为 z 处水的压强 $p = \rho g z$,取深度微元 Δz,在长为 L、宽为 Δz 的矩形面元上水产生的压力是 $\Delta F = pL\Delta z = \rho g z \cdot L\Delta z$,微元累加求和,根据例 1 的线性关系求和方法,作 $p \cdot L - z$ 图像如答图乙,大坝迎水面受到水的压力 $F = \dfrac{1}{2}\rho g L h^2$.

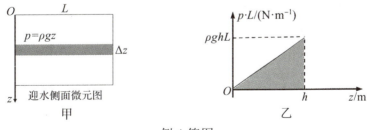

例 4 答图

感悟 微元法求和也可以从一维拓展到二维的简单情况,核心是一维线性关系的求和可以用图像与坐标轴围成的面积表示,从而简化运算.

小试身手 ➤➤

1. 蚂蚁离开洞穴沿直线爬行,它的速度与到蚁穴中心的距离成反比,当蚂蚁爬到距穴中心 $l_1 = 1$m 的 A 点处时,速度是 $v_1 = 2$cm/s. 试求蚂蚁继续由 A 点爬到距穴中心 $l_2 = 2$m 的 B 点需要的时间.

2. 已知弹簧弹力 F 与形变量 l 之间满足胡克定律 $F = kl$,求形变量为 Δl 时弹簧储存的弹性势能.

3. 如图所示,一厚度不计、长度为 l 的长木板,其质量为 M,按长度均匀分布,木板与地面之间的动摩擦因数 μ. 将木板放在水平地面上绕其一端 O 点紧贴水平地面转动角度 α,求此过程地面摩擦力做的功.

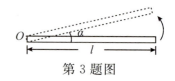

第 3 题图

4. 如图在水平面上放有两个矩形筒. 一个矩形筒的轴是水平的,另一个的轴是竖直的,两筒的下部用细管连通."水平"矩形筒的高为 H,左面是敞开的,筒内装有活塞,不计活塞与筒壁之间的摩擦."竖直"矩形筒的上面是敞开的. 在两个筒里注入水,在"水平"筒内水充满了被活塞隔离的整个空间,试求当活塞处于平衡状态下,"竖直"筒内水位的高度 h.

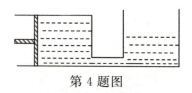

第 4 题图

72　过程分割法

引路人　浙江省杭州第二中学　黄镇宇

💭 思想方法导引 ▶▶

　　实际物理情境,往往是一个复杂的物理过程,难以简单地直接用某个单一规律去剖析和解决.此时,一种行之有效的方法是,对整个过程进行细致的分析,并基于合理的依据进行分割.以时间、速度、力、电阻等物理量的变化为关键线索,将一个复杂的过程,分割成几个相对简单的小过程.如此一来,每个小过程都能对应较为单一的物理规律,从而使分析变得有章可循.

　　通过深入研究这些小过程,我们如同拼图一般,逐步拼凑出整个复杂过程的全貌,最终实现将复杂问题简单化处理的目标.物理过程分割法能帮助我们层层剖析物理现象,让复杂的物理过程变得清晰明了.

☁ 方法要点例析 ▶▶

　　▶ 例1　如图甲所示,一个底面积 $S=300\text{cm}^2$(内部)且足够深的圆柱形平底容器放置于水平桌面上.现将一个重 5.5N、棱长 $L=10\text{cm}$ 的立方体实心物体 M(不吸水)挂于弹簧下端,并置于柱形容器内.弹簧上端固定不动.现在向容器中缓慢注水,弹簧弹力大小与注水体积变化部分图像如图乙所示.不计弹簧的质量和体积,弹簧的弹力每变化 1N,形变量变化 1cm,且弹簧的形变始终在弹性限度内,g 取 10N/kg.若注水过程中,物体只在竖直方向移动.水的密度为 $\rho=1\times10^3\text{kg/m}^3$.求

　　(1)当物体 M 浸没水中时受到浮力的大小;

　　(2)图乙中 A 点对应注入水的体积;

　　(3)从物体漂浮状态到刚被水没过的过程中注入水的体积.

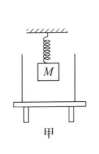

甲

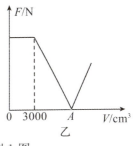

乙

例1图

解析 (1)根据浮力公式得，$F_0 = \rho g V = 1 \times 10^3 \times 10 \times 10^3 \times 10^{-6} \text{N} = 10\text{N}$.

(2)结合问题的情境和图像，如答图所示，将整个注水过程分割为三个小过程，水面的位置用短虚线表示．过程①，水面刚好上升到物体底部的过程，注入水的体积为 3000cm^3，水面上升 10cm．过程②，水面上升到恰能使物体处于漂浮状态，此时弹簧拉力为零．由弹簧形变规律可得物体上升距离为 $x_1 = 5.5\text{cm}$．由二力平衡可得，浮力等于重力 $\rho g S x_2 = G$，$x_2 = 5.5\text{cm}$．A 点对应注入水的总体积为 $V_1 = 3000 + S(x_1 + x_2) - 100x_2 = 5750\text{cm}^3$．

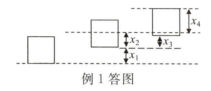

例1答图

(3)过程③，从物体漂浮到水刚好没过物体的过程．根据受力平衡可得，此时弹簧处于压缩状态，弹力大小为 $F = F_0 - G = 4.5\text{N}$．弹簧压缩量为 $x_3 = 4.5\text{cm}$，水面上升的距离为 $x_4 = L - (x_2 - x_3) = 9\text{cm}$．需要加的水的总体积为 $V_2 = 3000 + S(x_1 + x_2 + x_4) - 1000 = 8000\text{cm}^3$．从物体漂浮状态到刚被水没过的过程中注入水的体积为 $\Delta V = V_2 - V_1 = 2250\text{cm}^3$．

感悟 以弹簧弹力大小和方向的变化为线索，将整个物理过程分割为三个小过程，结合图像法，理清水面和物体位置的变化规律，一个较难的问题迎刃而解．

▶ **例2** 一平凸薄镜焦距为 f，其右侧面上镀了银，现在其凸面一侧距它 $3f$ 处，垂直于主轴放置一高为 H 的物体 AB，其下端在透镜的主轴上．

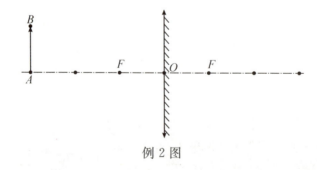

例2图

(1)用作图法画出物体 AB 经镀银透镜所成的像，并说明该像是虚、是实．

(2)用计算法求出此像的位置和大小．

解析 (1)光路图如答图所示，像 A_1B_1 为实像．

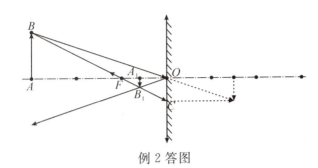

例 2 答图

(2)**方法一** 设像 A_1B_1 高为 h,OA_1 为 x.利用 $\triangle A_1B_1F$ 与 $\triangle OCF$ 相似,

得 $\dfrac{f-x}{f}=\dfrac{h}{OC}$.利用 $\triangle ABO$ 与 $\triangle A_1B_1O$ 相似,得 $\dfrac{x}{3f}=\dfrac{h}{H}$.利用 $\triangle ABF$ 与

$\triangle OCF$ 相似,得 $\dfrac{f}{2f}=\dfrac{OC}{H}$.解得 $x=0.6f,h=0.2H$.

方法二 利用光具组成像规律:$\dfrac{1}{u_n}+\dfrac{1}{v_n}=\dfrac{1}{f_n}$,$u_{n+1}=L_n-v_n$,由于是透镜

表面镀银,光具之间的距离 $L_n=0$.物体 AB 先经过透镜成像,$\dfrac{1}{3f}+\dfrac{1}{v_1}=\dfrac{1}{f}$.然

后经过平面镜成像,$u_2=0-v_1$,根据平面镜成像规律得,$\dfrac{1}{u_2}+\dfrac{1}{v_2}=0$.最后经过

透镜成像,$u_3=0-v_2$,$\dfrac{1}{u_3}+\dfrac{1}{v_3}=\dfrac{1}{f}$.解得 $u_3=0.6f$.放大率为 $m=$

$\left|\dfrac{v_1}{u_1}\times\dfrac{v_2}{u_2}\times\dfrac{v_3}{u_3}\right|=\dfrac{0.6f}{3f}=0.2$,像高 $h=mH=0.2H$.

感悟 根据光的传播过程,将整个物理过程分割为光经过凸透镜成像、平面镜成像、凸透镜成像等三个小过程,便于利用光具组的成像规律作图、计算.

▶ **例 3** 如图所示,电灯 L 标有"4V 1W"的字样,滑动变阻器 R_3 总电阻为 50Ω.当滑片 P 滑至某位置时,L 恰好正常发光,此时电流表示数为 $0.45A$.由于某一元件发生故障,电灯 L 突然熄灭,此时电流表示数变为 $0.5A$,电压表示数为 $10V$.电路中各处接触良好,导线完好.

(1)如果故障是由短路或断路引起的,试分析发生故障的元件及其原因.

(2)电源的电压 U 和电阻 R_1、R_2 各为多大?

(3)现将电灯 L 用导线短路,将滑片 P 从 a 端向 b 端移动的过程中 R_3 上的电功率如何变化?并求其变化范围.

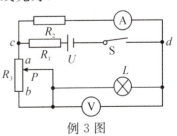

例 3 图

解析 （1）电路发生故障后，电流表示数增大，电压表有示数，所以 R_1、R_2 一定没有故障．由 c、d 间电压增大，可知上、下两条支路的总电阻一定增大，故一定是 R_3 或 L 发生断路．由电压表有示数可知一定是灯 L 发生断路．

（2）由题意得，$U=(0.45+0.25)R_1+0.45R_2$，$0.5R_2=10$，$U=0.5R_1+10$，可得 $U=12.5\text{V}$，$R_1=5\Omega$，$R_2=20\Omega$．

（3）电阻 R_3 的电功率为

$$P=I^2R_3=\left(\frac{U}{\dfrac{R_2R_3}{R_2+R_3}+R_1}\times\frac{R_2}{R_2+R_3}\right)^2R_3=\frac{100}{\left(\sqrt{R_3}-\dfrac{4}{\sqrt{R_3}}\right)^2+16}.$$

当 $R_3=0$，电功率最小为 $P=0$；当 $R_3=4\Omega$ 时，电功率最大为 $P=6.25\text{W}$；当 $R_3=50\Omega$ 时，电功率约为 1.7W．滑片 P 从 a 向 b 移动的过程中，当 $0\leqslant R_3\leqslant4\Omega$ 时，R_3 的电功率不断增大；当 $4\Omega\leqslant R_3\leqslant50\Omega$ 时，R_3 的电功率不断减小．其电功率的变化范围是 $0\leqslant P\leqslant6.25\text{W}$．

感悟 电路中的某一元件（如电阻）发生变化时，往往引起电路中复杂的变化．将整个物理过程按电阻的变化进行适当的分割，可以使规律变得清晰．

✦ 小试身手 ➤

1. 某次施工过程中，需要向湖水中沉放大量的施工构件．如图甲所示，假设某立方体构件从平静的湖面上被缓慢地吊入水中．在下沉过程中，其下表面到水面的距离 h 逐渐增大，构件所受浮力 F_1，钢绳拉力 F_2 随 h 的变化如图乙所示．水的密度为 $\rho=1\times10^3\text{kg/m}^3$．问：

（1）构件所受浮力 F_1 随 h 的变化图像是图①还是图②？

（2）构件所受的最大浮力大小是多少？

（3）构件所受的重力大小是多少？

第1题图

2. 如图所示，均匀圆环总电阻 $R=32\Omega$，电源电压 U 恒为 8V，电阻 $R_1=2\Omega$．导电滑臂 OP 可绕 O 点自由转动，不计导电滑臂 OP 的电阻及电路各处的接触电阻．使 OP 从 A 端出发，顺时针转动一周的过程中，分析：

（1）电阻 R_1 上电流的变化过程并求其变化范围；

（2）圆环上电功率的变化过程并求其变化范围．

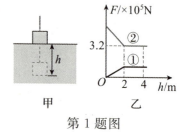

第2题图

参考答案

1 运动图解法

1. D 【解析】由 $v-t$ 图像可知,开伞前速度先增大后不变,开伞下落后速度先减小后匀速,在匀速运动阶段相同时间内运动员运动的路程都相同,故选 D.

2. 静止;$v_甲=v_乙$

【解析】由 $s-t$ 图像可知,甲的运动图像呈斜直线,表示物体做匀速直线运动,根据 $v=\dfrac{s}{t}$ 可得速度为 3m/s,在 24～30s 内乙的速度为 3m/s,此时间段内甲、乙运动速度相同,以甲为参照物,乙处于静止状态;在第 4～19s 内甲、乙通过的路程($s=57m-12m=45m$)和时间相同,根据公式 $v=\dfrac{s}{t}$ 可知 $v_甲=v_乙$.

3. B 【解析】由 $s-t$ 图像可知,甲、乙匀速运动的距离 $s=10m$,甲需要时间 $t_甲=4s$,乙需要时间 $t_乙=5s$,则 $v_甲=\dfrac{s}{t_甲}=\dfrac{10m}{4s}=2.5m/s$,$v_乙=\dfrac{s}{t_乙}=\dfrac{10m}{5s}=2m/s$,因此 $v_甲>v_乙$,甲的运动时间比乙少 1s,故选 B.

4. C 【解析】由 $s-t$ 图像可知,快递派送车在 0～10min 内的运动图像呈斜向上直线,则在此时间段内做匀速直线运动,运动距离 $s_1=1.0km$,$t_1=10min$,$v_1=\dfrac{s_1}{t_1}=6km/h$;快递派送车在 10～13min 内的运动图像呈水平直线,则表明它在此 3min 内处于静止状态,因此在第一个派送点停靠 3min;在 13～17min 内做匀速直线运动,运动距离 $s_2=2.0km-1.0km=1.0km$,$t_2=17min-13min=4min$,$v_2=\dfrac{s_2}{t_2}=15km/h$,比较可知 $v_2>v_1$. 故选 C.

5. 乌龟;3;兔子

【解析】由 $s-t$ 图像可知,0～t_1,兔子的纵坐标始终为零,表示该时间段内兔子处于静止状态,则乌龟先出发;交点处为二者相遇的时间和位置,图中共有三个交点,因此相遇三次;相同路程比较时间,时间越短则赢得比赛,乌龟所用时间 t_3 大于兔子所用时间 t_2,因此兔子赢得比赛.

2 变换参照物法

1. A 【解析】由于蜜蜂和自行车以同样大小的速度并列运动,所以以蜜蜂为参照物,车轮的轴(圆心处)是静止的,边缘上的某一点绕着圆心转动,故选 A.

2. 3∶2

【解析】以地面为参照物,该顾客上楼通过 30 级(顾客数得 10 级是以扶梯为参照物的,注意区分),相同时间内扶梯把顾客向上输送了 30 级－10 级＝20 级,相同时间内路程之比等于速度大小之比,故速度大小之比为 30 级∶20 级＝3∶2.

3. 【解析】以木箱为参照物,假定木箱不动,船逆流而上和顺流而下相对于箱子的速度大小不变,距离相同,时间也相同,所以追上木箱所用时间也是 2min,木箱在 4min 时间内向下游漂了 600m,故水流速度 $v=\dfrac{s}{t}=\dfrac{600m}{240s}=2.5m/s$.

4. B 【解析】以速度较小的同学为参照物,速度较大的同学的相对速度大小 $v=$ 12.5m/s$-$10m/s$=$2.5m/s,超出一圈通过的路程为 100m,所用的时间 $t=\dfrac{s}{v}=$ $\dfrac{100\text{m}}{2.5\text{m/s}}=$40s.在这段时间内,速度较小的同学通过的路程 $s_1=v_1t=$10m/s$\times$40s$=$400m,速度较大的同学通过的路程 $s_2=v_2t$ $=$12.5m/s$\times$40s$=$500m,经过 5 次互换速度(耗时 40s$\times$5$=$200s)后,两位同学分别通过 2200m(3 个 400m 和 2 个 500m)和 2300m(3 个 500m 和 2 个 400m),分别剩余 300m 和 200m,速度分别为 12.5m/s 和 10m/s,剩余路程所需时间分别为 24s 和 20s,所以该组同学成绩为 224s.

5.【解析】设队伍的长度为 L,相对于地面,队伍的速度为 $v_队$,队伍前进的距离为 $s_队$,通讯员的速度为 $v_人$,通讯员往返跑通过的路程为 $s_人$。以队伍为参照物,通讯员从队尾到排头所用时间 $t_1=\dfrac{L}{v_人-v_队}=$ $\dfrac{120\text{m}}{v_人-v_队}$,从排头返回队尾所用的时间 $t_2=$ $\dfrac{L}{v_人+v_队}=\dfrac{120\text{m}}{v_人+v_队}$,总时间 $t=t_1+t_2=$ $\dfrac{120\text{m}}{v_人-v_队}+\dfrac{120\text{m}}{v_人+v_队}$(①).以地面为参照物, $t=\dfrac{s_队}{v_队}=\dfrac{160\text{m}}{v_队}$(②).联立式①②,解得 $v_人=$ $2v_队$, $s_人=v_人t=2v_队t=2s_队=2\times160\text{m}=$ 320m.

3 追及模型

1. B 【解析】选择小艇为参照物,易知追赶时间与发现时小艇已失落的时间相等,即小艇失落时间为下午 6 点半,选 B.

2. C 【解析】由题意可知黄队超越红队时比红队多运动了两个船长的路程,设黄队超越红队时划船速度为 v,根据"路程差 $=$ 速度差$\times$追及时间"得 10m$\times$2$=$($v-$6m/s) $\times$40s,整理得到 $v=$6.5m/s,选 C.

3. C 【解析】由题意可知 2s 后甲和乙在坐标原点相遇,之后甲、乙间的距离变大,再经过 2s 时,甲又行走 3m,乙又行走 4m,由勾股定理知此时甲和乙之间的距离为 5m,达到蓝牙耳机传输的最大有效距离,则甲、乙同学保持蓝牙耳机有效传输时间为 2s$+$2s$=$4s,选 C.

4. C 【解析】由题图可知乙运动的速度大小不变,始终为 1m/s,A 错误.

若两人同时从泳池的两端出发,在图中再画出甲运动的 s-t 图线,如答图(a)中虚折线所示,两条图线的交点表示两运动员相遇,可知 1min 内两人相遇 3 次,B 错误.

若两人同时从泳池的同一端出发,在图中再画出甲运动的 s-t 图线,如答图(b)中虚折线所示,两图线的交点表示两人相遇,可知从开始到 200s 两人相遇 9 次,且在 200s 时,两人在起点相遇(由此可知 D 错误),接下来重复从 0 时刻开始的运动,所以 200s 到 360s 两运动员的 s-t 图像与 0 到 160s 的图像相同,由图像可知 0 到 160s 两运动员相遇 7 次,所以 6min 共相遇了 16 次,C 正确、D 错误.

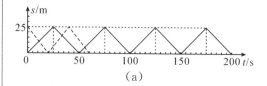

(a)

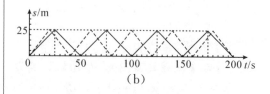

(b)

第 4 题答图

4 声音传播模型

1. A 【解析】把正在发声的收音机密封在塑料袋里,再放入水中,仍能听到收音机发出的声音,说明声音的传播需要介质,故 A 符合题意.

2. 振动;转换法;在真空中传播

【解析】(1)将正在发声的音叉接触小球,会看到小球被弹开,由此可知发声的音叉在振动,从而说明声音是由物体的振动产生的.

(2)该实验根据小球被弹开的现象判断出音叉在振动,将不明显的现象变成明显的现象,这是利用了转换法.

(3)声音的传播需要介质,真空没有传播声音的介质,因此将正在播放音乐的手机放入瓶中,抽出瓶中空气后,几乎听不到音乐声,说明声音不能在真空中传播.

3. 【解析】设从 A 车发射声波到 B 车接收声波的时间为 t_1,B 车反射后到 A 车接收声波的时间为 t_2,声波由发射到接收的过程中,由答图可知

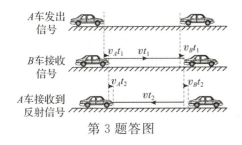

第3题答图

$vt_1 = vt_2 + v_A(t_1 + t_2)$,$t = t_1 + t_2$,

联立解得 $t_2 = 0.155$s.

则后车刹车时两车距离为

$s = vt_2 + v_B t_2 = 55.8$m.

4. 【解析】(1)由题可知,全程限速 120km/h,轿车通过监测点 A、B 的速度分别为 100km/h 和 110km/h,由 120km/h>110km/h>100km/h 可知,该轿车通过监测点 A、B 时不会被判超速.

(2)由题图甲可知,轿车通过该路段所用的时间 $t = 10:41 - 10:31 = 10\text{min} = \dfrac{1}{6}$h,

轿车在该路段的平均速度 $v = \dfrac{s}{t} = 150$km/h,由 150km/h>120km/h 可知,这辆轿车在该路段会被判超速.

(3)由表格数据可知,0 时刻发出第一次超声波,经过 0.5s 接收到反射信号,

则汽车反射第一次超声波时到测速仪的距离为 $s_1 = v_声 t_1 = 340\text{m/s} \times \dfrac{0.5\text{s}}{2} = 85$m;

由表格数据可知,1s 时刻发出第二次超声波,经过 0.6s 接收到反射信号,

则汽车反射第二次超声波时到测速仪的距离为 $s_2 = v_声 t_2 = 102$m.

汽车第一次反射信号的时刻是 $\dfrac{1}{2} \times 0.5\text{s} = 0.25$s,第二次反射信号的时刻是 $1\text{s} + \dfrac{1}{2} \times 0.6\text{s} = 1.3$s,

汽车在反射两个超声波信号之间的时间为 $t' = 1.3\text{s} - 0.25\text{s} = 1.05$s,

汽车在反射两个超声波信号之间的时间内前进的路程

$s' = s_2 - s_1 = 102\text{m} - 85\text{m} = 17$m,

则汽车在反射两个超声波信号之间的时间内的速度

$$v_车 = \dfrac{s'}{t'} = \dfrac{17\text{m}}{1.05\text{s}} \approx 16.2\text{m/s} \approx 58.3\text{km/h}.$$

5 物态变化图像法

1. B 【解析】从图中可知,M 的熔化图线有一段吸热但不升温的过程,这是典型的晶体熔化特点,则可判断 M 的熔点是 80℃.N 的熔化图线虽也有一段水平线,但对应温度正好是 100℃,而本题采用水浴加热,温度最高只有 100℃,只能判断物体的温度无再上升.因此无法判断 N 是不是晶体.

2. B 【解析】烧杯中碎冰从火焰中得到热量,而试管中碎冰需从烧杯碎冰中得到热量,故烧杯中的冰温度先到达熔点,所以实线为 A 温度计的示数随时间变化的图像,故 A 错误,B 正确.第 2min 时碎冰还未开始熔化,应处于固态,故 C 错误.试管内碎冰应在烧杯内碎冰完全熔化后才能继续从烧杯中的水中吸收热量,所以第 8min 开始熔化,熔化时间为 $10-8=2$min,故 D 错误.

3. C 【解析】注意图像中的拐点的意义:水温度上升,烧开后温度不变,加水后温度即刻下跌,而后经过一定时间温度上升到原来温度(沸点)后保持不变.故选答案 C.

4. C 【解析】其他条件指的是气压、加热条件等,在其他条件不变时,仅增加水的质量,导致水的温度上升变慢,但沸点不变,加热时间变长,故选 C.

5. A 【解析】从题干中可知蜡块的物态变化过程是:先熔化后凝固,又因为蜡块是非晶体,所以温度变化的特点是先升温(熔化)再降温(凝固),过程中不会出现温度不变化的阶段.故选 A.

6 温度计校准模型

1. A 【解析】温度计上的一个小格代表的温度值为 $\dfrac{100℃}{94-4}=\dfrac{10}{9}℃$.则该液体的实际温度 $t=(31-4)\times\dfrac{10}{9}℃=30℃$.

2. A 【解析】每格代表的实际温度为 $\dfrac{100℃-0℃}{70-(-10)}=1.25℃$;标注温度为 58℃时,实际温度为 $1.25℃\times[58-(-10)]=85℃$.

3. C 【解析】这支温度计一个小格表示的温度为 $\dfrac{5}{3}℃$;示数为 35℃时,对应的实际温度 $t_1=(35-20)\times\dfrac{5}{3}℃=25℃$;实际温

度为 60℃ 时,温度计的示数 $t_2=\dfrac{60℃}{\dfrac{5}{3}}+20℃=56℃$.

4.【解析】(1)由题图可知,测量的温度值与实际温度值的关系为:$T=0.9t+5℃$.

冰水混合物的温度是 0℃,该温度计的示数就是:$T=0.9\times0℃+5℃=5℃$.

沸水的温度是 100℃,该温度计的示数就是:$T'=0.9\times100℃+5℃=95℃$.

(2)将 23℃代入 $T=0.9t+5℃$,可得 $23℃=0.9t+5℃$,

解得 $t=20℃$.

7 食相及影子模型

1. 日环食;光的直线传播

2. 不变 【解析】连接 A、B 两人头上的两个顶点,连接影子 $A'B'$,AB、$A'B'$ 平行,$\triangle OAB\backsim\triangle OA'B'$,无论三角形向右如何移动,对应边比例不变.由于 A、B 间距不变,所以 A'、B' 间距也不变.

3. (1)A;(2)当蜡烛和小孔的距离保持不变时,半透明纸离小孔越远,所成的像越大;(3)乙同学的观点正确,因为地球距离太阳极远,太阳到小孔的距离差异可以忽略不计,所以太阳光透过小孔形成大小不一的圆形光斑,原因是不同小孔与地面的距离不同.

8 平面镜视域判断法

1. 如答图所示,在 x 轴上的可视区域为 -4 至 -2.

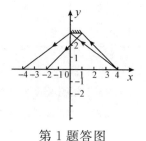

第 1 题答图

2. C 【解析】如答图所示,将人眼视作点光源,其发出光,通过平面镜反射,得到可视区域为光线①、平面镜、光线②围成的区域(−5至−3),点光源 S 只要在该区域内,其在平面镜中的像即可被人眼看到.

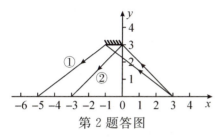

第2题答图

3. B 【解析】此题同本讲例3,在镜面前走动时,最多只能看到一个像.

4. B 【解析】根据平面镜成像特点,走向平面镜时,镜中的像与人体大小一样,故大小不变,同时像与物的连线始终与镜面垂直.由于平面镜不竖直,成像后,像会倾斜,无法竖直.

5. C 【解析】如答图甲所示,若不做改变,则人眼通过平面镜反射的可视区域为反射光线①、平面镜、地面围成的范围,显然脚不在平面镜反射可视区域内,若将脚抬起来,就更不能看到脚在平面镜中的像,若蹲下来,则可视区域变大,能够看到脚在平面镜中的像.

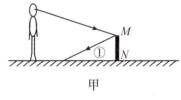

甲

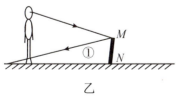

乙

第5题答图

若将平面镜顺时针旋转,如答图乙所示,平面镜反射区域增大,能够看到脚在平面镜中的像.若前进一些,脚也会向平面镜靠近,但可视区域也同时变小,导致不能看到脚在平面镜中的像,后退一些也如此.

9 平面镜运动成像分析法

1. A 【解析】司机从镜子中看物体时是以平面镜为参照物的,物体的运动速度为 50km/h,依据平面镜成像的对称性,镜中像相对于平面镜的运动速度也为 50km/h.因此,A 正确.

2. 5;竖直向上;等于 【解析】如答图所示,以平面镜为参照物,根据平面镜成像的对称性,像移动的速度与物体移动的速度相同,均为 5cm/s.物体移动的轨迹与镜面成 $45°$,像移动轨迹与镜面也成 $45°$,即竖直向上.像与物大小相等,等于 12cm.

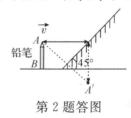

第2题答图

3. C 【解析】仔细观察可发现,转动过程中 S 到镜上边缘的距离(假设 SM)始终不变,根据平面镜成像规律,像与物关于平面镜对称,则 $S'M$ 也不变,故 A 错误.根据 $S'M$ 不变,还可以得出 S' 的轨迹是以 M 为圆心、$S'M$ 长为半径的圆弧,故 C 正确.如答图所示,分别画出像的始末位置 S_1 和 S_2,可见张角 α(即圆弧的圆心角)大于 θ,故 B 错误.当 θ 大于 $90°$ 时,S 发出的光依然可以照射到平面镜,反射后仍然会成像,故 D 错误.

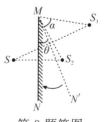

第3题答图

10　折射、全反射模型

1．A　【解析】往池内注水，水面升至 a 位置时，发生折射，根据折射角大于入射角画出折射光线，看到的 P 点如答图甲所示；水面上升至 b 位置时，光线先在水池壁反射，再折射出水面，根据反射定律和折射定律，看到的 Q 点如答图乙所示．所以 P 点在 S 点的下方，Q 点在 S 点的上方．故选 A.

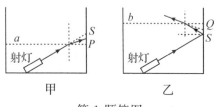

第1题答图

2．D　【解析】作出光路示意图，如答图所示：由于入射角为 $45°$，折射角为 $30°$，平面镜与容器底部的夹角为 $15°$，可知，$\angle ABC = \angle OBD = 90° - 15° = 75°$，$\angle BDO = 180° - 30° - 75° = 75°$，$\angle ODE = 90° - 75° = 15°$，$\angle ODF = 2\angle ODE = 30°$，所以 $\angle OFD = 180° - 60° - 30° = 90°$，即这条光线经过平面镜反射后垂直从水中射向空气，所以折射角为 $0°$．故选 D.

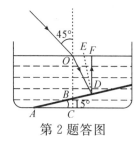

第2题答图

3．C　【解析】折射后只有一束光线，故有一种色光发生了全反射；而红光与紫光相比较，紫光在发生折射时偏折程度更大，故紫光发生了全反射，红光同时发生反射和折射；所以 OA 应为红光，OB 为复色光，故 C 正确．

4．（1）大；大；$41.8°$　（2）不能；见解析

【解析】（1）由表中的数据知道：光从玻璃斜射向空气时，入射角越大，折射角越大，反射能量随着入射角的增大而增大；当入射角达到 $41.8°$ 时，反射能量达到 100%，就发生了全反射现象．

（2）不能发生全反射现象，由光路可逆知道，当光从空气斜射向玻璃时，折射角小于入射角，假设发生全反射，折射角等于 $90°$，那入射角必须大于 $90°$，故不可能．

11　近似估算法

1．A　【解析】由于紫光的频率最大，因此在水中其折射率最大，由视深公式 $h' = \dfrac{h}{n}$ 可知，紫色球的视深最浅．故选 A.

2．B　【解析】每吨汽油价格上调 300 元，则上调 1 元对应汽油的质量 $m = \dfrac{1}{300} \times 1000\text{kg} = \dfrac{10}{3}\text{kg}$，加满一箱 50L 汽油比调价前多花 12.3 元，则上调 1 元对应汽油的体积 $V = \dfrac{50\text{L}}{12.3} = \dfrac{500}{123} \times 10^{-3}\text{m}^3$，汽油的密度 $\rho = \dfrac{m}{V} = \dfrac{\frac{10}{3}\text{kg}}{\frac{500}{123} \times 10^{-3}\text{m}^3} = 0.82 \times 10^3\text{kg/m}^3$.

3．B　【解析】这包纸的厚度应为 5.00cm，结合图中信息可得，单张纸的厚度约为 $\dfrac{5.00\text{cm}}{500} = 0.01\text{cm} = 100\mu\text{m}$，故 A 错误；这包纸的质量 $m \approx 80\text{g/m}^2 \times 0.21\text{m} \times 0.297\text{m} \times 500 = 2494.8\text{g} \approx 2.5\text{kg}$，故 B 正确；这种纸的密度为 $\rho = \dfrac{m}{V} = \dfrac{2.5\text{kg}}{0.21\text{m} \times 0.297\text{m} \times 0.05\text{m}} \approx 0.8 \times 10^3\text{kg/m}^3 < \rho_{水}$，故 C 错误；这种纸单张面积 $S = 0.21\text{m} \times 0.297\text{m} = 0.06237\text{m}^2$，故 D 错误．

4．C　【解析】已知 $m = 100\text{kg}$，$t = 0.5\text{s}$，杠铃上升的距离 $s \approx 1.5 \times 40\text{cm} = 0.6\text{m}$；所

以 $P=\dfrac{W}{t}=\dfrac{Gs}{t}=\dfrac{1000\text{N}\times0.6\text{m}}{0.5\text{s}}=1200\text{W}$. 故选 C.

5.【解析】如答图所示，
$$\tan\alpha=\dfrac{a}{H}, \tan\beta=\dfrac{a}{h}.$$

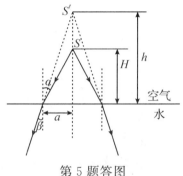

第 5 题答图

当 θ 很小时，$\sin\theta=\tan\theta$.

根据折射定律，$n=\dfrac{\sin\alpha}{\sin\beta}=\dfrac{\tan\alpha}{\tan\beta}=\dfrac{h}{H}$，

故 $h=nH$.

12 光路可逆法

1. A 【解析】根据光路可逆原理，反射后要原路返回，必须求出垂直入射（入射角等于 0）时反射的次数. 要使光线垂直入射到某一平面镜上，角度变化量满足 $n\theta=90°$（n 为正整数）. 已知 $\theta=30°$，当 $n=3$ 时，光线垂直入射到某一平面镜上，从而原路返回. 再经过多次反射，回到原点. 据此，可以判别甲对，乙错，丙对. 选 A 选项.

2.【解析】根据光线的汇聚作用可知 L 为凸透镜.

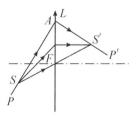

第 2 题答图

如答图所示，依据光路可逆原理，将出射光线设想为入射光线，并在其上取一点 S'，过 S' 点作过光心的光线，交 AP 于 S，再作 S' 点平行于主轴的光线，折射后必过 S，此光线与主轴的交点即为透镜的左焦点.

3.【解析】如答图所示，激光在球形透明介质里传播，由题意，A、C 为折射点，B 为反射点，连接 A 与 C，设 $\angle OAB=\alpha$，$\angle OAC=\beta$. 激光以 θ 角由空气射入，折射角为 α；激光从透明介质以 α 角射入空气，根据光路可逆原理，出射角 $\gamma=$ 入射角 $\theta=60°$.

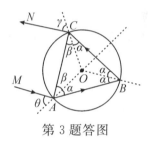

第 3 题答图

13 透镜成像图解法

1. B 【解析】参照本讲例 3 的答图乙和答图丙，可知物距相等时，如果成实像，物距一定大于焦距，焦距越长，成像越大，故 $f_\text{甲}>f_\text{乙}$，而透镜丙成虚像，则物距小于焦距，所以 $f_\text{丙}>f_\text{甲}>f_\text{乙}$.

2. D 【解析】摄像机镜头成实像一定是倒立的，再根据本讲例 4 答图可知物距减小，像距不变，焦距要小一些，所以人靠近镜头，焦距要调小一些，像才能成在成像板上.

3. D 【解析】如果两次都成放大的实像，焦距大于 15cm，故 A 错误；如果焦距比较小，则有可能两次都成缩小的像，故 B 错误；根据本讲例 1 答图可知，焦距不变时物距越短，成像越远越大，故乙位置可能在甲位置的右侧，C 错误；根据光路可逆，可知 D 正确.

14　成像公式法

1. C　【解析】设点光源距离透镜的距离为 u，像与透镜的距离为 v，则光屏距离透镜的距离为 $L-u$，要使光屏上的光斑最小时，则 $\dfrac{L-u}{v}$ 要最大，即光屏要离像最近.

又因为 $\dfrac{1}{u}+\dfrac{1}{v}=\dfrac{1}{f}$，得 $v=\dfrac{uf}{u-f}$，

$$\dfrac{L-u}{v}=\dfrac{L-u}{\dfrac{uf}{u-f}}=\dfrac{(L-u)(u-f)}{uf}$$

$$=\dfrac{L}{f}+1-\left(\dfrac{L}{u}+\dfrac{u}{f}\right).$$

要使上式取最大值，则要 $\left(\dfrac{L}{u}+\dfrac{u}{f}\right)$ 最小，由数学知识可知，仅当 $\dfrac{L}{u}=\dfrac{u}{f}$ 时，$\left(\dfrac{L}{u}+\dfrac{u}{f}\right)$ 最小，也即 $u=\sqrt{Lf}$，所以当光屏上的光斑最小时，凸透镜与点光源的距离为 $\sqrt{Lf}$.

故选 C.

2. 正立实；27　【解析】凸透镜的焦距都为 10cm，L_1、L_2 相距 30cm，物体位于第一个透镜左侧 35cm 处，物距大于二倍焦距，成的是倒立、缩小的实像.

根据 $\dfrac{1}{v}+\dfrac{1}{u}=\dfrac{1}{f}$ 可知，

$\dfrac{1}{v}+\dfrac{1}{35\text{cm}}=\dfrac{1}{10\text{cm}}$，解得 $v=14\text{cm}$.

此时该像到 L_2 的距离 $u'=30\text{cm}-14\text{cm}=16\text{cm}$，此时物距在一倍焦距和二倍焦距之间，成的是倒立、放大的实像.

则物体发出的光线经过两个透镜后所成像是正立的实像（相对于原来的物体）.

根据 $\dfrac{1}{v}+\dfrac{1}{u}=\dfrac{1}{f}$ 可知，

$\dfrac{1}{v'}+\dfrac{1}{16\text{cm}}=\dfrac{1}{10\text{cm}}$，解得 $v'\approx27\text{cm}$.

3.【解析】（1）当一个物体距离凸透镜

$u_1=10\text{cm}$ 时，另一侧距离凸透镜 $v_1=15\text{cm}$ 的光屏上正好得到清晰的像，则

$$\dfrac{1}{f}=\dfrac{1}{u_1}+\dfrac{1}{v_1}=\dfrac{1}{10\text{cm}}+\dfrac{1}{15\text{cm}}=\dfrac{1}{6\text{cm}},$$

所以 $f=6\text{cm}$.

（2）由题图可知，当 $u=3f$ 时，像距与物距的和为 $4.5f$，则像距 $v=4.5f-3f=1.5f$. $m=\left|\dfrac{v}{u}\right|=\left|\dfrac{1.5f}{3f}\right|=0.5<1$，所以成的是缩小的像.

15　物质密度测量法

1. 6　【解析】根据题图乙、丁可得奖牌排开水的质量

$$m_{排}=149.0\text{g}+162.0\text{g}-284.0\text{g}=27.0\text{g},$$

$$V_{奖牌}=V_{排}=\dfrac{m_{排}}{\rho_{水}}=\dfrac{27.0\text{g}}{1.0\text{g/cm}^3}=27\text{cm}^3,$$

$$\rho_{奖牌}=\dfrac{m_{奖牌}}{V_{奖牌}}=\dfrac{162.0\text{g}}{27.0\text{cm}^3}=6\text{g/cm}^3.$$

2. 细铁丝；$\dfrac{h_3-h_1}{h_2-h_1}\rho_木$

【解析】为减小铁丝的体积对实验的影响，应用细铁丝将木块压入饮料中. 设容器的横截面积为 S，题图乙中木块受到的浮力

$$F_浮=\rho_{饮料}gV_{排}=\rho_{饮料}gS(h_2-h_1),$$

又 $G_木=\rho_木S(h_3-h_1)g$，

由漂浮条件，解得 $\rho_{饮料}=\dfrac{h_3-h_1}{h_2-h_1}\rho_木$.

3. $\dfrac{V_2-V_1}{V_3-V_1}\rho_盐$；$\dfrac{(V_2-V_1)V_1}{(V_3-V_1)V_4}\rho_盐$

【解析】题图甲中泡沫块漂浮，则泡沫块重力 $G_{泡沫}=\rho_{盐水}gV_1$.

由题图甲、乙可知，石块的重力 $G_石=m_石g=\rho_石V_石g=\rho_石(V_2-V_1)g$.

题图丙中石块和泡沫块共同漂浮时，石块受到的浮力为 $F_浮=\rho_{盐水}g(V_3-V_1)$.

又根据漂浮时，$F_浮=G_石$，则有

$$\rho_{盐水}g(V_3-V_1)=\rho_石(V_2-V_1)g,$$

解得 $\rho_{盐水}=\dfrac{V_2-V_1}{V_3-V_1}\rho_石.$

则 $m_{泡沫}=\rho_{盐水}V_1=\frac{(V_2-V_1)V_1}{V_3-V_1}\rho_水$,

$$\rho_{泡沫}=\frac{m_{泡沫}}{V_4}=\frac{\frac{(V_2-V_1)V_1}{V_3-V_1}\rho_水}{V_4}=\frac{(V_2-V_1)V_1}{(V_3-V_1)V_4}\rho_水.$$

16　混合物密度求解法

1.【解析】设合金的体积为 V,则

$V_甲=\frac{2}{5}V=0.4V,V_乙=\frac{3}{5}V=0.6V$,

$m_甲=0.4\rho_甲 V,m_乙=0.6\rho_乙 V.$

$m_合=0.4\rho_甲 V+0.6\rho_乙 V$,

$\rho_合=\frac{m_合}{V}=\frac{0.4\rho_甲 V+0.6\rho_乙 V}{V}$

$\quad=8\times10^3\,\mathrm{kg/m^3}.$

2. 1.04×10^3;0.88

【解析】(1)$\rho=\frac{m}{V}=\frac{m_{乙二醇}+m_水}{V}$

$\quad=\frac{\rho_{乙二醇}\times40\%V+\rho_水\times60\%V}{V}$

$\quad=\rho_{乙二醇}\times40\%+\rho_水\times60\%$

$\quad=1.04\times10^3\,\mathrm{kg/m^3}.$

(2)2L 防冻液中乙二醇的质量

$m'=\rho_{乙二醇}V'$

$\quad=1.1\times10^3\,\mathrm{kg/m^3}\times2\times10^{-3}\,\mathrm{m^3}\times40\%$

$\quad=0.88\mathrm{kg}.$

3.【解析】(1)由题图知,天平指针偏左摆动,故先制动,再将平衡螺母向右调节,直至平衡.

(2)由题图乙、丙可知,$m_1=153\mathrm{g}$;

种子的体积为 $V=V_2-V_1=100\mathrm{mL}=$

$100\mathrm{cm^3}$,种子的密度为 $\rho=\frac{m_1}{V}=\frac{153\mathrm{g}}{100\mathrm{cm^3}}=$

$1.53\mathrm{g/cm^3}.$

(3)由题意可知,种子所吸水的质量

$m_{吸水}=m_2-m_1^\circ=173\mathrm{g}-153\mathrm{g}=20\mathrm{g}$,

种子所吸水的体积

$V_{吸水}=\frac{m_{吸水}}{\rho_水}=\frac{20\mathrm{g}}{1\mathrm{g/cm^3}}=20\mathrm{cm^3}$,

由上述实验可知,种子的实际体积应为

$V_实=100\mathrm{cm^3}+20\mathrm{cm^3}=120\mathrm{cm^3}$,

种子密度 $\rho'=\frac{m_1}{V_实}=\frac{153\mathrm{g}}{120\mathrm{cm^3}}$

$\quad=1.275\mathrm{g/cm^3}.$

17　绳杆与弹簧模型

1. (1)见答图.

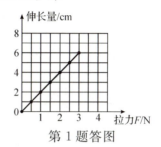
第 1 题答图

(2)在弹性限度内,弹簧的伸长量与其受到的拉力成正比.

(3)① 5;10;② 0~10N;A;③ 15;15;25;15.

2. B　**【解析】**将 A、B 两球连同之间的细线看成一个整体,对整体进行受力分析如答图所示,其中左、右的拉力平衡,则可知 A 球上方的细线必定沿竖直方向,即上方细线的拉力 $F_线$ 与总重力 G 平衡,故 A、C、D 错误,B 正确.故选 B.

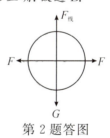
第 2 题答图

3. A　**【解析】**① 如答图甲,以 A 为支点,AD 为动力臂,$L_{AD}=L_{AB}\times\cos37°=0.8L_{AB}.$

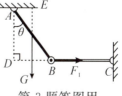
第 3 题答图甲

AE 为阻力臂,

$$L_{AE}=\frac{1}{2}L_{AB}\times\sin 37°=0.3L_{AB}.$$

因为杠杆 AB 平衡,

所以 $F_1\cdot L_{AD}=G\cdot L_{AE}$,

即:$F_1\cdot 0.8L_{AB}=G\cdot 0.3L_{AB}$,

解得 $F_1=\dfrac{3}{8}G$.

②如答图乙所示,$\angle BAN=\angle\theta=37°$.

以 A 为支点,AN 为动力臂,

$$L_{AN}=L_{AB}\times\cos 37°=0.8L_{AB}.$$

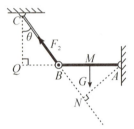

第 3 题答图乙

AM 为阻力臂,$L_{AM}=\dfrac{1}{2}L_{AB}$.

因为杠杆 AB 平衡,

所以 $F_2\cdot L_{AN}=G\cdot L_{AM}$,

即 $F_2\cdot 0.8L_{AB}=G\cdot 0.5L_{AB}$,

解得 $F_2=\dfrac{5}{8}G$.

所以 $F_1:F_2=\dfrac{3}{8}G:\dfrac{5}{8}G=3:5$.

故选 A.

18　惯性应用分析法

1. D　【解析】物体 A 和小车间光滑,物体 B 和小车间粗糙,小车运动后对 A 在水平方向上没有摩擦力,而对 B 有一个向右的摩擦力,所以 A 物体由于惯性保持原来运动状态,最后直立向左滑出小车,而物体 B 将向左倒.

2. A　【解析】物资释放之后,在空中不计空气阻力,由于惯性,其水平方向的运动

状态始终与飞机一致,在空中时始终在飞机正下方,落地后两个物资间的间隔相同.

3. C　【解析】锤子向下运动,锤柄撞击凳面先从向下运动变为静止,而锤头由于惯性要保持原来向下的运动状态,且质量越大保持原来运动状态的能力越强,锤头相对锤柄运动距离更长,自然就越容易套紧了.

4.　【解析】突然加速时起主要保护作用的是头枕,紧急刹车时起主要保护作用的是安全带.汽车突然加速,人的身体受到靠背的压力会向前做加速运动,而头部由于惯性继续保持原来的运动速度,会向后仰,头枕起主要保护作用;汽车突然刹车,人会由于惯性继续向前运动,发生撞击产生危险,而安全带对身体有一个向后拉的力,使人与汽车一起减速,避免撞击,从而起到保护作用.

19　受力分析与力平衡法

1. A　【解析】甲、乙两图中,A、B 均处于平衡状态,即水平方向上所受合力为零.

图甲中隔离 B 为研究对象,因其处于平衡状态,B 底部不受摩擦力,因此选项 B 错误;隔离 A,其在水平方向上受到拉力 F 和地面对其的摩擦力作用,摩擦力大小等于拉力 F,选项 C 错误.

图乙中隔离 B 为研究对象,B 仍处于平衡状态,其在水平方向上受到 A 对它的静摩擦力作用,该静摩擦力大小等于拉力 F,即 $f=F$.因此选项 D 错误.

2. $Mg+2f$　【解析】隔离大圆环,分析可知其受到以下四个力的作用:重力 Mg、两个小环对其向下的摩擦力均为 f、轻绳向上的拉力 F_T.由于环处于平衡状态,根据受力平衡关系,可得 $F_T=Mg+2f$.

3. D　【解析】隔离磁铁 A,其受到以下四个力的作用:向下的重力 G_A、向上的拉力

$F_{拉}$、磁铁 B 对 A 向下的吸引力 $F_{B吸A}$、磁铁 B 对 A 向上的支持力 F_1.这四个力达到平衡,即 $G_A+F_{B吸A}=F_{拉}+F_1$.由于 $F_{拉}$ 的大小为 mg,所以 $F_1=F_{B吸A}$.因此 $F_1>0$,但不一定大于或等于 mg.正确选项为 D.

4. C 【解析】隔离物体 A,因其处于平衡状态,下表面在水平方向上不受力,即 $f_1=0$.

隔离物体 B,因其处于平衡状态,且上表面未受到 A 对其的作用力,因此 B 受到平衡力的关系式为 $f_2=F_B=4$N,同时根据力的作用是相互的,B 对 C 的上表面有水平向左的摩擦力 $f_2'=f_2=4$N.

隔离物体 C,因其同样处于平衡状态,水平方向受到三个力的关系式为:$f_2'+f_3=F_C$,解得 $f_3=6$N.

综合以上分析,正确选项为 C.

20 摩擦力突变分析法

1. B 【解析】起初,物体 A 向右做匀速直线运动,由题图可知,$F_A=\dfrac{G_B}{2}=\dfrac{10\text{N}}{2}=5$N.

A 受到的摩擦力和绳对 A 的拉力平衡,所以 $f=F_A=5$N,方向水平向左.

后来使 A 向左做匀速直线运动,则 A 受到的摩擦力水平向右,则

$F=F_A+f=5\text{N}+5\text{N}=10\text{N}.$

故选 B.

2. D 【解析】Q 处于静止状态,水平方向上受到向左的拉力 F_a 和向右的摩擦力,两者是一对平衡力,故铁块 Q 与木板 P 之间的摩擦力大小为 F_a,A、B 错误.

木板 P 向右匀速运动,所受合力为 0,水平方向上受到向右的拉力 F_b、Q 对 P 向左的摩擦力和地面对 P 向左的摩擦力,木板 P 与桌面之间的摩擦力大小等于 F_b-F_a,故 D 正确,C 错误.

故选 D.

3. (1)5;5.1 (2)$F_{滑}=0.3F_{压}$

【解析】(1)当用 $F=5$N 的水平拉力拉静止的木块时,拉力与静摩擦力是一对平衡力,故木块所受摩擦力大小为 5N.

木块在 t_2 时刻后处于匀速直线运动状态,拉力 $F=5.1$N,故摩擦力 $f=5.1$N;当 $F=6$N 拉木块时,木块将做加速运动,摩擦力大小不会变化,故摩擦力大小仍为 5.1N.

(2)从表中数据可知,摩擦力与所受压力的比值是 0.3,所以摩擦力大小与接触面受到压力之间的关系是 $F_{滑}=0.3F_{压}$.

21 研究对象转换法

1. 4;6 【解析】A 静止,B 做匀速直线运动,都受力平衡.A 在水平方向上受到测力计对其向右的拉力 $F_1=4$N,B 对其向左的摩擦力 $f_{B对A}$,$f_{B对A}=F_1=4$N;B 在水平方向上受到 A 对 B 向右的大小为 4N 的摩擦力 $f_{A对B}$,地面对其向右的摩擦力 $f_{地对B}$ 和向左的拉力 F,$f_{地对B}=F-f_{A对B}=10\text{N}-4\text{N}=6$N,力的作用是相互的,$B$ 对地的摩擦力大小为 6N.

2. D 【解析】系统做匀速直线运动,受力平衡.对 30 节车厢用整体法分析,在水平方向上受到车头对其向右的拉力 F 和向左的总阻力 $f_{总}$,若每节车厢受到的阻力为 f,则 $F=f_{总}=30f$,每节车厢所受阻力为 $f=\dfrac{F}{30}$,故 A、B 错误;第 15 节车厢在水平方向上受到向右的牵引力 F_{15}、向左的阻力 f 和第 16 节车厢向左拉力 F_{16},对第 16 节车厢的拉力等于后面 15 节车厢的总阻力,即 $F_{16}=15f$,第 15 节车厢受到的牵引力 $F_{15}=f+15f=16\times\dfrac{F}{30}=\dfrac{8F}{15}$,故 C 错误;第 30 节车厢在水平方向上受第 29 节车厢向右的牵引力 F_{30} 和向左的阻力 f 的作用,$F_{30}=f=\dfrac{F}{30}$,故 D 正确.

3. C 【解析】题图甲、乙中两个系统做匀速直线运动,受力平衡.甲系统中 A 受到向左的拉力 F_1,向右的摩擦力 $f_{地对A}$,$f_{地对A} = F_1 = 6N$,此即图乙中 A 与桌面的摩擦力大小,故 B 错误;对图乙中系统用整体法分析,受到向右的拉力 F_2,向左的拉力 F_1,向左的摩擦力 f,$f = F_2 - F_1 = 20N - 6N = 14N$,$f_{地对B} = f - f_{地对A} = 14N - 6N = 8N$,故 C 正确;对图乙系统中 A 用隔离法分析,受到绳子向右的拉力 F,向左的拉力 F_1,向左的摩擦力 $f_{地对A}$,$F = F_1 + f_{地对A} = 6N + 6N = 12N$,故 A、D 错误.

22 固体压强模型

1. B 【解析】用 $p = \dfrac{F}{S}$ 求解.A 项中 F、S 同比例减少,压强不变;B 项中 F 减小的比例小于 S 减少的比例,压强增大;C、D 项中 F 减少的比例大于 S 减少的比例,压强减少.

2. B 【解析】可以考虑将切割后的两个三棱劈都补成一个长方体,补全后的压强 $p = \rho g h$.三棱劈对地的压力是补全后的一半,故其压强可以用 $p = \dfrac{1}{2}\rho g h$ 来计算.甲、乙密度相同,乙的剩余部分高度高,故 $p_甲 < p_乙$,故选 B.

3. 【解析】A 的边长为 $2h$,则由题图可知 B 的边长为 $3h$.原来 A、B 对地面的压力相等,即 $F_A = F_B$,所以,$G_A = G_B$,

可得 $\rho_A (2h)^3 g = \rho_B (3h)^3 g$,

即 $\rho_A : \rho_B = 27 : 8$.

将 A、B 两正方体沿水平方向截去高度相等的一部分 Δh,剩余部分对水平地面的压强相等,即

$\rho_A g (2h - \Delta h) = \rho_B g (3h - \Delta h)$,

解得 $\Delta h = \dfrac{30h}{19}$.

4. 【解析】甲对乙的压强

$$p_甲 = \frac{G_甲}{S_{接触}} = \frac{\rho V_甲 g}{S_{接触}}$$

$$= \frac{\rho \Delta l \cdot l^2 g}{\Delta l (l - \Delta l)} = \frac{\rho l^2 g}{l - \Delta l};$$

乙对地面的压强

$$p_乙 = \frac{G_甲 + G_乙}{S_乙} = \frac{\rho V_总 g}{S_乙}$$

$$= \frac{\rho l^3 g}{l (l - \Delta l)} = \frac{\rho l^2 g}{l - \Delta l};$$

所以 $p_甲 = p_乙$.

23 液(气)体压强模型

1. A 【解析】根据 $p = \dfrac{F}{S}$,加入相同质量的水和酒精,$\Delta p_甲 < \Delta p_乙$,A 正确,C 错误.加减相同体积的水和酒精,$m_水 = 1.25 m_酒$,但由于甲、乙容器底面积之比未知,故不确定,B、D 错误.

2. 【解析】以气体 A 为研究对象,有

$$p_A = p_0 + \rho g h_1,$$

对气体 B,有

$$p_B + \rho g h_2 = p_A = p_0 + \rho g h_1.$$

所以 $p_B = p_0 + \rho g h_1 - \rho g h_2$.

3. 【解析】

(1) $m_水 = \rho_水 V_水 = \rho_水 S_乙 h_水 = 4kg$.

(2) $p_水 = \rho_水 g h_水 = 2000Pa$.

(3) 液体对容器甲的压强:

$p_液 = \rho_液 g h_液 = \rho_液 g h_A$.

物块 A 的体积:

$V_A = S_乙 \Delta h = 1 \times 10^{-3} m^3$,

则正方体 A 的边长 $h_A = 0.1m$.

水对容器乙底部压强的变化量:

$\Delta p_水 = \rho_水 g \Delta h_水 = 500Pa$,

即 $p_液 = 1.5 \Delta p_水$,

$\rho_液 g h_A = 1.5 \times 500Pa$,

解得 $\rho_液 = 0.75 \times 10^3 kg/m^3$.

24 流体压强与流速关系

1. C 【解析】两艘船并排行驶时,两船内侧的水流速度大,外侧的水流速度小,根据流体压强与流速的关系可知,两船内侧水的压强小于两船外侧水的压强,在这个压强差的作用下,两船会向中间靠拢,出现相撞的情形,故 C 正确,ABD 错误.

2. 小;7;变大 【解析】飞机模型机翼的上表面是弧形的,使得上表面的气流速度大;下表面是平的,气流速度小.流速越大,压强越小,所以机翼下方气体压强大于上方气体压强,产生向上压强差,进而产生向上的升力.

由题意可知,当无风时托盘测力计的示数为 16N,此时飞机模型受到托盘向上的支持力为 16N,由于飞机模型静止不动,竖直方向上重力与支持力是一对平衡力,所以飞机模型受到的重力也是 16N.当迎面吹向飞机的风速达到 25m/s 时,托盘测力计的示数为 9N,则此时飞机模型受到托盘向上的支持力也为 9N;飞机模型的向下的重力不变,说明此时飞机模型受到的升力 $F = 16N - 9N = 7N$.

如果增大风速,飞机模型机翼上、下表面产生的压强差会更大,飞机模型受到的升力也会变大.

3. 【解析】(1)图甲中 A 管下面的水管较粗,液体流动的速度 v_1 较小,B 管下面的水管较细,液体流动的速度 v_2 较大,根据流动液体的流速大,则压强小,可知在同一深度处,A 管下面的液体压强大于 B 管下面液体压强,从而导致 A 管液面较 B 管液面高.

(2)大风是流动的气体,如题图丙所示,伞面上方空气流速 v_2' 大于伞面下方空气流速 v_1',根据流体压强特点:流体流速大,流体压强小,可推得伞面上方空气压强小于伞面下方空气压强,形成向上的压强差,所以伞面会向上翻起.

25 压强与浮力关系

1. 【解析】若物体与容器底不是紧密接触,物体受到的浮力 $F_浮 = \rho V g$,现在物体与容器底紧密接触,此时物体受到的浮力应该减去大气压作用在下表面上的力和水作用在下表面上的力,因为大气压作用在下表面上的力 $F_气 = p_0 S$,水作用在下表面上的力 $F_水 = pS = \rho g H S$,所以

$$F_浮' = \rho V g - (p_0 S + \rho g H S)$$
$$= \rho g V - (p_0 + \rho g H) S.$$

2. 【解析】A 容器内的水对木块 C 下表面的压强 $p_{向上} = \rho_水 g h_下 = 1500Pa$.

A 容器内的水对木块 C 下表面的压力:

$$F_{向上} = p_{向上} S_孔 = 1500Pa \times 60 \times 10^{-4} m^2$$
$$= 9N.$$

木块 C 上表面受到水的压强:

$$p_{向下} = \rho_水 g h_上 = 1.0 \times 10^3 kg/m^3 \times 10N/kg \times 0.035m = 350Pa.$$

木块上表面受到水的压力:

$$F_{向下} = p_{向下} S_木 = 350Pa \times 0.01m^2 = 3.5N,$$

根据浮力产生的原因可知,木块受到的浮力 $F_浮 = F_{向上} - F_{向下} = 9N - 3.5N = 5.5N,$

此时木块 C 对 B 容器底部压力刚好为零,刚好上浮,则木块 C 的重力

$$G_木 = F_浮 = 5.5N.$$

木块 C 的质量 $m_木 = \dfrac{G_木}{g} = 0.55kg,$

木块 C 的密度

$$\rho_木 = \dfrac{m_木}{V_木} = 0.55 \times 10^3 kg/m^3.$$

3. 【解析】(1)假设半球下表面处全部为液体,则

$$F_浮 = \rho g V_排 = \rho g V_{半球}$$
$$= \rho g \times \dfrac{1}{2} \times \dfrac{4}{3} \pi r^3 = \dfrac{2}{3} \rho g \pi r^3.$$

半球上表面受到的液体压力 $F_上$ 竖直向下,半球下表面受到的液体压力:

$$F_下 = p_下 S_圆 = p_液 S_圆 = \rho g H \times \pi r^2, 方向竖直向上.$$

半球受到的浮力 $F_浮$ 等于半球下表面与上表面所受液体对它的压力的合力,即

$$F_浮 = F_下 - F_上,$$

$$F_上 = F_下 - F_浮 = \pi r^2 \rho g H - \frac{2}{3} \rho g \pi r^3.$$

半球刚要被拉起时,有

$$F_拉 = F_上 + mg + p_0 S$$

$$= \pi r^2 \rho g H - \frac{2}{3} \rho g \pi r^3 + mg + p_0 \pi r^2.$$

26 浮沉问题分析法

1. D 【解析】细线剪断,液面下降了 $h_1 = 3\text{cm}$,物块 A 减小的浮力为 $F_{浮1} = \rho_液 g V_{排1} = \rho_液 g S h_1$. 取出 B,液面又下降了 $h_2 = 2\text{cm}$,则 $V_B = S h_2$. 由于 B 的重力与 B 所受浮力之差等于 A 减小的浮力,则

$$G_B - \rho_液 g S h_2 = \rho_B g V_B - \rho_液 g S h_2 = \rho_液 g S h_1,$$

故 $\rho_B g V_B = \rho_液 g S h_2 + \rho_液 g S h_1.$

最后取出 A,液面又下降了 $h_3 = 1\text{cm}$,当 A 漂浮在液面上时,

$$F_{浮2} = G_A = \rho_液 g S h_3 = \rho_A g V_A,$$

$$V_A : V_B = 2 : 1.$$

由上述可知

$$\frac{\rho_B V_B g}{\rho_A V_A g} = \frac{\rho_B V_B}{\rho_A V_A} = \frac{\rho_液 g S h_1 + \rho_液 g S h_2}{\rho_液 g S h_3}$$

$$= \frac{h_1 + h_2}{h_3},$$

故有 $\dfrac{\rho_A}{\rho_B} = \dfrac{h_3 V_B}{(h_1 + h_2) V_A} = \dfrac{1}{10}.$

2. B 【解析】设 $V_A = V$,则 $V_B = \dfrac{1}{2} V$,

题图乙中,$G_A = F_{浮A} = \rho_水 g \dfrac{4}{5} V$;

$$G_B = F_{浮B} + F_支持 = \rho_水 g \frac{1}{2} V + 0.5\text{N}.$$

题图甲中,

$$G_A + G_B = \rho_水 g V_{排A} + \rho_水 g V_{排B},$$

有 $\rho_水 g \dfrac{4}{5} V + \rho_水 g \dfrac{1}{2} V + 0.5\text{N} = \rho_水 g V_{排A} + \rho_水 g V_{排B},$

即 $\rho_水 g \dfrac{4}{5} V + \rho_水 g \dfrac{1}{2} V + 0.5\text{N} = \rho_水 g \left(1 - \dfrac{1}{10}\right) V + \rho_水 g \dfrac{1}{2} V,$

得 $V = 0.5 \times 10^{-3}\text{m}^3$,$G_A = \rho_水 g \dfrac{4}{5} V = 4\text{N}.$

$$\rho_B = \frac{m_B}{V_B} = \frac{2 G_B}{V g} = \frac{\rho_水 g V + 1\text{N}}{V g}$$

$$= 1 \times 10^3 \text{kg/m}^3 + \frac{1\text{N}}{0.5 \times 10^{-3}\text{m}^3 \times 10\text{N/kg}}$$

$$= 1.2 \times 10^3 \text{kg/m}^3.$$

绳子剪断前,

$$F_{浮B} = \rho_水 g V_{排B} = \rho_水 g \frac{1}{2} V = 2.5\text{N};$$

绳子剪断前后,

$$\Delta F_浮 = \rho_水 g \Delta V_排$$

$$= \rho_水 g \left(\frac{9}{10} - \frac{4}{5}\right) V = 0.5\text{N}.$$

3. 【解析】(1) $F_浮 = G_秤 = 1.6\text{N}$,

$$V_排 = \frac{F_浮}{\rho g} = 1.6 \times 10^{-4}\text{m}^3, h = \frac{V_排}{S} = 8\text{cm}.$$

(2) 选指标一:

$$G_{秤总} + G_物 = F_浮 = \rho_水 g V_排,$$

即 $m_总 g + m_物 g = \rho_水 g S h,$

可得 $m_物 = \rho_水 S h - m_总,$

物体的质量与浸入的深度成正比,浮力秤刻度均匀,指标一为优秀.

选指标二:

$$V_排 = V_{小筒} = 4 \times 10^{-4}\text{m}^3,$$

$$F_浮 = \rho_水 g V_排 = 4\text{N},$$

$$G_物 = F_浮 - G_{秤总} = 4\text{N} - 1.6\text{N} = 2.4\text{N},$$

$$m_物 = \frac{G_物}{g} = 240\text{g} < 300\text{g},$$

指标二为待改进.

27 功和功率求解法

1. CD 【解析】在第一阶段,人在起立时,地面对人脚的支持力并没有移动距离,故支持力对人不做功,选项 A 错误;在第二阶段,人离地上升,此时虽然人有了向上的

距离,但是脚离开了地面,故地面对人也就没有了支持力,所以仍不做功,选项 B 错误;故整个过程中地面对人的支持力是不做功的,选项 C 正确;那么人起跳时,这个能量来自哪里呢?根据能量守恒,这个能量来自人体肌肉释放的化学能,所以选项 D 正确.答案为 CD.

2.【解析】绳子拉力的方向时刻改变,不能直接套用功的计算公式求解.考虑到绳子不可伸长,绳子只是把拉力 F 做的功"传递"给物块,因此,绳子拉力对物块做的功等于恒力 F 对绳子端点做的功.由几何关系,移动的距离 $s=\dfrac{H}{\sin\alpha}-\dfrac{H}{\sin\beta}$.拉力 F 做功 $W=Fs=FH\left(\dfrac{1}{\sin\alpha}-\dfrac{1}{\sin\beta}\right)$,即绳子对滑块做功为 $FH\left(\dfrac{1}{\sin\alpha}-\dfrac{1}{\sin\beta}\right)$.

3. 20;$20\sqrt{10}$

【解析】由 $F=\dfrac{W}{s}$,可知 $W-s$ 图像的斜率为拉力 F 的大小,则在 $0\sim1\mathrm{m}$ 范内,拉力 $F=\dfrac{W}{s}=\dfrac{20-0}{1-0}\mathrm{N}=20\mathrm{N}$.同理在 $1\sim3\mathrm{m}$ 范围内,拉力 $F'=\dfrac{W}{s}=\dfrac{40-20}{3-1}\mathrm{N}=10\mathrm{N}$,而物体所受摩擦 $f=\mu mg=10\mathrm{N}$,因此物体在 $0\sim1\mathrm{m}$ 内做加速运动,拉力 F 的功率逐渐增加;在 $1\sim3\mathrm{m}$ 内物体做匀速运动,功率保持不变.最大功率出现在物体恰好运动至 $1\mathrm{m}$ 处,而拉力未从 $F=20\mathrm{N}$ 变成 $F'=10\mathrm{N}$ 时,最大功率 $P_{\mathrm{m}}=Fv_{\mathrm{m}}=20\times\sqrt{10}\mathrm{W}=20\sqrt{10}\mathrm{W}$.

4. 5.36;5.76×10^5

【解析】人克服阻力做功的功率 $P=fv=\dfrac{1}{2}C\rho Av^3$,则

$$v=\sqrt[3]{\dfrac{2P}{C\rho A}}=\sqrt[3]{\dfrac{2\times80}{2.0\times1.3\times0.4}}\mathrm{m/s}$$

$=5.36\mathrm{m/s}$.

则人跑步 $30\mathrm{min}$ 克服阻力做功为

$W_{有}=Pt=80\times30\times60\mathrm{J}=1.44\times10^5\mathrm{J}$,

肌肉消耗能量

$$W_{总}=\dfrac{W_{有}}{\eta}=\dfrac{1.44\times10^5\mathrm{J}}{0.25}=5.76\times10^5\mathrm{J}.$$

28 机械能守恒法

1. C 【解析】本题不可忽略雪道摩擦阻力,所以从 A 到 B 的过程中,重力势能一部分转化为动能,一部分转化为内能,A 错误.选手跃起到空中最高点 C 点时,竖直方向速度为零,水平方向速度不为零,所以动能不为零,B 错误.从 C 点到 D 点的过程中,因为不计空气阻力,所以选手的机械能守恒,C 正确.惯性是物体的一种性质,不能说受到惯性的作用,D 错误.

2. B 【解析】人的速度最大处应当是人仍然受弹力,且受到的弹力和重力恰好二力平衡时,故①错误;当跳板把人从静止弹起至速度最大,人不仅仅获得动能,同时还增加了重力势能,所以跳板弹性势能的减小量是人获得的动能和重力势能的总和,故②正确;人离开跳板弹向空中至最高点的过程中,速度变小,动能变小,高度变大,重力势能变大,所以是动能转化为重力势能,故③正确;人在最高点时速度为 0,此时若受到的外力全部消失,根据牛顿第一运动定律,人将会在这一位置保持静止,故④错误.

3. D 【解析】据题图可知,$a\to b$ 的过程中,弹簧的形变程度变小,所以弹力变小,到达 b 点时,弹簧恢复原状,弹力为 0,故 A 错误;b 状态时弹簧弹性势能为 0,$b\to c$ 的过程中,是小华的动能转化为自身重力势能,故 B 错误;小华受弹力和重力且二力平衡时速度最大,故 b 状态时速度不是最大,C 错误;$a\to c$ 的过程中,"弹簧+小华"这个

整体的机械能守恒,小华机械能不守恒,故 D 正确.

29 功能关系法

1. C 【解析】选桌外的链条为研究对象,由功能关系可知,拉力做功即克服 $\frac{1}{4}$ 的链条重力做功.这部分链条的重心离桌面的高度 $h = \frac{L}{8}$,则拉力做功 $W = \frac{mgh}{4} = \frac{mgL}{32}$,选项 C 正确.

2. A 【解析】设弹簧释放前具有的弹性势能为 E_p,物体所受的摩擦力大小为 f.则第一种情况物体由 A 到 C,由功能关系,即 $E_p = fL$.第二种情况下物体最后静止时,弹簧可能还有弹性势能,设其为 E_p',则 $E_p = E_p' + fs$,即 $fL = E_p' + fs$,则 $s = L - \frac{E_p'}{f}$.若 $E_p' = 0$,即物体刚好在 B 点,则 $s = L$,若 $E_p' > 0$,设 A、B 之间的距离为 x_0,物体停止运动时弹簧的形变量为 x,弹簧劲度系数为 k,根据弹簧弹性势能的表达式可知:

$$E_p = \frac{1}{2} k x_0^2 = fL > fx_0 \geq kx \cdot x_0,$$

可得 $x < \frac{x_0}{2}$.

由 $E_p = E_p' + fs$,

$$E_p' = \frac{1}{2} k x^2 < \frac{1}{2} k \cdot \frac{x_0^2}{4},$$ 可得

$$fs = E_p - E_p' > fL - \frac{1}{4}fL = \frac{3}{4}fL,$$

可得 $s > \frac{3}{4}L$.

综上可知,$\frac{3}{4}L < s \leq L$,选项 A 不可能,BCD 可能.

3. 【解析】从开始提升活塞到活塞升至内外水面高度差为 $h_0 = \frac{p_0}{\rho_{水} \cdot g} = 10\text{m}$ 时,

活塞都始终与管内液体接触.设活塞上升距离为 h_1,管外液面下降距离为 h_2,有

$$h_0 = h_1 + h_2,$$

因液体体积不变,则有:

$$h_2 = h_1 \left(\frac{\pi r^2}{\pi R^2 - \pi r^2} \right) = \frac{1}{3} h_1,$$

得 $h_1 = \frac{3}{4} h_0 = \frac{3}{4} \times 10\text{m} = 7.5\text{m}.$

而 $H = 9\text{m} > h_1$,可知活塞与水面之间有真空的一段过程.计算两段过程中拉力做的功即为所求.由功能关系知

$$W_1 = mg \frac{h_0}{2} = \rho(\pi r^2) g \cdot \frac{2}{3} h_1^2 = 1.18 \times 10^4 \text{J}.$$

活塞从位置 h_1 到 H 的过程中,活塞缓慢上移,表明 F 是恒力,则 $F = \pi r^2 p_0$,此过程中 F 做功

$$W_2 = \pi r^2 p_0 (H - h_1) = 4.71 \times 10^3 \text{J},$$

则 F 做的总功为 $W_1 + W_2 = 1.65 \times 10^4 \text{J}.$

30 杠杆平衡法

1. 3 : 5 【解析】当按题图甲时,可将 M 点看作杠杆的支点,得 $F_{T_1} \times \left(BN + \frac{AB}{2} \right) = G \times \frac{MN}{2}$;当按题图乙时,将 E 点看作杠杆的支点,得 $F_{T_2} \times \left(BN + \frac{AB}{2} \right) = G \times EN.$ 所以,$F_{T_1} : F_{T_2} = 3 : 5.$

2. B 【解析】由于平衡时两杠杆两端所挂物体质量相等,初始水平位置平衡时两杠杆均为等臂杠杆.当右端下降后,据图可知:甲左侧力臂变小,右侧力臂变大;乙杠杆左侧力臂变大,右侧力臂变小.根据杠杆平衡条件可得松手后,甲杠杆右端会下降,无法恢复到平衡位置,乙杠杆左端会下降,能恢复到原来平衡位置,故选 B.

3. 60;60 【解析】桶中未装水,为保证硬棒不翻转,以 O_1 为支点,A 点力的力臂最小,B 点力的力臂最大,此时杠杆 A 点受力

最大,根据杠杆平衡条件得 $m_石 g \cdot O_1 A =$ $(m_桶 + m_轮)g \cdot O_1 B$,所以,石块质量 $m_石$ 最多为 $60kg$;同理,桶中装水时,为保证硬棒不翻转,应以 O_2 为支点,可求得水的质量最多为 $60kg$.

31 滑轮组分析法

1. 150;650 **【解析】**题中有两段绳子,设人的拉力为 F_T,则以人和木板及固定在板上的滑轮整体为研究对象,有 $4F_T = 600N$,则 $F_T = 150N$;再以人为研究对象,木板对人的支持力 $F = G + F_T = 650N$,则人对木板的压力也为 $650N$.

2. 5 **【解析】**与动滑轮存在关联的有三段绳子,B 物体上的绳子拉力大小为 $F_{T_B} = G_B$,以 A 物体为研究对象,由三力平衡,有 $5F_{T_B} = G_A$,即 $G_A = 5G_B$.

3. C **【解析】**由于是一段绳子贯穿到底,从物体 1 处于平衡状态可知,绳子上的拉力大小为 $m_1 g$,则对物体 3,有 $2m_1 = m_3$,对物体 2 及上方的滑轮,有 $2m_1 = m_2 + m_1$,可见有 $m_1 = m_2$,C 正确.

4.【解析】共有三段绳子,最右端动滑轮绳子上的拉力 $F_{T_1} = \frac{1}{2}(G + G_轮)$;

中间动滑轮绳子上的拉力

$$F_{T_2} = \frac{1}{2}(F_{T_1} + G_轮) = \frac{1}{4}(G + 3G_轮);$$

最左边动滑轮上的绳子拉力

$$F = \frac{1}{2}(F_{T_2} + G_轮) = \frac{1}{8}(G + 7G_轮).$$

当物体提高 h 时,根据控制变量法,按住另两个动滑轮,把最右边动滑轮向上抬高 h 不动,其上面绳子将放松 $2h$,则中间动滑轮将上升 $2h$,最上面的动滑轮将上升 $4h$,则绳子自由端 F 处将下降 $8h$.故 F 做的功 $W_F = F \cdot 8h = (G + 7G_轮)h$.

5.【解析】设在 F 拉力的作用下定滑轮 R 转动一周,F 做的功 $W_F = F \cdot 2\pi R$,而物体

克服重力做的功 $W_G = G \cdot \frac{1}{2}(2\pi R - 2\pi r)$,由功的原理,$W_F = W_G$,有 $F = \frac{R-r}{2R}G$.

32 斜面省力模型

1. CD **【解析】**把同一物体沿斜面 AB 和 AC 分别拉到顶端 A,提升的高度 h 相同,由 $W = Gh$ 可知两次做的有用功相同.对比选项 A、C,斜面都光滑,说明没有摩擦,所以无额外功,则拉力做的总功 $W_1 = W_2$,又因为 $AB > CD$,根据 $W_总 = Fs$,可知 $F_1 < F_2$,所以 A 错误,C 正确.对比选项 B、D,当拉动同一物体时,斜面坡度越小,物体对斜面的压力越大,物体受到的摩擦力越大,即 $f_1 > f_2$.同时 $AB > CD$,所以 $W_{额1} > W_{额2}$.$W_总 = W_有 + W_额$,$W_有$ 是相等的,所以 $W_1 > W_2$,因此 B 错误,D 正确.故选 CD.

2.【解析】(1)根据功的原理,
$F \cdot l = G \cdot h$,可得 $l = 20m$.
(2)由 $F \cdot l = G \cdot h + f \cdot l$,可得
$l = 21.7m$,$\eta = \frac{G \cdot h}{F \cdot l} = 92\%$.

3.【解析】(1)能省力,但任何机械不能省功.(2)比如螺丝钉等.(3)用力将手柄转动一圈时,所做的有用功 $W_有 = Gh = mgh$,F 作用点通过的距离是一个圆周,即 $s = 2\pi L$,所以所做的总功 $W_总 = Fs = F \cdot 2\pi L$.列出方程 $\eta = \frac{W_有}{W_总} = \frac{mgh}{F \cdot 2\pi L}$,解得 $F = \frac{mgh}{2\pi \eta L}$.要想提高螺旋千斤顶的效率,则需要减小额外功,因此可以选择"加润滑油"的方法."加长手柄"可以省力,但无法省功.

33 机械效率法

1.【解析】(1)$s = nh = 2 \times 10m = 20m$,
$v = \frac{s}{t} = \frac{20m}{4s} = 5m/s$;图乙中取任意一点,

$F = \dfrac{W}{s} = 4000N.$

（2）汽车受到 F、$F_拉$ 和水平向左的摩擦力 f，此时三力平衡，$F_拉 = F - f = 4000N - 20000N \times 0.05 = 3000N$；$\eta = \dfrac{G}{nF_拉} \times 100\%$，即 $95\% = \dfrac{G}{2 \times 3000N} \times 100\%$，得 $G = 5700N.$

2.【解析】（1）动滑轮 $\eta = \dfrac{G}{nF_1} \times 100\%$，

即 $90\% = \dfrac{450N}{2F_1} \times 100\%$，解得 $F_1 = 250N.$

（2）由杠杆平衡可得，

$FL = F_1 L_1 + G_杆 L_杆$，

$F \times 3 = 250N \times 4 + 40N \times 2$，

解得 $F = 360N.$

设 $h = 1, s_1 = 2, \dfrac{s_1}{s} = \dfrac{L_1}{L}$，

$\dfrac{2}{s} = \dfrac{4}{3}$，得 $s = 1.5.$

总机械效率 $\eta = \dfrac{Gh}{Fs} \times 100\% \approx 83.3\%.$

杠杆效率 $\eta_2 = \dfrac{F_1 s_1}{Fs} \times 100\% = 92.6\%.$

3.【解析】（1）9.00　（2）0.3；60%；$\eta = \dfrac{W_有}{W_总} \times 100\% = \dfrac{2N \times 0.09m}{0.3N \times 1m} \times 100\% = 60\%.$

（3）①无关．由题可知总功 W_1 为 a 图线，有用功 W_2 为 b 图线，用三角函数关系，$\eta = \dfrac{W_b}{W_a} \times 100\% = \dfrac{G\tan\theta_b}{G\tan\theta_a} \times 100\%$，是个定值，即 η 与 G 无关．②90N．斜面与模型的机械效率相同，$\eta = \dfrac{Gh}{Fs} \times 100\%$，$60\% = \dfrac{600N \times 0.09m}{F \times 1m} \times 100\%$，得 $F = 90N.$

34　比热容计算法

1.C　【解析】根据三个热平衡方程 $c_1 M(100℃ - 40℃) = c_2 m_1(40℃ - 20℃)$，

$c_1 M(100℃ - 60℃) = c_2 m_2(60℃ - 20℃)$ 和 $c_1 M(100℃ - T) = c_2(m_1 + m_2)(T - 20℃)$ 可得．

2.B　【解析】根据三个热平衡方程 $c \cdot M \cdot 10℃ = c \cdot m \cdot (\Delta T - 10℃)$，$c \cdot M \cdot 16℃ = c \cdot 2m \cdot (\Delta T - 16℃)$ 和 $c \cdot M \cdot (\Delta t + 16℃) = c \cdot 3m \cdot (\Delta T - 16℃ - \Delta t)$ 可得．

3.A　【解析】设热水与冷水的温差为 ΔT，依据 $Q_吸 = Q_放$ 列两次热平衡方程：

$c \cdot m \cdot 3℃ = c \cdot m_0 \cdot (\Delta T - 3℃)$，

$c \cdot m \cdot 5.8℃ = c \cdot 2m_0 \cdot (\Delta T - 5.8℃).$

4.D　【解析】依题意，传导的热功率与温差成正比，设热传导系数为 k，发热功率均为 P，则由 $P = k(\Delta T_A - \Delta T_B)$，$P + k(\Delta T_A - \Delta T_B) = k(\Delta T_B - \Delta T_C)$，$k(\Delta T_B - \Delta T_C) = k\Delta T_C$ 可得．

35　物态变化的热平衡法

1.B　【解析】设质量为 m、温度为 $0℃$ 的雪熔化成质量为 m、温度为 $0℃$ 的水，需要吸收的热量为 Q．设热水的温度为 T．

第一次将质量为 m 的雪投入热水，雪熔化成水，然后升温 $(T - t)$，根据 $Q + Q_吸 = Q_放$，有

$c \cdot M \cdot t = Q + c \cdot m \cdot (T - t).$

再次投入质量为 $2m$ 的雪，此时可以看作将 $3m$ 的雪一起投入最初的热水，导致热水降温 $2t$，冷水升温 $(T - 2t)$，根据 $3Q + Q'_吸 = Q'_放$ 有

$c \cdot M \cdot 2t = 3Q + c \cdot 3m(T - 2t)$，

由上述两式可得：$M = 3m.$

2.【解析】已知地球半径，所以垂直阳光的面积 $S = \pi R^2 = 1.29 \times 10^{14} m^2.$

每秒接收太阳能用于水面蒸发的热量 $Q = 15\% I \times 70\% S.$

由 $Q = \lambda m$，每秒进入大气的水蒸发量：

$m = \dfrac{Q}{\lambda} = \dfrac{15\% I \times 70\% S}{\lambda} = 7 \times 10^9 kg.$

3.【解析】100g、−10℃的冰升温到 0℃所需热量：$Q_{吸1}=c_冰\, m_冰\,\Delta T_1=2.1\times10^3$J；

200g、0℃的冰熔化成 0℃的水吸收热量：$Q_{吸2}=2m_冰\,\lambda_{熔化}=66.8\times10^3$J；

100g、20℃的水降温到 0℃放出的热量：$Q_放=c_水\, m_水\,\Delta T_2=8.4\times10^3$J.

因为 $Q_{吸1}<Q_放<Q_{吸2}$，所以水降温放热使冰升温到 0℃，冰熔化，最终状态为冰水混合物.用于冰熔化的热量 $\Delta Q=6.3\times10^3$J 由 $\Delta Q=\Delta m\lambda_{熔化}$ 代入数据可得 $\Delta m=18.8$g，最终混合物中水的质量为 118.8g，冰的质量为 181.2g.

36 分子运动与内能思想

1.B 【解析】由图乙可知，最终热水和牛奶的温度都保持在 30℃，因而周围环境温度为 30℃，A 选项正确；由于温差，热水在向牛奶热传递的同时，也会向周围环境热传递，因而牛奶吸收的热量小于热水放出的热量，B 选项错误；热水对外热传递的过程中，水的内能减少，温度降低，C 选项正确；相同时间内，热水降低了 15℃，牛奶升高了 28℃，因而热水温度比牛奶温度变化慢，D 选项正确.

2.D 【解析】因为二氧化碳（CO_2）气体被压缩时，外界对其做功，内能增加，对应的温度会升高；高压的 CO_2 气体喷出时，气体对外做功，内能减小，对应气体温度降低.

3.C 【解析】物体在熔化的过程中需要吸收热量，AB 段对应的过程吸收热量且温度升高，故内能增加；BC 段物体吸收热量但是温度不发生改变，吸收来的热量转化为分子间的势能，故 C 点时物体的内能比 B 点时大，CD 段物体持续吸收热量且温度升高，D 点时内能比其他三个点时都大.

4.【解析】$O\sim t_1$：从开始打气到打气结束的过程是外界对气体做功，机械能转化为内能，内能增大，温度升高；$t_2\sim t_3$：拔掉气门芯后气体快速冲出，气体对外界做功，气体内能急剧减少，温度降低；t_3 以后：放气后静置一段时间，由于胎内气体温度低于外界环境，外界环境对其热传递，气体的内能增加，气体温度逐渐上升.

37 能量转化守恒法

1.D 【解析】发生热传递时，传递的是热量而不是温度，故 A 错误；热量是个过程量，只能说传递、放出或者吸收，不能说含有，故 B 错误；物体温度升高，内能一定增加，可能是吸收了热量，也可能是外界对它做功，故 C 错误；发生热传递的条件是要有温度差，内能小的物体也可能温度高，内能大的物体也可能温度低，因此热量可以从内能小的物体传递给内能大的物体，故 D 正确.

2.C 【解析】炼锌时煤饼燃烧放出热量，一部分被锌吸收，还有一部分散失到周围环境中，但总能量不变，遵循能量守恒定律，故 A 错误；熔化成液态的金属锌倒入罐子，在凝固过程中，尽管温度保持不变，但金属锌放出热量，内能减小，故 B 错误；炉甘石被烧红，炉甘石吸收热量，内能增大，是通过热传递的方式改变炉甘石的内能，故 C 正确；热值是物质的一种特性，只与物质种类有关，炼锌时煤饼燃烧后剩下的煤饼热值不变，故 D 错误.

3.【解析】高处水槽中水的势能在下落时转化成水的动能、水轮机和砂轮的动能，而动能又在克服摩擦力做功的过程中转化为内能，以及在抽水机向上抽水的过程中再次转化为水的势能.从能量守恒的观点来看，启动之后，外界不再对机械提供能量，而机械却既要不断克服摩擦阻力做功，还要使水的势能增加，因此初始时水的势能一会儿就消耗掉了，故这个机器不可能永远运动下去.

38　热机分类模型

1. 20.6％　22.6　【解析】这台发动机在最大功率时1min内发动机做的有用功 $W_有 = 74 \times 10^3 W \times 60s = 4.44 \times 10^6 J$. 在1min内转动5200r,吸入汽油和空气的混合气2600次.因为汽油机工作时的最佳空燃比为14∶1,压缩比为10,所以一次循环汽油体积为 $1.8L \times \dfrac{1}{15} \times \dfrac{10}{9}$,1min内发动机消耗汽油的质量为: $m = \rho V = 1.35 kg/m^3 \times 1.8 \times 10^{-3} m^3 \times 2600 \times \dfrac{1}{15} \times \dfrac{10}{9} = 0.468 kg$,1min内汽油完全燃烧放出的热量 $W_总 = 0.468 kg \times 4.6 \times 10^7 J/kg = 2.1528 \times 10^7 J$,这台发动机在最大功率时的热机效率 $\eta = \dfrac{W_有}{W_总} = 20.6\%$,汽车以最高时速175km/h前进100km所用时间: $t = \dfrac{s}{v} = \dfrac{100km}{175km/h} = \dfrac{4}{7} h = \dfrac{240}{7} min$,汽车每行驶100km的耗油质量为 $m = 0.468 kg/min \times \dfrac{240}{7} min = 16.05 kg$,汽车每行驶100km的耗油体积为 $V = \dfrac{m}{\rho} = \dfrac{16.05 kg}{0.71 \times 10^3 kg/m^3} = 22.7 \times 10^{-3} m^3 \approx 22.6 L$.

2. 燃烧室;涡轮;压气机;尾喷管

【解析】空气被压气机压缩后进入燃烧室与燃料混合后点燃产生高温、高压气体,将燃料的化学能转化为混合气体的内能,这些气体再进入后方的涡轮,推动涡轮转动,实现气体的内能转化为机械能;涡轮通过传动轴带动压气机持续工作,从而使整个过程循环,最终气体通过尾喷管喷出,产生推力.发动机产生推力最多的是尾喷管.

3. 排气孔;扫气孔;热能;机械能;优点:发动机效率比较高,运行比较平稳等;缺点:废气排不干净,且燃料燃烧不充分,

污染比较大等.

【解析】相比于四冲程发动机,二冲程发动机曲轴每转一周完成一个工作循环,做功一次,曲轴旋转的角速度比较均匀,发动机运转比较平稳.当曲轴转速相同时,二冲程内燃机单位时间的做功次数是四冲程内燃机的两倍,效率更高.缺点:扫气、排气过程几乎同时进行,利用新气扫除废气,必然会有一些新鲜混合气随废气流出排气口,废气也不易清除干净.因此,二冲程内燃机的换气质量较差,燃料效率不高,燃烧不充分,二冲程发动机废气污染比较大.

39　电路连接识别法

1. C　【解析】A、B选项,闭合开关,因电流表和 L_2 串联后与导线②并联,即电流表和 L_2 被短路,电流表示数为零, L_2 不发光,只有 L_1 发光,故A、B错误;C选项,由题图可知,只去掉导线②,闭合开关,灯 L_1 和 L_2 串联,电流表测量的是总电流,故C正确;D选项,由题图可知,仅将导线①的左端改接到 L_1 左端,闭合开关, L_1 和 L_2 并联,电流表测量 L_2 中的电流,故D错误.

2. A　【解析】电流表在电路中相当于导线,电压表在电路中相当于断路,简化电路后可知:A选项,闭合开关S,图中有两条电流路径, L_1 与 L_2 并联,电流表 A_2 在 L_2 支路上,测量通过 L_2 的电流,故A正确;B选项,闭合开关S,图中有两条电流路径, L_1 与 L_2 并联,电流表 A_2 在干路上,测量干路的电流,故B错误;C选项,闭合开关S, L_1 与 L_2 串联,故C错误;D选项,闭合开关S,电源短路,故D错误.

3. A　【解析】A、B选项,由电路图可知,闭合开关S,若甲、乙均为电流表,图中有三条电流路径, R_1、R_2、R_3 并联,此时三个电阻中都有电流通过,符合题意;若甲为电流表、乙为电压表, R_2 与 R_3 被短路,电路

中只有 R_1,两电阻无电流通过,不符合题意;若甲为电压表、乙为电流表,R_1 与 R_2 被短路,电路中只有 R_3,两电阻无电流通过,不符合题意;若甲、乙均为电压表,R_1、R_2、R_3 串联,此时三个电阻中都有电流通过,符合题意.由此可知,甲、乙可能同时为电流表也可能同时为电压表,电路可能串联也可能并联,故 A 正确,B 错误.C 选项,若甲、乙均为电流表,R_1、R_2、R_3 并联,电流表甲测量的是 R_1 和 R_2 支路的电流之和,电流表乙测量的是 R_2 和 R_3 支路的电流之和,电流表 A 测量的是 R_3 支路的电流,因并联电路中各支路独立工作、互不影响,定值电阻 R_1 和 R_2 支路的电流不变,在滑动变阻器的滑片 P 滑向 b 端的过程中,变阻器 R_3 接入电路中的电阻变大,通过变阻器的电流变小,则 R_2 和 R_3 支路的电流之和变小,即电流表乙的示数变小;若甲、乙均为电压表,R_1、R_2、R_3 串联,电压表甲测量的是 R_2 和 R_3 两端的电压之和,电压表乙测量的是 R_1 和 R_2 两端的电压之和,电流表 A 测电路中的电流,将滑动变阻器的滑片 P 滑向 b 端的过程中,变阻器 R_3 接入电路中的电阻变大,电路的总电阻变大,电路中的电流变小,定值电阻 R_1 和 R_2 两端的电压均变小,则电压表乙的示数变小.由此可知,在滑动变阻器的滑片 P 滑向 b 端的过程中,乙表的示数一定变小,故 C 错误.D 选项,若交换 R_3 和 R_2 的位置,并保证各元件均工作,若甲、乙均为电流表,三电阻并联,因并联电路中各支路两端的电压相等,定值电阻 R_1 和 R_2 的电流保持不变,所以甲、乙两表示数的变化量都是变阻器 R_3 支路的电流变化量,所以在调节 R_3 的滑片过程中,甲、乙两表示数的变化量相等.若甲、乙均为电压表,三电阻串联,甲表示数为 $U_甲=U_{电源}-I_3R_1$,甲表示数变化为 $\Delta U_甲=-\Delta I_3R_1$.乙表示数为 $U_乙=U_{电源}-$

I_3R_2,乙表示数变化为 $\Delta U_乙=-\Delta I_3R_2$,故调节 R_3 滑片的过程中,如果 R_1、R_2 的阻值不相等,甲、乙两表示数的变化量也不相等,$\Delta U_甲\neq\Delta U_乙$.由此可知,调节 R_3 的滑片过程中,甲、乙示数的变化量可能相等,也可能不相等,故 D 错误.

4. 4 **【解析】**运用节点法可知,R_2、R_3、R_4 并联,若互换 R_2、R_3 的位置,两电流表的示数不变,则 $R_2=R_3$,因为电流表 A_2 的示数为 2A,所以 $I_2=I_3=1$A,因为电流表 A_1 的示数为 3A,则 $I_4+I_3=3$A,所以 $I_4=2$A,因此通过 R_1 的电流 $I=I_2+I_3+I_4=1$A$+1$A$+2$A$=4$A.

40 电表改装法

1. D **【解析】**题图所示电路中,表头 G 与可调电阻 R 并联,根据并联分流的原理可知,该图为电流表改装的原理图.改装后电流表的量程 $I_A=I_g+\dfrac{I_gR_g}{R}$,可知减小可调电阻的阻值,改装后电流表的量程增大,故选 D.

2. A、B;900;4000 **【解析】**由电路图可知 $U_{AB}<U_{AC}$,则选量程 $0\sim3$V 时应该使用 A、B 两接线柱;选量程 $0\sim15$V 时应该使用 A、C 两接线柱.若要达到改装目的,根据欧姆定律可得 $U_{AB}=I_g(R_g+R_1)=3$V;$U_{AC}=I_g(R_g+R_1+R_2)=15$V,则有 $R_1=900\Omega$,$R_2=4000\Omega$.

3. ACD **【解析】**由题图可知,油量表串联在电路中,所以油量表是由电流表改装而成的,故 A 正确;电路中油量为 0 时,滑动变阻器与定值电阻串联,此时电路中有电流,电流表示数不为零,故 B 错误;由题图可知,油量增加时,浮标上移,在杠杆的作用下滑片下移,接入电路中的电阻变小,电路中的总电阻变小,由 $I=\dfrac{U}{R}$ 可知,电路中的电流变大,即油量表的示数增大,故 CD 正确.

4.【解析】(1)由题图可知:当使用 A、O 两接线柱时,电阻 R_1、R_2 串联后与灵敏电流表 G 并联;已知量程为 $0\sim0.6$A,即干路最大电流为 $I_{AO}=0.6$A;根据并联电路的特点可得,$U_{AO}=(I_{AO}-I_g)(R_1+R_2)=I_gR_g$,即 $(0.6-I_g)(16+4)=100I_g$,解得 $I_g=0.1$A.

(2)使用 B、O 两接线柱时,R_1 与 R_g 串联后再与 R_2 并联,根据串联电阻和欧姆定律,则电流表满偏时并联部分的电压 $U_{BO}=I_g(R_g+R_1)=0.1\times(100+16)V=11.6$V,通过 R_2 的 $I_2=\dfrac{U_{BO}}{R_2}=\dfrac{11.6}{4}A=2.9$A,$I_{BO}=I_g+I_2=0.1A+2.9A=3$A,即量程为 3A.

41 基尔霍夫电流定律法

1.$8:1$ 【解析】观察可知 $R_1+R_4=800\Omega=R_3$,所以流经最右边 R_3 的电流也等于 I_2,那么流经最右边的 R_2 电流为 $2I_2$.

再观察最右边电路中 R_1、R_4 串联后与 R_3 并联的电阻为 400Ω,这个等效 400Ω 的电阻和 R_2 串联后电阻为 800Ω,正好和中间的 R_3 阻值相等,所以流经中间一组 R_2 和 R_3 的电流均为 $2I_2$,同理流经最左边一组 R_2 和 R_3 的电流均为 $4I_2$,而流经 R_1 的电流为 $8I_2$.具体如答图所示.

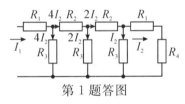

第1题答图

所以 $I_1:I_2=8:1$.

2.$\dfrac{2}{3^{2026}}$A 【解析】观察最右边的回路,R_{2025} 与三个 R_a 并联电阻为 $R_{\text{并}1}=\dfrac{3R_{2025}R_a}{R_{2025}+3R_a}=2\Omega$,该阻值与 R_a 相同,即可以用 R_a 替换最右边回路的总电阻,R_{2024} 与三个 R_a 并联

电阻为 $R_{\text{并}2}=\dfrac{3R_{2024}R_a}{R_{2024}+3R_a}=2\Omega$,依此可知,整个电路的总电阻为 $R_{\text{总}}=3R_a=6\Omega$,总电流为 $I=\dfrac{U}{R_{\text{总}}}=1$A,通过 R_0 的电流为 $I_0=\dfrac{2}{3}I=\dfrac{2}{3}$A,通过 R_1 的电流为 $I_1=\dfrac{1}{3}I_0$,通过 R_{2025} 的电流大小为 $I_{2025}=\left(\dfrac{1}{3}\right)^{2025}I_0=\dfrac{2}{3}\times\left(\dfrac{1}{3}\right)^{2025}A=\dfrac{2}{3^{2026}}$A.

3.【解析】设有电流 I 从 A 点流入,经电阻网络后由 B 点流出.接下来关心电流在电阻网络中的分布,根据网络的对称性以及基尔霍夫电流定律可以确定各支路中的电流.

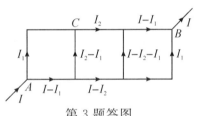

第3题答图

如答图所示,该电路结构的对称性体现在,如果电流 I 从 B 点流入,经电阻网络后由 A 点流出,等效于电流 I 从 A 点流入经电阻网络后由 B 点流出,即

$$I_2=I-I_2 \text{ 或 } I_2-I_1=I-I_2-I_1,$$

由此可知 $I_2=\dfrac{I}{2}$.

若从 A 点经电阻网络中两条不同的路径到达 C 点,均可获得 A、C 间电压 U_{AC}:

$$U_{AC}=I_1\cdot2R=(I-I_1)R+(I_2-I_1)R,$$

代入 $I_2=\dfrac{I}{2}$ 可得 $I_1=\dfrac{3}{8}I$.

进一步可以计算得 A、B 间电压 U_{AB},

$$U_{AB}=I_1\cdot2R+I_2R+(I-I_1)R,$$

得到 $U_{AB}=\dfrac{15}{8}IR$.

所以 A、B 两点之间的等效电阻

$$R_{AB}=\dfrac{U_{AB}}{I}=\dfrac{15}{8}R.$$

42　回路分析法

1.C 【解析】由电路图可知,当 S_2 断开时,灯泡 L 和滑动变阻器组成一个串联电路,电压表测变阻器两端的电压.开关 S_2 闭合时,电路为 R 的简单电路,电压表测电源的电压.因为串联电路中总电压等于各串联部分电压之和,所以 $U_1 < U_2$;因为串联电路中总电阻等于各分电阻之和,去掉了灯泡又滑片 P 适当左移后,接入电路中的电阻变小,电路中的总电阻变小,则电路中的电流会增大,所以 $I_1 < I_2$.

2.D 【解析】A 选项,由于小灯泡与滑动变阻器并联,总电阻小于小灯泡电阻,电流超过小灯泡额定电流,小灯泡会被烧坏.

B 选项,由于小灯泡串联了一个定值电阻来分压,小灯泡两端电压达不到额定电压,亮度不够,不符合设计要求.

C 选项,由于电源电压超过小灯泡额定电压,在滑动变阻器接入电路的电阻较小（小于 6Ω 时）,小灯泡会被烧坏.

D 选项,当滑动变阻器接入电路的电阻为 0 时,小灯泡正常发光,滑片向右移动时,小灯泡逐渐变暗.

3.70 【解析】实际电路中,电表(如电压表和电流表)都有内阻.这些内阻会对测量结果产生影响,特别是在高精度测量中.在本题中,虽然题目没有直接提到电表内阻,但我们在解题过程中需要意识到其存在,并尝试通过电路设计来减小其对测量结果的影响.S 接 c 时电流表有内阻,电流表的内阻 R_A 和未知电阻 R_x 以及电源组成了闭合回路,电压表测量 R_x 两端的电压,在这个回路中列出电源电压的方程式:$U = U_1 + I_1 R_A$,即 $12V = 10V + 0.2A \times R_A$;S 接 d 时仍然是电流表的内阻 R_A 和未知电阻 R_x 以及电源组成了闭合回路,电压表测的是电源电压,在这个回路中列出电源电压的方程式 $U = I_2(R_x + R_A)$,即 $12V = 0.15A \times (R_x + R_A)$,联立两个方程式求解未知量,解得 $R_x = 70\Omega$.

43　电路故障判断法

1.B 【解析】闭合开关,两灯泡不亮,电流表无示数,说明发生了断路,电压表指针有明显偏转,说明电压表串联进了电路,即电压表两接线柱到电源均正常,故可判断灯 L_1 断路.

2.C 【解析】并联电路中,闭合开关,灯 L_2 断路不影响灯 L_1 所在的支路,但灯 L_2 短路会导致电源短路,电压表和电流表示数均为 0,可见灯 L_2 没有发生故障.若灯 L_1 短路,电压表示数变为 0,因此只有灯 L_1 断路时,电压表示数不变,电流表示数变小,变为 0.故选 C.

3.D 【解析】该题电路图为串联电路,电压表 V_1、V_2 分别测灯 L_1、L_2 两端电压.串联电路中只有一盏灯熄灭,则不可能发生断路,而是发生了短路.当灯泡发生短路时,电压表相当于测量一根导线的电压,示数会变小,因此可判断 L_2 短路.故选 D.

4.可能只有 L_2 断路,也可能是 L_1 短路且 L_2 断路 【解析】两灯串联且均不发光,若两灯均为短路或断路,则 a、b 两点和 b、c 两点间电压均为 0.且一盏灯短路也不可能出现两灯都不发光的情况.因此该电路存在一盏灯断路的情况,当电压表并联在断路的灯泡两端时,电压表示数近似电源电压,故 L_2 断路.若有多处故障,当灯 L_1 短路且 L_2 断路时,也符合.

44　电路变化溯源分析法

1.D 【解析】以滑动变阻器最大阻值和 R_1 为未知数列方程,即 $12 = \dfrac{4}{0.5 R_P} R_1 + 4$,$12 = \dfrac{6}{R_P} R_1 + 6$,$\dfrac{60}{10} = \dfrac{6^2}{R_1}$,解得 $R_1 = R_P = $

6Ω,电路中最小电流为 1A;滑片 P 在中点时,9s 内滑动变阻器 R 消耗的电能为 48J;R_1 先后两次消耗的电功率之比为 16:9;R 先后两次消耗的电功率之比为 8:9.选项 D 正确.

2.D 【解析】分别写出四幅图像所涉及物理量的函数解析式,即:$U=6-10I$,$R_2=\dfrac{6}{I}-10$,$P_1=10I^2$,$P=6I$.根据函数解析式排除选项 B、C,再结合电表取值范围(电压表量程为 0~3V),确定电流的取值范围为 0.3~0.5A,排除选项 A,所以选项 D 正确.

3.B 【解析】本题电路结构为串联,V_1 测 R_1 两端电压,V_2 测 R_2 两端电压,V_3 测 R_1 和 R_2 两端的总电压.滑片 P 向下滑动,R_2 接入电路的电阻变大,总电流变小,R_0 和 R_1 两端电压都变小,R_2 两端电压变大,选项 A 错误;$\dfrac{U_1}{I}$ 和 $\dfrac{\Delta U_1}{\Delta I}$ 的物理意义是 R_1,所以不变,选项 B 正确;$\dfrac{U_3}{I}$ 物理意义是 R_1 和 R_2 的总电阻,所以变大.$U_3=U_\text{总}-IR_0$,$\dfrac{\Delta U_3}{\Delta I}$ 物理意义是 R_0,所以不变,选项 C 错误;因为 R_0 两端电压变小,所以 R_1 和 R_2 两端总电压变大,又由于 R_1 两端电压变小,所以 R_2 两端电压变大,V_2 增大值减去 V_1 减小值等于 V_3 增大值,即 $|\Delta U_2|=|\Delta U_1|+|\Delta U_3|$,选项 D 错误.

45 网络电路求解法

1.0.1 【解析】电阻 7 和 8 并联的等效电阻可以用 10Ω 的电阻 11 来替代.不难发现电源、电阻 1、电阻 2、电阻 4 构成的回路与电源、电阻 9、电阻 10、电阻 11 构成的回路完全相同,则连接两个相同电压的电阻 5、电阻 6、电阻 3 两端的电压为零,可以将其拆除掉.电路就可以简化为电源、电阻 9、电阻 10、电阻 11 与电流表构成的一个回路,利用欧姆定律可以求得电流表的读数为 0.1A.

2. $\dfrac{R}{2}$;$\dfrac{IR}{4}$ 【解析】根据网络电阻的对称性,可以将正八面体"拍扁"等效变换成答图(a),再将答图(a)沿着 AC 连线对折等效变换成答图(b),解得到 A、C 两端的等效电阻的阻值为 $\dfrac{R}{2}$,当电流 I 从 A 端流入,从 C 端流出时,有 $U_{AC}=\dfrac{IR}{2}$,则 $U_{AB}=\dfrac{IR}{4}$.

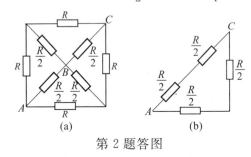

第 2 题答图

3.D 【解析】3 个 R_a 串联的电阻阻值为 6Ω,再与 R_{200} 并联恰好等于 R_a,网络电阻属于自相似电阻网络,则通过干路的总电流为 1A,后面分流的支路按电阻反比例分配,即 2:1,则流过 R_0 的电流为 $\dfrac{2}{3}$A,流过 R_1 的电流为 $\left(\dfrac{2}{3}\times\dfrac{1}{3}\right)^2$A,流过 R_n 的电流为 $\dfrac{2}{3}\times\left(\dfrac{1}{3}\right)^n$,依次递推通过 R_8 的电流与通过 R_{28} 的电流之比为 $1:\left(\dfrac{1}{3}\right)^{20}$,故选 D.

46 电学器材选择法

1.【解析】(1)电流表选用内接法,电压、电流从零开始调节,滑动变阻器选用分压接法即可,电路连接如答图所示.

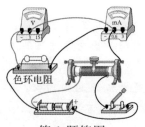

第 1 题答图

(2)因电表内阻影响,测量值偏大,原因是电流表内阻分压.

2. R_1;左;1998;大于

【解析】(1)滑动变阻器由于采用的是分压接法,为了便于操作,应该选择最大阻值较小的滑动变阻器,故选择 R_1.

(2)实物图如答图所示.

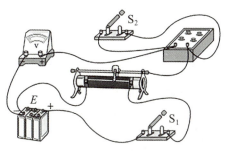

第2题答图

(3)在步骤 b 中,闭合开关 S_1、S_2 前,滑动变阻器的滑片应该移到图甲中最左端,其目的是保护电表,且使电压表的示数从零开始调节.

(4)在步骤 c 中,记录的电阻箱阻值为 1998.0Ω,若认为调节电阻箱时滑动变阻器上的分压不变,根据串联电路的分压特点有 $R_V=R=1998Ω$.

若考虑滑动变阻器上的分压发生微小变化,即会变大,导致最终测量值大于真实值.

47 电学实验设计法

1.【解析】(1)题中电流表的量程为 0.3A,而乙中 $I_乙=\dfrac{U}{R_2+r}=\dfrac{3V}{5Ω+1Ω}=0.5A>0.3A$,而丙中没有超过量程范围,因此选丙.

(2)闭合开关 S_1、S_2,读出电流表示数为 I_1;闭合开关 S_1,断开 S_2,读出电流表示数为 I_2.

(3)因电源的电压不变,则
$$U_总=I_1\cdot(R_1+r)=I_1\cdot(15Ω+r),$$
$$U_总=I_2\cdot(R_1+R_2+r)=I_2\cdot(20Ω+r),$$

解得 $U_总=\dfrac{5I_1I_2}{I_1-I_2}$.

2.【解析】利用等效替代的思想,使 $R_1=R_L$;再利用串联电路分压的特点,算出 R_1 的值;最后利用"电压表与定值电阻并联"整体替代电流表的思想,算出灯泡的 $I_额$. 答案如下:

(2)移动变阻器 R_1 的滑片,使电压表读数仍为 $U_额$.

(3)$P=\dfrac{U_额^2}{U_2R_0}(U_1-U_2)$.

3.【解析】利用电桥法来测量未知电阻 R_x 的阻值,实验电路图如答图所示.

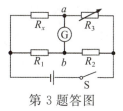

第3题答图

当灵敏电流表读数为零时,a、b 间无电流流过,a、b 间无电压(a、b 电势相等).此时,R_1 与 R_x 两端的电压相等,R_2 与 R_3 两端的电压相等.因为 R_1 与 R_2 串联,R_x 与 R_3 串联,根据串联电路分压原理,$\dfrac{R_x}{R_3}=\dfrac{R_1}{R_2}$,可求算 R_x 阻值.

实验步骤:①按图连接实验器材;②闭合开关 S,观察灵敏电流表有无偏转;③若有偏转,调节 R_3,直至灵敏电流计无示数;④利用 $\dfrac{R_x}{R_3}=\dfrac{R_1}{R_2}$ 求出 R_x 阻值.

48 黑箱法

1.【解析】当箱外灯泡与 A、B 相连时灯泡不亮,说明 A、B 间无电源;当箱外灯泡与 A、C 相连时两灯泡都亮,说明接入了电源和灯泡,灯泡只能在 A、B 间,电源可能就在 B、C 间,也可能在 B、D 间或 C、D 间;当箱外灯泡与 A、D 相连时两灯都亮,但亮度比上次要暗,这说明电源在 B、C 间,C、D 间还有电阻.黑箱内的电路如答图所示.

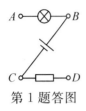

第 1 题答图

2.【解析】在黑箱内部找中心点,并连接各个接线柱.将条件电阻由小到大连入电路,可确定 a、c 导线上的电阻为 10Ω,若竖直导线上无电阻,则构建出如下左答图电路,若竖直导线上有电阻,则根据后两组条件构建出如下右答图电路.

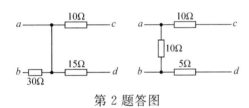

第 2 题答图

3. (1)3Ω　(2)$648J$

(3)①　②$25:9$

$$
\begin{array}{c}
B\ \dfrac{\overset{\displaystyle 6\Omega}{}}{\underset{\displaystyle 3\Omega}{}}\ \begin{matrix}A\\C\end{matrix}
\end{array}
$$

第 3 题答图

49　电功(率)测量法

1. (1)秒表　(2)$0.5kW\cdot h$　1500

1000　(3)偏大

2. ②电压表示数为 U_0;③保持滑动变阻器 R_2 的滑片位置不变,调节电阻箱 R_1 直至电压表的示数为 U_0;④根据等效替代法,小灯泡的电阻 $R=R_0$,则小灯泡的额定电功率为

$$P_{额}=U_0\cdot\dfrac{U_0}{R_0}=\dfrac{U_0{}^2}{R_0}.$$

3. 4;2;0.5;2;0.25

【解析】保护电阻 R 两端的电压 $U_R=2V$,电动机的线圈两端的电压:

$U_M=U-U_R=6V-2V=4V.$

电路中的电流:$I=\dfrac{U_R}{R}=\dfrac{2V}{4\Omega}=0.5A.$

电动机的功率:

$P_M=U_M I=4V\times0.5A=2W.$

该电动机发热功率:

$P_{热}=I^2R_M=(0.5A)^2\times1\Omega=0.25W.$

50　电功率极值求解法

1.【解析】电压确定时,整个电路消耗电功率的最大值由电路中电流的最大值决定,从安全条件考虑电流的最大值为 $0.5A$,所以 $P=UI_{max}=4.5V\times0.5A=2.25W.$

2.【解析】电阻 R 上的电功率即为输出功率.列式为:

$$P=I^2R=\dfrac{U^2R}{(R+r)^2}=\dfrac{U^2}{(r+R)^2\,\dfrac{1}{R}}$$

$$=\dfrac{U^2}{\dfrac{r^2+2Rr+R^2}{R}}=\dfrac{U^2}{\dfrac{(r-R)^2}{R}+4r}.$$

可知当 $R=r$ 时,分母最小,P 最大.最大功率 $P_{max}=\dfrac{U^2}{4r}.$

3.【解析】根据图乙中横坐标 $30cm\sim40cm$ 间 I 值不变可知此段电阻为 0,即为金属圆环中铜丝的长度是 $10cm$,同时从图中可知圆环的总长为 $50cm$,则电阻丝的长度为 $40cm$.图中 $x=0$ 时电路中只有滑动变阻器接入,此时电流为 $0.9A$,根据欧姆定律可求得,此时滑动变阻器的阻值为 5Ω.M 点不动,在触点 N 移动过程中,电流最小值为 $0.5A$,此时整个圆环电阻达到最大阻值,根据欧姆定律可以求得此时总电阻为 9Ω,则整个圆环的总电阻最大值为 $9\Omega-5\Omega=4\Omega$.将金属丝上下分别设为 R_1、R_2,因金属圆环中电阻丝的总电阻一定,即 $R_1=R_2$ 时,M、N 之间的总电阻最大,可得 $R_{MN大}=\dfrac{R_1R_2}{R_1+R_2}=4\Omega$,解得:$R_1=R_2=8\Omega$,

金属圆环中电阻丝的总电阻 $R_{环}=R_1+R_2$ $=8\Omega+8\Omega=16\Omega$. 因为电阻丝的总长为 40cm,所以每厘米电阻丝的电阻值为 0.4Ω.

当把 N 点接到 M 点所在直径的另一端,将滑片 P 移到最左端后,电路变为只有圆环的简单电路,由图乙可知, $x=30cm$ 到 $x=40cm$ 之间是铜丝,电阻不计,故 MN 上方的 25cm 全为电阻丝,可得 MN 上、下两部分电阻丝的电阻分别为 $R_{上}=25cm\times$ $0.4\Omega/cm=10\Omega$,

$R_{下}=16\Omega-10\Omega=6\Omega$.

此时电路的总电阻

$$R_{总}'=\frac{R_{上}R_{下}}{R_{上}+R_{下}}=\frac{10\Omega\times6\Omega}{10\Omega+6\Omega}=3.75\Omega,$$

则通电 1min,电路消耗的最大电能

$$W=\frac{U^2}{R_{总}'}t=\frac{(4.5V)^2}{3.75\Omega}\times60s=324J.$$

51 电功和电热分析法

1. 326.6;8800;1800

【解析】(1)电能表的最后一位是小数,此时的读数为 $326.6kW\cdot h$.

(2)电能表允许的最大电流为 40A,用电器最大总功率 $P=UI=220V\times40A=8800W$.

(3)当指示灯闪烁了 48 次消耗电能

$$W=\frac{48}{1600}kW\cdot h=\frac{3}{100}kW\cdot h,$$

该电水壶实际功率

$$P_{实}=\frac{W}{t}=\frac{\frac{3}{100}kW\cdot h}{\frac{1}{60}h}=1.8kW=1800W.$$

2.【解析】(1)闭合开关 S、S_1 时,只有电阻 R_1 接入电路;闭合开关 S、S_2 时,只有电阻 R_2 接入电路;闭合开关 S、S_1、S_2 时,两电阻并联接入电路,由并联电阻中总电阻小于任一分电阻,此时电路电阻最小.因为 $R_1=4R_2$,根据 $P=\dfrac{U^2}{R}$ 可知闭合开关 S、S_1 时,电路电阻最大,功率最小,为低温挡.

根据 $P=\dfrac{U^2}{R}$ 可知闭合开关 S、S_1、S_2 时,电路电阻最小,功率最大,为高温挡;闭合开关 S、S_2 时,为中温挡.

(2)由(1)知闭合开关 S、S_1、S_2 时,为高温挡.因为 $R_1=4R_2=242\Omega$,

电炖锅高温挡的额定功率

$$P_{高}=P_1+P_2=\frac{U^2}{R_1}+\frac{U^2}{R_2}=1000W.$$

(3)高温挡 10min 消耗的电能 $W=$ $P_{高}t=1000W\times10\times60s=6\times10^5J.$

汤吸收的热量

$$Q=cm\Delta t=4.8\times10^5J.$$

则电炖锅的加热效率

$$\eta=\frac{Q}{W}\times100\%=80\%.$$

3. D **【解析】**由 $P=\dfrac{U^2}{R}$ 得灯丝电阻

$$R=\frac{U^2}{P}=\frac{(0.5V)^2}{0.2W}=1.25\Omega.$$ 故 A 错误.

由 $P=UI$ 得灯丝电流为

$$I=\frac{P}{U}=\frac{0.2W}{0.5V}=0.4A.$$

电动机的发热功率为

$$P=I^2R=(0.4A)^2\times0.5\Omega=0.08W.$$ 故 B 错误.

指示灯正常发光时,电动机两端电压 $U_{电}=U-U_L=4.5V-0.5V=4V.$

故额定功率为

$$P_{电}=U_{电}I=4V\times0.4A=1.6W,$$ 故 C 错误.

电路的总功率为

$$P=UI=4.5V\times0.4A=1.8W.$$

故选 D.

52 图像确定工作点法

1.【解析】(1)当滑动变阻器接 a 时,据图乙,电路中电流最小,$I_2=0.4A,U_2=$ $8V,$有 $R=\dfrac{U_2}{I_2}=\dfrac{8V}{0.4A}=20\Omega.$

（2）当滑动变阻器接 a 时，$U=I_2R_0+U_2=0.4A\times R_0+8V$；当滑动变阻器接 b 时，电路中的电流最大，$I_1=1.2A$，

则电源电压：$U=I_1R_0=1.2A\times R_0$；

有 $R_0=10\Omega$，$U=12V$.

（3）当滑片滑到滑动变阻器的中点时，变阻器阻值为 $R'=10\Omega$，

$$I_3=\frac{U}{R_{\&}}=\frac{U}{R_0+R'}=\frac{12V}{20\Omega}=0.6A,$$

$$P_0=I_3{}^2R_0=(0.6A)^2\times10\Omega=3.6W.$$

2. A 【解析】R_0 与 R 串联，当滑动变阻器接入电路的电阻最大时，电路中的电流最小，由图像可知，电路中最小电流为 $0.1A$，R 的电功率为 $1.0W$，则变阻器的最大阻值 $R_{max}=\frac{P}{I^2}=\frac{1W}{(0.1A)^2}=100\Omega$，故 C 项正确.

由图像知，当电路中的电流为 $0.2A$ 时，滑动变阻器的电功率为 $1.6W$，滑动变阻器接入电路的电阻

$$R'=\frac{P'}{I'^2}=\frac{1.6W}{(0.2A)^2}=40\Omega$$，则电源电压

$U=0.2A\times(R_0+40\Omega)$；当电流为 $0.1A$ 时，电源电压 $U=0.1A\times(R_0+100\Omega)$；有 $R_0=20\Omega$，电源电压 $U=12V$，故 B、D 两项正确；

滑动变阻器消耗的功率为

$$P=I'^2R=\frac{U^2R}{(R+R_0)^2}=\frac{U^2R}{R^2+2RR_0+R_0{}^2}$$
$$=\frac{U^2R}{(R-R_0)^2+4RR_0},$$

所以当 $R=R_0=20\Omega$ 时，滑动变阻器消耗的功率最大，$P_{最大}=\frac{U^2}{4R_0}=\frac{(12V)^2}{4\times20\Omega}=1.8W$，故 A 项错误.故选 A.

3.【解析】（1）由于三个电灯完全相同，所以每个电灯两端的电压 $U_L=\frac{12V}{3}=4V$.在图甲中画出 $U=4V$ 的直线，得到和曲线的交点坐标为 $(4V,0.4A)$，所以流过电灯的电流为 $0.4A$，此时每个电灯的电阻值为

$$R=\frac{U}{I}=10\Omega.$$

（2）设此时电灯两端的电压为 U，流过每个电灯的电流为 I，根据欧姆定律得 $U_{总}=2IR_0+U$，代入数据得 $U=8V-20I$.在图甲上画出此直线，得到如答图所示的图像，可求得到直线和曲线的交点坐标为 $(2V,0.3A)$，即流过电灯的电流为 $0.3A$，流过电流表的电流强度为 $0.6A$，此时电灯的电阻为 $R=\frac{U}{I}=6.7\Omega$.

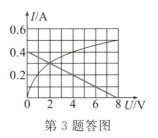

第 3 题答图

53 安全用电情境法

1. C 【解析】A 选项，手触摸通电灯泡存在烫伤和触电风险；B 选项，若风筝材料有金属丝或其他易导电材料，存在输电线短路或人员触电风险；D 选项，被雨水淋湿的树木若被闪电击中易导电，存在人员触电风险.

2.【解析】电路如答图所示.断开开关 S，灯 L_1 和 L_2 串联在家庭电路中，由于灯 L_1 的电阻远大于 L_2 的电阻，则灯 L_1 的功率远大于 L_2 的功率，灯 L_1 亮，而灯 L_2 不亮.闭合开关 S，灯 L_1 被短路，只有灯 L_2 正常发光.

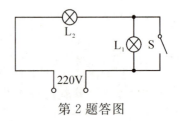

第 2 题答图

3.【解析】由列表数据可知,相同规格的导线随温度升高,其安全载流量变小.选择的导线,只要满足最高温度下的安全载流量,则四季均可使用.江浙地区常年最高气温基本不超过 $40℃$,选择导线只需满足该温度下的安全载流量即可.该款直流电焊机的最大输出电流 $I=\dfrac{P}{U}=\dfrac{2500\text{W}}{35\text{V}}=$ 71.43A,根据导线安全载流量表,横截面积为 16mm^2 规格的导线,其在 $40℃$ 时的安全载流量为79A,大于71.43A,满足电焊机的需求.所以横截面积为 16mm^2 以上规格的导线都满足使用要求,但考虑经济成本和适用性,选择横截面积为 16mm^2 规格的导线即可.

54 磁场及电磁铁应用模型

1. B 【解析】长直导线在磁铁的中央上方,此处条形磁铁磁感线是水平的,电流的方向垂直纸面向里,根据左手定则,导线受磁铁给的"安培力"方向竖直向下;长直导线是固定不动的,根据物体间力的作用是相互的,导线给磁铁的反作用力方向竖直向上,磁铁对水平桌面的压力除受重力影响之外,还受通电导线的作用力影响,二力方向相反.故选 B.

2. D 【解析】本题要求为自行车设计能让灯泡持续交替闪烁的"雾灯",其设计原理通过电磁铁通断电来控制电路通断,进而实现灯泡交替闪烁.A 选项开关闭合后灯泡常亮,无法交替闪烁.B 选项开关闭合时,电磁铁吸引衔铁使灯泡短路,灯泡不发光.C 选项电磁铁和灯泡并联,开关闭合后电磁铁吸引衔铁使灯泡不发光.D 选项开关闭合时,灯泡发光,同时电磁铁通电吸引衔铁使电路断开灯泡熄灭;衔铁复位灯泡发光,循环交替实现交替闪烁.故符合要求的是 D 选项.

3.【解析】(1)低功率下:

$R_总=R_1+R_2=880\Omega$,

$I=\dfrac{U}{R_总}=\dfrac{220\text{V}}{880\Omega}=0.25\text{A}$,

由 $W=UIt$ 得

$W_1=I^2R_2t_1=(0.25\text{A})^2×40\Omega×720\text{s}$
$=1800\text{J}$.

高功率下:

$W_2=\dfrac{U^2}{R_2}t_2=\dfrac{(220\text{V})^2}{40\Omega}×720\text{s}=871200\text{J}$
$=8.712×10^5\text{J}$.

$W_总=W_1+W_2=1800\text{J}+8.712×10^5\text{J}$
$=8.73×10^5\text{J}$.

(2)当 S_2 断开后,R_2 低功率工作,降温至 $110℃$ 及以下,S_a 始终闭合.继续降温至 $60℃$ 时,S_b 闭合,R_1 被短路,R_2 高功率工作,升温至 $80℃$ 时,S_b 断开,R_1 与 R_2 串联,R_2 低功率工作,开始降温,如此往复,实现自动保温.

55 电动机模型

1. 50 【解析】$v=36\text{km/h}=10\text{m/s}$,电车在水平路面匀速行驶时做的有用功就是克服摩擦力做功,电车输出功率为

$P_机=Fv=2.2×10^4\text{W}$.

电车的效率 $\eta=\dfrac{P_机}{P_电}×100\%$,

$P_电=\dfrac{P_机}{\eta}=\dfrac{2.2×10^4\text{W}}{80\%}=2.75×10^4\text{W}$.

通过电动车的电流

$I=\dfrac{P_电}{U}=\dfrac{2.75×10^4\text{W}}{550\text{V}}=50\text{A}$.

2. 0.9m/s 【解析】电动机消耗的电功率

$P=UI=100\text{V}×5\text{A}=500\text{W}$,

电动机线圈的发热功率

$P_内=I^2R=(5\text{A})^2×2\Omega=50\text{W}$.

电动机获得的机械功率

$P_机=P-P_内=500\text{W}-50\text{W}=450\text{W}$.

$P_机=Gv$,则提升货物的速度

$$v = \frac{P_{机}}{G} = \frac{450\text{W}}{500\text{N}} = 0.9\text{m/s}.$$

3. 5 或 22.5 【解析】电动机消耗的电功率 $W = UIt = 110\text{V} \times I \times 5\text{s}$，通过卷扬机提升重物做的有用功 $W_有 = mgh$，电流通过线圈产生的热量 $Q = I^2Rt$. 不考虑摩擦，根据电动机的功能关系可知，$W = W_有 + Q$，即 $UIt = mgh + I^2Rt$，$I^2Rt - UIt + mgh = 0$，

代入数据：

$$I^2 \times 5\text{s} \times 4\Omega - 110 \times I \times 5\text{s} + 50\text{kg} \times 10\text{N/kg} \times 4.5\text{m} = 0,$$

$$I = \frac{110 \pm \sqrt{110^2 - 4 \times 4 \times 450}}{2 \times 4}\text{A},$$

$I_1 = 5\text{A}$（取减号），

$I_2 = 22.5\text{A}$（取加号）.

4. 机械；对调电源正负极；调换磁体的磁极；线圈的一端的漆全部刮去，另一端的漆刮去半周；不相同

【解析】把线圈一端的漆刮去半周，另一端全部刮去，当线圈上刮去半周漆的部分与支架接触时，电流通过线圈，线圈会受磁场力转动半圈；当线圈上没有刮去漆的半圈与支架接触时，电流不能通过线圈，线圈不受磁场力，但线圈由于惯性继续转动，这与换向器的作用不同.

56 发电机模型

1. D 【解析】图中线圈转过 $90°$ 瞬间，线圈平面和磁感线垂直，上下两边运动方向与磁场方向平行，线圈没有做切割磁感线运动，线圈中无电流，D 正确.

2. = = 【解析】cd 棒切割磁感线相当于电源，而 ab 相当于外电路，导轨电阻不计，所以 $U_{ab} = U_{cd}$；外力 F_1、F_2 都与安培力二力平衡，大小相等，所以 $F_1 = F_2$.

3. 【解析】磁场对电流有力的作用，这个力的方向既跟磁感线的方向垂直，又跟电流的方向垂直. 若改变电流方向（或磁感线方

向），则受力方向改变. 本题中的电离气体流由正、负微粒构成，可等效为两个方向相反的电流，故正、负微粒的受力方向相反. 因此，气体中的正、负微粒上下偏转，分别聚集在 A、B 板上形成电压，能给外电路供电.

4. 【解析】假设蹄形磁铁的上端为 N 极，下端为 S 极，铜盘顺时针转动. 根据右手定则可以确定此时铜盘中的感应电流方向是从盘心指向边缘. 通电导体在磁场中要受到力的作用，根据感应电流的方向和磁场的方向，利用左手定则可以确定磁场对铜盘的作用力的方向是沿递时针方向，与铜盘的转动方向相反，所以铜盘的转动速度将减小.

无论怎样假设，铜盘的受力方向始终与转动方向相反. 同时，转动过程中，机械能转化为电能，所以转得慢了.

57 电磁波信息传递

1. B 【解析】无线电广播是利用电磁波进行信息传递的一种通信方式. 线路电话和有线电视传输是通过物理介质传递电信号，光纤通信是通过光在光纤中传播来实现信息传递. 故选 B.

2. A 【解析】电磁波在真空中传播速度 $c = 3 \times 10^8\text{m/s}$ 是不变的，由于 $c = f\lambda$，因此频率高的波长短、频率低的波长长. 因为 5G 电磁波的波长比 4G 要短，所以 5G 电磁波的频率比 4G 高，故 BCD 不符合题意，选 A.

3. 【解析】(1) 电磁波.

(2) 电磁波在真空中沿直线传播，如答图所示中继卫星"鹊桥"中转的信号会被月球遮挡，无法传回地球.

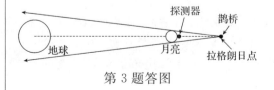

第 3 题答图

4.【解析】(1)分析题图可知,发射点发射导弹后卫星 A 能立即将信息传递给卫星 B,当卫星 A、B 连线恰好与地球赤道相切时,卫星距离地面的高度最低.此时,卫星、地心与切点三点连线组成的三角形为直角三角形,且地球半径所对的角为 $30°$ 角,则有 $\sin30°=\dfrac{R}{R+h}=\dfrac{6400\text{km}}{6400\text{km}+h}$,化简得,卫星距离地面的最低高度为 $h=6400\text{km}$.

(2)为了使被拦截导弹"刚冒出"目标点地平线时恰好被拦截,目标点的切线与导弹圆弧轨迹的交点为满足题目要求的拦截点,如答图所示.

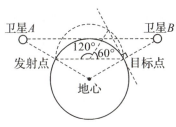

第 4 题答图

由几何关系可得,发射点、拦截点和轨迹圆心形成的圆心角为 $120°$,目标点、拦截点和轨迹圆心形成的圆心角为 $60°$,即有如下数学关系:$\dfrac{120°}{360°}\times\dfrac{2\pi r}{v_1}=\dfrac{r}{v_2}$.

被拦截导弹飞行速度 $v_1\approx4.71\text{km/s}$,$\pi\approx3.14$,代入数据化简可得 $v_2=2.25\text{km/s}$.

58 能源与能量转化法

1.【解析】被提升水的体积

$V=150\times30\times20\text{m}^3=90000\text{m}^3$,

被提升水的质量 $m=\rho V$,

提升这些水所损耗的能量 $W=mgh$.

抽水机的功率

$P=\dfrac{W}{t}=\dfrac{\rho Vgh}{t}$

$=\dfrac{1.0\times10^3\times90000\times10\times400}{3600\times5}\text{W}$

$=2\times10^7\text{W}.$

2.【解析】满负荷工作时的电流 $I=\dfrac{P}{U}$,

这时电机的热损失功率 $P'=I^2r=\dfrac{P^2r}{U^2}$,

满负荷工作时的效率为 $\eta=\dfrac{P-P'}{P}$,

代入数值,得 $\eta=94\%$.

3.【解析】水的质量 $m=\rho\pi r^2h$,

水升温所需的热量 $Q_{吸}=cm(T_2-T_1)$,

电热器放出的热量 $Q_{放}=Pt$.

由 $Q_{吸}=\eta Q_{放}$,解出

$t=\dfrac{cm(T_2-T_1)}{\eta P}=\dfrac{c\pi r^2h\rho(T_2-T_1)}{\eta P}$,

代入数值,得 $t=6868\text{s}=114\text{min}$.

4.【解析】(1)1s 内流过叶片旋转面的空气质量 $m=\rho Sv_1=1.2\text{kg/m}^3\times5\times10^3\text{m}^2\times8\text{m/s}\times1\text{s}=4.8\times10^4\text{kg}.$

(2)1s 内输入风机的风能,即

$P_{风}=SW=S\times0.5\rho v^3=5\times10^3\text{m}^2\times0.5\times1.2\text{kg/m}^3\times(10\text{m/s})^3=3\times10^6\text{J/s}.$

输出电能功率

$P_{电}=960\text{kW}=9.6\times10^5\text{W}$,

输入到发电机的功率

$P=P_{电}\div80\%=1.2\times10^6\text{W}$,

风机的效率 $\eta=\dfrac{P}{P_{风}}\times100\%=40\%.$

59 能源特征分类法

1. 风能/机械能　不可再生

2. A　**【解析】**水能是能够源源不断地从自然界得到的能源,是可再生能源;水能是人类利用多年且广泛使用的能源,属于常规能源.所以①③正确,选 A.

3. D　**【解析】**核能是不可再生能源,开发和利用核能是人类获取能源的一个新途径,故 A 正确.

煤是不可再生能源,以煤为主要燃料的火电站容易造成环境污染,故 B 正确.

太阳能是可以直接获取的一次能源,

可直接利用且污染小,开发前景广阔,故 C 正确.

电能、氢能是二次能源,划分是否可再生无意义,故 D 错误.

4. C 【解析】本题中来自太阳辐射的能源包括煤炭、石油、天然气、风能、水能;可再生能源包括潮汐能、风能、水能.

5. (1)机械能;不能 (2)液化

(3)能源无污染、可以循环利用

60 等效替代法

1. C 【解析】摩擦力的大小、支持力的大小与压力的大小有关,根据题中信息,可将重力沿斜面和垂直斜面方向分解,减小倾角,两个方向上的力都会发生变化,A、B 错误;减小斜面倾角,物体仍保持平衡,故合力为零,F_N 和 f 的合力等效替代了两个力,这个合力与重力二力平衡,故合力不变,C 正确;F_N 和 G 的合力与摩擦力平衡,发生变化,D 错误.

2. (1)C;A;A (2)C、B、B

【解析】(1)利用加入饮料的体积与金属块的体积相等,根据金属块的密度和测得金属块的质量可准确测出加入饮料的体积.①用天平测出金属块的质量 m_0;②在烧杯内倒入适量饮料,并用天平测出瓶子和饮料的总质量为 m_1;③将金属块浸没在烧杯中,在烧杯壁上标记液面的位置;④取出金属块,向烧杯中注入适量饮料到标记处,用天平测出此时瓶子和饮料的总质量 m_2;测得 $m_{加饮料}=m_1-m_2$,金属块取出时带走部分饮料,所以要往烧杯中加入较多的饮料,则测得的 m_2 偏小,测得加入饮料的质量以及测得饮料的密度都偏大,小明的实验步骤所缺少的是 C、A、A.

(2)答案为 C、B、B.①用天平测出金属块的质量 m_0;②在烧杯内倒入适量饮料,用天平测出烧杯和饮料的质量为 m_1;③将

金属块浸没在烧杯中,在烧杯壁上标记液面的位置;④取出金属块,向烧杯中注入适量饮料到标记处,用天平测出此时烧杯和饮料的总质量 m_2.由此测得 $m_{加饮料}=m_2-m_1$,m_1、m_2 不受"金属块取出时带走部分饮料"的影响,此方案比较准确.

3. (1)电流表示数为 0.3A,此时灯泡正常发光.

(2)abd;不需要

【解析】①断开 S_1,在 M、N 间接入导线,不调节变阻器,闭合 S_2,变阻箱 R_0 阻值调大,使电流表示数等于 0.3A,利用等效替代法,此时电阻箱 R_0 增加的电阻值 ΔR_0 等于灯泡正常工作时的电阻,通过 $P=I^2\Delta R_0$ 计算,可测出灯泡电功率.②5Ω 定值电阻小于灯泡正常工作的电阻(约 10Ω),所以断开 S_1,在 M、N 间接入 5Ω 定值电阻,不调节变阻器,闭合 S_2,变阻箱 R_0 阻值调大,使电流表示数等于 0.3A,此时电阻箱 R_0 增加的电阻值 ΔR_0 与 5Ω 定值电阻的阻值之和等于灯泡正常工作时的电阻,通过 $P=I^2(\Delta R_0+5\Omega)$ 计算,可测出灯泡电功率.③电源电压为 6V,若接入 30Ω 电阻,则整个电路的电流小于 0.2A,无论如何调节,电路中的电流无法达到 0.3A,无法测出.④断开 S_1,不调节变阻箱和变阻器,在 M、N 间接入一个电阻箱 R,闭合 S_2,使电流表示数等于 0.3A,新接入电阻箱的电阻等于灯泡电阻,可通过 $P=I^2R$ 计算,可测出灯泡电功率.操作过程中不需要调节滑动变阻器.

61 理想化法

1. (1)减小研究对象的自重对实验的影响 (2)方向相反、在同一直线上

【解析】实验中选用轻薄塑料片为研究对象,忽略研究的次要因素塑料片重力,把研究对象视为仅受两个力的作用,满足研

究两个力的实验条件,这是理想化的思想.

2. 1.5;2 【解析】电压表测量的是电源和电流表两端的电压,电流表测量的是流过电源的电流.根据图丙中线的外延,图线与纵坐标和横坐标的交点分别是 1.5V 和 0.5A,当电流为 0 时,在电流表和电源内阻上的电压降为 0,则电源的电压 U_0 等于电压表的示数 1.5V.电压表为零时,此时,滑动变阻器接入电路电阻为零,则 $R_{总}=\dfrac{U}{I}$

$=\dfrac{1.5V}{0.5A}=3\Omega,R_{总}=r+R_{电表},r=R_{总}-R_{电表}$

$=3\Omega-1\Omega=2\Omega.$

3. 【解析】(1)根据力和运动的关系,当拉力逐渐增大到与重力相等时,小球的速度达到最大;之后拉力大于重力,小球做减速运动.由图乙知速度最大时,高度为 1.5m,此时拉力等于重力.由于空气阻力作用,小球最终停止时处于平衡状态,拉力等于重力,所以小球最终停在 $h=1.5$m 的位置.

(2)根据图丙,当 $h=1.5$m 时,拉力 $F=3$N,根据二力平衡可得小球重力 $G=3$N.小球从 O 点下落到最低点的过程中,不计空气阻力,减少的重力势能全部转化为弹性细绳的弹性势能.小球下落的最大高度是 2.4m,从 O 点到最低点高度变化量 $\Delta h=2.4$m,根据重力势能计算公式 $E_p=mgh=G\Delta h$,可得弹性细绳的最大弹性势能 $E_p=3$N$\times2.4$m$=7.2$J.

4. 【解析】R_x 两端实际电压为电压表示数 1.2V,流过电压表的电流为 $I_V=\dfrac{U}{R_V}=$

$\dfrac{1.2V}{3000\Omega}=0.0004$A,真实流过 R_x 电流 $I_{R_x实}$

$=I-I_V=0.002$A-0.0004A$=0.0016$A,

R_x 实际值:$R_{x实}=\dfrac{U}{I_{R_x实}}=\dfrac{1.2V}{0.0016A}=$

750Ω.电流表示数 $I=2.0$mA$=0.002$A,电压表示数 $U=1.2$V,R_x 的测量值

$$R_x=\dfrac{U}{I}=\dfrac{1.2V}{0.002A}=600\Omega,$$

百分误差 $=\dfrac{|实际值-测量值|}{实际值}\times100\%$

$$=\dfrac{|750\Omega-600\Omega|}{750\Omega}\times100\%=20\%.$$

62 对称法

1. D 【解析】分析可得小球在竖直平面内做简谐运动,球从地面上由静止释放时,先做变加速运动,当离地面 h 时合力为零,速度最大,然后向上做变减速运动,到达最高点时速度为零.最低点速度为零时距平衡位置为 h,利用离平衡位置速度相同的两点位移具有对称性,最高点速度为零时距平衡位置也为 h,所以球在运动过程中距地面的最大高度为 $2h$.小球在上升过程中动能先增大后减小,由整个系统机械能守恒可知,系统的势能先减小后增大,所以错误选项为 D.

2. 【解析】结合对称性可知,图中中间的 2Ω 电阻是没有电流通过的,故可以去除.该电路可以看成三个 9Ω 电阻并联.

故总电阻 $R_{总}=3\Omega.$

3. 【解析】采用对称法,可以把 A 砖右端伸出 B 端的 $\dfrac{l}{5}$ 截去,补在 B 砖的右端,则变成如答图所示的对称图形,伸出最多时对称轴应恰好通过桌边.所以 $l-x=\dfrac{l}{5}+x$,解得 B 砖右端伸出桌面的最大长度 $x=2\dfrac{l}{5}.$

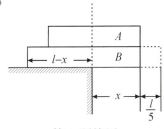

第 3 题答图

4.【解析】要计算 A、G 两端间的总电阻,可设想从 A 端流入正方体的电流为 I. 电流从 A 端流入后,向 AB、AD、AE 三个方向流入,根据对称性,AB、AD、AE 中的电流强度都相同,均为 $\dfrac{I}{3}$. 流入 B 点后的电流向 BC、BF 两个方向流入,又根据对称性,BC、BF 均为 $\dfrac{I}{3}$ 的一半,即 $\dfrac{I}{6}$. 又根据对称性可知,由 C 流向 G 的电流又为 $\dfrac{I}{3}$,根据欧姆定律知:

$$U_{AG}=U_{AB}+U_{BC}+U_{CG}=\frac{5}{6}Ir,$$

所以 A、G 两端点间的总电阻为

$$R_{AG}=\frac{U_{AG}}{I}=\frac{5}{6}r.$$

5.【解析】根据对称性,可知挖孔板的重心必在 OO' 连线上,且在 O 点左侧,为求挖孔板重心,可设想它可绕某点转动,然后利用杠杆平衡条件来求解. 若想在 O 点将挖孔板支起,使它可绕 O 点转动,若将被挖掉的小圆板放回原处,则薄板将处于平衡状态,设挖孔板的重力为 G_1,小圆板的重力为 G_2,则 G_1、G_2 的大小关系为:

$$\frac{G_2}{G_1+G_2}=\frac{r^2}{R^2}=\frac{1}{4}, G_1=3G_2.$$

小圆板重力的力臂为 $OO'=r$,设挖孔板重心 C 与 O 的距离为 x(如答图),则由杠杆平衡条件得:$G_1 \cdot x=G_2 \cdot r$. 将已知数据代入,解得 $x=\dfrac{10}{3}$cm

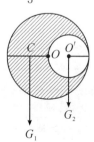

第 5 题答图

63　比例法

1.【解析】机械效率公式:

$$\eta=\frac{W_{有用功}}{W_{总功}}=\frac{Gh}{(G+G_{动})h}\times100\%.$$

已知 $G_{动}=\dfrac{1}{4}G$,代入得

$$\eta=\frac{G}{\frac{5}{4}G}\times100\%=80\%.$$

所以该滑轮组机械效率为 80%.

2. D　【解析】如答图所示,分别连接甲、乙、丙三点与原点 O,添加图中虚线,控制吸收的热量相同. 甲、乙的质量与吸收的热量均等,$\Delta t_{甲}$ 小,根据公式 $Q=cm\Delta t$ 可知,c 与 Δt 成反比,所以乙的比热容比甲小. 乙、丙是同种液体,比热容相同,所以丙的比热容比甲的比热容小,故①错误,②正确. 乙、丙为同种液体,比热容相同,当吸收相同的热量时,$\Delta t_{丙}$ 小,根据公式 $Q=cm\Delta t$ 可知,Δt 与 m 成反比,所以丙的质量比乙大;又因为甲、乙是质量相等的液体,所以丙的质量比甲大,故③正确、④错误. 所以选项 D 正确.

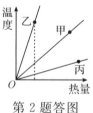

第 2 题答图

3.【解析】漂浮时,浮力等于重力:

$$\rho_水 V_排 g=\rho_物 V_物 g,$$

所以可以得出 $V_排=\dfrac{\rho_物 V_物}{\rho_水}$;

因为 $\rho_水$ 和 $V_物$ 均相同,所以 $V_排$ 之比等于 $\rho_物$ 之比,即 $V_{A排}:V_{B排}=\rho_A:\rho_B=3:2$.

4.【解析】功率之比为 $144:36$,则电压比为 $12:6(2:1)$,即滑片 P 在 b 点时灯泡电压为原来的一半,即滑动变阻器最大电阻与灯泡电阻相同. 则当滑片 P 在中点时,

$R_{灯}=2R_{中}$，即 $U_{灯}$ 为开始电压的 $\dfrac{2}{3}$，功率为原来功率（144W）的 $\dfrac{4}{9}$，即 64W．选项 A 正确．

5. $1:2$；$9:2$　**【解析】**当 S_1 闭合、S_2 断开，且甲、乙为电流表时，两电阻并联．甲表测 R_2 电流，乙表测干路电流且为 $1:3$，则通过两电阻电流比 $I_1:I_2=2:1$．并联时 I 与 R 的倒数成正比，即 $R_1:R_2=I_2:I_1=1:2$．可得 $R_2=2R_1$，所以并联后总电阻

$$R_{并}=\dfrac{R_1R_2}{R_1+R_2}=\dfrac{R_1\times 2R_1}{R_1+2R_1}=\dfrac{2}{3}R_1.$$

当 S_1、S_2 都闭合，且甲、乙为电压表时，两电阻串联，总电阻：$R_{串}=R_1+R_2=R_1+2R_1=3R_1$．

由于两种情况总电压相同且时间相同，所以电路产生热量与总电阻的倒数成正比，因为此时 $R_{并}:R_{串}=2:9$，所以产生的热量之比 $Q_1:Q_2=9:2$．

64　逆向思维法

1. C　**【解析】**结合题目给的结果：木块 A 和小车以相同速度一起向右做匀速直线运动（忽略空气阻力），所以物体受平衡力作用，木块水平方向不可能受到摩擦力，受摩擦力就非平衡力了．则 A 受到的作用力有重力和支持力，故 C 正确，ABD 错误．

2.（1）BAC　（2）C　（3）相反；个数　（4）能

【解析】（1）对实验的改进主要是减小摩擦力的影响．

A 中小车受滚动摩擦力影响，B 中物体受滑动摩擦的影响，C 中物体受摩擦力的影响最小，故改进顺序是：B、A、C．

（2）探究二力平衡条件的实验中，拉力尽量大一些，这样可以减小小卡片质量对实验的影响，则 C 符合题意，ABD 不符合题意，故选 C．

（4）如题图丙，右边滑轮的位置上调，当小卡片所受两个力大小相等，方向相反，作用在同一直线上，作用在同一物体上时，受力平衡，故能探究二力平衡的条件．

3.（1）右；f；实；倒　（2）左；$2f$；实；倒

【解析】（1）由物距 $u_1=3f$ 可知 $u>2f$，则在 L_2 的右侧成倒立、缩小的实像，由 $\dfrac{1}{u}+\dfrac{1}{v}=\dfrac{1}{f}$ 可得，$\dfrac{1}{3f}+\dfrac{1}{v}=\dfrac{1}{f}$，解得 $v=1.5f$．

如答图所示，

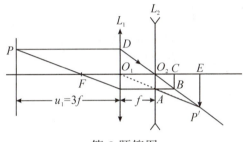

第 3 题答图

$O_1C=1.5f$，$O_1O_2=f$，

所以 $O_2C=\dfrac{1}{2}f$．

因为 $\triangle O_2O_1D\backsim\triangle O_2CB$，

所以 $\dfrac{BC}{O_1D}=\dfrac{1}{2}$．

$BC=AO_2$，在 $\triangle P'O_1D$ 中，

$\triangle P'AO_2\backsim\triangle P'O_1D$，

所以 $\dfrac{P'O_2}{P'D}=\dfrac{AO_2}{O_1D}=\dfrac{BC}{O_1D}=\dfrac{1}{2}$，

所以 $P'O_2=O_2D$，

所以 $\triangle O_2DO_1\cong\triangle O_2EP'$，

所以 $O_2E=O_2O_1=f$．

（2）采用逆向思维，由光路的可逆原理可知，现在两个透镜位置调换，若还要使给定的原物体在原像处成像，第二次的物距等于第一次的像距，所以，透镜组应整体向左平移 $3f-f=2f$，最终得到的是倒立等大的实像．

65 假设法

1.【解析】假设选择量程为 0~3A 的电流表，又因要求电表的指针指示值大于量程的 $\frac{2}{3}$，未知电阻的阻值大约为 30Ω，可以计算出 R_0 两端电压的最小值为 $U=3\text{A}\times\frac{2}{3}\times30\Omega=60\text{V}$，题中电源并没有这种电压，所以假设电流表量程为 0~3A 不符合题意．因此，电流表只能用 0~0.6A，则 R_0 两端电压至少为 $U=0.6\text{A}\times\frac{2}{3}\times30\Omega=12\text{V}$，所以只能选择 15V 的电源电压，电压表只能选择 0~15V 量程的电表．

2.A【解析】金属球放入冷水中，由于金属球放热才使冷水吸热升温．假设三个球降低相同的温度，根据 $Q_放=c_球 m_球 \Delta t$ 可知：$c_球$ 越大，金属球放出的热量越多，能使冷水温度升得越高．故答案是 A．

3.C【解析】由题图可知，大球的力臂会小于小球的力臂，如果两个球用同样的速度移动，我们可以应用"假设法"，经过足够长的时间移动，那么大球会较小球先到达支点，而小球依旧会处于支点的右侧，那么这时候，杠杆的右侧就会出现下沉的现象，为此，要选择答案 C．

4.D【解析】行李箱 A 做匀速直线运动，所受合力为零，所以行李箱 A 不受摩擦力；行李箱 B 在转弯传送带上，运动的方向在变化，假设其不受摩擦力，行李箱 B 将沿现在的运动方向匀速直线运动，而不会改变方向，所以 B 受非平衡力，即行李箱 B 受摩擦力，故 D 正确．

5.A【解析】可把船速与水速假定在一个特殊的情形上，即船速等于水速，则此船从乙地返回甲地时，船相对于岸的速度为零，这就意味着船将永远停在乙地而不能返回，因此 $t_1>t_2$．

66 类比法

1.【解析】如答图，类比平面镜成像规律，分别作出 P 球相继关于 A、B、C、D 四个边壁的像点 P_1、P_2、P_3、P_4，连接 P_4Q 确定边壁 D 上的撞击点，再依次确定边壁 C、B、A 上撞击点．

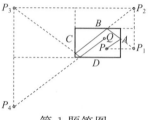

第 1 题答图

2.B【解析】如图，A 表示爆炸处，O 表示观测者所在处，h 表示云层下表面的高度．t_1 表示爆炸声直接传到 O 处时间，则 $d=vt_1=3\text{km}$，t_2 表示爆炸声经云层反射到达 O 处时间，类比光的反射规律：入射角等于反射角，有 $2\sqrt{\left(\frac{d}{2}\right)^2+h^2}=vt_2$，又 $t_2-t_1=6\text{s}$，得 $h=2.0\times10^3\text{m}$．

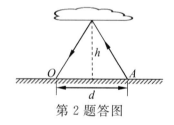

第 2 题答图

3.【解析】（1）热传递的条件是存在温度差，类比电流形成的原因是有电压，故温度差相当于电路中的电压，故选 B．

（2）墙壁和保温层两种材料的热阻之和类比导体电阻串联的关系．因单位时间内从高温环境传导到低温环境的热量 Q 与墙壁两侧的温度差成正比，与墙壁的热阻成反比，故单位时间内从高温环境传导到低温环境的热量 $Q=\dfrac{t_1-t_2}{\dfrac{l_1}{\lambda_1 S}+\dfrac{l_2}{\lambda_2 S}}$．

67　极端与特殊值法

1.【解析】用极端法思考,假设斜面 AB_1 非常接近 AB,则该斜面最陡峭,物块沿着斜面运动的速度增加得最快(相当于自由下落),且物块经过的路程最短,所以所花的时间最短.而斜面 AB_4 最平缓,假设 AB_4 非常接近水平方向,则物块下滑的速度增加得非常慢,而且物块经过的路程非常长(接近无穷大),所花时间最长.

2. C 【解析】若 θ 太小,不妨取特殊值,将 θ 认为是 $0°$,那么光束能从水中垂直水面进入空气,所以 B 和 D 均错.若 θ 太大,不妨取特殊值,将 θ 认为是 $90°$,由于光束与法线在空气中的夹角要大于光束与法线在水中的角,假设光束能够进入空气,则在空气中的角度将超过 $90°$,所以不存在这样的情况,所以 A 错 C 对.

3. B 【解析】使用特殊值法,假设虚线的位置正好是与水面齐平,则截掉下部分木块后,木块不受浮力,不能处于二力平衡状态;所以最后木块稳定后,肯定要沉入水中一部分,故选 B.

4.【解析】(1)滑动变阻器的滑片向右滑动,接入电路的电阻值变大,用极端法考虑,认为接入电路的电阻极大,此时电路接近断路状态,灯泡中的电流几乎为0,所以灯泡功率变小.

(2)滑片移到最左端,接入电路的电阻为0,滑动变阻器消耗的功率为0;滑片往右移动,用极端法考虑,若滑动变阻器的最大阻值极大,则电路可看成断路(电流几乎为0),则滑动变阻器消耗的功率也接近0.所以滑片向右端靠近的过程中,滑动变阻器消耗的功率不一定是一直变大.要使滑动变阻器的功率最大,滑片的位置停在哪里,具体还得看灯泡电阻和滑动变阻器的最大阻值等电路元件的具体参数.

68　测量的放大与转换法

1.【解析】连 BC,CO,过 A 点作 BC 的平行线交 CO 延长线于 Q,则

$\triangle OAQ \backsim \triangle BOC$.

因为 $\dfrac{AO}{BO}=\dfrac{0.5\mathrm{cm}}{10\mathrm{cm}}=\dfrac{1}{20}$,

又因为 $BC=16\mathrm{cm}$,

所以 A 点能向下移动的最大距离

$AQ=16\mathrm{cm}\times\dfrac{1}{20}=0.8\mathrm{cm}=8\mathrm{mm}$.

$F=kx=20\mathrm{N/mm}\times8\mathrm{mm}=160\mathrm{N}$.

2.【解析】根据液体压强规律,两边管内液体静止,则两边管内液体压强相等.

左管水压:$p_{水}=\rho_{水}g(H_2-H_1)$.

右管液体压强:$p_x=\rho_xgH_2$.

由于 $p_{水}=p_x$,

$\rho_{水}g(H_2-H_1)=\rho_xgH_2$,

则 $\rho_x=\dfrac{H_2-H_1}{H_2}\rho_{水}$

　　　$=0.625\times10^3\mathrm{kg/m^3}$.

如果两种液体相溶,我们取两个 U 形管,用橡胶管连接(如图所示),用同样的"等压转换法"思想.

$\rho_{水}gH_1=\rho_xgH_2$,

则 $\rho_x=\dfrac{H_1}{H_2}\rho_{水}$.

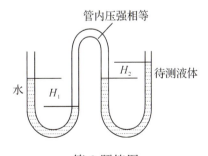

第 2 题答图

3.【解析】AB 和 CD 都垂直于河岸 BC,则 $\angle ABC=\angle DCB=90°$,且 $AB\parallel CD$.

由于光是直线传播的,AKD 为一直线,

所以△ABK 与△DCK 相似，

则 $\dfrac{AB}{CD}=\dfrac{BK}{CK}=\dfrac{BC-CK}{CK}$,

得河宽 $AB=\dfrac{BC-CK}{CK}\cdot CD$.

4.【解析】 根据 $I=\dfrac{U}{R}$,用电压表和已知阻值电阻配合工作测算出电流,转化为间接充当电流表.用所给器材连接如答图 1 所示电路;测量时,闭合 S_1、断开 S_2,调节滑动变阻器的滑片 P,至电压表读数为 2.5V.再闭合 S_2、断开 S_1,读出此时电压表的读数记作 U.

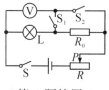

第4题答图1

R_0 两端电压为 $U-2.5V$,根据欧姆定律,通过 R_0 的电流为 $\dfrac{U-2.5V}{R_0}$.

由于 L 和 R_0 串联,此电流即为 L 的额定电流.

则 $P_{\text{额}}=U_{\text{额}}\cdot I_{\text{额}}$

$\qquad =2.5V\cdot\dfrac{U-2.5V}{R_0}$.

如果只有电流表,用电流表和已知阻值电阻,根据 $U=IR$ 配合工作测算出电压,转化为间接充当电压表.用所给器材连接如图 2 所示电路.

$P_{\text{额}L}=2.5V\times(I-0.25A)$.

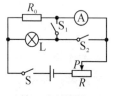

第4题答图2

69 比较法

1.B【解析】 两个探究的实验器材相同,但实验设计和实验过程既有相同点也有差异点.比较发现:实验一选用大小不同的木块是为了改变压力的大小;实验二则是为了改变质量的大小,所以改变的量是不同的,故 B 错误.

2.D【解析】 甲、乙图像纵轴的物理量不同,即图线相似但物理意义不一样."同中求异"可知:甲是 $s-t$ 图像,甲做匀速直线运动,0~2s 内与 4~6s 内两段图线平行即速度等大、同向;乙是 $v-t$ 图像,乙不是匀速直线运动,乙在第 3s 末速度为零但没有回到出发点.故选 D.

70 控制变量法

1. (1)设计实验与制定方案;用累积法减小实验误差.(2)控制变量法.(3)在摆的质量和摆角一定时,摆长越长,周期越大;1、3(或 2、4).(4)摆的周期与小铁块的质量无关,与摆长有关.(5)短.

2.D【解析】 根据串、并联电路的特点,通过两容器中电阻丝的电流不同,而通电时间和电阻相同,由控制变量法可知探究的是电流产生的热量与电流大小的关系,故 A 错误;根据焦耳定律 $Q=I^2Rt$ 可知左侧容器产热比右侧大,所以管①中的液面比管②中的液面升得更快,故 B 错误;将左侧容器中的电阻丝换成 10Ω 后,通过它们的电流仍不同,所以不能探究电流产生的热量与电阻的关系,故 C 错误;将右侧容器上方的 5Ω 电阻丝放入容器内,则通过两容器内电阻的总电流相等,总电阻不同,可以探究电流产生的热量与电阻的关系,故 D 正确.

3.D【解析】 由 $P=UI$ 可知,电源电压不变时,电路的总功率与电流成正比,对应图乙中的图线①;由 $P=I^2R$,定值电阻 R 不变,其功率与电流成二次函数关系,对应图乙中的图线②；由 $P_P = U_P I = (U-IR)I = UI - I^2 R$ 可知,当电源电压和定值电阻 R 不变时,滑动变阻器的功率与电流成二次函数关系,对应图乙中的图线③.故 D 正确.电压表示数和电流表示数的比值等于滑动变阻器接入电路的阻值,其比值变小,故 A 错误.由 $U_P = U - IR$ 可知,$\dfrac{\Delta U_P}{\Delta I}$ 为定值电阻 R,故电压表示数的减少量与电流表示数的增加量比值不变,故 B 错误.当电路电流最大为1A时,滑动变阻器接入电路的阻值为0,滑片在 b 端,故 C 错误.

4. 10；22.5 【解析】如答图所示,根据控制变量法,先认为液面高度不变,设物块下降高度为 d,再根据液体体积不变,则 $(S-L^2)\Delta h_升 = L^2 d$,可得 $d=0.03$m,则 A 浸入水中深度的增加量由这两个结果叠加：$\Delta h_浸 = \Delta h_升 + d = 0.01\text{m} + 0.03\text{m} = 0.04$m,$A$ 增大的排开水的体积 $\Delta V_排 = L^2 \Delta h_浸 = 0.25\text{m}^2 \times 0.04\text{m} = 0.01\text{m}^3$,则增大的浮力 $\Delta F_浮 = \rho_水 g\Delta V_排 = 100$N,根据力的平衡可得物块 B 的质量为 10kg；A 重力做功 $W = G_A d = \rho_A L^3 gd = 22.5$J.

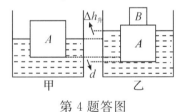

第4题答图

71 微元法

1.【解析】设 $v = \dfrac{k}{x}$,根据 A 点条件得 $k = 2\text{m}\cdot\text{cm/s}$,由速度定义式 $v = \dfrac{\Delta x}{\Delta t}$ 得 $\Delta t = \dfrac{\Delta x}{v}$.作 $\dfrac{1}{v} - x$ 图像如答图所示,在从 A 点到 B 点这段过程中,图像与 x 轴围成的面积即为爬行时间 $t = \dfrac{1}{2}(l_2 - l_1)\left(\dfrac{1}{v_2} + \dfrac{1}{v_1}\right) = 75$s.

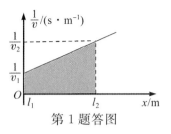

第1题答图

2.【解析】如答图甲所示,以弹簧伸长情况为例,在外力作用下将弹簧从原长缓慢拉伸到形变量为 Δl,将伸长的过程分割成无数段足够小的微元过程,在每个微元过程中,弹力可近似认为是不变的,如答图乙,可利用 $F-l$ 图像与坐标轴围成的面积来求这个过程中克服弹簧弹力做的功 $W = S_{面积} = \dfrac{1}{2}k\Delta l^2$,根据功能关系可得此时弹簧储存的弹性势能为 $\dfrac{1}{2}k\Delta l^2$.

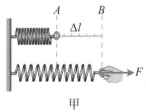

甲

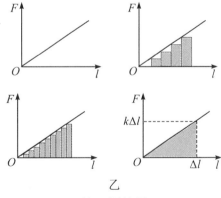

乙

第2题答图

3.【解析】如答图所示将木板分割成无数小段微元,沿木板建立 r 轴,对其中一小段微元 Δr 做功分析,转动 α 角度过程中在地面扫过的弧长为 Δl,对应面积为 ΔS,$\Delta W = -\mu\dfrac{\Delta r}{l}Mg\Delta l = -\dfrac{\mu Mg}{l}\Delta S$,整个木板

扫过的扇形面积 $S_{扇}=\dfrac{1}{2}\alpha l^2$，故总功 $W=$

$\Delta W_1+\Delta W_2+\cdots+\Delta W_n=-\dfrac{\mu Mg\alpha l}{2}$.

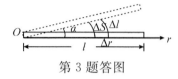

第3题答图

4.【解析】由于同种液体在相同深度的压强是相等的,对活塞的右侧面进行分析. 如图甲在距离底部高度为 z 处水的压强为 $p=p_0+\rho g(h-z)$,取高度微元 Δz,设活塞垂直于纸面的长度为 L,侧视图中,水在长为 L,宽为 Δz 的矩形面积微元上产生的压力为 $\Delta F=[p_0+\rho g(h-z)]L\Delta z$,微元累加求和,作 $p\cdot L$-z 图像如图乙,活塞右侧面受到水的压力大小 $F=HL\left[p_0+\rho g(h-\dfrac{1}{2}H)\right]$. 由于活塞左右两侧的压力相等,有

$$HL\left[p_0+\rho g(h-\dfrac{1}{2}H)\right]=p_0HL,$$

则 $h=\dfrac{1}{2}H$.

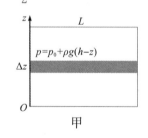

甲

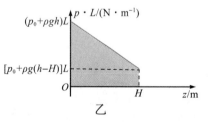

乙

第4题答图

72 过程分割法

1.【解析】(1)构件下降过程中浮力逐渐增大,图线①表示浮力 F_1 随 h 变化.

(2)构件完全沉入水中时有最大浮力,由图线①知立方体边长为 $2m$,则

$$F_{1m}=\rho gV=1\times10^3\times10\times2^3\text{N}$$
$$=8\times10^4\text{N}.$$

(3)根据力的平衡,$F_1+F_2=G$,

$$G=(3.2\times10^5+8\times10^4)\text{N}$$
$$=4.0\times10^5\text{N}.$$

2.【解析】(1)电阻 R_1 上电流为 $I=\dfrac{U}{R_1+x}$,其中 x 为环的等效电阻.当 P、A 重合时,$x=0$,电流最大为 $I=\dfrac{8}{2}\text{A}=4\text{A}$.当 P、B 重合时,$x=8\Omega$,电流最小为 $I=\dfrac{8}{2+8}\text{A}=0.8\text{A}$.所以 R_1 上电流先变小后变大,变化范围为 $0.8\text{A}\leqslant I\leqslant4\text{A}$.

(2)圆环上电功率为 $P=\left(\dfrac{U}{R_1+x}\right)^2x=\dfrac{8^2}{\left(\sqrt{x}-\dfrac{2}{\sqrt{x}}\right)^2+8}$.当 $x=0$ 时,圆环电功率最小为 $P=0$.当 $x=2\Omega$ 时,圆环电功率最大为 $P=8\text{W}$.当 P 转到 B 点时,圆环的电功率 $P=5.12\text{W}$.圆环的电功率变化过程为:从 0 增大到 8W 再减小到 5.12W,然后增大到 8W 又减小到 0.电功率的变化范围:$0\leqslant P\leqslant8\text{W}$.